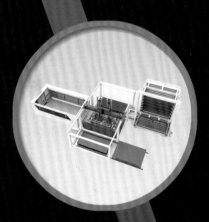

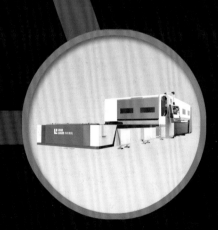

# 宁江机床
## NINGJIANG
### MACHINE TOOLS

四川普什宁江机床有限公司由宁江机床集团公司和五粮液普什集团公司共同出资设立，是中国精密数控机床研发、制造、销售的大型骨干企业。公司产品服务于航空、航天、军工、船舶、核电、汽车、模具以及仪器仪表和家电五金等行业。

## 主导产品

### 精密卧式加工中心系列

### 高速卧式加工中心系列

### 五轴加工中心系列

### 坐标磨床／镗床系列
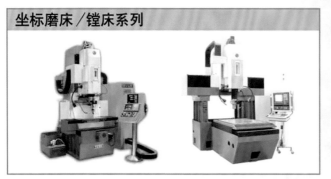

### 数控及凸轮控制纵切自动车床系列
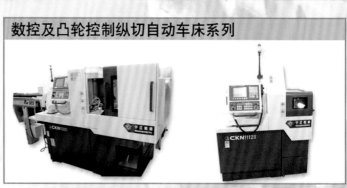

### 自动组装线及生产线

## 四川普什宁江机床有限公司
### PUSH NINGJIANG MACHINE TOOL CO., LTD.

地址：四川省都江堰市永安大道南一段　　邮编：611830
电话：028-87132411 87132477
传真：028-87132467 87111767
销售部（本部）：028-87132411-582 87132477 87127878
http://www.ningjiang.com

## 产品特色：精密、高效、成套、智能化

- □ 宁江牌精密数控机床、宁江牌小模数数控卧式滚齿机床为四川省名牌产品
- □ 国家一级计量单位　省级企业技术中心　国家博士后流动工作站
- □ 通过 ISO9001:2008 质量管理体系、ISO14001:2004环境管理体系和OHSAS 18001职业健康安全管理体系认证

### 滚齿机系列

### 数控车床系列

### 专用组合机床系列（深孔钻床）

### 柔性制造系统

| | |
|---|---|
| 上海销售服务处：021-65381278 | 南京销售服务处：025-84404846 |
| 广州销售服务处：020-83827011 | 宁波销售服务处：0574-87166609 |
| 重庆销售服务处：023-68666497 | 天津销售服务处：022-23692975 |
| 西安销售服务处：029-85211457 | 外 贸 分 部：028-87229738 |

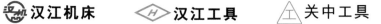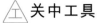

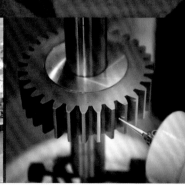

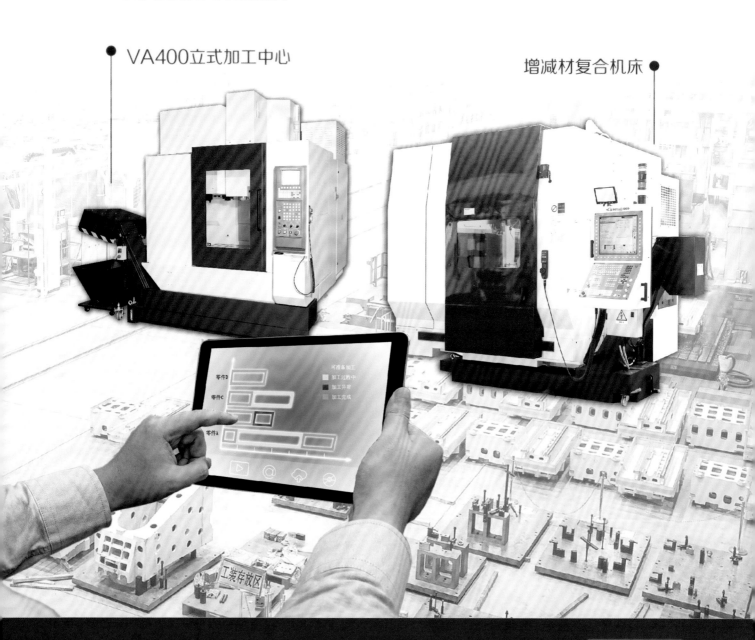

中国机械工业年鉴系列

# 中国机床工具工业年鉴

# 2017

中国机械工业年鉴编辑委员会
中国机床工具工业协会　编

机械工业出版社
China Machine Press

《中国机床工具工业年鉴》2017版设置产业概况、产业运行、市场概况、产品与技术、特色企业和附录栏目，集中反映机床工具行业的产业运行状况、产销情况、技术水平及发展趋势，全面系统地提供了机床工具行业的经济指标。

《中国机床工具工业年鉴》主要发行对象为政府决策机构、机械工业相关企业决策者和从事市场分析、企业规划的中高层管理人员以及国内外投资机构、贸易公司、银行、证券公司、咨询服务部门和科研单位的机电项目管理人员等。

图书在版编目（CIP）数据

中国机床工具工业年鉴. 2017/ 中国机械工业年鉴编辑委员会，中国机床工具工业协会编. —北京 ： 机械工业出版社，2018.4
（中国机械工业年鉴系列）
ISBN 978-7-111-59454-3

Ⅰ. ①中… Ⅱ. ①中… ②中… Ⅲ. ①机床—金属加工工业—中国—2017—年鉴 Ⅳ. ①F426.41-54
中国版本图书馆 CIP 数据核字（2018）第 054359 号

机械工业出版社（北京市西城区百万庄大街 22 号　邮政编码 100037）
责任编辑：任智惠
北京宝昌彩色印刷有限公司印制
2018 年 4 月第 1 版第 1 次印刷
210mm×285mm • 12.25 印张 • 14 插页 • 520 千字
定价：320.00 元

# 中国机床工具工业年鉴

『鉴』证行业发展
共建制造强国

## 中国机床工具工业年鉴
## 特约顾问单位特约顾问

（按姓氏笔画排列）

| 特约顾问单位 | 特约顾问 |
| --- | --- |
| 大连光洋科技集团有限公司 | 于德海 |
| 北京北一机床有限公司 | 王　旭 |
| 秦川机床工具集团股份公司 | 龙兴元 |
| 宇环数控机床股份有限公司 | 许世雄 |
| 上海机床厂有限公司 | 吴晓健 |
| 济南铸造锻压机械研究所有限公司 | 张　波 |
| 济南二机床集团有限公司 | 张志刚 |
| 山东永华机械有限公司 | 陈　舟 |
| 苏州领创激光科技有限公司 | 陈智宏 |
| 长春禹衡光学有限公司 | 林长友 |
| 四川普什宁江机床有限公司 | 姜　华 |
| 北京精雕科技集团有限公司 | 蔚　飞 |
| 江苏金方圆数控机床有限公司 | 潘红卫 |

## 中国机床工具工业年鉴
## 特约顾问单位特约编辑

（按姓氏笔画排列）

| 特约顾问单位 | 特约编辑 |
| --- | --- |
| 四川普什宁江机床有限公司 | 王　珏 |
| 上海机床厂有限公司 | 王汉萍 |
| 大连光洋科技集团有限公司 | 田兆强 |
| 山东永华机械有限公司 | 刘卫国 |
| 北京北一机床有限公司 | 刘伟博 |
| 济南二机床集团有限公司 | 李　刚 |
| 苏州领创激光科技有限公司 | 吴　巍 |
| 北京精雕科技集团有限公司 | 宋小飞 |
| 宇环数控机床股份有限公司 | 易　丁 |
| 江苏金方圆数控机床有限公司 | 孟兆胜 |
| 秦川机床工具集团股份公司 | 郭　劼 |
| 济南铸造锻压机械研究所有限公司 | 崔瑞奇 |
| 长春禹衡光学有限公司 | 董　岩 |

# 前　言

2016 年，我国经济增速和工业形势缓中趋稳。在市场回暖的带动下，国内机床工具行业开始呈现底部稳定运行的状态，下行压力得到缓解，行业继续呈现诸多新变化，产业主体结构持续调整，两极分化日益明显，转型升级仍处于关键时期。

统计数据显示，2016 年我国机床消费总额约为 275 亿美元，同比持平。其中，金属切削机床消费额约为 164 亿美元，同比下降 4.1%；金属成形机床消费额约为 111 亿美元，同比增长 6.7%。2016 年机床工具产品进口额 129.7 亿美元，同比下降 11.7%；其中，金属加工机床进口额 75.1 亿美元，同比下降 12.8%。机床工具产品出口额 102.9 亿美元，同比下降 5.0%；其中，金属加工机床出口额 29.5 亿美元，同比下降 6.8%。

机床工具行业企业积极应对市场需求的变化，不断加大产品研发和创新力度，技术进步和创新进取稳步持续推进。2016 年，全行业共有 15 个研发项目荣获"中国机械工业科学技术奖"，其中，一等奖 3 项，二等奖 5 项，三等奖 7 项。

2016 年，随着工业化进程的加速，两化融合和产业升级给机床工具行业带来利好的同时，用户行业去产能的力度加大、机床和工具总需求下降、需求结构加速升级也使行业面临着极大压力。面对市场的新变化，行业企业要深入了解用户需求，加大产品创新力度，加快调整产品结构，尽快实现转型升级。

《中国机床工具工业年鉴》2017 版与读者见面了。作为记载机床工具行业年度发展状况的资料性工具书，她以详实的信息和数据，真实准确地记载了 2016 年我国机床工具行业的产业发展概况与技术进步情况，展现了行业骨干企业的新面貌。年鉴的出版，不仅为行业内企业总结经验、推动工作提供了有益的借鉴，而且为广大读者全面了解我国机床行业的发展状况、进一步加强合作提供了有价值的资料，也为政府部门关注和指导机床行业的科学发展提供了重要的信息和参考依据。

中国机床工具工业协会将继续发挥企业与政府之间的桥梁作用，为促进行业发展、维护行业利益努力提升服务能力和水平！

中国机床工具工业协会常务副理事长

2018 年 2 月

# 索引

「鉴」证行业发展
共建制造强国

中国工业年鉴出版基地

## 广告索引

## 专题索引

**高端访谈专栏**

# 2016年度中国机床工具工业协会先进会员企业

## 自主创新十佳

| 企业名称 | 产品型号及名称 |
| --- | --- |
| 北京北一机床股份有限公司 | XHAV2430×80大型钛合金结构件强力切削五轴龙门机床 |
| 北京工研精机股份有限公司 | μ4000TG 高速、精密数控车磨复合加工机床 |
| 大族激光科技产业集团股份有限公司 | FMS 激光切割柔性生产线 |
| 济南二机床集团有限公司 | XKV2755×120 五轴联动定梁龙门移动镗铣床 |
| 济南铸造锻压机械研究所有限公司 | LRS360-12 汽车纵梁柔性制造数字化成套装备 |
| 江苏亚威机床股份有限公司 | CLB-2.5×1850 数控飞摆剪横切线 |
| 齐齐哈尔二机床(集团)有限责任公司 | TL4S-2500-MB 大型多工位压力机自动化线 |
| 齐重数控装备股份有限公司 | Q1-190 数控立式专用车镗床 |
| 秦川机床工具集团股份公司 | YKS7225 数控蜗杆砂轮磨齿机 |
| 武汉华中数控股份有限公司 | 华中数控智能控制关键技术及成套装备 |

## 产品质量十佳

| | |
| --- | --- |
| 宝鸡机床集团有限公司 | CK7520C 数控车床 |
| 成都普瑞斯数控机床有限公司 | PL1200As 立式加工中心 |
| 广东高新凯特精密机械股份有限公司 | LGS25 精密滚动直线导轨副 |
| 哈尔滨量具刃具集团有限责任公司 | HSK 工具系统刀柄 |
| 吉林省金沙数控机床股份有限公司 | ZDC350+ZDZ350 制动盘自动线 |
| 上海工具厂有限公司 | 数控硬质合金刀具 |
| 台州北平机床有限公司 | BP8 数控外圆磨床 |
| 宜昌长机科技有限责任公司 | YK5180 数控插齿机 |
| 浙江海德曼智能装备股份有限公司 | T35 数控车床 |
| 郑州磨料磨具磨削研究所有限公司 | 1A1、6A1、9A1 树脂结合剂金刚石无心磨砂轮 |

# 精密磨削与智能制造

**宇环数控机床股份有限公司**是专业从事数控磨削设备及智能装备的研发、生产、销售与服务，为客户提供精密磨削与智能制造技术综合解决方案的国家装备制造业重点企业。宇环数控是国家高新技术企业，是国家重大科技支撑计划项目、国家重点新产品计划项目、国家火炬计划项目、国家产业振兴及技术改造项目的实施单位。公司现为中国机械工业联合会会员单位、中国机电装备维修与改造技术协会理事长单位、中国机床再制造产业技术创新战略联盟副理事长单位、湖南省机床工具工业协会会长单位。

公司拥有湖南省数控精密磨床工程技术研究中心、湖南省企业技术中心及院士专家工作站，通过多年自主创新与技术积累，公司在精密高效磨削抛光技术领域及数控装备、智能装备技术领域已形成了核心竞争优势，公司产品多次荣获中国机械工业科学技术奖、国家重点新产品奖、中国国际数控机床展之"春燕奖"。公司产品主要分为数控磨床、数控研磨抛光机和智能装备系列产品，主要应用领域为：汽车工业、内燃机、消费电子、轴承、密封件、船舶、军工及航空航天等国民经济各主要领域。

公司将始终坚持以"责任为本、创新为谋、发展为恒、奉献为荣"的企业精神，不断创新、开拓进取，打造公司"精密磨削与智能制造技术方案专业提供商"的核心名片，致力于成为数控磨削设备及智能装备产业领域的引领者。

扫一扫 关注更多精彩

地址：湖南省长沙市浏阳高新区永阳路9号
电话：400-8320220  0731-83201588
http://www.yh-cn.com

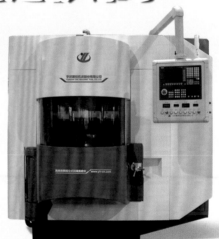
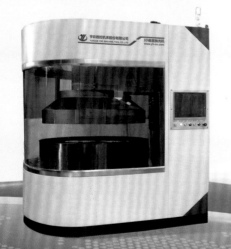

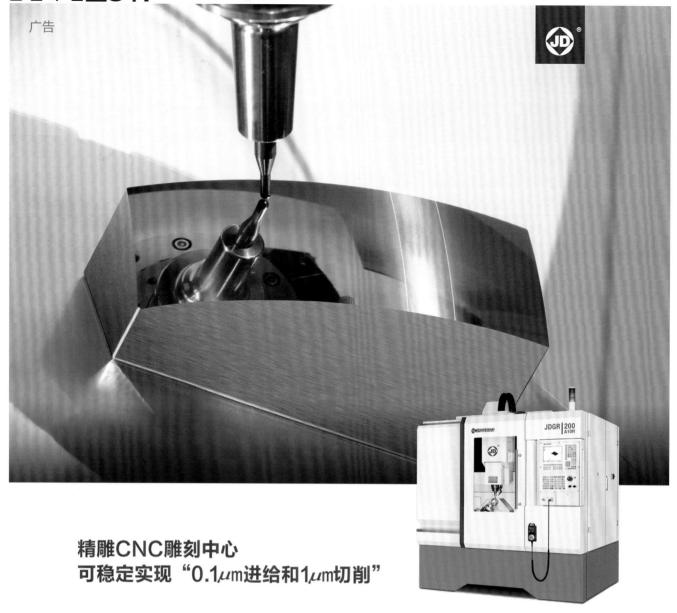

## 精雕CNC雕刻中心
## 可稳定实现"0.1$\mu$m进给和1$\mu$m切削"

　　北京精雕科技集团有限公司是一家致力于精密加工技术的高新技术企业,主要从事数控机床、数控系统、高速精密电主轴、高精度直驱转台、CAD/CAM软件等产品的研制、生产和销售。分布在全国的40余家服务机构,为客户提供以"精雕精密加工管控技术"为核心的技术服务;多个规模化的验证中心,可为客户提供批量加工验证服务,帮客户快速实现CNC 加工环节的精密加工管控,建立稳定的生产方式。

　　经过多年的研究与实践,该公司精雕机最新产品已具备铣削、孔加工、螺纹加工、车削、磨削、抛光、刮削等复合加工能力,闭环设备可稳定实现"0.1$\mu$m进给和1$\mu$m切削",加工表面的粗糙度可达Sa0.005$\mu$m。使用"精雕在线测量技术"可在线测量复合误差,并自动进行数据修正,帮助客户实现智能制造。

咨询热线: 400-6789-532
企业网址: www.jingdiao.com

北京精雕集团
BEIJING JINGDIAO GROUP

# 荣成锻压机床有限公司
## Rongcheng Metal Forming Machine Group Co., Ltd.

荣成锻压机床有限公司始建于1958年，是生产锻压设备的专业工厂，国家二级企业。工厂占地27万m²，其中厂房等建筑面积12.8万m²；共有员工943人，其中工程技术人员与质量专业人员132人；拥有主要设备600余台（套），其中精、大、稀设备60余台（套）。公司先后通过了质量、职业健康安全和环境三大管理体系认证，先后被省市相关部门授予山东省"守合同、重信用"企业、省级先进企业、山东省认定企业技术中心、山东省高新技术企业、山东省塑性成型加工机械工程技术研究中心、AAA标准化良好行为企业、省计量保证确认合格企业等荣誉称号，"威德"商标是山东省著名商标，"威德"牌压力机是山东省名牌产品。

公司现可生产开式全系列，闭式包括多连杆、多工位等6大系列240多个品种的锻压设备，多种产品技术水平都达到了当今国内先进或领先水平，在国内外市场都享有盛誉。公司生产的2 400t全自动多连杆冲压线在众泰汽车金坛工厂连续使用多年，深受用户好评。公司现已成为国内主要锻压设备制造企业之一。

安装在众泰汽车金坛工厂的
EL4B-2400多连杆冲压线

安装在华泰汽车天津基地的多连杆
2250T全自动冲压线

XKA2840数控龙门镗铣床

T6926数控落地镗铣床

安装在柳州超凌顺公司的
EL4B-2000多连杆压力机冲压线

安装在上海多利昆山工厂的
EL4B-1800多杆冲压线

SKMC3000数控成形磨齿机

中捷GMC2580r2数控
龙门镗铣床

安装在东莞中泰模具的
JF36-1600闭式双点压力机

安装在慈溪地通的EL4B-1300T
多连杆冲压线

12m数控卧车

5m数控立车

## 专注于锻压机床行业
## 真诚合作·互惠双赢

Http://www.weide.com.cn

地址：山东省荣成市凭海东路258号
邮编：264300
电话：(0631) 7551339  7551082  13906315687  13963147559
传真：(0631) 7551338
E-mail:rcdy@china.com

# 综合索引

机床年鉴微信

中国工业年鉴出版基地

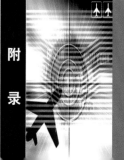

# 编 辑 说 明

**中国机械工业年鉴系列**

《中国机械工业年鉴》
《中国电器工业年鉴》
《中国工程机械工业年鉴》
《中国机床工具工业年鉴》
《中国通用机械工业年鉴》
《中国机械通用零部件工业年鉴》
《中国模具工业年鉴》
《中国液压气动密封工业年鉴》
《中国重型机械工业年鉴》
《中国农业机械工业年鉴》
《中国石油石化设备工业年鉴》
《中国塑料机械工业年鉴》
《中国齿轮工业年鉴》
《中国磨料磨具工业年鉴》
《中国机电产品市场年鉴》
《中国热处理行业年鉴》
《中国机械工业集团年鉴》

**中国工业年鉴出版基地**

一、《中国机械工业年鉴》是由中国机械工业联合会主管、机械工业信息研究院主办、机械工业出版社出版的大型资料性、工具性年刊，创刊于 1984 年。

二、根据行业需要，1998 年中国机械工业年鉴编辑委员会开始出版分行业年鉴，逐渐形成了中国机械工业年鉴系列。该系列现已出版了《中国电器工业年鉴》《中国工程机械工业年鉴》《中国机床工具工业年鉴》《中国通用机械工业年鉴》《中国机械通用零部件工业年鉴》《中国模具工业年鉴》《中国液压气动密封工业年鉴》《中国重型机械工业年鉴》《中国农业机械工业年鉴》《中国石油石化设备工业年鉴》《中国塑料机械工业年鉴》《中国齿轮工业年鉴》《中国磨料磨具工业年鉴》《中国机电产品市场年鉴》《中国热处理行业年鉴》和《中国机械工业集团年鉴》。

三、《中国机床工具工业年鉴》于 2002 年首次出版，2017 版为第 16 次出版。该年鉴由产业概况、产业运行、市场概况、产品与技术、特色企业及附录内容构成，集中反映了机床工具行业的产品状况、技术水平、产销情况及发展趋势，全面系统地提供了机床工具行业的主要经济指标。

四、统计资料中的数据由中国机床工具工业协会提供，数据截至 2016 年 12 月 31 日。

五、《中国机床工具工业年鉴》主要发行对象为政府决策机构、机械工业相关企业决策者和从事市场分析、企业规划的中高层管理人员以及国内外投资机构、贸易公司、银行、证券公司、咨询服务部门和科研单位的机电项目管理人员等。

六、在编纂过程中得到了中国机床工具工业协会及多年从事机床工具工业研究的专家、学者和企业的大力支持和帮助，在此表示衷心感谢。

七、未经中国机械工业年鉴编辑部的书面许可，本书内容不得以任何形式转载。

八、由于水平有限，难免出现错误及疏漏，敬请批评指正。

中国机械工业年鉴编辑部
2018 年 4 月

# 目　　录

## 产 业 概 况

## 产 业 运 行

## 市 场 概 况

## 产品与技术

# 特 色 企 业

# 附 录

# Contents

# Enterprises with Special Features

# Appendix

中国机床工具工业年鉴
2017

产业概况

　　回顾总结 2016 年机床工具产业发展情况，分析产业结构变化

产业概况

产业运行

市场概况

产品与技术

特色企业

附录

中国机床工具工业年鉴 2017

产业概况

2016 年中国机床工具产业发展现状
2016 年中国机床工具产业运行综述

# 2016 年中国机床工具产业发展现状

2016 年，我国经济增速和工业形势缓中趋稳。在市场回暖的带动下，我国机床工具产业发展呈现底部稳定运行的状态，产业内继续呈现诸多新变化，产业主体结构持续调整，产业下行压力得到缓解，产业分化日益明显，产业转型升级仍处于关键时期。

**一、产业发展现状**

我国机床工具产业经过 60 余年的发展，目前已经形成涵盖金属切削机床、金属成形机床、铸造机械、木工机床、数控装置、功能部件、工具及量具量仪、机床电器和磨料磨具等分行业的完备机床工具产业体系，完全具备自主发展的产业基础，部分产品技术达到和接近国际先进水平，初步形成具有国际影响力的企业品牌和产业集群，为国民经济建设和我国装备制造业的持续发展提供战略支撑。

根据国家统计局 2016 年中国机床工具产业统计数据显示，我国机床工具产业规模以上企业共有 5 777 家。按我国机床工具产业分行业的分类分析，金属切削机床、金属成形机床、铸造机械、木工机床、功能部件、工具及量具量仪和磨料磨具等分行业的企业比例分别为 12.8%、9.8%、11.0%、2.5%、6.9%、12.5% 和 32.4%，与上一年同期相比分别变化了 -0.3、-0.4、-0.2、0、-0.4、0 和 1.2 个百分点。总体上看，除了磨料磨具分行业外，其余各分行业均呈现不同程度的小幅萎缩。2016 年我国机床工具产业企业构成情况 (按分行业分类) 见表 1。

**表 1  2016 年我国机床工具产业企业构成情况**
**（按分行业分类）**

| 行业名称 | 企业数（家） | 占比（%） | 上年同期企业数（家） | 占比（%） |
|---|---|---|---|---|
| 合计 | 5 777 | 100 | 5 656 | 100 |
| 金属切削机床 | 742 | 12.8 | 739 | 13.1 |
| 金属成形机床 | 563 | 9.8 | 575 | 10.2 |
| 铸造机械 | 636 | 11.0 | 636 | 11.2 |
| 木工机床 | 144 | 2.5 | 143 | 2.5 |
| 功能部件 | 396 | 6.9 | 413 | 7.3 |
| 工具及量具量仪 | 722 | 12.5 | 706 | 12.5 |
| 磨料磨具 | 1 874 | 32.4 | 1 762 | 31.2 |

（续）

| 行业名称 | 企业数（家） | 占比（%） | 上年同期企业数（家） | 占比（%） |
|---|---|---|---|---|
| 其他金属加工机械 | 700 | 12.1 | 682 | 12.0 |

注：由于国家统计局未提供数控装置和机床电器分行业的统计数据，因此表中不含上述两个分行业。

以上数据所反映出的我国机床工具产业结构最新变化情况，由前几年机床行业明显下行引起的部分领域规模以上企业数量下降，到 2016 年基本趋稳，企业数量与上一年同期相比基本稳定。

**二、产业结构情况**

由于 2016 年国家统计局不再提供机床工具产业按企业所有制性质分类的数据，下面将按照细分产品领域的情况来分析机床工具产业的结构情况。随着我国机床工具产业所处环境和运行状态不断变化，细分产品领域的产业结构也呈现新的变化，运行趋势进一步分化。2016 年我国机床工具产业细分产品领域的收入和利润指标情况见表 2。

**表 2  2016 年我国机床工具产业细分**
**产品领域收入和利润指标情况**

| 行业名称 | 主营业务收入 | | | 利润总额 | |
|---|---|---|---|---|---|
| | 金额（万元） | 同比增长（%） | 占比（%） | 金额（万元） | 同比增长（%） |
| 合计 | 100 865 859 | 4.1 | | 11 660 652 | -6.6 |
| 金属切削机床 | 16 734 691 | -0.2 | 16.6 | 585 440 | 1.7 |
| 金属成形机床 | 9 287 428 | 6.8 | 9.2 | 611 170 | -1.9 |
| 铸造机械 | 10 464 214 | 2.7 | 10.4 | 132 392 | 3.4 |
| 木材加工机械 | 1 988 994 | 1.3 | 2.0 | 412 817 | 5.0 |
| 机床附件 | 5 792 781 | -3.2 | 5.7 | 821 629 | 9.9 |
| 工量具及量仪 | 11 026 832 | 6.0 | 10.9 | 2 280 487 | 8.5 |
| 磨料磨具 | 34 256 238 | 9.1 | 34.0 | 644 782 | -4.2 |
| 其他金属加工机械 | 11 314 681 | -1.6 | 11.2 | 6 171 935 | 3.3 |

〔撰稿人：中国机床工具工业协会杜智强〕

# 2016年中国机床工具产业运行综述

2016年，我国机床工具产业运行小幅回升，但仍呈现运行疲弱的态势。下面对2016年我国机床工具产业的运行情况进行分析。

## 一、我国机床工具产业运行基本情况

2016年我国机床工具产业中，金属加工机床产出1 520亿元，同比增长10.9%。其中，金属切削机床810亿元，同比增长7.1%；金属成形机床710亿元，同比增长15.6%；工具及量具量仪产出339亿元，同比下降2.3%。2016年我国机床工具产业生产和出口情况见表1。

**表1 2016年我国机床工具产业生产和出口情况**

| 指标名称 | 金额（亿元） | 同比增长（%） | 指标名称 | 金额（亿元） | 同比增长（%） |
|---|---|---|---|---|---|
| 金属加工机床生产 | 1 520 | 10.9 | 其中：金属切削机床 | 126 | -3.1 |
| 其中：金属切削机床 | 810 | 7.1 | 金属成形机床 | 67 | -1.5 |
| 金属成形机床 | 710 | 15.6 | 工具及量具量仪生产 | 339 | -2.3 |
| 金属加工机床出口 | 193 | -2.5 | 工具及量具量仪出口 | 173 | 7.5 |

注：生产值是测算值，出口值根据海关数据。

## 二、重点联系网络企业运行情况

2016年，中国机床工具工业协会信息统计重点联系网络企业共有200家，共完成主营业务收入1 068.5亿元，同比增长1.6%。2016年中国机床工具工业协会信息统计重点联系网络情况见表2。

**表2 2016年中国机床工具工业协会信息统计重点联系网络情况**

| 行业 指标 | 单位 | 合计 | 金属切削机床 | 金属成形机床 | 机床电器 | 机床附件 | 工量具 | 磨料磨具 | 滚动功能部件 | 数控装置 |
|---|---|---|---|---|---|---|---|---|---|---|
| 主营业务收入 | 亿元 | 1 068.5 | 565.2 | 131.0 | 9.6 | 8.9 | 54.6 | 246.3 | 3.6 | 49.3 |
| 同比增长 | % | 1.6 | -5.7 | 8.3 | 0.5 | -10.1 | -2.4 | 18.7 | -3.0 | 9.6 |
| 企业数 | 家 | 200 | 107 | 21 | 6 | 13 | 28 | 12 | 5 | 8 |
| 占比 | % | 100 | 53.5 | 10.5 | 3.0 | 6.5 | 14.0 | 6.0 | 2.5 | 4.0 |

注：由于四舍五入，表中合计数有微小出入。

我国经济进入"新常态"，市场特征的新变化、新环境对机床工具行业企业经营产生新的影响。为了有效评估行业企业运行质量，向全球业界和用户领域展示我国机床工具行业发展实力，提高行业运行分析、企业综合评价的准确性和科学性，营造"公平、合理"的行业发展氛围，2015年协会试行建立"中国机床工具行业运行综合评价指数"（以下简称综合评价指数）。

该综合评价指数是综合衡量行业企业在销售规模、运行质量和发展速度等方面数量上总体水平的一种特殊相对数，是反映企业在"规模、质量、速度"方面的综合性总量指标。针对2014年行业年报数据进行分析评价的过程

中反映出的一些需要解决的问题，进一步优化评价方法和指标体系，实现客观反映行业企业发展情况。如，在产销能力项下，增加"机床工具产品产值"和"税负"两项指标；适当减小"主营业务收入"的权重。通过上述修改，对于企业规模的评价更加全面、客观，也更能准确反映企业在机床工具产品领域的规模情况，突出综合评价指数的产业特点和导向。

综合评价指数是以各单项经济指标报告期内实际数值分别除以该项指标的全行业标准值并乘以各自权重数，合计后再除以总权重数求得。综合评价指数由工业产品销售率、主营业务收入、机床工具产品产值、税负、总资产贡

献率、成本费用利润率、主营业务利润率、资本保值增值率、流动资产周转率、应收账款周转率、人均主营业务收入、主营业务收入增长率、资产负债率、流动比率 14 项指标组成。指标的选择和设置，反映了企业在产销能力、获利能力、运营质量、偿债能力等方面的情况。

计算公式为：综合评价指数 = ∑（某项指标报告期数值 ÷ 该项指标全行业标准值 × 该项指标权重数）÷ 总权重数。

为了兼顾行业规模、质量和发展，体现对企业"做强"

方面的综合评价，指数中权数基本按照"销售规模∶运行质量∶发展速度 =4∶5.5∶0.5"的比例设置。标准值的测算依据为 2006—2013 年企业年报实际数据。根据"中国机床工具行业运行综合评价指数"测算方法，对 2016 年度行业主要企业的经济运行情况进行综合评价，2016 年我国机床工具行业及各分行业经济运行综合评价情况（平均水平）见表 3。

2016 年中国机床工具工业协会信息统计重点联系网络主要经济指标情况见表 4。

**表 3　2016 年我国机床工具行业及各分行业经济运行综合评价情况**（平均水平）

| 序号 | 所属领域 | 综合评价指数 | 与上年同期变化 | 主营业务收入平均水平（亿元） | 主营业务收入平均水平同比增长（%） |
|---|---|---|---|---|---|
| | 机床工具行业 | 0.979 | -0.189 | 4.9 | -2.2 |
| 1 | 金属成形机床 | 1.515 | -0.123 | 6.9 | 10.2 |
| 2 | 磨料磨具 | 1.072 | -0.488 | 3.8 | -6.3 |
| 3 | 金属切削机床 | 1.097 | -0.229 | 6.2 | -1.9 |
| 4 | 数控装置 | 0.962 | -0.151 | 2.4 | -12.2 |
| 5 | 工具及量具量仪 | 0.757 | -0.310 | 2.1 | -2.7 |
| 6 | 机床电器 | 0.661 | -0.423 | 1.2 | -28.8 |
| 7 | 功能部件 | 0.537 | -0.377 | 0.8 | 0.0 |

**表 4　2016 年中国机床工具工业协会信息统计重点联系网络主要经济指标情况**

| 指标名称／行业名称 | 主营业务收入 | | 利润总额 | | 产成品存货 | | 机床产量 | | 其中：数控机床产量 | |
|---|---|---|---|---|---|---|---|---|---|---|
| | 金额（亿元） | 同比增长（%） | 金额（亿元） | 同比增长（%） | 金额（亿元） | 同比增长（%） | 数量（万台） | 同比增长（%） | 数量（万台） | 同比增长（%） |
| 机床工具行业合计 | 1 068.5 | 1.6 | 23.0 | -18.3 | 208.5 | 9.9 | | | | |
| 金属切削机床 | 565.2 | -5.7 | -11.9 | -81.6 | 131.3 | 17.0 | 19.2 | -5.5 | 12.9 | 7.9 |
| 金属成形机床 | 131.0 | 8.3 | 12.4 | 19.4 | 17.7 | -6.5 | 3.9 | -0.1 | 0.7 | 14.3 |
| 机床电器 | 9.6 | 0.5 | 0.6 | 8.9 | 2.4 | -19.4 | | | | |
| 机床附件 | 8.9 | -10.1 | 0.4 | 79.6 | 4.5 | 4.6 | | | | |
| 工具及量具量仪 | 54.6 | -2.4 | 3.2 | 30.3 | 15.5 | -10.6 | | | | |
| 磨料磨具 | 246.3 | 18.7 | 13.0 | -22.1 | 26.2 | 16.3 | | | | |
| 滚动功能部件 | 3.6 | -3.0 | -0.4 | -77.4 | 1.4 | 2.2 | | | | |
| 数控装置 | 49.3 | 9.6 | 5.7 | 24.0 | 9.5 | -4.8 | | | | |

注：1. 由于四舍五入，表中合计数有微小出入。

　　2. 功能部件分行业中的机床附件和滚动功能部件分别统计。

通过对 2016 年中国机床工具工业协会信息统计重点联系网络数据和海关出口情况分析，反映出机床工具产业运行具有如下特征。

1. 需求小幅回升，销售小幅增长

需求回升最直接表现在订单数量的增长。2016 年，金属加工机床新增订单同比增长 4.1%，在手订单同比增长

12.7%。其中，金属切削机床新增订单同比增长 1.6%，在手订单同比增长 12.2%；金属成形机床新增订单同比增长 17.5%，在手订单同比增长 13.8%。

2016 年，全行业主营业务收入同比增长 1.6%，金属加工机床主营业务收入同比下降 3.4%。其中，金属切削机床主营业务收入同比下降 5.7%，金属成形机床主营业务收

入同比增长 8.3%。在各分行业中，增幅最大的是磨料磨具，同比增长 18.7%；降幅最大的是机床附件，同比下降 10.1%。

**2. 产量小幅增长，库存增长明显**

行业整体库存增长明显，但各分行业间差别明显。2016 年 1—12 月，金属加工机床产量同比下降 4.6%。其中，金属切削机床的产量同比下降 5.5%，金属成形机床的产量同比下降 0.1%。但同期全行业产成品存货同比增长 9.9%，金属加工机床产成品存货同比增长 13.6%，其中，金属切削机床同比增长 17.0%，金属成形机床同比下降 6.5%。

**3. 利润降幅收缩，亏损面小幅收窄**

机床行业经过近五年来的持续低迷，目前呈现出缓中趋稳、稳中向好的趋势。2016 年 1—12 月，全行业利润总额同比下降 18.3%，金属加工机床利润总额同比下降 87.1%。其中，金属切削机床同比下降 81.6%，金属成形机

床同比增长 19.4%。2016 年 12 月，全行业亏损企业占比为 36.0%，金属加工机床亏损企业占比为 43.0%，其中，金属切削机床为 47.7%，金属成形机床为 19.0%。与 2015 年 12 月相比分别变化了 -3.9、-0.5、0 和 -3.7 个百分点。

**4. 出口持续下降，能力还需加强**

2015 年出口增速由正转负，是自 2010 年以来的首次负增长。2016 年，出口 102.9 亿美元，同比下降 5.0%。其中，金属加工机床出口额 29.5 亿美元，同比下降 6.8%；金属切削机床出口额 19.2 亿美元，同比下降 6.7%；金属成形机床出口额 10.2 亿美元，同比下降 7.0%。

2016 年出口金额居前三位的商品分别是切削刀具（24.0 亿美元）、磨料磨具（19.5 亿美元）和金属切削机床（19.2 亿美元）。2016 年我国机床工具商品出口情况见表 5。

**表5　2016 年我国机床工具商品出口情况**

| 商品名称 | 完成出口 | | | | 其中：数控机床 | | | |
| --- | --- | --- | --- | --- | --- | --- | --- | --- |
| | 数量<br>（万台/万件） | 同比增长<br>（%） | 金额<br>（亿美元） | 同比增长<br>（%） | 数量<br>（万台/万件） | 同比增长<br>（%） | 金额<br>（亿美元） | 同比增长<br>（%） |
| 机床工具总计 | | | 102.9 | -5.0 | | | | |
| 金属加工机床 | 830.5 | -1.2 | 29.5 | -6.8 | 9.8 | 6.8 | 13.7 | -8.5 |
| 其中：金属切削机床 | 764.4 | -2.3 | 19.2 | -6.7 | 8.7 | 8.7 | 10.8 | -3.9 |
| 金属成形机床 | 66.1 | 13.2 | 10.2 | -7.0 | 1.1 | -6.5 | 2.9 | -22.2 |
| 木工机床 | 731.9 | 13.1 | 12.7 | 2.7 | | | | |
| 机床功能部件（含零件） | 27 058.8 | -18.6 | 9.0 | -9.4 | | | | |
| 数控装置 | 2 268.5 | -2.7 | 5.6 | -8.5 | | | | |
| 切削刀具 | 22 841.1 | 5.3 | 24.0 | -2.0 | | | | |
| 量具、量仪 | | | 1.8 | 1.2 | | | | |
| 磨料磨具 | | | 19.5 | -6.7 | | | | |

注：1. 由于四舍五入，表中合计数有微小出入。

　　2. 机床数量中含低值机床和加工机械。

2016 年我国机床工具商品出口去向前 10 位国家或地区情况见表 6。2016 年我国机床工具商品出口企业性质

情况见表 7。2016 年我国机床工具商品出口企业所在区域情况见表 8。

**表6　2016 年我国机床工具商品出口去向前 10 位国家或地区情况**

| 序号 | 国家（地区） | 数量<br>（万台/万件） | 同比增长<br>（%） | 占比<br>（%） | 金额<br>（亿美元） | 同比增长<br>（%） | 占比<br>（%） |
| --- | --- | --- | --- | --- | --- | --- | --- |
| | 总计 | 448 255 | 5.2 | | 103 | -4.9 | |
| 1 | 美国 | 72 008 | -7.7 | 16.1 | 17 | -1.0 | 16.1 |
| 2 | 日本 | 47 795 | 9.0 | 10.7 | 8 | -12.6 | 8.0 |
| 3 | 德国 | 10 820 | -5.0 | 2.4 | 7 | 2.8 | 6.9 |
| 4 | 越南 | 5 731 | 36.1 | 1.3 | 7 | -1.1 | 6.8 |
| 5 | 印度 | 72 589 | 13.2 | 16.2 | 6 | 0.0 | 6.0 |

（续）

| 序号 | 国家（地区） | 数量（万台／万件） | 同比增长（%） | 占比（%） | 金额（亿美元） | 同比增长（%） | 占比（%） |
|---|---|---|---|---|---|---|---|
| 6 | 韩国 | 41 663 | 4.5 | 9.3 | 5 | -5.0 | 4.4 |
| 7 | 中国香港 | 22 496 | 6.0 | 5.0 | 3 | -6.6 | 3.0 |
| 8 | 中国台湾 | 11 098 | -7.6 | 2.5 | 3 | -12.5 | 2.7 |
| 9 | 俄罗斯联邦 | 5 640 | -2.8 | 1.3 | 3 | 7.5 | 2.7 |
| 10 | 泰国 | 7 832 | -9.7 | 1.7 | 3 | -2.0 | 2.6 |

注：由于四舍五入，表中合计数有微小出入。

**表7　2016年我国机床工具商品出口企业性质情况**

| 企业性质 | 数量（万台／万件） | 同比增长(%) | 占比(%) | 金额（亿美元） | 同比增长(%) | 占比(%) |
|---|---|---|---|---|---|---|
| 总计 | 448 255 | 5.2 | | 103 | -4.9 | |
| 私人企业 | 278 695 | 4.6 | 62.2 | 58 | -4.1 | 56.5 |
| 外资企业 | 43 815 | -4.2 | 9.8 | 33 | -5.6 | 32.1 |
| 国有企业 | 125 745 | 10.6 | 28.1 | 12 | -7.3 | 11.3 |
| 其他企业 | 0 | -80.0 | 0.0 | 0 | 73.6 | 0.0 |

注：由于四舍五入，表中合计数有微小出入。

**表8　2016年我国机床工具商品出口企业所在区域情况**

| 地区 | 数量（万台／万件） | 同比增长(%) | 占比(%) | 金额（亿美元） | 同比增长(%) | 占比(%) |
|---|---|---|---|---|---|---|
| 总计 | 448 255 | 5.2 | | 103 | -4.9 | |
| 华东 | 98 656 | 19.8 | 22.0 | 48 | -1.3 | 47.0 |
| 华南 | 69 214 | -2.1 | 15.4 | 21 | 0.5 | 20.6 |
| 华北 | 40 036 | 5.8 | 8.9 | 18 | -5.1 | 17.5 |
| 华中 | 211 807 | 6.4 | 47.3 | 6 | -7.0 | 5.8 |
| 东北 | 8 264 | -30.3 | 1.8 | 5 | -22.5 | 4.8 |
| 西南 | 12 559 | -27.2 | 2.8 | 3 | -36.5 | 2.7 |
| 西北 | 7 720 | 12.1 | 1.7 | 2 | -18.8 | 1.6 |

注：由于四舍五入，表中合计数有微小出入。

〔撰稿人：中国机床工具工业协会谷金花、杜智强、段洁琰〕

中国
机床
工具
工业
年鉴
2017

产业运行

产业概况

产业运行

市场概况

产品与技术

特色企业

附录

从生产运行、出口等方面阐述机床工具产业及典型产品领域运行情况

产业概况

产业运行

市场概况

产品与技术

特色企业

附录

中国机床工具工业年鉴2017

产业运行

## 2016 年中国机床工具产业典型产品领域运行情况

加工中心

数控车床

磨床

齿轮加工机床

重型机床

特种加工机床

金属成形机床

数控装置

功能部件

工具及量具量仪

磨料磨具

# 2016 年中国机床工具产业
# 典型产品领域运行情况

根据 2016 年中国机床工具工业协会年报的产销存统计和海关出口贸易数据，对加工中心、数控车床、磨床、齿轮加工机床、重型机床、特种加工机床、金属成形机床、数控装置、功能部件、工具及量具量仪、磨料磨具 11 个机床工具产业典型产品领域的生产运行和出口情况进行分析，共涉及企业 400 家。

# 加工中心

## 一、基本情况

2016 年中国机床工具行业年报统计中生产加工中心产品的企业共计 45 家。加工中心产销均呈现高速增长趋势，产量 4.6 万台，同比增长 31.0%；销售产值 157.5 亿元，同比增长 18.2%；期间产成品库存减少 73 台，同比下降 164.0%。从加工中心产品结构上看，中小型龙门式加工中心产品增速最高，超重型龙门加工中心产品的降幅最大。从加工中心产销存数据看，产销同比大幅增长，产成品库存下降，呈现积极扩张的趋势。另一方面，产销的数量增速明显高于价格增速，加工中心平均单价呈现下降趋势，反映市场竞争激烈。2016 年加工中心产品产销存情况见表 1。

## 二、生产运行

2016 年加工中心产品的产销总体保持增长态势，立式加工中心、中小型龙门式加工中心是增长的主要动力，其他加工中心产品呈现下降趋势。

从库存数据变化上，也可以反映出加工中心产销两旺的状态。2016 年加工中心期间产成品库存减少 73 台，同比下降 164.0%。与前两年期间产成品库存数据大幅增加的情况相比变化明显。

**表 1　2016 年加工中心产品产销存情况**

| 产品名称 | 生产 | | | | 销售 | | | | 期间产成品库存 | | | |
|---|---|---|---|---|---|---|---|---|---|---|---|---|
| | 数量（台） | 同比增长（%） | 金额（亿元） | 同比增长（%） | 数量（台） | 同比增长（%） | 金额（亿元） | 同比增长（%） | 数量（台） | 同比增长（%） | 金额（亿元） | 同比增长（%） |
| 加工中心合计 | 46 222 | 31.0 | 152.1 | 11.1 | 46 295 | 31.6 | 157.5 | 18.2 | -73 | -164.0 | -5.4 | -244.7 |
| 立式加工中心 | 42 820 | 41.7 | 106.8 | 21.9 | 42 819 | 41.9 | 109.1 | 29.9 | 1 | -98.0 | -2.3 | -163.3 |
| 五轴以下立式加工中心 | 42 649 | 41.8 | 104.7 | 22.0 | 42 407 | 42.3 | 105.6 | 30.0 | 242 | -8.7 | -0.9 | -120.0 |
| 五轴立式加工中心 | 171 | 9.6 | 2.1 | 18.2 | 412 | 11.1 | 3.4 | 26.9 | -241 | -12.1 | -1.4 | -42.8 |
| 卧式加工中心 | 1 199 | -4.1 | 21.7 | -14.4 | 1 304 | 3.8 | 24.6 | -0.7 | -105 | -1 650.0 | -2.8 | -527.7 |
| 五轴以下卧式加工中心 | 1162 | -4.8 | 19.1 | -16.6 | 1 268 | 3.3 | 22.0 | -1.1 | -106 | -1 666.7 | -2.9 | -539.2 |
| 五轴卧式加工中心 | 37 | 27.6 | 2.6 | 6.0 | 36 | 24.1 | 2.6 | 2.9 | 1 | | 0.1 | |
| 超重型龙门式加工中心 | 8 | -63.6 | 0.3 | -55.1 | 8 | -70.4 | 0.3 | -59.6 | 0 | 100.0 | -0.01 | 89.9 |
| 五轴以下超重型龙门式加工中心 | 8 | -57.9 | 0.3 | -29.1 | 8 | -69.2 | 0.3 | -54.7 | 0 | 100.0 | -0.01 | 96.2 |
| 五轴超重型龙门式加工中心 | 0 | -100.0 | 0.0 | -100.0 | 0 | -100.0 | 0.0 | -100.0 | 0 | -100.0 | 0.0 | -100.0 |
| 重型龙门式加工中心 | 14 | -30.0 | 0.7 | -47.8 | 21 | -12.5 | 1.2 | -21.9 | -7 | -75.0 | -0.4 | -261.5 |
| 五轴以下重型龙门式加工中心 | 13 | -31.6 | 0.6 | -51.0 | 19 | -20.8 | 1.0 | -31.6 | -6 | -20.0 | -0.4 | -98.5 |
| 五轴重型龙门式加工中心 | 1 | 0.0 | 0.1 | 12.7 | 2 | | 0.1 | | -1 | -200.0 | -0.1 | -200.0 |
| 大型龙门式加工中心 | 1 390 | -57.8 | 17.1 | -6.4 | 1 396 | -56.7 | 16.5 | -11.6 | -6 | -109.0 | 0.5 | 215.3 |

（续）

| 产品名称 | 生产 | | | | 销售 | | | | 期间产成品库存 | | | |
|---|---|---|---|---|---|---|---|---|---|---|---|---|
| | 数量（台） | 同比增长（%） | 金额（亿元） | 同比增长（%） | 数量（台） | 同比增长（%） | 金额（亿元） | 同比增长（%） | 数量（台） | 同比增长（%） | 金额（亿元） | 同比增长（%） |
| 五轴以下大型龙门式加工中心 | 1 381 | -57.8 | 16.5 | -4.1 | 1 387 | -56.6 | 16.0 | -8.3 | -6 | -108.1 | 0.5 | 385.6 |
| 五轴大型龙门式加工中心 | 9 | -52.6 | 0.5 | -45.0 | 9 | -65.4 | 0.5 | -57.0 | 0 | 100.0 | -0.003 | 99.1 |
| 中小型龙门式加工中心 | 713 | 74.3 | 5.1 | 48.4 | 668 | 69.1 | 5.4 | 75.7 | 45 | 221.4 | -0.4 | -210.5 |
| 五轴以下中小型龙门式加工中心 | 713 | 74.3 | 5.1 | 48.4 | 668 | 69.1 | 5.4 | 75.7 | 45 | 221.4 | -0.4 | -210.5 |
| 车铣（铣车）加工中心 | 31 | -8.8 | 0.2 | -8.6 | 31 | -8.8 | 0.2 | -8.6 | 0 | | 0.0 | 100.0 |
| 五轴以下车铣（铣车）加工中心 | 31 | -8.8 | 0.2 | -8.6 | 31 | -8.8 | 0.2 | -8.6 | 0 | | 0.0 | 100.0 |
| 其他加工中心 | 47 | 42.4 | 0.3 | 56.5 | 48 | 37.1 | 0.3 | -25.6 | -1 | 50.0 | 0.01 | 106.6 |
| 五轴以下其他加工中心 | 46 | 39.4 | 0.3 | 45.3 | 48 | 37.1 | 0.3 | -25.6 | -2 | 0.0 | -0.01 | 95.6 |
| 五轴其他加工中心 | 1 | | 0.02 | | | | | | 1 | | 0.02 | |

注：由于四舍五入，表中合计数有微小出入。

### 三、出口情况

根据海关统计数据，2016 年，加工中心出口总额 1.4 亿美元，同比下降 31.2%。其中，立式加工中心出口额 0.9 亿美元，同比下降 18.3%；卧式加工中心出口额 0.3 亿美元，同比增长 51.3%；龙门式加工中心出口额 0.1 亿美元，同比下降 81.9%；铣车复合加工中心出口额 0.03 亿元，同比增长 138.9%。2016 年加工中心出口情况见表 2。

#### 表 2 2016 年加工中心出口情况

| 产品名称 | 数量（台） | 同比增长（%） | 占比（%） | 金额（千美元） | 同比增长（%） | 占比（%） | 单价（千美元／台） | 同比增长（%） |
|---|---|---|---|---|---|---|---|---|
| 合计 | 3 076 | -10.1 | 100.0 | 136 680 | -31.2 | 100.0 | 44 | -23.5 |
| 立式加工中心 | 2 433 | 15.1 | 79.1 | 88 459 | -18.3 | 64.7 | 36 | -29.0 |
| 卧式加工中心 | 181 | 5.2 | 5.9 | 31 364 | 51.3 | 23.0 | 173 | 43.8 |
| 龙门式加工中心 | 314 | -64.8 | 10.2 | 11 301 | -81.9 | 8.3 | 36 | -48.6 |
| 铣车复合加工中心 | 38 | 81.0 | 1.2 | 3 158 | 138.9 | 2.3 | 83 | 32.0 |
| 未列名加工中心 | 110 | -50.2 | 3.6 | 2 397 | -59.8 | 1.8 | 22 | -19.2 |

注：由于四舍五入，表中合计数有微小出入。

从数量和金额上看，立式加工中心的占比都居首位；从单价上看，卧式加工中心的单价最高。从出口趋势上看，加工中心在数量和金额上呈现大幅下降的趋势，但数量降幅要小于出口金额的降幅，因此，加工中心的单价仍呈现同比下降的趋势。

加工中心在出口去向上，印度排在第一位，出口额同比增长 50.9%；泰国大幅增长，处于第二位，同比增长 424.4%；俄罗斯联邦位居第三，但出口额同比下降 11.9%。2016 年加工中心出口去向前 10 位国家或地区情况见表 3。

#### 表 3 2016 年加工中心出口去向前 10 位国家或地区情况

| 序号 | 国家（地区） | 数量（台） | 同比增长（%） | 占比（%） | 金额（千美元） | 同比增长（%） | 占比（%） | 单价（千美元／台） |
|---|---|---|---|---|---|---|---|---|
| 1 | 印度 | 118 | 43.9 | 3.8 | 12 748 | 50.9 | 9.3 | 108 |
| 2 | 泰国 | 534 | 734.4 | 17.4 | 12 143 | 424.4 | 8.9 | 23 |

（续）

| 序号 | 国家（地区） | 数量<br>（台） | 同比增长<br>（%） | 占比<br>（%） | 金额<br>（千美元） | 同比增长<br>（%） | 占比<br>（%） | 单价<br>（千美元/台） |
|---|---|---|---|---|---|---|---|---|
| 3 | 俄罗斯联邦 | 218 | 21.1 | 7.1 | 10 503 | -11.9 | 7.7 | 48 |
| 4 | 德国 | 104 | 15.6 | 3.4 | 8 391 | 123.8 | 6.1 | 81 |
| 5 | 中国香港 | 316 | 184.7 | 10.3 | 8 143 | 80.2 | 6.0 | 26 |
| 6 | 越南 | 319 | -64.1 | 10.4 | 7 842 | -85.2 | 5.7 | 25 |
| 7 | 荷兰 | 47 | -48.9 | 1.5 | 7 256 | -49.1 | 5.3 | 154 |
| 8 | 美国 | 84 | -46.8 | 2.7 | 6 259 | -52.9 | 4.6 | 75 |
| 9 | 伊朗 | 180 | -9.6 | 5.9 | 6 241 | -15.7 | 4.6 | 35 |
| 10 | 日本 | 64 | -39.6 | 2.1 | 5 579 | -9.5 | 4.1 | 87 |

加工中心出口企业中，按出口额占比排序，外资企业（53.6%）、私人企业（36.4%）和国有企业（10.0%）。在出口企业所在地区中，按出口额占比排序，华东（41.6%）、华南（20.4%）和东北（20.3%）居前三位，同比分别变化 -5.6%、8.6% 和 30.5%。2016 年加工中心出口企业性质情况见表4。2016 年加工中心出口企业所在地区情况见表5。

**表4　2016 年加工中心出口企业性质情况**

| 序号 | 企业性质 | 数量<br>（台） | 同比增长<br>（%） | 占比<br>（%） | 金额<br>（千美元） | 同比增长<br>（%） | 占比<br>（%） | 单价<br>（千美元/台） |
|---|---|---|---|---|---|---|---|---|
| | 合计 | 3 076 | -10.1 | | 136 680 | -31.2 | | 44 |
| 1 | 外资企业 | 1 435 | 25.1 | 46.7 | 73 291 | -6.6 | 53.6 | 51 |
| 2 | 私人企业 | 1 309 | -27.2 | 42.6 | 49 689 | -48.5 | 36.4 | 38 |
| 3 | 国有企业 | 332 | -30.4 | 10.8 | 13 699 | -42.4 | 10.0 | 41 |

注：由于四舍五入，表中合计数有微小出入。

**表5　2016 年加工中心出口企业所在地区情况**

| 序号 | 所在地区 | 数量<br>（台） | 同比增长<br>（%） | 占比<br>（%） | 金额<br>（千美元） | 同比增长<br>（%） | 占比<br>（%） | 单价<br>（千美元/台） |
|---|---|---|---|---|---|---|---|---|
| | 合计 | 3 076 | -10.1 | | 136 680 | -31.2 | | 44 |
| 1 | 华东 | 997 | 19.4 | 32.4 | 56 879 | -5.6 | 41.6 | 57 |
| 2 | 华南 | 1 034 | 64.7 | 33.6 | 27 876 | 8.6 | 20.4 | 27 |
| 3 | 东北 | 428 | 20.6 | 13.9 | 27 741 | 30.5 | 20.3 | 65 |
| 4 | 华北 | 474 | -65.7 | 15.4 | 16 819 | -78.1 | 12.3 | 35 |
| 5 | 西北 | 102 | -39.3 | 3.3 | 5 719 | -48.6 | 4.2 | 56 |
| 6 | 西南 | 30 | -16.7 | 1.0 | 1 180 | -53.0 | 0.9 | 39 |
| 7 | 华中 | 11 | -38.9 | 0.4 | 465 | -57.1 | 0.3 | 42 |

注：由于四舍五入，表中合计数有微小出入。

**四、企业信息**

参加 2016 年加工中心产品年度统计的企业（按企业名称拼音首字母排序）见表6。

**表 6　参加 2016 年加工中心产品年度统计的企业（按企业名称拼音首字母排序）**

| 企业名称 | 网址 |
|---|---|
| 安徽华隆精密机械有限公司 | http://www.landgroup.cn |
| 安徽晶菱机床制造有限公司 | http://www.ahjljc.com |
| 宝鸡机床集团有限公司 | http://www.bjmtw.com |
| 北京北一机床股份有限公司 | http://www.byjc.com.cn |
| 北京精雕科技集团有限公司 | http://jingdiao.com/cn |
| 成都普瑞斯数控机床有限公司 | http://www.precisecnc.com.cn |
| 大连机床集团有限责任公司 | http://www.dmtg.com |
| 大连科德数控有限公司 | http://www.dlkede.com |
| 东风汽车有限公司设备制造厂 | http://www.dfl.com.cn |
| 广州市敏嘉制造技术有限公司 | http://www.gzminjia.com |
| 汉川数控机床股份公司 | http://www.cnhlmt.com |
| 杭州友佳精密机械有限公司 | http://www.feeler.com.cn |
| 黄山皖南机床有限公司 | http://www.wannan.com.cn |
| 济南二机床集团有限公司 | http://www.jiermt.com |
| 南京第二机床厂有限公司 | http://www.nmt2.cn |
| 南通国盛智能科技集团股份有限公司 | http://www.ntgsjd.com |
| 南通航智装备科技有限公司 | http://www.tontec.cn |
| 宁波海天精工股份有限公司 | http://www.hision.com.cn |
| 宁夏银川大河数控机床有限公司 | http://www.nxdahe.com.cn |
| 齐齐哈尔二机床（集团）有限责任公司 | http://www.q2jc.com.cn |
| 齐重数控装备股份有限公司 | http://www.qfmtw.com.cn |
| 秦川机床工具集团股份公司 | http://www.qinchuan.com |
| 青海一机数控机床有限责任公司 | http://www.qyskjc.com |
| 瑞远机床集团有限公司 | http://www.ruiyuanchina.com |
| 山东临沂金星机床有限公司 | http://www.jinxingjichuang.com |
| 山东鲁南机床有限公司 | http://lunanmachine.com |
| 山东威达重工股份有限公司 | http://www.weidamc.com |
| 上海第三机床厂 | http://www.h3mt.com |
| 上海谱港机床有限公司 | http://www.shpgjc.com |
| 深圳市捷甬达实业有限公司 | http://www.jointcn.com |
| 沈机集团昆明机床股份有限公司 | http://www.kmtcl.com.cn |
| 沈阳机床（集团）有限责任公司 | http://www.syjcc.com |
| 四川普什宁江机床有限公司 | http://www.ningjiang.com |
| 苏州宝玛数控设备有限公司 | http://www.bmnc.cn |
| 滕州市喜力机床有限责任公司 | http://www.xljc.cn |
| 威海华东数控股份有限公司 | http://www.huadongcnc.com |
| 无锡机床股份有限公司 | http://www.wxjcc.net |
| 武汉华工激光工程有限责任公司 | http://www.hglaser.com |

（续）

| 企业名称 | 网址 |
|---|---|
| 新乡日升数控轴承装备有限公司 | http://www.xxrs.com |
| 新誉集团有限公司 | http://www.shinri.cn |
| 一拖（洛阳）开创装备科技有限公司 | http://www.ytkc.com |
| 亿达日平机床有限公司 | http://www.ync-china.com |
| 云南 CY 集团有限公司 | http://www.cy-ymtw.com |
| 浙江凯达机床股份有限公司 | http://www.zjmtw.com |
| 浙江日发精密机械股份有限公司 | http://www.rifapm.com |

# 数 控 车 床

## 一、基本情况

2016 年，中国机床工具行业年报统计中生产数控车床产品的企业共计 47 家。数控车床总体呈现小幅下降，产量 6.2 万台，同比下降 0.1%；销售产值 115.3 亿元，同比下降 4.5%；期间产成品库存增加 404 台，同比增长 121.6%。从数控车床产品结构上看，数控卧式车床产品的比重最大。2016 年数控车床产品产销存情况见表 7。

**表 7　2016 年数控车床产品产销存情况**

| 产品名称 | 生产 | | | | 销售 | | | | 期间产成品库存 | | | |
|---|---|---|---|---|---|---|---|---|---|---|---|---|
| | 数量（台） | 同比增长（%） | 金额（亿元） | 同比增长（%） | 数量（台） | 同比增长（%） | 金额（亿元） | 同比增长（%） | 数量（台） | 同比增长（%） | 金额（亿元） | 同比增长（%） |
| 数控车床 | 61 815 | -0.1 | 115.1 | -2.8 | 61 411 | -3.6 | 115.3 | -4.5 | 404 | 121.6 | -0.2 | 90.5 |
| 数控卧式车床 | 59 970 | -0.5 | 97.4 | -3.5 | 59 543 | -4.3 | 96.5 | -6.5 | 427 | 122.0 | 0.9 | 137.9 |
| 数控超重型卧式车床 | 5 | 25.0 | 0.1 | -47.4 | 5 | 0.0 | 0.1 | -67.2 | 0 | 100.0 | 0.0 | 100.0 |
| 数控重型卧式车床 | 25 | -43.2 | 0.7 | 4.0 | 22 | -45.0 | 0.6 | 10.2 | 3 | -25.0 | 0.1 | -37.3 |
| 数控大型卧式车床 | 7 945 | 19.8 | 19.9 | 11.7 | 8 186 | 26.4 | 20.3 | 21.5 | -241 | -258.6 | -0.4 | -139.3 |
| 数控中小型卧式车床 | 51 995 | -3.0 | 76.7 | -6.7 | 51 330 | -7.8 | 75.4 | -11.8 | 665 | 131.7 | 1.2 | 137.4 |
| 数控立式车床 | 1 182 | 21.0 | 8.2 | -2.3 | 1 192 | 21.9 | 8.4 | -5.9 | -10 | -900.0 | -0.2 | 66.2 |
| 数控超重型立式车床 | 9 | 350.0 | 0.5 | 48.7 | 10 | 400.0 | 0.6 | 78.4 | -1 | | -0.1 | -331.5 |
| 数控重型立式车床 | 67 | -28.0 | 1.2 | -34.3 | 78 | -26.4 | 1.3 | -42.0 | -11 | 15.4 | -0.1 | 76.6 |
| 数控大型立式车床 | 251 | 151.0 | 1.3 | 12.6 | 262 | 187.9 | 1.3 | 6.0 | -11 | -222.2 | -0.1 | 50.4 |
| 数控中小型立式车床 | 855 | 9.3 | 5.2 | 1.8 | 842 | 8.1 | 5.2 | 0.9 | 13 | 333.3 | 0.05 | 872.7 |
| 其他数控车床 | 663 | 5.7 | 9.6 | 4.8 | 676 | 22.0 | 10.5 | 20.7 | -13 | -117.8 | -0.9 | -319.7 |

注：由于四舍五入，表中合计数有微小出入。

## 二、生产运行

2016 年，数控车床产品的产销总体呈现小幅下降状态。从细分产品结构上看，产销量占比最大的仍然是数控中小型卧式车床，数控超重型立式车床和卧式车床的占比最小。这些细分产品运行情况间接反映了市场需求的结构。

## 三、出口情况

根据海关统计数据，2016 年，数控车床出口总额约 3.0 亿美元，同比下降 10.6%。其中，数控卧式车床出口额 2.4 亿美元，同比下降 12.5%；其他数控车床（含数控立式车床）出口额 0.5 亿美元，同比下降 1.2%。2016 年数控车床出口情况见表 8。

**表 8    2016 年数控车床出口情况**

| 产品名称 | 数量<br>（台） | 同比增长<br>（%） | 占比<br>（%） | 金额<br>（千美元） | 同比增长<br>（%） | 占比<br>（%） | 单价<br>（千美元／台） | 同比增长<br>（%） |
|---|---|---|---|---|---|---|---|---|
| 合计 | 8 789 | -9.4 | 100.0 | 298 379 | -10.6 | 100.0 | 34 | -1.3 |
| 数控卧式车床 | 7 908 | -8.0 | 90.0 | 243 555 | -12.5 | 81.6 | 31 | -4.8 |
| 其他数控车床 | 881 | -20.1 | 10.0 | 54 823 | -1.2 | 18.4 | 62 | 23.7 |
| 其中：数控立式车床 | 443 | 0.0 | | 49 522 | 9.2 | | 112 | |

注：由于四舍五入，表中合计数有微小出入。

从数量和金额上看，数控卧式车床的占比都居首位；从单价上看，数控立式车床的单价最高。从出口趋势上看，只有数控立式车床的出口额保持增长趋势，且是在数量持平的情况下，出口金额保持较大幅度增长，因此，数控立式车床的单价呈现同比显著增长的趋势。

数控车床在出口去向上，日本排在第一位，出口额同比下降 14.3%；德国处于第二位，同比增长 1.3%；美国位居第三，同比下降 23.4%。2016 年数控车床出口去向前 10 位国家或地区情况见表 9。

**表 9    2016 年数控车床出口去向前 10 位国家或地区情况**

| 序号 | 国家（地区） | 数量<br>（台） | 同比增长<br>（%） | 占比<br>（%） | 金额<br>（千美元） | 同比增长<br>（%） | 占比<br>（%） | 单价<br>（千美元／台） |
|---|---|---|---|---|---|---|---|---|
| 1 | 日本 | 2 473 | -15.7 | 28.1 | 90 177 | -14.3 | 30.2 | 36 |
| 2 | 德国 | 323 | -2.1 | 3.7 | 32 147 | 1.3 | 10.8 | 100 |
| 3 | 美国 | 472 | -33.0 | 5.4 | 26 891 | -23.4 | 9.0 | 57 |
| 4 | 比利时 | 259 | -21.5 | 3.0 | 18 239 | -6.9 | 6.1 | 70 |
| 5 | 俄罗斯联邦 | 400 | 48.2 | 4.6 | 14 279 | 52.7 | 4.8 | 36 |
| 6 | 中国台澎金马关税区 | 323 | 70.9 | 3.7 | 10 752 | 29.8 | 3.6 | 33 |
| 7 | 印度 | 475 | -12.2 | 5.4 | 10 621 | -21.2 | 3.6 | 22 |
| 8 | 波兰 | 208 | 6.1 | 2.4 | 10 308 | 87.5 | 3.5 | 50 |
| 9 | 印度尼西亚 | 692 | -9.4 | 7.9 | 8 161 | -18.2 | 2.7 | 12 |
| 10 | 荷兰 | 156 | -43.3 | 1.8 | 8 016 | -44.5 | 2.7 | 51 |

数控车床出口企业中，按出口额占比排序，外资企业（70.2%）、私人企业（25.2%）和国有企业（4.6%）。在出口企业所在地区中，按出口额占比排序，华东（59.7%）、东北（23.6%）和华北（7.8%）居前三位，同比分别变化 6.9%、-39.1% 和 40.9%。2016 年数控车床出口企业性质情况和所在地区情况分别见表 10 和表 11。

**表 10    2016 年数控车床出口企业性质情况**

| 序号 | 企业性质 | 数量<br>（台） | 同比增长<br>（%） | 占比<br>（%） | 金额<br>（千美元） | 同比增长<br>（%） | 占比<br>（%） | 单价<br>（千美元／台） |
|---|---|---|---|---|---|---|---|---|
| | 合计 | 8 789 | -9.4 | | 298 379 | -10.6 | | 34 |
| 1 | 外资企业 | 4 314 | -15.0 | 49.1 | 209 397 | -11.3 | 70.2 | 49 |
| 2 | 私人企业 | 4 004 | -2.8 | 45.6 | 75 304 | -7.9 | 25.2 | 19 |
| 3 | 国有企业 | 471 | -6.9 | 5.4 | 13 678 | -13.2 | 4.6 | 29 |

注：由于四舍五入，表中合计数有微小出入。

**表 11 2016 年数控车床出口企业所在地区情况**

| 序号 | 所在地区 | 数量<br>(台) | 同比<br>(%) | 占比<br>(%) | 金额<br>(千美元) | 同比<br>(%) | 占比<br>(%) | 单价<br>(千美元/台) |
|---|---|---|---|---|---|---|---|---|
| | 合计 | 8 789 | -9.4 | | 298 379 | -10.6 | | 34 |
| 1 | 华东 | 5 248 | 3.7 | 59.7 | 178 213 | 6.9 | 59.7 | 34 |
| 2 | 东北 | 1 457 | -39.6 | 16.6 | 70 566 | -39.1 | 23.6 | 48 |
| 3 | 华北 | 866 | 54.1 | 9.9 | 22 896 | 40.9 | 7.8 | 26 |
| 4 | 西北 | 310 | 47.6 | 3.5 | 12 036 | 91.6 | 4.0 | 39 |
| 5 | 华南 | 571 | -33.0 | 6.5 | 9 011 | -31.2 | 3.0 | 16 |
| 6 | 西南 | 263 | -51.3 | 3.0 | 3 870 | -66.3 | 1.3 | 15 |
| 7 | 华中 | 74 | 19.4 | 0.8 | 1 786 | -54.3 | 0.6 | 24 |

注：由于四舍五入，表中合计数有微小出入。

**四、企业信息**

参加 2016 年数控车床产品年度统计的企业（按企业名称拼音首字母排序）见表 12。

**表 12 参加 2016 年数控车床产品年度统计的企业（按企业名称拼音首字母排序）**

| 企业名称 | 网址 |
|---|---|
| 安徽双龙机床制造有限公司 | http://www.ahsljc.com |
| 安阳鑫盛机床股份有限公司 | http://www.ayxsjc.cn |
| 宝鸡机床集团有限公司 | http://www.bjmtw.com |
| 北京北一机床股份有限公司 | http://www.byjc.com.cn |
| 重庆第二机床厂有限责任公司 | http://www.cqej.com |
| 重庆机床（集团）有限责任公司 | http://www.chmti.com |
| 大连机床集团有限责任公司 | http://www.dmtg.com |
| 广州机床厂有限公司 | http://www.gzmachine.com |
| 广州市敏嘉制造技术有限公司 | http://www.gzminjia.com |
| 广州市珠江机床厂有限公司 | http://www.prmt.com.cn |
| 杭州友佳精密机械有限公司 | http://www.feeler.com.cn |
| 江苏齐航数控机床有限责任公司 | http://www.qhcnc.hrjcw.com |
| 马鞍山万马机床制造有限公司 | http://www.wanmajc.com |
| 牡丹江迈克机床制造有限公司 | http://www.mdjmec.com |
| 南京第二机床厂有限公司 | http://www.nmt2.cn |
| 南京第一机床厂有限公司 | http://www.nj-jcc.com |
| 南通航智装备科技有限公司 | http://www.tontec.cn |
| 宁波海天精工股份有限公司 | http://www.hision.com.cn |
| 宁夏新瑞长城机床有限公司 | http://www.shinri.cn |
| 齐齐哈尔二机床（集团）有限责任公司 | http://www.q2jc.com.cn |
| 齐重数控装备股份有限公司 | http://www.qfmtw.com.cn |
| 秦川机床工具集团股份公司 | http://www.qinchuan.com |
| 青海华鼎重型机床有限责任公司 | http://www.qhzx.cn |
| 瑞远机床集团有限公司 | http://www.ruiyuanchina.com |

（续）

| 企业名称 | 网址 |
|---|---|
| 山东临沂金星机床有限公司 | http://www.jinxingjichuang.com |
| 山东鲁南机床有限公司 | http://lunanmachine.com |
| 山东普利森集团有限公司 | http://www.dzjc.com |
| 上海第三机床厂 | http://www.h3mt.com |
| 上海机床厂有限公司 | http://www.smtw.com |
| 上海谱港机床有限公司 | http://www.shpgjc.com |
| 深圳市捷甬达实业有限公司 | http://www.jointcn.com |
| 沈阳机床（集团）有限责任公司 | http://www.syjcc.com |
| 四川普什宁江机床有限公司 | http://www.ningjiang.com |
| 天津市第二机床有限公司 | http://www.tmtw2.com |
| 天水星火机床有限责任公司 | http://www.sparkcnc.com |
| 威海华东数控股份有限公司 | http://www.huadongcnc.com |
| 芜湖恒升重型机床股份有限公司 | http://www.whhmtw.com |
| 武汉重型机床集团有限公司 | http://www.whhdmt.com |
| 新乡日升数控轴承装备有限公司 | http://www.xxrs.com |
| 烟台环球机床装备股份有限公司 | http://www.yt-ma.com |
| 一拖（洛阳）开创装备科技有限公司 | http://www.ytkc.com |
| 云南 CY 集团有限公司 | http://www.cy-ymtw.com |
| 长沙金岭机床有限责任公司 | http://www.jinling.net.cn |
| 浙江海德曼智能装备股份有限公司 | http://www.headman.cn |
| 浙江金火机床有限公司 | http://www.jinhuo.net |
| 浙江凯达机床股份有限公司 | http://www.zjmtw.com |
| 浙江日发精密机械股份有限公司 | http://www.rifapm.com |

# 磨 床

## 一、基本情况

2016 年，中国机床工具行业年报统计中生产磨床产品的企业共计 28 家。磨床总体生产降幅明显，但销售产值略有增长，产量 0.7 万台，同比下降 13.1%；销售产值 14.3 亿元，同比增长 0.9%；期间产成品库存减少 1 124 台，同比下降 100.4%。从磨床产品结构上看，磨床产品的产值数控化率为 61.1%，数控磨床的产销情况明显好于磨床产品总体情况。2016 年磨床产品产销存情况见表 13。

## 二、生产运行

2016 年磨床产品的生产总体继续呈现大幅下降态势，但销售却呈现出小幅增长态势。从细分产品结构上看，产销量占比最大的仍然是平面磨床和外圆磨床。磨床中数控产品的运行趋势明显优于磨床产品总体运行趋势，这反映出磨床产品领域的转型升级效果明显，发展动力明显增强。

2016 年磨床产成品期间库存的数据显著下降，从 2016 年产期间成品存货的数量和金额降幅对比情况看，数量降幅要小于金额，反映出磨床企业的产品销售结构出现了明显的提升。

**表13　2016年磨床产品产销存情况**

| 产品名称 | 生产 | | | | 销售 | | | | 期间产成品库存 | | | |
|---|---|---|---|---|---|---|---|---|---|---|---|---|
| | 数量（台） | 同比增长（%） | 金额（亿元） | 同比增长（%） | 数量（台） | 同比增长（%） | 金额（亿元） | 同比增长（%） | 数量（台） | 同比增长（%） | 金额（亿元） | 同比增长（%） |
| 磨床 | 6 733 | -13.1 | 12.6 | -12.5 | 7 857 | -5.4 | 14.3 | 0.9 | -1 124 | -100.4 | -1.7 | -696.0 |
| 其中：数控磨床 | 2 217 | 13.3 | 7.7 | -3.6 | 2 206 | 5.8 | 8.1 | 1.4 | 11 | 108.5 | -0.4 | -1 444.1 |
| 平面磨床 | 2 786 | -15.1 | 3.0 | -13.3 | 3 365 | 0.9 | 3.7 | 18.3 | -579 | -992.5 | -0.7 | -280.5 |
| 其中：数控平面磨床 | 190 | 19.5 | 0.6 | 42.1 | 141 | -17.5 | 0.6 | 31.4 | 49 | 508.3 | 0.01 | 145.9 |
| 导轨磨床 | 6 | -45.5 | 0.1 | -78.4 | 6 | -60.0 | 0.1 | -55.0 | 0 | 100.0 | -0.05 | -314.7 |
| 其中：数控导轨磨床 | 4 | -60.0 | 0.04 | -81.6 | 4 | -71.4 | 0.1 | -55.2 | 0 | 100.0 | -0.05 | -314.7 |
| 外圆磨床 | 2 101 | -20.1 | 3.4 | -26.9 | 2 504 | -10.7 | 3.9 | -14.3 | -403 | -130.3 | -0.5 | -759.3 |
| 其中：数控外圆磨床 | 588 | -18.3 | 1.8 | -30.2 | 634 | -6.2 | 1.9 | -24.7 | -46 | -204.5 | -0.1 | -186.8 |
| 普通外圆磨床 | 1 424 | -7.2 | 2.2 | -8.7 | 1 635 | -0.7 | 2.5 | 7.7 | -211 | -86.7 | -0.3 | -314.3 |
| 其中：数控普通外圆磨床 | 433 | 13.4 | 1.1 | 3.3 | 454 | 28.2 | 1.1 | 9.4 | -21 | -175.0 | 0.01 | -83.5 |
| 万能外圆磨床 | 544 | -34.5 | 0.6 | -42.9 | 725 | -19.0 | 0.8 | -24.2 | -181 | -182.8 | -0.2 | -8 190.1 |
| 其中：数控万能外圆磨床 | 22 | -71.4 | 0.1 | -75.2 | 37 | -39.3 | 0.1 | -53.9 | -15 | -193.8 | -0.04 | -172.9 |
| 端面外圆磨床 | 133 | -49.4 | 0.6 | -49.8 | 144 | -44.8 | 0.6 | -47.6 | -11 | -650.0 | -0.05 | -12.3 |
| 其中：数控端面外圆磨床 | 133 | -49.0 | 0.6 | -49.6 | 143 | -45.2 | 0.6 | -47.8 | -10 | | -0.04 | 3.8 |
| 内圆磨床 | 54 | -66.0 | 0.1 | -31.3 | 115 | -9.4 | 0.2 | -3.9 | -61 | -290.6 | -0.1 | -408.3 |
| 其中：数控内圆磨床 | 33 | 0.0 | 0.1 | 26.0 | 42 | 16.7 | 0.1 | 15.6 | -9 | -200.0 | -0.02 | 17.2 |
| 坐标磨床 | 3 | 200.0 | 0.03 | 134.0 | 6 | 50.0 | 0.1 | 200.2 | -3 | 0.0 | -0.03 | -336.2 |
| 其中：数控坐标磨床 | 2 | 100.0 | 0.03 | 102.3 | 2 | 100.0 | 0.1 | 296.7 | 0 | | -0.03 | -17 080.0 |
| 立式磨床 | 6 | 100.0 | 0.1 | 302.6 | 6 | | 0.1 | | 0 | -100.0 | 0.0 | -100.0 |
| 其中：数控立式磨床 | 6 | 100.0 | 0.1 | 302.6 | 6 | | 0.1 | | 0 | -100.0 | 0.0 | -100.0 |
| 曲轴、凸轮磨床 | 38 | -35.6 | 0.3 | -31.1 | 45 | -29.7 | 0.3 | -10.8 | -7 | -40.0 | -0.03 | -167.4 |
| 其中：数控曲轴、凸轮磨床 | 33 | -5.7 | 0.2 | -33.3 | 34 | 3.0 | 0.3 | -12.8 | -1 | -150.0 | -0.01 | -120.6 |
| 曲轴磨床 | 20 | -51.2 | 0.2 | -34.2 | 27 | -41.3 | 0.3 | -12.1 | -7 | -40.0 | -0.03 | -167.4 |
| 其中：数控曲轴磨床 | 15 | -11.8 | 0.2 | -36.8 | 16 | 6.7 | 0.2 | -14.6 | -1 | -150.0 | -0.01 | -120.6 |
| 凸轮磨床 | 18 | 0.0 | 0.03 | 0.9 | 18 | 0.0 | 0.03 | 0.9 | | | | |
| 其中：数控凸轮磨床 | 18 | 0.0 | 0.03 | 0.9 | 18 | 0.0 | 0.03 | 0.9 | | | | |
| 轧辊磨床 | 12 | -20.0 | 0.2 | -13.1 | 13 | 8.3 | 0.2 | 22.2 | -1 | -133.3 | -0.02 | -132.1 |
| 其中：数控轧辊磨床 | 4 | -42.9 | 0.1 | -25.4 | 5 | 0.0 | 0.1 | 11.8 | -1 | -150.0 | -0.01 | -129.4 |
| 工具磨床 | 40 | -42.9 | 0.01 | -42.9 | 30 | -51.6 | 0.01 | -57.6 | 10 | 25.0 | 0.004 | 1 333.3 |
| 其中：数控工具机床 | | | | | 0 | -100.0 | 0.0 | -100.0 | 0 | 100.0 | 0.0 | 100.0 |
| 金属珩磨机床 | 23 | -36.1 | 0.1 | -47.8 | 24 | -20.0 | 0.1 | -11.5 | -1 | -116.7 | 0.005 | -95.7 |
| 其中：数控金属珩磨机床 | 23 | -32.4 | 0.1 | -45.5 | 24 | -7.7 | 0.1 | 3.3 | -1 | -112.5 | 0.005 | -96.0 |
| 金属研磨机床 | 204 | -1.4 | 0.3 | 7.2 | 173 | -57.5 | 0.2 | -46.8 | 31 | 115.5 | 0.1 | 136.0 |
| 其中：数控金属研磨机床 | 147 | | 0.2 | | 76 | | 0.2 | | 71 | | 0.02 | |
| 端面磨床 | 279 | 220.7 | 1.9 | 189.0 | 311 | 201.9 | 2.1 | 182.1 | -32 | -100.0 | -0.2 | -133.8 |
| 其中：数控端面磨床 | 279 | 220.7 | 1.9 | 189.0 | 311 | 201.9 | 2.1 | 182.1 | -32 | -100.0 | -0.2 | -133.8 |

（续）

| 产品名称 | 生产 | | | | 销售 | | | | 期间产成品库存 | | | |
|---|---|---|---|---|---|---|---|---|---|---|---|---|
| | 数量（台） | 同比增长（%） | 金额（亿元） | 同比增长（%） | 数量（台） | 同比增长（%） | 金额（亿元） | 同比增长（%） | 数量（台） | 同比增长（%） | 金额（亿元） | 同比增长（%） |
| 无心磨床 | 391 | 24.1 | 0.8 | 57.6 | 431 | 29.0 | 0.9 | 71.5 | -40 | -110.5 | -0.1 | -290.9 |
| 其中：数控无心磨床 | 146 | 124.6 | 0.6 | 137.1 | 152 | 126.9 | 0.6 | 131.7 | -6 | -200.0 | -0.02 | -46.5 |
| 轴承磨床 | 742 | -4.5 | 1.6 | 3.6 | 769 | -17.1 | 1.6 | -8.2 | -27 | 82.1 | 0.02 | 113.8 |
| 其中：数控轴承磨床 | 737 | -4.7 | 1.6 | 3.6 | 756 | -18.1 | 1.6 | -8.3 | -19 | 87.3 | 0.03 | 114.8 |
| 其他磨床 | 48 | -51.5 | 0.6 | -66.6 | 59 | -31.4 | 0.6 | -65.1 | -11 | -184.6 | -0.01 | -119.9 |
| 其中：其他数控磨床 | 25 | -16.7 | 0.2 | -83.3 | 19 | -34.5 | 0.2 | -84.9 | 6 | 500.0 | 0.02 | 2 618.5 |

注：由于四舍五入，表中合计数有微小出入。

### 三、出口情况

根据海关统计数据，2016 年，磨床出口总额 0.7 亿美元，同比增长 9.6%。其中，居前三位的产品是：外圆磨床出口额 0.211 亿美元，同比增长 36.8%；平面磨床出口额 0.210 亿美元，同比下降 11.7%；其他磨床出口额 0.14 亿美元，同比下降 4.9%。2016 年磨床出口情况见表 14。

**表 14　2016 年磨床出口情况**

| 产品名称 | 数量（台） | 同比增长（%） | 占比（%） | 金额（千美元） | 同比增长（%） | 占比（%） | 单价（千美元／台） | 同比增长（%） |
|---|---|---|---|---|---|---|---|---|
| 合计 | 3 894 | 5.3 | 100.0 | 74 988 | 9.6 | 100.0 | 19 | 4.1 |
| 平面磨床 | 2 035 | 1.0 | 52.3 | 21 019 | -11.7 | 28.0 | 10 | -12.6 |
| 曲轴磨床 | 5 | | 0.1 | 501 | | 0.7 | 100 | |
| 外圆磨床 | 425 | -14.1 | 10.9 | 21 140 | 36.8 | 28.2 | 50 | 59.4 |
| 内圆磨床 | 117 | 34.5 | 3.0 | 6 005 | 50.5 | 8.0 | 51 | 11.9 |
| 轧辊磨床 | 21 | 0.0 | 0.5 | 689 | 9.5 | 0.9 | 33 | 9.5 |
| 数控工具磨床 | 635 | 49.1 | 16.3 | 8 748 | 1.5 | 11.7 | 14 | 3.5 |
| 珩磨、研磨机 | 134 | -6.9 | 3.5 | 3 054 | 34.0 | 4.1 | 23 | 44.0 |
| 其他磨床 | 522 | 7.2 | 13.4 | 13 831 | -4.9 | 18.4 | 26 | -11.3 |

注：由于四舍五入，表中合计数有微小出入。

从数量上看，平面磨床的占比仍居首位；从金额上看，外圆磨床的占比升至首位；从单价上看，曲轴磨床的单价最高。从出口趋势上看，磨床出口呈现小幅回升，且出口金额的同比增幅大于出口数量的同比增幅。

磨床在出口去向上，按出口额排序，印度升至第一位，出口额同比增长 70.6%；印尼处于第二位，同比增长 338.4%；德国降至第三位，同比下降 25.8%。2016 年磨床出口去向前 10 位国家或地区情况见表 15。

**表 15　2016 年磨床出口去向前 10 位国家或地区情况**

| 序号 | 国家（地区） | 数量（台） | 同比增长（%） | 占比（%） | 金额（千美元） | 同比增长（%） | 占比（%） | 单价（千美元／台） |
|---|---|---|---|---|---|---|---|---|
| 1 | 印度 | 382 | 203.2 | 9.8 | 8 858 | 70.6 | 11.8 | 23 |
| 2 | 印度尼西亚 | 137 | 7.0 | 3.5 | 7 174 | 338.4 | 9.6 | 52 |
| 3 | 德国 | 265 | 4.7 | 6.8 | 5 939 | -25.8 | 7.9 | 22 |
| 4 | 越南 | 283 | 22.5 | 7.3 | 5 369 | 41.1 | 7.2 | 19 |
| 5 | 日本 | 157 | -11.3 | 4.0 | 4 931 | 38.8 | 6.6 | 31 |

（续）

| 序号 | 国家（地区） | 数量（台） | 同比增长（%） | 占比（%） | 金额（千美元） | 同比增长（%） | 占比（%） | 单价（千美元/台） |
|---|---|---|---|---|---|---|---|---|
| 6 | 美国 | 273 | -15.5 | 7.0 | 4 741 | 2.7 | 6.3 | 17 |
| 7 | 俄罗斯联邦 | 124 | 27.8 | 3.2 | 3 805 | 135.9 | 5.1 | 31 |
| 8 | 中国台澎金马关税区 | 325 | 51.2 | 8.4 | 3 654 | 77.7 | 4.9 | 11 |
| 9 | 意大利 | 25 | 257.1 | 0.6 | 3 597 | 3 836.6 | 4.8 | 144 |
| 10 | 韩国 | 206 | -19.8 | 5.3 | 3 427 | -55.0 | 4.6 | 17 |

磨床出口企业中，按出口额占比排序，私人企业（49.9%）、外资企业（37.5%）和国有企业（12.6%）。在出口企业所在地区中，按出口额占比排序，华东（68.4%）、华北（11.9%）和华南（10.8%）居前三位，同比分别增长29.9%、8.2%和1.7%。2016年磨床出口企业性质和所在地区情况分别见表16和表17。

**表16　2016年磨床出口企业性质情况**

| 序号 | 企业性质 | 数量（台） | 同比增长（%） | 占比（%） | 金额（千美元） | 同比增长（%） | 占比（%） | 单价（千美元/台） |
|---|---|---|---|---|---|---|---|---|
|  | 合计 | 3 894 | 5.3 |  | 74 988 | 9.6 |  | 19 |
| 1 | 私人企业 | 2 298 | -1.0 | 59.0 | 37 426 | 0.5 | 49.9 | 16 |
| 2 | 外资企业 | 1 096 | 14.4 | 28.2 | 28 127 | 30.0 | 37.5 | 26 |
| 3 | 国有企业 | 500 | 19.3 | 12.8 | 9 436 | -0.9 | 12.6 | 19 |

注：由于四舍五入，表中合计数有微小出入。

**表17　2016年磨床出口企业所在地区情况**

| 序号 | 所在地区 | 数量（台） | 同比增长（%） | 占比（%） | 金额（千美元） | 同比增长（%） | 占比（%） | 单价（千美元/台） |
|---|---|---|---|---|---|---|---|---|
|  | 合计 | 3 894 | 5.3 |  | 74 988 | 9.6 |  | 19 |
| 1 | 华东 | 2 117 | 12.0 | 54.4 | 51 322 | 29.9 | 68.4 | 24 |
| 2 | 华北 | 672 | -2.2 | 17.3 | 8 936 | 8.2 | 11.9 | 13 |
| 3 | 华南 | 587 | 0.9 | 15.1 | 8 084 | 1.7 | 10.8 | 14 |
| 4 | 华中 | 298 | 112.9 | 7.6 | 2 866 | -40.7 | 3.8 | 10 |
| 5 | 东北 | 57 | -43.6 | 1.5 | 1 423 | -43.7 | 1.9 | 25 |
| 6 | 西南 | 76 | -43.3 | 1.9 | 1 277 | -61.3 | 1.7 | 17 |
| 7 | 西北 | 87 | -46.3 | 2.2 | 1 080 | -47.6 | 1.5 | 12 |

注：由于四舍五入，表中合计数有微小出入。

### 四、企业信息

参加2016年磨床产品年度统计的企业（按企业名称拼音首字母排序）见表18。

**表18　参加2016年磨床产品年度统计的企业**（按企业名称拼音首字母排序）

| 企业名称 | 网址 |
|---|---|
| 宝鸡机床集团有限公司 | http://www.bjmtw.com |
| 北京北一机床股份有限公司 | http://www.byjc.com.cn |
| 北京第二机床厂有限公司 | http://www.bemtw.com |

（续）

| 企业名称 | 网址 |
|---|---|
| 广州市敏嘉制造技术有限公司 | http://www.gzminjia.com |
| 桂林桂北机器有限责任公司 | http://www.glmbc.com |
| 汉江机床有限公司 | http://www.hjmtc.cn |
| 杭州杭机股份有限公司 | http://www.hzmtg.com |
| 济南四机数控机床有限公司 | http://www.j4m.cn |
| 江西杰克机床有限公司 | http://www.jackmt.com.cn |
| 宁夏银川大河数控机床有限公司 | http://www.nxdahe.com.cn |
| 秦川机床工具集团股份公司 | http://www.qinchuan.com |
| 青海第二机床制造有限责任公司 | http://www.qh2j.com |
| 山东普利森集团有限公司 | http://www.dzjc.com |
| 陕西秦川格兰德机床有限公司 | http://www.qcgrinder.com |
| 上海第三机床厂 | http://www.h3mt.com |
| 上海机床厂有限公司 | http://www.smtw.com |
| 深圳市捷甬达实业有限公司 | http://www.jointcn.com |
| 四川普什宁江机床有限公司 | http://www.ningjiang.com |
| 天津市第二机床有限公司 | http://www.tmtw2.com |
| 天津市津机磨床有限公司 | http://tianjin-machine.com.cn |
| 天水星火机床有限责任公司 | http://www.sparkcnc.com |
| 威海华东数控股份有限公司 | http://www.huadongcnc.com |
| 无锡机床股份有限公司 | http://www.wxjcc.net |
| 新乡日升数控轴承装备有限公司 | http://www.xxrs.com |
| 烟台环球机床装备股份有限公司 | http://www.yt-ma.com |
| 营口冠华机床有限公司 | http://www.ykghjc.com |
| 宇环数控机床股份有限公司 | http://www.yh-cn.com |
| 浙江日发精密机械股份有限公司 | http://www.rifapm.com |

# 齿轮加工机床

## 一、基本情况

2016 年中国机床工具行业年报统计中生产齿轮加工机床产品的企业共计 12 家。齿轮加工机床总体呈现回升趋势，产量 996 台，同比下降 22.4%；销售产值 11.7 亿元，同比增长 35.0%；期间产成品库存减少 368 台，同比下降 493.5%。从齿轮加工机床产品结构上看，数控产品在产销等方面的表现要优于普通机床产品。2016 年齿轮加工机床产品产销存情况见表 19。

## 二、生产运行

2016 年齿轮加工机床产品的生产量虽有所下降，但金额却处于增长状态，销售方面更是量价齐涨，反映出产品结构已有所调整。从细分产品结构上看，产销数量上，滚齿机的占比最大，其中数控重大型产品的同比变动情况明显优于其他产品；产销金额上，磨齿机的占比最大，产销量价同比均有较大增幅，且全部为数控产品。

从 2016 年齿轮加工机床的期间产成品库存数据看，库存数量和金额均大幅下降，具体数值的变化反映出市场需求已向中高端产品倾斜。

表 19　2016 年齿轮加工机床产品产销存情况

| 产品名称 | 生产 | | | | 销售 | | | | 期间产成品库存 | | | |
|---|---|---|---|---|---|---|---|---|---|---|---|---|
| | 数量<br>（台） | 同比<br>增长<br>（%） | 金额<br>（亿元） | 同比<br>增长<br>（%） | 数量<br>（台） | 同比<br>增长<br>（%） | 金额<br>（亿元） | 同比<br>增长<br>（%） | 数量<br>（台） | 同比<br>增长<br>（%） | 金额<br>（亿元） | 同比<br>增长<br>（%） |
| 齿轮加工机床 | 996 | -22.4 | 10.6 | 16.3 | 1 364 | 1.3 | 11.7 | 35.0 | -368 | -493.5 | -1.2 | -388.3 |
| 其中：数控齿轮加工机床 | 853 | -8.8 | 10.4 | 25.7 | 1 049 | 11.4 | 11.3 | 42.6 | -196 | -2 700.0 | -0.9 | -365.7 |
| 滚齿机 | 406 | -38.3 | 1.8 | -35.6 | 616 | -12.5 | 2.2 | -15.5 | -210 | -356.5 | -0.5 | -538.7 |
| 其中：数控重型滚齿机 | 32 | 52.4 | 0.2 | 4.5 | 34 | 47.8 | 0.2 | -2.5 | -2 | 0.0 | -0.04 | 25.8 |
| 其中：数控大型滚齿机 | 7 | -12.5 | 0.2 | 24.2 | 7 | -12.5 | 0.2 | 37.2 | | | 0.0 | -245.8 |
| 其中：数控中小型滚齿机 | 232 | -24.4 | 1.3 | -31.8 | 286 | -10.1 | 1.5 | -13.3 | -54 | -390.9 | -0.2 | -210.6 |
| 插齿机 | 124 | -15.6 | 0.7 | -31.8 | 207 | 22.5 | 1.0 | -14.4 | -83 | -277.3 | -0.3 | -140.0 |
| 其中：数控插齿机 | 123 | -16.3 | 0.7 | -32.0 | 204 | 28.3 | 1.0 | -12.9 | -81 | -575.0 | -0.3 | -210.9 |
| 磨齿机 | 268 | 60.5 | 7.1 | 89.6 | 274 | 70.2 | 7.3 | 106.2 | -6 | -200.0 | -0.2 | -181.1 |
| 其中：数控磨齿机 | 268 | 60.5 | 7.1 | 89.6 | 274 | 70.2 | 7.3 | 106.2 | -6 | -200.0 | -0.2 | -181.1 |
| 珩齿机 | 28 | -41.7 | 0.1 | -42.0 | 32 | -33.3 | 0.1 | -26.4 | -4 | | -0.01 | -226.2 |
| 其中：数控珩齿机 | 28 | -31.7 | 0.1 | -37.2 | 29 | -29.3 | 0.1 | -19.4 | -1 | | -0.01 | -143.1 |
| 剃齿机 | 39 | -58.9 | 0.2 | -47.9 | 72 | -25.8 | 0.2 | -27.3 | -33 | -1 550.0 | -0.1 | -640.7 |
| 其中：数控剃齿机 | 39 | -57.6 | 0.2 | -47.3 | 57 | -23.0 | 0.2 | -26.8 | -18 | -200.0 | -0.03 | -175.1 |
| 成形铣齿机 | 5 | -28.6 | 0.1 | -30.1 | 5 | -28.6 | 0.1 | -30.1 | | | | |
| 其中：数控成形铣齿机 | 5 | -28.6 | 0.1 | -30.1 | 5 | -28.6 | 0.1 | -30.1 | | | | |
| 成形磨齿机 | 2 | 0.0 | 0.1 | 13.6 | 2 | 0.0 | 0.1 | 13.6 | | | | |
| 其中：数控成形磨齿机 | 2 | 0.0 | 0.1 | 13.6 | 2 | 0.0 | 0.1 | 13.6 | | | | |
| 其他齿轮加工机床 | 124 | -22.5 | 0.6 | -35.9 | 156 | -1.3 | 0.8 | 4.2 | -32 | -1 700.0 | -0.2 | -202.0 |
| 其中：其他数控齿轮加工机床 | 117 | -18.2 | 0.6 | -16.4 | 151 | 1.3 | 0.8 | 14.7 | -34 | -466.7 | -0.2 | -983.5 |

注：由于四舍五入，表中合计数有微小出入。

**三、出口情况**

根据海关统计数据，2016 年，齿轮加工机床出口总额 0.2 亿美元，同比增长 66.7%。从单价上看，齿轮加工机床大幅增长，同比增长 122.3%。2016 年齿轮加工机床出口情况见表 20。

表 20　2016 年齿轮加工机床出口情况

| 产品名称 | 数量<br>（台） | 同比增长<br>（%） | 占比<br>（%） | 金额<br>（千美元） | 同比增长<br>（%） | 占比<br>（%） | 单价<br>（千美元／台） | 同比增长<br>（%） |
|---|---|---|---|---|---|---|---|---|
| 齿轮加工机床 | 6 873 | -25.0 | 100.00 | 19 702 | 66.7 | 100.00 | 3 | 122.3 |

齿轮加工机床在出口去向上，美国升至第一位，出口额同比增长 2 343.0%；德国处于第二位，同比增长 163.1%；日本位居第三，同比增长 673.5%。2016 年齿轮加工机床出口去向前 10 位国家或地区情况见表 21。

表 21　2016 年齿轮加工机床出口去向前 10 位国家或地区情况

| 序号 | 国家（地区） | 数量<br>（台） | 同比增长<br>（%） | 占比<br>（%） | 金额<br>（千美元） | 同比增长<br>（%） | 占比增长<br>（%） | 单价<br>（千美元／台） |
|---|---|---|---|---|---|---|---|---|
| 1 | 美国 | 384 | 114.5 | 5.6 | 4 915 | 2 343.0 | 25.0 | 12.8 |
| 2 | 德国 | 20 | 233.3 | 0.3 | 2 261 | 163.1 | 11.5 | 113.1 |

（续）

| 序号 | 国家（地区） | 数量（台） | 同比增长（%） | 占比（%） | 金额（千美元） | 同比增长（%） | 占比增长（%） | 单价（千美元／台） |
|---|---|---|---|---|---|---|---|---|
| 3 | 日本 | 220 | -33.5 | 3.2 | 1 984 | 673.5 | 10.1 | 9.0 |
| 4 | 印度 | 38 | -98.2 | 0.6 | 1 484 | 43.4 | 7.5 | 39.1 |
| 5 | 韩国 | 79 | -36.3 | 1.2 | 1 421 | -12.7 | 7.2 | 18.0 |
| 6 | 墨西哥 | 372 | 18.1 | 5.4 | 1 216 | 1 757.5 | 6.2 | 3.3 |
| 7 | 中国台澎金马关税区 | 16 | -38.5 | 0.2 | 918 | 17.3 | 4.7 | 57.4 |
| 8 | 越南 | 129 | 22.9 | 1.9 | 717 | -8.2 | 3.6 | 5.6 |
| 9 | 泰国 | 104 | -11.9 | 1.5 | 686 | 3.8 | 3.5 | 6.6 |
| 10 | 朝鲜 | 4 | 0.0 | 0.1 | 552 | 52.9 | 2.8 | 138.0 |

齿轮加工机床出口企业中，按出口额占比排序，私人企业（43.0%）、外资企业（30.0%）和国有企业（27.0%）。在出口企业所在地区中，按出口额占比排序，华北（37.2%）、华东（22.8%）和东北（21.6%）居前三位，同比分别增长127.8%、26.2%和475.1%。2016年齿轮加工机床出口企业性质和所在地区情况分别见表22和表23。

**表22　2016年齿轮加工机床出口企业性质情况**

| 序号 | 企业性质 | 数量（台） | 同比增长（%） | 占比（%） | 金额（千美元） | 同比增长（%） | 占比（%） | 单价（千美元／台） |
|---|---|---|---|---|---|---|---|---|
| | 合计 | 6 873 | -25.0 | | 19 702 | 66.7 | | 2.9 |
| 1 | 私人企业 | 4 336 | -38.4 | 63.1 | 8 474 | 0.8 | 43.0 | 2.0 |
| 2 | 外资企业 | 160 | -53.4 | 2.3 | 5 915 | 496.6 | 30.0 | 37.0 |
| 3 | 国有企业 | 2 377 | 33.6 | 34.6 | 5 313 | 119.5 | 27.0 | 2.2 |

注：由于四舍五入，表中合计数有微小出入。

**表23　2016年齿轮加工机床出口企业所在地区情况**

| 序号 | 所在地区 | 数量（台） | 同比增长（%） | 占比（%） | 金额（千美元） | 同比增长（%） | 占比（%） | 单价（千美元／台） |
|---|---|---|---|---|---|---|---|---|
| | 合计 | 6 873 | -25.0 | | 19 702 | 66.71 | | 2.9 |
| 1 | 华北 | 1 066 | 23.7 | 15.5 | 7 326 | 127.8 | 37.2 | 6.9 |
| 2 | 华东 | 2 438 | -50.2 | 35.5 | 4 489 | 26.2 | 22.8 | 1.8 |
| 3 | 东北 | 23 | 35.3 | 0.3 | 4 248 | 475.1 | 21.6 | 184.7 |
| 4 | 华南 | 3 007 | 19.5 | 43.7 | 1 341 | -18.9 | 6.8 | 0.4 |
| 5 | 西南 | 181 | -74.0 | 2.6 | 968 | -21.5 | 4.9 | 5.3 |
| 6 | 华中 | 38 | -61.6 | 0.6 | 964 | -22.3 | 4.9 | 25.4 |
| 7 | 西北 | 120 | 48.2 | 1.8 | 365 | 104.1 | 1.8 | 3.0 |

注：由于四舍五入，表中合计数有微小出入。

**四、企业信息**

参加2016年齿轮加工机床产品年度统计的企业（按企业名称拼音首字母排序）见表24。

**表24　参加2016年齿轮加工机床产品年度统计的企业**（按企业名称拼音首字母排序）

| 企业名称 | 网址 |
|---|---|
| 南京第二机床厂有限公司 | http://www.nmt2.cn |

（续）

| 企业名称 | 网址 |
|---|---|
| 南京第一机床厂有限公司 | http://www.nj-jcc.com |
| 南京二机齿轮机床有限公司 | http://www.nmt2.com |
| 南京工大数控科技有限公司 | http://www.njut-nc.com |
| 秦川机床工具集团股份公司 | http://www.qinchuan.com |
| 青海第二机床制造有限责任公司 | http://www.qh2j.com |
| 上海第三机床厂 | http://www.h3mt.com |
| 四川普什宁江机床有限公司 | http://www.ningjiang.com |
| 天津精诚机床股份有限公司 | http://www.tj-jcmt.com |
| 宜昌长机科技有限责任公司 | http://www.cjmt.com.cn |
| 营口冠华机床有限公司 | http://www.ykghjc.com |
| 重庆机床（集团）有限责任公司 | http://www.chmti.com |

# 重型机床

## 一、基本情况

2016 年中国机床工具行业年报统计中生产重型机床产品的企业共计 19 家。重型机床总体继续呈现低位运行和消化库存的状态，产量 357 台，同比下降 6.1%；销售产值 16.6 亿元，同比下降 12.4%。期间产成品库存减少 50 台，同比下降 13.6%。2016 年重型机床产品产销存情况见表 25。

**表 25 2016 年重型机床产品产销存情况**

| 产品名称 | 生产 | | | | 销售 | | | | 期间产成品库存 | | | |
|---|---|---|---|---|---|---|---|---|---|---|---|---|
| | 数量（台） | 同比增长（%） | 金额（亿元） | 同比增长（%） | 数量（台） | 同比增长（%） | 金额（亿元） | 同比增长（%） | 数量（台） | 同比增长（%） | 金额（亿元） | 同比增长（%） |
| 重型金属切削机床 | 357 | -6.1 | 13.7 | -17.0 | 407 | -4.0 | 16.6 | -12.4 | -50 | -13.6 | -2.8 | -20.1 |
| 其中：数控 | 347 | -6.5 | 13.7 | -17.1 | 397 | -4.6 | 16.5 | -12.4 | -50 | -11.1 | -2.8 | -19.9 |
| 超重型龙门式加工中心 | 8 | -63.6 | 0.3 | -55.1 | 8 | -70.4 | 0.3 | -59.6 | 0 | 100.0 | -0.01 | 89.9 |
| 五轴以下超重型龙门式加工中心 | 8 | -57.9 | 0.3 | -29.1 | 8 | -69.2 | 0.3 | -54.7 | 0 | 100.0 | -0.01 | 96.2 |
| 五轴超重型龙门式加工中心 | 0 | -100.0 | 0.0 | -100.0 | 0 | -100.0 | 0.0 | -100.0 | 0 | -100.0 | 0.0 | -100.0 |
| 重型龙门式加工中心 | 14 | -30.0 | 0.7 | -47.8 | 21 | -12.5 | 1.2 | -21.9 | -7 | -75.0 | -0.4 | -261.5 |
| 五轴以下重型龙门式加工中心 | 13 | -31.6 | 0.6 | -51.0 | 19 | -20.8 | 1.0 | -31.6 | -6 | -20.0 | -0.4 | -98.5 |
| 五轴重型龙门式加工中心 | 1 | 0.0 | 0.1 | 12.7 | 2 | | 0.1 | | -1 | -200.0 | -0.1 | -200.0 |
| 数控超重型卧式车床 | 5 | 25.0 | 0.1 | -47.4 | 5 | 0.0 | 0.1 | -67.2 | 0 | 100.0 | 0.0 | 100.0 |
| 数控重型卧式车床 | 25 | -43.2 | 0.7 | 4.0 | 22 | -45.0 | 0.6 | 10.2 | 3 | -25.0 | 0.1 | -37.3 |
| 数控超重型立式车床 | 9 | 350.0 | 0.5 | 48.7 | 10 | 400.0 | 0.6 | 78.4 | -1 | | -0.1 | -331.5 |
| 数控重型立式车床 | 67 | -28.0 | 1.2 | -34.3 | 78 | -26.4 | 1.3 | -42.0 | -11 | 15.4 | -0.1 | 76.6 |
| 数控超重型落地式铣镗床 | 3 | -40.0 | 0.2 | -36.6 | 11 | -15.4 | 0.7 | -25.8 | -8 | 0.0 | -0.5 | 20.9 |
| 数控重型落地式铣镗床 | 25 | -3.8 | 1.2 | -22.4 | 22 | 0.0 | 1.5 | -3.3 | 3 | -25.0 | -0.3 | -1338.5 |
| 数控超重型龙门铣床 | 120 | 51.9 | 6.7 | 1.4 | 122 | 43.5 | 6.8 | -4.1 | -2 | 66.7 | -0.1 | 87.3 |

（续）

| 产品名称 | 生产 | | | | 销售 | | | | 期间产成品库存 | | | |
|---|---|---|---|---|---|---|---|---|---|---|---|---|
| | 数量（台） | 同比增长（%） | 金额（亿元） | 同比增长（%） | 数量（台） | 同比增长（%） | 金额（亿元） | 同比增长（%） | 数量（台） | 同比增长（%） | 金额（亿元） | 同比增长（%） |
| 数控重型龙门铣床 | 31 | -18.4 | 1.7 | -30.4 | 55 | 10.0 | 3.0 | -3.2 | -24 | -100.0 | -1.3 | -100.8 |
| 数控重型滚齿机 | 32 | 52.4 | 0.2 | 4.5 | 34 | 47.8 | 0.2 | -2.5 | -2 | 0.0 | -0.04 | 25.8 |
| 轧辊磨床 | 12 | -20.0 | 0.2 | -13.1 | 13 | 8.3 | 0.2 | 22.2 | -1 | -133.3 | -0.02 | -132.1 |
| 其中：数控轧辊磨床 | 4 | -42.9 | 0.1 | -25.4 | 5 | 0.0 | 0.1 | 11.8 | -1 | -150.0 | -0.01 | -129.4 |
| 导轨磨床 | 6 | -45.5 | 0.1 | -78.4 | 6 | -60.0 | 0.1 | -55.0 | 0 | 100.0 | -0.05 | -314.7 |
| 其中：数控导轨磨床 | 4 | -60.0 | 0.04 | -81.6 | 4 | -71.4 | 0.1 | -55.2 | 0 | 100.0 | -0.05 | -314.7 |

注：由于四舍五入，表中合计数有微小出入。

## 二、生产运行

2016 年重型机床产品的产销总体仍以消化存量库存为主，这与重型机床市场需求低迷和相关用户领域投资持续下降密切相关。从细分产品的销售数量和销售产值上看，占比最高的都是数控超重型龙门铣床；期间库存量下降最大的是数控重型龙门铣床，库存数量同比下降 100.0%。

## 三、出口情况

根据海关统计数据，2016 年，重型机床出口总额 0.7 亿美元，同比下降 42.3%。其中，龙门式加工中心出口额 0.1 亿美元，同比下降 81.9%；数控立式车床出口额 0.5 亿美元，同比增长 9.2%；数控镗铣床出口额 0.07 亿美元，同比下降 21.8%；轧辊磨床出口额 0.01 亿美元，同比增长 9.5%。2016 年重型机床出口情况见表 26。

### 表 26　2016 年重型机床出口情况

| 产品名称 | 数量（台） | 同比增长（%） | 占比（%） | 金额（千美元） | 同比增长（%） | 占比（%） | 单价（千美元／台） | 同比增长（%） |
|---|---|---|---|---|---|---|---|---|
| 合计 | 1 132 | -41.9 | 100.0 | 71 249 | -42.3 | 100.0 | 63 | -0.6 |
| 龙门式加工中心 | 314 | -64.8 | 27.7 | 11 301 | -81.9 | 15.9 | 36 | -48.6 |
| 数控立式车床 | 443 | 0.0 | 39.1 | 49 522 | 9.2 | 69.5 | 112 | 0.6 |
| 数控镗铣床 | 96 | -27.3 | 8.5 | 6 563 | -21.8 | 9.2 | 68 | 7.5 |
| 其他镗铣床 | 258 | -47.8 | 22.8 | 3 173 | -51.4 | 4.4 | 12 | -6.9 |
| 轧辊磨床 | 21 | 0.0 | 1.9 | 689 | 9.5 | 1.0 | 33 | 9.5 |

注：由于四舍五入，表中合计数有微小出入。

从数量、金额和单价上看，数控立式车床的占比都居首位。从出口趋势上看，重型机床的出口整体上仍呈现走低趋势；尤其是龙门式加工中心，在数量、金额和单价上均呈大幅下降趋势。

重型机床在出口去向上，按出口额排序，德国升至

第一位，出口额同比增长 21.0%；美国处于第二位，出口额同比增长 24.2%；越南位居第三，出口额同比下降 93.4%。2016 年重型机床出口去向前 10 位国家或地区情况见表 27。

### 表 27　2016 年重型机床出口去向前 10 位国家或地区情况

| 序号 | 国家（地区） | 数量（台） | 同比增长（%） | 占比（%） | 金额（千美元） | 同比增长（%） | 占比（%） | 单价（千美元／台） |
|---|---|---|---|---|---|---|---|---|
| 1 | 德国 | 243 | 24.0 | 21.5 | 28 848 | 21.0 | 40.5 | 119 |
| 2 | 美国 | 60 | -1.6 | 5.3 | 10 263 | 24.2 | 14.4 | 171 |
| 3 | 越南 | 213 | -73.5 | 18.8 | 3 317 | -93.4 | 4.7 | 16 |
| 4 | 土耳其 | 23 | 27.8 | 2.0 | 3 204 | 79.8 | 4.5 | 139 |

（续）

| 序号 | 国家（地区） | 数量<br>（台） | 同比增长<br>（%） | 占比<br>（%） | 金额<br>（千美元） | 同比增长<br>（%） | 占比<br>（%） | 单价<br>（千美元／台） |
|---|---|---|---|---|---|---|---|---|
| 5 | 韩国 | 12 | -53.9 | 1.0 | 1 949 | 30.1 | 2.7 | 162 |
| 6 | 意大利 | 7 | 16.7 | 0.6 | 1 922 | -3.8 | 2.7 | 275 |
| 7 | 印度尼西亚 | 53 | 23.3 | 4.7 | 1 776 | -20.7 | 2.5 | 34 |
| 8 | 马来西亚 | 22 | -33.3 | 1.9 | 1 558 | -27.8 | 2.2 | 71 |
| 9 | 印度 | 28 | -53.3 | 2.5 | 1 544 | -84.5 | 2.2 | 55 |
| 10 | 肯尼亚 | 8 | 700.0 | 0.7 | 1 501 | 2 441.4 | 2.1 | 188 |

重型机床出口企业中，按出口额占比排序，外资企业（62.2%），私人企业（30.8%）和国有企业（7.0%）。在出口企业所在地区中，按出口额占比排序，华东（70.6%）、东北（9.9%）和华南（8.9%）居前三位，同比分别降低6.5%、84.6%和48.9%。2016年重型机床出口企业性质和所在地区情况分别见表28和表29。

**表28 2016年重型机床出口企业性质情况**

| 序号 | 企业性质 | 数量<br>（台） | 同比增长<br>（%） | 占比<br>（%） | 金额<br>（千美元） | 同比增长<br>（%） | 占比<br>（%） | 单价<br>（千美元／台） |
|---|---|---|---|---|---|---|---|---|
|  | 合计 | 1 132 | -41.9 |  | 71 249 | -42.3 |  | 63 |
| 1 | 外资企业 | 330 | -78.6 | 29.2 | 44 349 | -46.6 | 62.2 | 134 |
| 2 | 私人企业 | 626 | 123.6 | 55.3 | 21 925 | -38.9 | 30.8 | 35 |
| 3 | 国有企业 | 176 | 41.9 | 15.5 | 4 975 | 13.0 | 7.0 | 28 |

注：由于四舍五入，表中合计数有微小出入。

**表29 2016年重型机床出口企业所在地区情况**

| 序号 | 所在地区 | 数量<br>（台） | 同比增长<br>（%） | 占比<br>（%） | 金额<br>（千美元） | 同比增长<br>（%） | 占比<br>（%） | 单价<br>（千美元／台） |
|---|---|---|---|---|---|---|---|---|
|  | 合计 | 1 132 | -41.9 |  | 71 249 | -42.3 |  | 63 |
| 1 | 华东 | 583 | -33.2 | 51.5 | 50 281 | -6.5 | 70.6 | 86 |
| 2 | 东北 | 62 | -91.0 | 5.5 | 7 072 | -84.6 | 9.9 | 114 |
| 3 | 华南 | 342 | 402.9 | 30.2 | 6 352 | -48.9 | 8.9 | 19 |
| 4 | 华北 | 85 | -50.0 | 7.5 | 5 290 | -20.2 | 7.4 | 62 |
| 5 | 西南 | 29 | -70.7 | 2.5 | 1 108 | -69.9 | 1.6 | 38 |
| 6 | 华中 | 20 | -46.0 | 1.8 | 861 | 44.0 | 1.2 | 43 |
| 7 | 西北 | 11 | 10.0 | 1.0 | 285 | -31.8 | 0.4 | 26 |

注：由于四舍五入，表中合计数有微小出入。

**四、企业信息**

参加2016年重型机床产品年度统计的企业（按企业名称拼音首字母排序）见表30。

**表30 参加2016年重型机床产品年度统计的企业**（按企业名称拼音首字母排序）

| 企业名称 | 网址 |
|---|---|
| 北京北一机床股份有限公司 | http://www.byjc.com.cn |
| 桂林桂北机器有限责任公司 | http://www.glmbc.com |
| 济南二机床集团有限公司 | http://www.jiermt.com |

（续）

| 企业名称 | 网址 |
|---|---|
| 南京二机齿轮机床有限公司 | http://www.nmt2.com |
| 南通航智装备科技有限公司 | http://www.tontec.cn |
| 宁波海天精工股份有限公司 | http://www.hision.com.cn |
| 齐齐哈尔二机床（集团）有限责任公司 | http://www.q2jc.com.cn |
| 齐重数控装备股份有限公司 | http://www.qfmtw.com.cn |
| 秦川机床工具集团股份公司 | http://www.qinchuan.com |
| 青海华鼎重型机床有限责任公司 | http://www.qhzx.cn |
| 山东普利森集团有限公司 | http://www.dzjc.com |
| 上海机床厂有限公司 | http://www.smtw.com/cn |
| 滕州市喜力机床有限责任公司 | http://www.xljc.cn |
| 天水星火机床有限责任公司 | http://www.sparkcnc.com |
| 威海华东数控股份有限公司 | http://www.huadongcnc.com |
| 无锡机床股份有限公司 | http://www.wxjcc.net |
| 芜湖恒升重型机床股份有限公司 | http://www.whhmtw.com |
| 武汉重型机床集团有限公司 | http://www.whhdmt.com |
| 新誉集团有限公司 | http://www.shinri.cn |

# 特种加工机床

## 一、基本情况

2016 年中国机床工具行业年报统计中生产特种加工机床产品的企业共计 12 家。特种加工机床结构性升级趋势明显，总体持续呈现量跌价升的趋势，产量 3 532 台，同比下降 8.8%；销售产值 16.3 亿元，同比增长 21.6%；期间产成品库存增加 36 台，同比下降 25.0%。2016 年特种加工机床产品产销存情况见表 31。

表 31　2016 年特种加工机床产品产销存情况

| 产品名称 | 生产 | | | | 销售 | | | | 期间产成品库存 | | | |
|---|---|---|---|---|---|---|---|---|---|---|---|---|
| | 数量（台） | 同比增长（%） | 金额（亿元） | 同比增长（%） | 数量（台） | 同比增长（%） | 金额（亿元） | 同比增长（%） | 数量（台） | 同比增长（%） | 金额（亿元） | 同比增长（%） |
| 特种加工机床 | 3 532 | -8.8 | 15.6 | 19.3 | 3 496 | -8.6 | 16.3 | 21.6 | 36 | -25.0 | -0.7 | -122.9 |
| 　其中：数控特种加工机床 | 3 509 | -9.2 | 15.6 | 19.2 | 3 473 | -9.0 | 16.3 | 21.6 | 36 | -25.0 | -0.7 | -122.9 |
| 　激光，相关光子束加工机床 | 603 | 43.2 | 9.5 | 36.8 | 649 | 51.3 | 10.3 | 41.3 | -46 | -475.0 | -0.9 | -118.5 |
| 　　其中：数控激光、相关光子束加工机床 | 603 | 43.2 | 9.5 | 36.8 | 649 | 51.3 | 10.3 | 41.3 | -46 | -475.0 | -0.9 | -118.5 |
| 　放电加工机床 | 2 925 | -15.2 | 6.2 | -0.5 | 2 843 | -16.2 | 6.0 | -2.1 | 82 | 46.4 | 0.2 | 104.6 |
| 　　其中：数控放电加工机床 | 2 903 | -15.6 | 6.2 | -0.6 | 2 821 | -16.6 | 6.0 | -2.2 | 82 | 46.4 | 0.2 | 104.6 |
| 　线切割加工机床 | 1 646 | -19.1 | 3.9 | -3.6 | 1 641 | -18.5 | 3.8 | -5.9 | 5 | -75.0 | 0.1 | 2 929.5 |
| 　　其中：数控电火花线切割加工机床 | 1 645 | -19.1 | 3.9 | -3.6 | 1 640 | -18.6 | 3.8 | -5.9 | 5 | -75.0 | 0.1 | 2 929.5 |
| 　成形加工机床 | 728 | 1.0 | 1.9 | 10.5 | 695 | -1.0 | 1.9 | 12.0 | 33 | 73.7 | 0.1 | -15.3 |

（续）

| 产品名称 | 生产 | | | | 销售 | | | | 期间产成品库存 | | | |
|---|---|---|---|---|---|---|---|---|---|---|---|---|
| | 数量（台） | 同比增长（%） | 金额（亿元） | 同比增长（%） | 数量（台） | 同比增长（%） | 金额（亿元） | 同比增长（%） | 数量（台） | 同比增长（%） | 金额（亿元） | 同比增长（%） |
| 其中：数控电火花成形加工机床 | 728 | 1.0 | 1.9 | 10.5 | 695 | -1.0 | 1.9 | 12.0 | 33 | 73.7 | 0.1 | -15.3 |
| 小孔加工机床 | 549 | -19.0 | 0.3 | -7.0 | 505 | -23.6 | 0.3 | -13.5 | 44 | 158.8 | 0.02 | 979.6 |
| 其中：数控电火花小孔加工机床 | 528 | -21.1 | 0.3 | -8.5 | 484 | -25.8 | 0.3 | -15.0 | 44 | 158.8 | 0.02 | 980.0 |
| 其他放电加工机床 | 2 | -87.5 | 0.01 | -84.4 | 2 | -87.5 | 0.01 | -84.4 | | | | |
| 其中：数控相关放电加工机床 | 2 | -87.5 | 0.01 | -84.4 | 2 | -87.5 | 0.01 | -84.4 | | | | |
| 化学、电化学（电解）加工机床 | 4 | 100.0 | 0.01 | 184.6 | 4 | 100.0 | 0.01 | 184.6 | | | | |
| 其中：数控化学、电化学（电解）加工机床 | 3 | 50.0 | 0.01 | 137.8 | 3 | 50.0 | 0.01 | 137.8 | | | | |

注：由于四舍五入，表中合计数有微小出入。

## 二、生产运行

2016 年特种加工机床产品的产销金额大幅增长，产品结构持续升级趋势明显。从细分产品结构上看，激光加工机床的销售额最多，达到 10.3 亿元，同比增长 41.3%。期间的产成品库存大幅下降，数量同比下降 25.0%；金额同比下降 122.9%。

## 三、出口情况

根据海关统计数据，2016 年，特种加工机床出口总额 6.2 亿美元，同比增长 1.9%。其中，激光加工机床出口额 3.9 亿美元，同比增长 15.8%；放电加工机床出口额 1.3 亿美元，同比降低 15.0%；等离子切割机、水射流切割机出口额 0.8 亿美元，同比降低 18.4%。2016 年特种加工机床出口情况见表 32。

### 表 32　2016 年特种加工机床出口情况

| 产品名称 | 数量（台） | 同比增长（%） | 占比（%） | 金额（千美元） | 同比增长（%） | 占比（%） | 单价（千美元／台） | 同比增长（%） |
|---|---|---|---|---|---|---|---|---|
| 合计 | 193 544 | 6.6 | 100.0 | 615 473 | 1.9 | 100.0 | 3 | -4.4 |
| 用激光、其他光或光子束处理材料的加工机床 | 66 884 | 14.9 | 34.6 | 391 767 | 15.8 | 63.6 | 6 | 0.8 |
| 用超声波处理材料的加工机床 | 4 019 | 78.8 | 2.1 | 6 421 | 12.9 | 1.0 | 2 | -36.8 |
| 用放电处理各种材料的加工机床 | 4 340 | -13.7 | 2.2 | 128 371 | -15.0 | 20.9 | 30 | -1.5 |
| 等离子切割机、水射流切割机 | 114 047 | 2.8 | 58.9 | 79 251 | -18.4 | 12.9 | 1 | -20.6 |
| 其他化学、电子、离子束或等离子弧加工机床 | 4 254 | -17.6 | 2.2 | 9 662 | -19.6 | 1.6 | 2 | -2.5 |

注：由于四舍五入，表中合计数有微小出入。

从出口额上看，激光加工机床的占比居首位，放电加工机床位居第二；从单价上看，整体呈现小幅下降，其中放电加工机床的单价最高。从出口趋势上看，激光加工机床和超声波加工机床继续保持大幅增长趋势。

特种加工机床在出口去向上，按出口额排序，美国大幅增长，排在第一位，同比增长 12.5%；越南大幅增长，处于第二位，同比增长 24.0%；印度大幅增长，位居第三，同比增长 18.6%。2016 年特种加工机床出口去向前 10 位国家或地区情况见表 33。

表 33　2016 年特种加工机床出口去向前 10 位国家或地区情况

| 序号 | 国家（地区） | 数量<br>（台） | 同比增长<br>（%） | 占比<br>（%） | 金额<br>（千美元） | 同比增长<br>（%） | 占比<br>（%） | 单价<br>（千美元／台） |
|---|---|---|---|---|---|---|---|---|
| 1 | 美国 | 48 214 | -0.5 | 24.9 | 71 859 | 12.5 | 11.7 | 1 |
| 2 | 越南 | 8 704 | 6.4 | 4.5 | 50 877 | 24.0 | 8.3 | 6 |
| 3 | 印度 | 6 678 | 14.4 | 3.5 | 37 531 | 18.6 | 6.1 | 6 |
| 4 | 德国 | 11 487 | 60.0 | 5.9 | 34 883 | 13.4 | 5.7 | 3 |
| 5 | 日本 | 4 189 | 18.6 | 2.2 | 31 058 | -2.1 | 5.1 | 7 |
| 6 | 韩国 | 2 591 | -18.3 | 1.3 | 28 979 | 1.0 | 4.7 | 11 |
| 7 | 中国香港 | 3 858 | -19.2 | 2.0 | 27 912 | -42.1 | 4.5 | 7 |
| 8 | 荷兰 | 3 372 | 69.8 | 1.7 | 21 024 | -6.5 | 3.4 | 6 |
| 9 | 泰国 | 6 167 | -5.4 | 3.2 | 20 387 | -2.1 | 3.3 | 3 |
| 10 | 马来西亚 | 2 785 | -14.7 | 1.4 | 18 566 | -12.6 | 3.0 | 7 |

特种加工机床出口企业中，按出口额占比排序，私人企业（58.0%）、外资企业（29.1%）和国有企业（12.9%）。在出口企业所在地区中，按出口额占比排序，华南（33.1%）、华北（24.7%）和华东（23.8%）居前三位，同比分别变化 0.1%、27.0% 和 -0.8%。2016 年特种加工机床出口企业性质和所在地区情况分别见表 34 和表 35。

表 34　2016 年特种加工机床出口企业性质情况

| 序号 | 企业性质 | 数量<br>（台） | 同比增长<br>（%） | 占比<br>（%） | 金额<br>（千美元） | 同比增长<br>（%） | 占比<br>（%） | 单价<br>（千美元／台） |
|---|---|---|---|---|---|---|---|---|
| | 合计 | 193 544 | 6.6 | | 615 473 | 1.9 | | 3 |
| 1 | 私人企业 | 160 364 | 7.7 | 82.9 | 357 177 | 15.2 | 58.0 | 2 |
| 2 | 外资企业 | 17 240 | -6.7 | 8.9 | 179 130 | -13.4 | 29.1 | 10 |
| 3 | 国有企业 | 15 939 | 12.8 | 8.2 | 79 165 | -9.3 | 12.9 | 5 |

注：由于四舍五入，表中合计数有微小出入。

表 35　2016 年特种加工机床出口企业所在地区情况

| 序号 | 所在地区 | 数量<br>（台） | 同比增长<br>（%） | 占比<br>（%） | 金额<br>（千美元） | 同比增长<br>（%） | 占比<br>（%） | 单价<br>（千美元／台） |
|---|---|---|---|---|---|---|---|---|
| | 合计 | 193 544 | 6.6 | | 615 473 | 1.9 | | 3 |
| 1 | 华南 | 69 587 | 20.0 | 35.9 | 203 670 | 0.1 | 33.1 | 3 |
| 2 | 华北 | 25 971 | 15.9 | 13.4 | 151 857 | 27.0 | 24.7 | 6 |
| 3 | 华东 | 88 948 | 2.0 | 46.0 | 146 777 | -0.8 | 23.8 | 2 |
| 4 | 东北 | 1 843 | -20.3 | 0.9 | 51 896 | -21.3 | 8.4 | 28 |
| 5 | 华中 | 3 205 | 0.6 | 1.7 | 46 738 | 12.2 | 7.6 | 15 |
| 6 | 西南 | 2 462 | -66.3 | 1.3 | 10 807 | -43.3 | 1.8 | 4 |
| 7 | 西北 | 1 528 | 33.5 | 0.8 | 3 728 | -42.8 | 0.6 | 2 |

注：由于四舍五入，表中合计数有微小出入。

**四、企业信息**

参加 2016 年特种加工机床产品年度统计的企业（按企业名称拼音首字母排序）见表 36。

**表 36　参加 2016 年特种加工机床产品年度统计的企业（按企业名称拼音首字母排序）**

| 企业名称 | 网址 |
| --- | --- |
| 北京阿奇夏米尔工业电子有限公司 | http://www.gfms.com |
| 北京市电加工研究所 | http://www.biem.com.cn |
| 汉川数控机床股份公司 | http://www.cnhlmt.com |
| 杭州华方数控机床有限公司 | http://www.hzhf.com/cn |
| 湖北三环锻压设备有限公司 | http://www.hsdy.com.cn |
| 江苏金方圆数控机床有限公司 | http://www.jinfangyuan.com |
| 江苏亚威机床股份有限公司 | http://www.yawei.cc/cn |
| 深圳市捷甬达实业有限公司 | http://www.jointcn.com |
| 苏州电加工机床研究所有限公司 | http://www.sino-edm.com |
| 苏州三光科技股份有限公司 | http://www.ssgedm.com |
| 苏州宝玛数控设备有限公司 | http://www.bmnc.cn |
| 武汉华工激光工程有限责任公司 | http://www.hglaser.com |

# 金属成形机床

## 一、基本情况

2016 年中国机床工具行业年报统计中生产金属成形机床产品的企业共计 29 家。金属成形机床总体呈现小幅回升的趋势，产量 5.4 万台，同比增长 10.9%；销售产值 114.7 亿元，同比增长 1.9%；期间产成品库存增加 1 536 台，同比大幅下降。2016 年金属成形机床产品产销存情况见表 37。

**表 37　2016 年金属成形机床产品产销存情况**

| 产品名称 | 生产 | | | | 销售 | | | | 期间产成品库存 | | | |
| --- | --- | --- | --- | --- | --- | --- | --- | --- | --- | --- | --- | --- |
| | 数量（台） | 同比增长（%） | 金额（亿元） | 同比增长（%） | 数量（台） | 同比增长（%） | 金额（亿元） | 同比增长（%） | 数量（台） | 同比增长（%） | 金额（亿元） | 同比增长（%） |
| 金属成形机床合计 | 53 946 | 10.9 | 114.4 | 3.2 | 52 410 | 7.7 | 114.7 | 1.9 | 1 536 | -8 433.3 | -0.3 | 81.9 |
| 其中：数控金属成形机床合计 | 6 881 | 8.4 | 57.5 | -6.8 | 6 612 | 3.0 | 59.1 | -6.3 | 269 | 489.9 | -1.5 | -20.4 |
| 锻造机及冲压机 | 616 | 18.2 | 5.6 | 14.6 | 654 | -1.2 | 6.6 | 10.3 | -38 | 73.0 | -1.0 | -8.7 |
| 其中：数控锻造机及冲压机 | 313 | 24.2 | 4.7 | 19.4 | 346 | 11.6 | 5.5 | 15.4 | -33 | 43.1 | -0.8 | -2.8 |
| 自由锻锤 | 190 | -2.6 | 0.2 | -55.9 | 197 | -23.6 | 0.2 | -63.8 | -7 | 88.9 | -0.02 | -87.1 |
| 模锻锤 | 18 | 28.6 | 0.2 | 4.1 | 17 | -45.2 | 0.2 | -30.7 | 1 | 105.9 | -0.03 | 75.0 |
| 其中：数控模锻锤 | 18 | 28.6 | 0.2 | 4.1 | 17 | -45.2 | 0.2 | -30.7 | 1 | 105.9 | -0.03 | -75.0 |
| 自由锻液压机 | 2 | 100.0 | 0.03 | -14.0 | 1 | -50.0 | 0.03 | -55.9 | 1 | 200.0 | 0.01 | -124.9 |
| 金属挤压机 | 10 | 42.9 | 0.1 | 150.9 | 9 | 0.0 | 0.1 | 96.5 | 1 | 150.0 | 0.01 | -276.9 |
| 金属滚压机 | 2 | | 0.1 | | 2 | | 0.2 | | 0 | | | -0.1 |
| 模锻机械压力机 | 90 | 11.1 | 0.7 | -14.1 | 97 | -4.0 | 0.8 | -19.3 | -7 | 65.0 | -0.1 | -50.2 |
| 其中：数控模锻机械压力机 | 48 | 11.6 | 0.4 | 0.1 | 55 | -12.7 | 0.5 | -10.8 | -7 | 65.0 | -0.1 | -49.1 |
| 摩擦螺旋压力机 | 34 | 9.7 | 0.2 | 4.9 | 34 | 9.7 | 0.2 | 5.7 | 0 | | 0.0 | 93.7 |
| 电动螺旋压力机 | 48 | 11.6 | 0.4 | 0.1 | 55 | -12.7 | 0.5 | -10.8 | -7 | 65.0 | -0.1 | -49.1 |

（续）

| 产品名称 | 生产 | | | | 销售 | | | | 期间产成品库存 | | | |
|---|---|---|---|---|---|---|---|---|---|---|---|---|
| | 数量（台） | 同比增长（%） | 金额（亿元） | 同比增长（%） | 数量（台） | 同比增长（%） | 金额（亿元） | 同比增长（%） | 数量（台） | 同比增长（%） | 金额（亿元） | 同比增长（%） |
| 其中：数控电动螺旋压力机 | 48 | 11.6 | 0.4 | 0.1 | 55 | -12.7 | 0.5 | -10.8 | -7 | 65.0 | -0.1 | -49.1 |
| 离合器式螺旋压力机 | 0 | -100.0 | 0.0 | -100.0 | 0 | -100.0 | 0.0 | -100.0 | 0 | | 0.0 | -100.0 |
| 标准件镦锻成形机 | 8 | | 0.05 | | 8 | | 0.1 | | 0 | | 0.0 | |
| 冷温锻压力机 | 0 | -100.0 | 0.0 | -100.0 | 0 | -100.0 | 0.0 | -100.0 | 0 | | 0.0 | -100.0 |
| 粉末成形压力机 | 3 | 50.0 | 0.0 | -59.4 | 3 | 50.0 | 0.01 | -22.9 | 0 | | -0.002 | 496.7 |
| 其他锻造机及冲压机 | 301 | 36.2 | 4.3 | 28.1 | 328 | 26.6 | 5.0 | 27.4 | -27 | 28.9 | -0.8 | 24.0 |
| 其中：其他数控锻造机及冲压机 | 247 | 27.3 | 4.1 | 23.6 | 274 | 27.4 | 4.8 | 23.6 | -27 | | -0.7 | |
| 液压式压力机 | 1 164 | 2.2 | 10.3 | -2.3 | 1 193 | 1.4 | 8.6 | -16.7 | -29 | 21.6 | 1.8 | -524.5 |
| 其中：数控液压式压力机 | 722 | 21.8 | 9.8 | 2.0 | 620 | 16.1 | 7.8 | -15.1 | 102 | -72.9 | 2.1 | -332.9 |
| 其中：数控重型液压式压力机 | 412 | 28.3 | 9.0 | 2.3 | 284 | 1.4 | 6.5 | -20.3 | 128 | -212.2 | 2.5 | 274.4 |
| 其中：数控大型液压式压力机 | 68 | 161.5 | 0.3 | 168.6 | 62 | 158.3 | 0.2 | 113.7 | 6 | -200.0 | 0.1 | -1 621.8 |
| 其中：数控中型液压式压力机 | 13 | 1 200.0 | 0.02 | 526.0 | 18 | | 0.03 | | -5 | 600.0 | -0.01 | 450.6 |
| 其他未列明数控液压压力机 | 229 | -6.5 | 0.4 | -35.5 | 256 | 11.3 | 1.0 | 11.9 | -27 | 280.0 | -0.6 | 160.6 |
| 机械式压力机 | 42 993 | 11.9 | 71.0 | 5.1 | 42 095 | 11.4 | 72.9 | 7.0 | 898 | -44.4 | -1.9 | -208.1 |
| 其中：数控机械压力机 | 185 | -17.0 | 22.3 | -15.5 | 200 | -20.3 | 24.7 | -9.1 | -15 | 46.4 | -2.3 | -236.7 |
| 开式机械式压力机 | 1 761 | 9.0 | 1.6 | -0.7 | 1 941 | 24.8 | 1.9 | 22.9 | -180 | 395.1 | -0.2 | 289.3 |
| 闭式机械式压力机 | 3 485 | 2.4 | 39.5 | -4.6 | 4 045 | 21.3 | 43.2 | 4.1 | -560 | 923.5 | -3.8 | -2 008.2 |
| 其中：数控重型闭式机械式压力机 | 63 | -11.3 | 10.3 | -16.3 | 70 | 7.7 | 11.7 | 4.0 | -7 | 216.7 | -1.4 | 236.2 |
| 其中：数控大型闭式机械式压力机 | 97 | -15.7 | 10.8 | -13.9 | 96 | -28.9 | 11.3 | -17.4 | 1 | 105.0 | -0.5 | -56.8 |
| 其中：数控中型闭式机械式压力机 | 25 | -32.4 | 1.3 | -22.0 | 34 | -33.3 | 1.7 | -23.7 | -9 | 35.7 | -0.4 | 28.4 |
| 其中：数控小型闭式机械式压力机 | 16 | -69.2 | 0.2 | -63.6 | 12 | -72.7 | 0.04 | -90.0 | 4 | 50.0 | 0.1 | 339.3 |
| 其他机械式压力机 | 37 747 | 13.1 | 29.9 | 21.8 | 36 109 | 9.8 | 27.8 | 10.9 | 1 638 | -232.3 | 2.0 | 454.6 |
| 弯曲、折叠机床 | 5 372 | 17.5 | 11.5 | 0.8 | 4 327 | -6.9 | 10.5 | -8.2 | 1 045 | 1 512.2 | 1.0 | 6 095.4 |
| 其中：数控弯曲、折叠机床 | 3 758 | 11.2 | 9.1 | -9.9 | 3 550 | 4.2 | 9.6 | -4.2 | 208 | 842.9 | -0.5 | 1 083.6 |
| 折弯机 | 4 262 | 5.3 | 9.4 | -9.9 | 4 279 | 3.0 | 10.4 | -1.2 | -17 | 84.3 | -1.0 | -1 222.2 |
| 其中：数控折弯机 | 3 511 | 13.6 | 8.7 | -8.8 | 3 547 | 13.0 | 9.6 | 0.6 | -36 | 25.0 | -0.9 | 5 628.8 |
| 其他弯曲、折叠机床 | 1 110 | 111.8 | 2.0 | 125.9 | 48 | -90.2 | 0.04 | -95.3 | 1 062 | | 2.0 | |
| 其中：其他数控弯曲、折叠机床 | 247 | -14.5 | 0.4 | -28.9 | 3 | -98.9 | 0.004 | -99.2 | 244 | | 0.4 | |
| 矫直或矫平机床 | 180 | 20.0 | 4.3 | 5.0 | 182 | 19.7 | 4.2 | 3.2 | -2 | 0.0 | 0.04 | 214.3 |
| 其中：数控矫直或矫平机床 | 38 | 26.7 | 1.7 | 9.3 | 38 | 26.7 | 1.7 | 9.3 | 0 | | 0.0 | |
| 矫平机 | 180 | 20.0 | 4.3 | 5.0 | 182 | 19.7 | 4.2 | 3.2 | -2 | 0.0 | 0.04 | 214.3 |
| 其中：数控矫平机 | 38 | 26.7 | 1.7 | 9.3 | 38 | 26.7 | 1.7 | 9.3 | 0 | | 0.0 | |
| 剪切机床 | 1 804 | -15.0 | 3.9 | -16.3 | 2 104 | -13.9 | 4.0 | -21.2 | -300 | 6.8 | -0.1 | -75.1 |
| 其中：数控剪切机床 | 706 | -9.5 | 2.7 | -10.4 | 721 | -9.1 | 2.6 | -22.6 | -15 | -15.4 | 0.1 | -140.5 |
| 其中：数控板带横剪机床 | 230 | -12.9 | 2.1 | -0.3 | 221 | -19.0 | 1.8 | -21.5 | 9 | 200.0 | 0.3 | -219.2 |

（续）

| 产品名称 | 生产 | | | | 销售 | | | | 期间产成品库存 | | | |
|---|---|---|---|---|---|---|---|---|---|---|---|---|
| | 数量（台） | 同比增长（%） | 金额（亿元） | 同比增长（%） | 数量（台） | 同比增长（%） | 金额（亿元） | 同比增长（%） | 数量（台） | 同比增长（%） | 金额（亿元） | 同比增长（%） |
| 其中：其他数控剪切机床 | 476 | 1.1 | 0.7 | -28.7 | 500 | -1.0 | 0.8 | -22.3 | -24 | 29.4 | -0.1 | -36.0 |
| 冲床 | 1 478 | -0.3 | 6.7 | -8.2 | 1 467 | -0.6 | 6.8 | -3.5 | 11 | -83.3 | -0.2 | -183.5 |
| 其中：数控冲床 | 1 094 | 2.3 | 6.4 | -6.4 | 1 084 | 0.6 | 6.6 | -2.7 | 10 | 225.0 | -0.2 | -265.9 |
| 其中：数控转塔冲床 | 1 088 | 1.8 | 6.4 | -6.4 | 1 078 | 0.1 | 6.5 | -2.8 | 10 | 225.0 | -0.2 | -265.9 |
| 其中：其他数控冲床 | 6 | | 0.004 | | 6 | | 0.004 | | | | | 0.0 |
| 冲孔机床 | 0 | -100.0 | 0.0 | -100.0 | 0 | -100.0 | 0.0 | -100.0 | 0 | 100.0 | | 100.0 |
| 开槽机床 | 384 | -1.8 | 0.3 | 7.9 | 383 | -1.5 | 0.3 | 7.9 | 1 | | | |
| 金属螺纹滚轧机（滚丝机） | 16 | 77.8 | 0.005 | 24.8 | 16 | 77.8 | 0.0 | 24.8 | | | | 0.0 |
| 其他金属成形机床 | 339 | 26.5 | 1.2 | 136.4 | 388 | 28.5 | 1.1 | 102.2 | -49 | -44.1 | 0.1 | -295.4 |
| 其中：其他数控金属成形机床 | 65 | 209.5 | 0.8 | 213.0 | 53 | 278.6 | 0.6 | 125.6 | 12 | -71.4 | 0.1 | 439.3 |

注：由于四舍五入，有中合计数有微小出入。

## 二、生产运行

2016 年金属成形机床产品的产销额均有小幅增长。从细分产品结构上看，锻造机及冲压机产值同比增长 14.6%，销售产值同比增长 10.3%；机械压力机产值同比增长 5.1%，销售产值同比增长 7.0%。期间的产成品库存数量略有增加，但同比大幅下降。

## 三、出口情况

根据海关统计数据，2016 年，金属成形机床出口总额 10.2 亿美元，同比下降 7.0%。其中，出口额前三名的产品是：成形折弯机 2.5 亿美元，同比增长 0.2%；其他金属成形机床 2.0 亿美元，同比增长 3.0%；液压压力机 1.5 亿美元，同比下降 8.3%。2016 年金属成形机床出口情况见表 38。

### 表 38    2016 年金属成形机床出口情况

| 产品名称 | 数量（台） | 同比增长（%） | 占比（%） | 金额（千美元） | 同比增长（%） | 占比（%） | 单价（千美元/台） | 同比增长（%） |
|---|---|---|---|---|---|---|---|---|
| 合计 | 660 684 | 13.2 | 100.0 | 1 024 118 | -7.0 | 100.0 | 1.6 | -17.8 |
| 锻造和冲压机床 | 11 868 | 23.4 | 1.8 | 111 554 | -27.1 | 10.9 | 9.4 | -40.9 |
| 成形折弯机 | 242 536 | 10.3 | 36.7 | 246 126 | 0.2 | 24.0 | 1.0 | -9.2 |
| 剪切机床 | 49 262 | 16.5 | 7.4 | 138 896 | -4.8 | 13.6 | 2.8 | -18.3 |
| 冲床 | 28 191 | -30.4 | 4.3 | 68 087 | -32.5 | 6.6 | 2.4 | -3.0 |
| 液压压力机 | 277 937 | 30.4 | 42.1 | 151 028 | -8.3 | 14.8 | 0.5 | -29.7 |
| 机械压力机 | 30 831 | -15.0 | 4.7 | 107 865 | 12.7 | 10.5 | 3.5 | 32.6 |
| 其他金属成形机床 | 20 059 | -8.4 | 3.0 | 200 563 | 3.0 | 19.6 | 10.0 | 12.4 |

注：由于四舍五入，表中合计数有微小出入。

从数量上看，液压压力机的占比居首位；从金额上看，成形折弯机的占比居首位；从单价上看，整体上出口产品单价同比下降明显，其中锻造和冲压机床的平均单价降至第二位，同比也大幅下降。从出口趋势上看，仅成形折弯机在数量和金额上同比都保持增长；锻造和冲压机床、剪切机床和液压压力机，在数量上同比保持增长，但金额上同比都呈下降态势；而其他各类金属成形机床则是在数量上同比下降，但在金额上同比保持增长。

金属成形机床在出口去向上，按出口额排序，越南大幅增长排在第一位，出口额同比增长 30.5%；美国处于第二位，同比下降 5.4%；印度位居第三，同比下降 4.6%。2016 年金属成形机床出口去向前 10 位国家或地区情况见表 39。

**表 39　2016 年金属成形机床出口去向前 10 位国家或地区情况**

| 序号 | 国家（地区） | 数量（台） | 同比增长（%） | 占比（%） | 金额（千美元） | 同比增长（%） | 占比（%） | 单价（千美元／台） |
|---|---|---|---|---|---|---|---|---|
| 1 | 越南 | 13 996 | 47.0 | 2.1 | 107 811 | 30.5 | 10.5 | 7.7 |
| 2 | 美国 | 281 532 | 38.9 | 42.6 | 87 800 | −5.4 | 8.6 | 0.3 |
| 3 | 印度 | 8 409 | −22.1 | 1.3 | 79 130 | −4.6 | 7.7 | 9.4 |
| 4 | 印度尼西亚 | 7 034 | −16.5 | 1.1 | 56 037 | −1.5 | 5.5 | 8.0 |
| 5 | 墨西哥 | 9 465 | −20.1 | 1.4 | 47 161 | 45.4 | 4.6 | 5.0 |
| 6 | 泰国 | 5 912 | 40.1 | 0.9 | 41 929 | −10.3 | 4.1 | 7.1 |
| 7 | 马来西亚 | 5 517 | −10.0 | 0.8 | 33 685 | −44.3 | 3.3 | 6.1 |
| 8 | 韩国 | 3 081 | 22.9 | 0.5 | 30 817 | 49.3 | 3.0 | 10.0 |
| 9 | 俄罗斯联邦 | 20 922 | 15.2 | 3.2 | 29 609 | 9.2 | 2.9 | 1.4 |
| 10 | 日本 | 9 348 | 8.8 | 1.4 | 29 599 | −15.1 | 2.9 | 3.2 |

注：由于四舍五入，表中合计数有微小出入。

金属成形机床出口企业中，按出口额占比排序，私人企业（64.9%）、外资企业（22.0%）和国有企业（13.1%）。在出口企业所在地区中，按出口额占比排序，华东（53.6%）、华北（19.7%）和华南（17.6%）居前三位，同比分别变化 −0.2%、11.6% 和 −8.8%。2016 年金属成形机床出口企业性质和所在地区情况分别见表 40 和表 41。

**表 40　2016 年金属成形机床出口企业性质情况**

| 序号 | 企业性质 | 数量（台） | 同比增长（%） | 占比（%） | 金额（千美元） | 同比增长（%） | 占比（%） | 单价（千美元／台） |
|---|---|---|---|---|---|---|---|---|
| | 合计 | 660 684 | 13.2 | | 1 024 118 | −7.0 | | 1.6 |
| 1 | 私人企业 | 542 198 | 16.3 | 82.1 | 664 983 | −14.3 | 64.9 | 1.2 |
| 2 | 外资企业 | 62 507 | −3.2 | 9.4 | 225 202 | 9.9 | 22.0 | 3.6 |
| 3 | 国有企业 | 55 979 | 6.2 | 8.5 | 133 933 | 12.0 | 13.1 | 2.4 |

注：由于四舍五入，表中合计数有微小出入。

**表 41　2016 年金属成形机床出口企业所在地区情况**

| 序号 | 所在地区 | 数量（台） | 同比增长（%） | 占比（%） | 金额（千美元） | 同比增长（%） | 占比（%） | 单价（千美元／台） |
|---|---|---|---|---|---|---|---|---|
| | 合计 | 660 684 | 13.2 | | 1 024 118 | −7.0 | | 1.6 |
| 1 | 华东 | 418 516 | 18.5 | 63.4 | 549 295 | −0.2 | 53.6 | 1.3 |
| 2 | 华北 | 189 921 | 12.8 | 28.7 | 201 808 | 11.6 | 19.7 | 1.1 |
| 3 | 华南 | 28 225 | 4.9 | 4.3 | 180 404 | −8.8 | 17.6 | 6.4 |
| 4 | 华中 | 8 160 | 19.2 | 1.2 | 35 738 | −24.2 | 3.5 | 4.4 |
| 5 | 西南 | 9 789 | −57.6 | 1.5 | 25 499 | −62.2 | 2.5 | 2.6 |
| 6 | 西北 | 3 562 | 5.7 | 0.5 | 16 029 | −38.4 | 1.6 | 4.5 |
| 7 | 东北 | 2 511 | 47.6 | 0.4 | 15 345 | −51.0 | 1.5 | 6.1 |

注：由于四舍五入，表中合计数有微小出入。

## 四、企业信息

参加 2016 年金属成形机床产品年度统计的企业（按企业名称拼音首字母排序）见表 42。

**表 42　参加 2016 年金属成形机床产品年度统计的企业（按企业名称拼音首字母排序）**

| 企业名称 | 网址 |
| --- | --- |
| 安徽东海机床制造有限公司 | http://www.donghaimt.com |
| 安阳锻压机械工业公司 | http://www.ayduanya.com |
| 广东锻压机床厂有限公司 | http://www.wanshun.com |
| 合肥合锻机床股份有限公司 | http://www.hfpress.com |
| 湖北三环锻压设备有限公司 | http://www.hsdy.com.c/ |
| 济南二机床集团有限公司 | http://www.jiermt.com |
| 江苏金方圆数控机床有限公司 | http://www.jinfangyuan.com |
| 徐州锻压机床厂集团有限公司 | http://www.xuduan.com.cn |
| 江苏亚威机床股份有限公司 | http://www.yawei.cc/cn |
| 江苏扬力集团有限公司 | http://www.yangli.com |
| 辽阳锻压机床股份有限公司 | http://www.liaoduan.com |
| 南京第一机床厂有限公司 | http://www.nj-jcc.com |
| 齐齐哈尔二机床（集团）有限责任公司 | http://www.q2jc.com.cn |
| 青岛青锻锻压机械有限公司 | http://www.qingduan.com |
| 荣成锻压机床有限公司 | http://www.weide.com.cn |
| 山东高密高锻机械有限公司 | http://www.gaoduan.com |
| 山东宏康机械制造有限公司 | http://www.hongkang.com |
| 山东鲁南机床有限公司 | http://www.lunanmachine.com |
| 山东省青岛生建机械厂 | http://www.qdqs.com.cn |
| 上海机床厂有限公司 | http://www.smtw.com |
| 泰安华鲁锻压机床有限公司 | http://www.taianduanya.cn |
| 天津市天锻压力机有限公司 | http://www.tjdy.com |
| 沃德精机（中国）有限公司 | http://www.worldgroup.com.cn |
| 武汉华工激光工程有限责任公司 | http://www.hglaser.com |
| 西安西锻机床有限公司 | http://www.xiduan2014.icoc.cc |
| 扬州锻压机床股份有限公司 | http://www.duanya.com.cn |
| 营口锻压机床有限责任公司 | http://www.ykdy.com |
| 浙江日发精密机械股份有限公司 | http://www.rifapm.com |
| 浙江萧山金龟机械有限公司 | http://www.jingui.com.cn |

# 数 控 装 置

## 一、基本情况

2016 年中国机床工具行业年报统计中生产数控装置产品的企业共计 6 家。总体呈现增长的状态，产量 8.3 万台，同比增长 23.4%；销售产值 4.8 亿元，同比增长 5.6%。期间产成品库存增长 882 台，同比下降 206.0%。2016 年数控装置产品产销存情况见表 43。

## 二、出口情况

根据海关统计数据，2016 年，数控装置出口总额 5.6 亿美元，同比下降 8.5%。从单价上看，整体上价格处于下降状态。2016 年数控装置出口情况见表 44。

**表 43　2016 年数控装置产品产销存情况**

| 产品名称 | 生产 | | | | 销售 | | | | 期间产成品库存 | | | |
|---|---|---|---|---|---|---|---|---|---|---|---|---|
| | 数量（台） | 同比增长（%） | 金额（亿元） | 同比增长（%） | 数量（台） | 同比增长（%） | 金额（亿元） | 同比增长（%） | 数量（台） | 同比增长（%） | 金额（亿元） | 同比增长（%） |
| 机床数控装置 | 82 555 | 23.4 | 4.7 | 5.4 | 81 673 | 20.5 | 4.8 | 5.6 | 882 | -206.0 | -0.1 | 10.7 |
| 数控机床用伺服驱动单元 | 164 665 | 14.6 | 3.2 | 11.8 | 162 021 | 11.8 | 3.2 | 9.4 | 2 644 | -331.5 | 0.001 | -101.3 |
| 主轴伺服驱动单元 | 19 971 | 29.1 | 0.6 | 20.1 | 19 681 | 25.9 | 0.6 | 15.5 | 290 | -274.7 | 0.003 | -118.1 |
| 进给伺服驱动单元 | 144 694 | 12.8 | 2.7 | 10.2 | 142 340 | 10.1 | 2.7 | 8.2 | 2 354 | -341.2 | -0.002 | -95.3 |
| 数控机床用电动机 | 228 681 | 25.3 | 4.2 | 23.5 | 241 061 | 33.7 | 4.4 | 30.1 | -12 380 | -673.9 | -0.3 | 596.6 |
| 主轴电动机 | 10 475 | -4.2 | 0.4 | 7.3 | 12 277 | 13.1 | 0.4 | 19.9 | -1 802 | -2 352.5 | -0.1 | 479.9 |
| 伺服电动机 | 218 206 | 27.2 | 3.8 | 25.4 | 228 784 | 35.0 | 4.0 | 31.3 | -10 578 | -609.3 | -0.2 | 634.2 |
| 数显装置 | 613 192 | 4.3 | 1.1 | 8.9 | 610 227 | 4.8 | 1.0 | 3.9 | 2 965 | 44.0 | 0.1 | 107.2 |
| 角位移传感器 | 613 192 | 4.3 | 1.1 | 8.9 | 610 227 | 4.8 | 1.0 | 3.9 | 2 965 | 44.0 | 0.1 | 107.2 |
| 圆光栅编码器 | 613 192 | 4.3 | 1.1 | 8.9 | 610 227 | 4.8 | 1.0 | 3.9 | 2 965 | 44.0 | 0.1 | 107.2 |

**表 44　2016 年数控装置出口情况**

| 产品名称 | 数量（台） | 同比增长（%） | 占比（%） | 金额（千美元） | 同比增长（%） | 占比（%） | 单价（千美元／台） | 同比增长（%） |
|---|---|---|---|---|---|---|---|---|
| 数控装置 | 22 684 738 | -2.7 | 100.0 | 562 758 | -8.5 | 100.0 | 0.02 | -5.9 |

　　数控装置在出口去向上，按出口额排序，美国排在第一位，同比下降 14.7%；日本处于第二位，同比下降 9.7%；德国位居第三，同比下降 3.2%。2016 年数控装置出口去向前 10 位国家或地区情况见表 45。

**表 45　2016 年数控装置出口去向前 10 位国家或地区情况**

| 序号 | 国家（地区） | 金额（千美元） | 同比增长（%） | 占比（%） |
|---|---|---|---|---|
| 1 | 美国 | 99 255 | -14.7 | 17.6 |
| 2 | 日本 | 80 201 | -9.7 | 14.3 |
| 3 | 德国 | 42 133 | -3.2 | 7.5 |
| 4 | 中国香港 | 41 738 | 14.5 | 7.4 |
| 5 | 中国台澎金马关税区 | 23 387 | -5.2 | 4.2 |
| 6 | 印度 | 18 823 | 3.7 | 3.3 |
| 7 | 瑞典 | 14 764 | -28.2 | 2.6 |
| 8 | 土耳其 | 14 198 | 15.5 | 2.5 |
| 9 | 韩国 | 13 546 | 53.4 | 2.4 |
| 10 | 意大利 | 13 389 | 10.2 | 2.4 |

注：由于四舍五入，表中合计数有微小出入。

　　数控装置出口企业中，按出口额占比排序，外资企业（61.2%）、私人企业（23.9%）和国有企业（14.9%）。在出口企业所在地区中，按出口额占比排序，华东（44.3%）、华南（30.4%）和华北（19.5%）居前三位，同比分别降低

8.1%、1.2% 和 17.6%。2016 年数控装置出口企业性质和所在地区情况分别见表 46 和表 47。

**表 46　2016 年数控装置出口企业性质情况**

| 序号 | 企业性质 | 金额（千美元） | 同比增长（%） | 占比（%） |
|---|---|---|---|---|
| | 合计 | 562 758 | -8.5 | |
| 1 | 外资企业 | 344 434 | -6.3 | 61.2 |
| 2 | 私人企业 | 134 703 | -8.9 | 23.9 |
| 3 | 国有企业 | 83 621 | -15.9 | 14.9 |

注：由于四舍五入，表中合计数有微小出入。

**表 47　2016 年数控装置出口企业所在地区情况**

| 序号 | 所在地区 | 金额（千美元） | 同比增长（%） | 占比（%） |
|---|---|---|---|---|
| | 合计 | 562 758 | -8.5 | |
| 1 | 华东 | 249 252 | -8.1 | 44.3 |
| 2 | 华南 | 171 083 | -1.2 | 30.4 |
| 3 | 华北 | 109 611 | -17.6 | 19.5 |
| 4 | 东北 | 15 843 | -15.6 | 2.8 |
| 5 | 西南 | 7 017 | 10.8 | 1.2 |
| 6 | 西北 | 6 171 | -24.0 | 1.1 |
| 7 | 华中 | 3 781 | -15.4 | 0.7 |

注：由于四舍五入，表中合计数有微小出入。

### 三、企业信息

参加 2016 年数控装置产品年度统计的企业（按企业名称拼音首字母排序）见表 48。

**表 48 参加 2016 年数控装置产品年度统计的企业**
（按企业名称拼音首字母排序）

| 企业名称 | 网址 |
|---|---|
| 北京凯奇数控设备成套有限公司 | http://www.catch-cnc.com |
| 大连光洋科技集团有限公司 | http://www.dlgona.com/cn/index |
| 广州数控设备有限公司 | http://www.gsk.com.cn |
| 南京华兴数控技术有限公司 | http://www.wxcnc.com |
| 武汉华大新型电机科技股份有限公司 | http://www.ttmn.com/web/224839 |
| 长春禹衡光学有限公司 | http://www.yu-heng.cn |

# 功能部件

### 一、基本情况

2016 年中国机床工具行业年报统计中生产功能部件产品的企业共计 22 家。功能部件产品产值 43.4 亿元，同比下降 21.7%；产品销售产值 43.9 亿元，同比下降 19.5%；期间产成品库存减少 0.4 亿元，同比下降 140.7%。2016 年功能部件产品产销存情况见表 49。

**表 49 2016 年功能部件产品产销存情况**

| 产品名称 | 生产 数量（台） | 生产 同比增长（%） | 生产 金额（亿元） | 生产 同比增长（%） | 销售 数量（台） | 销售 同比增长（%） | 销售 金额（亿元） | 销售 同比增长（%） | 期间产成品库存 数量（台） | 期间产成品库存 同比增长（%） | 期间产成品库存 金额（亿元） | 期间产成品库存 同比增长（%） |
|---|---|---|---|---|---|---|---|---|---|---|---|---|
| 功能部件合计 | 2 917 388 | -9.5 | 43.4 | -21.7 | 2 796 065 | -14.5 | 43.9 | -19.5 | 121 323 | 368.2 | -0.4 | -140.7 |
| 工具夹具 | 1 966 729 | -3.2 | 2.5 | -16.4 | 1 876 326 | -9.6 | 2.3 | -19.1 | 90 403 | -300.0 | 0.2 | 20.5 |
| 卡盘 | 222 014 | 11.7 | 1.7 | -9.0 | 213 685 | 4.3 | 1.5 | -25.3 | 8 329 | -235.8 | 0.2 | -387.2 |
| 自动定心卡盘 | 122 293 | 15.9 | 0.7 | -4.4 | 119 962 | 7.5 | 0.6 | -11.4 | 2 331 | -138.3 | 0.02 | -182.4 |
| 单动卡盘 | 90 164 | 2.6 | 0.6 | -9.8 | 86 114 | -2.9 | 0.6 | -17.9 | 4 050 | -581.6 | 0.04 | -252.1 |
| 动力卡盘 | 9 557 | 78.4 | 0.4 | -14.1 | 7 609 | 66.6 | 0.2 | -54.6 | 1 948 | 147.2 | 0.2 | -667.8 |
| 夹头 | 1 700 200 | -3.1 | 0.7 | -29.8 | 1 615 600 | -9.7 | 0.7 | -0.4 | 84 600 | -354.1 | 0.02 | -93.3 |
| 钻夹头 | 968 800 | -12.2 | 0.3 | 9.8 | 963 600 | -11.6 | 0.3 | 10.7 | 5 200 | -59.1 | 0.002 | -56.3 |
| 弹簧夹头 | 731 400 | 12.2 | 0.4 | -44.6 | 652 000 | -6.6 | 0.4 | -7.5 | 79 400 | -272.6 | 0.02 | -93.7 |
| 车床刀架 | 3 298 | -23.1 | 0.03 | -16.6 | 3 749 | -20.7 | 0.03 | -30.9 | -451 | 2.5 | 0.002 | -155.7 |
| 铣头、插头、镗头 | 604 | -17.8 | 0.03 | 6.8 | 630 | -3.5 | 0.03 | 27.8 | -26 | -131.7 | -0.003 | -251.6 |
| 刀杆（刀柄） | 20 287 | -55.1 | 0.03 | -13.5 | 21 302 | -59.0 | 0.03 | -61.6 | -1 015 | -84.9 | -0.000 2 | -99.5 |
| 回转工作台 | 3 572 | -38.3 | 0.1 | -35.5 | 4 606 | 3.0 | 0.1 | 16.0 | -1 034 | -178.5 | -0.01 | -139.6 |
| 机械回转工作台 | 3 572 | -38.3 | 0.06 | -35.5 | 4 606 | 3.0 | 0.1 | 16.0 | -1 034 | -178.5 | -0.01 | -139.6 |
| 自启板牙切头 | 16 754 | -22.2 | 0.003 | -22.2 | 16 754 | -22.2 | 0.003 | -24.4 | 0 | | 0.00 | |
| 工件夹具 | 312 232 | -4.0 | 0.7 | -32.5 | 274 110 | -16.7 | 0.7 | -22.2 | 38 122 | -1 107.5 | -0.03 | -129.1 |
| 吸盘 | 203 | -86.2 | 0.03 | -72.2 | 795 | -54.4 | 0.1 | -34.0 | -592 | 121.7 | -0.03 | -267.2 |
| 虎钳 | 52 332 | 31.8 | 0.3 | 13.7 | 49 566 | 27.9 | 0.3 | 8.8 | 2 766 | 185.4 | 0.01 | -1482.4 |
| 普通虎钳 | | -100.0 | 0.0 | -100.0 | 2 358 | -49.3 | 0.003 | -97.0 | -2 358 | -2 132.8 | -0.003 | 856.7 |
| 多联组合虎钳 | 52 332 | 49.8 | 0.3 | 77.6 | 47 208 | 38.5 | 0.3 | 68.3 | 5 124 | 500.7 | 0.01 | -2 758.2 |
| 其他工件夹具 | 259 697 | -8.6 | 0.4 | -45.1 | 223 749 | -22.4 | 0.4 | -34.7 | 35 948 | -901.3 | -0.01 | -117.4 |
| 特殊辅助装置 | 1 740 | -41.1 | 0.1 | -34.7 | 3 066 | 5.7 | 0.1 | 9.7 | -1 326 | -2 601.9 | -0.05 | -504.4 |
| 分度头 | 1 740 | -41.1 | 0.1 | -34.7 | 3 066 | 5.7 | 0.1 | 9.7 | -1 326 | -2 601.9 | -0.05 | -504.4 |

（续）

| 产品名称 | 生产 | | | | 销售 | | | | 期间产成品库存 | | | |
|---|---|---|---|---|---|---|---|---|---|---|---|---|
| | 数量（台） | 同比增长（%） | 金额（亿元） | 同比增长（%） | 数量（台） | 同比增长（%） | 金额（亿元） | 同比增长（%） | 数量（台） | 同比增长（%） | 金额（亿元） | 同比增长（%） |
| 机械分度头 | 782 | -61.5 | 0.03 | -63.3 | 1 863 | -10.1 | 0.1 | -14.5 | -1 081 | 2 473.8 | -0.03 | -6 945.1 |
| 数控分度头 | 958 | 3.6 | 0.1 | -7.6 | 1 203 | 44.9 | 0.1 | 36.6 | -245 | -357.9 | -0.02 | -238.2 |
| 数控机床功能部件 | 417 376 | -18.8 | 7.9 | -29.5 | 425 411 | -16.7 | 8.2 | -27.0 | -8 035 | -366.3 | -0.3 | -1 649.4 |
| 电主轴 | 2 902 | 25.5 | 0.1 | -11.1 | 3 431 | 53.6 | 0.1 | -7.3 | -529 | -761.3 | 0.02 | -24.7 |
| 机械主轴 | 23 371 | -31.1 | 2.3 | -36.9 | 23 280 | -31.0 | 2.3 | -37.5 | 91 | -48.6 | 0.03 | 80.2 |
| 数控刀架 | 35 759 | -8.1 | 1.0 | -15.1 | 37 652 | -5.6 | 1.0 | -6.3 | -1 893 | 97.2 | -0.09 | -1 159.1 |
| 其中：普通数控刀架 | 35 759 | -7.8 | 1.0 | -15.0 | 37 652 | -5.3 | 1.0 | -6.1 | -1 893 | 97.2 | -0.09 | -1 159.1 |
| 其中：电机直驱数控刀架 | | -100.0 | 0.0 | -100.0 | | -100.0 | | -100.0 | 0 | | | |
| 数控动力刀架 | 670 | -38.4 | 0.1 | 21.0 | 1 770 | 48.2 | 0.1 | 20.9 | -1 100 | 937.7 | -0.002 | 15.9 |
| 普通数控动力刀架 | 670 | -38.4 | 0.1 | 21.0 | 1 770 | 48.2 | 0.1 | 20.9 | -1 100 | 937.7 | -0.002 | 15.9 |
| 数控转台 | 814 | -12.1 | 0.3 | -8.1 | 944 | 22.3 | 0.3 | 7.5 | -130 | -184.4 | -0.02 | -166.5 |
| 机械传动数控转台 | 814 | -12.1 | 0.3 | -8.1 | 944 | 22.3 | 0.3 | 7.5 | -130 | -184.4 | -0.02 | -166.5 |
| 数控平旋盘 | | -100.0 | 0.0 | -100.0 | | -100.0 | | -100.0 | 0 | -100.0 | | -100.0 |
| 滚珠丝杠副 | 130 777 | -38.3 | 2.2 | -41.1 | 138 239 | -35.1 | 2.3 | -38.7 | -7 462 | 618.2 | -0.07 | -299.0 |
| 滚动导轨副 | 35 954 | 38.8 | 0.4 | 25.6 | 36 993 | 42.2 | 0.4 | 21.5 | -1 039 | 836.0 | -0.02 | -29.8 |
| 直线导轨副 | 187 129 | -5.9 | 1.5 | -16.2 | 183 102 | -5.6 | 1.7 | -13.2 | 4 027 | -16.5 | -0.1 | 64.8 |
| 金属加工机床零件 | 69 102 | -30.9 | 2.2 | -30.1 | 68 864 | -30.7 | 2.2 | -29.7 | 238 | -59.9 | 0.001 | -95.0 |
| 金属切削机床用零件 | 69 102 | -30.9 | 2.1 | -30.1 | 68 864 | -30.7 | 2.1 | -29.9 | 238 | -59.9 | 0.01 | -66.0 |
| 其他金属加工机床用零件 | | 0.0 | | -26.3 | | | 0.0 | -5.6 | 0 | | -0.004 | -203.3 |
| 其他机床附件及辅助装置 | 150 209 | -40.0 | 30.1 | -18.7 | 148 288 | -40.8 | 30.4 | -16.3 | 1 921 | 1 922.1 | -0.3 | -148.6 |

注：由于四舍五入，表中合计数有微小出入。

## 二、生产运行

2016 年功能部件细分产品结构上，产值占比最高的是其他机床附件及辅助装置 30.1 亿元，同比下降 18.7%；数控机床功能部件的产值 7.9 亿元，位居第二，同比下降 29.5%。

## 三、出口情况

根据海关统计数据，2016 年，功能部件出口总额 9.0 亿美元，同比下降 9.0%。其中，机床夹具和附件出口额 2.6 亿美元，同比增长 1.7%；机床零部件出口额 6.4 亿美元，同比下降 13.4%。2016 年功能部件出口情况见表 50。

**表 50　2016 年功能部件出口情况**

| 产品名称 | 数量（台） | 同比增长（%） | 占比（%） | 金额（千美元） | 同比增长（%） | 占比（%） | 单价（千美元／台） | 同比增长（%） |
|---|---|---|---|---|---|---|---|---|
| 合计 | 270 588 486 | -18.6 | 100.0 | 900 402 | -9.0 | 100.0 | 0.003 | 11.2 |
| 机床夹具、附件 | 32 994 916 | 0.5 | 12.2 | 263 380 | 1.7 | 29.2 | 0.008 | 1.1 |
| 机床零件、部件 | 237 593 570 | -20.7 | 87.8 | 637 022 | -13.4 | 70.8 | 0.003 | 9.2 |

注：由于四舍五入，表中合计数有微小出入。

功能部件在出口去向上，按出口额排序，日本仍排在第一位，出口额同比下降 26.1%；美国处于第二位，同比下降 3.1%；德国位居第三，同比增长 6.2%。2016 年功能部件出口去向前 10 位国家或地区情况见表 51。

**表 51　2016 年功能部件出口去向前 10 位国家或地区情况**

| 序号 | 国家（地区） | 金额（千美元） | 同比增长（%） | 占比（%） |
|---|---|---|---|---|
| 1 | 日本 | 209 153 | -26.1 | 23.2 |
| 2 | 美国 | 171 338 | -3.1 | 19.0 |
| 3 | 德国 | 72 263 | 6.2 | 8.0 |
| 4 | 中国台澎金马关税区 | 54 419 | -21.3 | 6.0 |
| 5 | 韩国 | 39 556 | -21.6 | 4.4 |
| 6 | 中国香港 | 25 695 | -6.8 | 2.9 |
| 7 | 意大利 | 24 978 | 0.4 | 2.8 |
| 8 | 英国 | 20 016 | -8.1 | 2.2 |
| 9 | 越南 | 18 183 | 2.2 | 2.0 |
| 10 | 新加坡 | 15 521 | -20.2 | 1.7 |

注：由于四舍五入，表中合计数有微小出入。

功能部件出口企业中，按出口额占比排序，外资企业（44.6%）、私人企业（44.4%）和国有企业（11.0%）。在出口企业所在地区中，按出口额占比排序，华东（44.1%）、华北（23.6%）和东北（13.3%）居前三位，同比分别下降4.8%、11.8% 和 31.8%。2016 年功能部件出口企业性质和所在地区情况分别见表 52 和表 53。

**表 52　2016 年功能部件出口企业性质情况**

| 序号 | 企业性质 | 金额（千美元） | 同比增长（%） | 占比（%） |
|---|---|---|---|---|
| | 合计 | 900 402 | -9.4 | |
| 1 | 外资企业 | 401 087 | 5.7 | 44.6 |
| 2 | 私人企业 | 400 189 | -19.7 | 44.4 |
| 3 | 国有企业 | 99 125 | -14.8 | 11.0 |

注：由于四舍五入，表中合计数有微小出入。

**表 53　2016 年功能部件出口企业所在地区情况**

| 序号 | 所在地区 | 金额（千美元） | 同比增长（%） | 占比（%） |
|---|---|---|---|---|
| | 合计 | 900 402 | -9.4 | |
| 1 | 华东 | 397 572 | -4.8 | 44.1 |
| 2 | 华北 | 212 526 | -11.8 | 23.6 |
| 3 | 东北 | 119 367 | -31.8 | 13.3 |
| 4 | 华南 | 92 247 | 4.6 | 10.2 |
| 5 | 华中 | 42 332 | 28.8 | 4.7 |
| 6 | 西南 | 23 042 | 36.2 | 2.6 |
| 7 | 西北 | 13 316 | -42.3 | 1.5 |

注：由于四舍五入，表中合计数有微小出入。

**四、企业信息**

参加 2016 年功能部件产品年度统计的企业（按企业名称拼音首字母排序）见表 54。

**表 54　参加 2016 年功能部件产品年度统计的企业**
**（按企业名称拼音首字母排序）**

| 企业名称 | 网址 |
|---|---|
| 保定向阳航空精密机械有限公司 | http://www.xiangyang.com.cn |
| 常州市新墅机床数控设备有限公司 | http://www.yaxingsk.com |
| 大连机床集团有限责任公司 | http://www.dmtg.com |
| 广东高新凯特精密机械股份有限公司 | http://www.htpm.com.cn |
| 江苏宏达数控科技股份有限公司 | http://www.hrdsk.com |
| 江苏无锡建华机床附件集团有限公司 | http://www.wxhjjc.com |
| 南京工艺装备制造有限公司 | http://www.njyigong.cn |
| 秦川机床工具集团股份公司 | http://www.qinchuan.com |
| 曲阜市崇德精密机械有限公司 | http://www.qufuchongde.cn |
| 山东博特精工股份有限公司 | http://www.jsinfo.com.cn |
| 山东工具制造有限公司 | http://www.sdtools.cn |
| 山东征宙机械股份有限公司 | http://www.zhengzhoutools.com |
| 陕西汉江机床有限公司 | http://www.hjmtc.cn |
| 陕西航空宏峰精密机械工具公司 | http://www.hfmtc.com |
| 上海工具厂有限公司 | http://www.stwc.com.cn |
| 上海机床厂有限公司 | http://www.smtw.com |
| 台州市浙东机床附件有限公司 | http://www.cnfed.com |
| 天津市泽尔数控机床成套有限公司 | http://www.tianjin-zeer.com |
| 瓦房店永川机床附件有限公司 | http://www.fy-chuck.com |
| 威海天诺数控机械有限公司 | http://www.whpack.com |
| 烟台环球机床装备股份有限公司 | http://www.yt-ma.com |
| 烟台开发区博森科技发展有限公司 | http://www.bosen-fuji.com |

# 工具及量具量仪

**一、基本情况**

2016 年中国机床工具行业年报统计中生产工具及量具量仪产品的企业共计 77 家。从工具及量具量仪产品细分情况看，量具产值 8.6 亿元，同比下降 3.6%；量仪产值 1.8 亿元，同比下降 15.6%；金属切削刀具 81.1 亿元，同比增长 7.0%。期间产成品库存呈现大幅的下降，但同比处于增长状态。2016 年工具及量具量仪产品产销存情况见表 55。

表55　2016年工具及量具量仪产品产销存情况

| 产品名称 | 生产 | | | | 销售 | | | | 期间产成品库存 | | | |
|---|---|---|---|---|---|---|---|---|---|---|---|---|
| | 数量（件） | 同比增长（%） | 金额（亿元） | 同比增长（%） | 数量（件） | 同比增长（%） | 金额（亿元） | 同比增长（%） | 数量（件） | 同比增长（%） | 金额（亿元） | 同比增长（%） |
| 量具 | 34 982 500 | 25.8 | 8.6 | -3.6 | 35 415 400 | 27.2 | 9.1 | -0.6 | -432 900 | 1 591.0 | -0.5 | 105.9 |
| 卡尺 | 2 141 200 | -10.7 | 2.1 | -6.3 | 2 284 000 | -5.5 | 2.2 | -5.6 | -142 800 | 583.3 | -0.1 | 7.1 |
| 量块及量规 | 1 294 300 | -39.1 | 1.3 | 4.7 | 1 504 400 | -30.4 | 1.4 | 10.9 | -210 100 | 502.0 | -0.2 | 105.9 |
| 测微螺杆类量具 | 1 410 000 | -2.3 | 1.4 | 1.9 | 1 393 200 | 3.4 | 1.3 | 1.1 | 16 800 | -82.3 | 0.1 | 15.1 |
| 量表 | 1 362 700 | 1.7 | 1.3 | 2.2 | 1 412 000 | 3.4 | 1.4 | 1.3 | -49 300 | 98.8 | -0.1 | -13.5 |
| 角度和平直度量具 | 9 928 300 | -27.9 | 0.5 | 19.2 | 9 955 300 | -27.6 | 0.5 | 15.6 | -27 000 | -251.7 | -0.001 | -90.8 |
| 电子数显量具 | 1 707 600 | 0.9 | 1.8 | -5.1 | 1 741 200 | 1.8 | 2.0 | 7.0 | -33 600 | 81.6 | -0.3 | 805.4 |
| 辅助测量器具 | 16 483 100 | 651.3 | 0.3 | -10.2 | 16 474 100 | 646.5 | 0.3 | -5.7 | 9 000 | -169.2 | -0.02 | 220.5 |
| 其他量具 | 655 300 | -77.0 | 0.1 | -75.7 | 651 200 | -77.4 | 0.04 | -86.6 | 4 100 | -115.6 | 0.04 | 473.1 |
| 量仪 | 53 230 | -15.6 | 1.8 | -15.6 | 58 693 | -8.9 | 2.0 | -5.8 | -5 463 | 298.2 | -0.2 | -358.3 |
| 通用长度量仪 | 1 699 | -13.1 | 0.3 | -11.8 | 1 520 | 25.7 | 0.3 | -11.3 | 179 | -76.0 | -0.01 | 3.3 |
| 通用角度量仪 | 356 | -6.3 | 0.01 | -17.7 | 355 | 10.6 | 0.01 | -2.8 | 1 | -98.3 | 0.0 | -98.5 |
| 形状和位置误差量仪 | 148 | -37.3 | 0.02 | 7.4 | 141 | -35.0 | 0.02 | 23.5 | 7 | -63.2 | -0.003 | 1 037.9 |
| 表面质量量仪 | 26 | -36.6 | 0.02 | -39.0 | 50 | 28.2 | 0.03 | -12.5 | -24 | -1 300.0 | -0.01 | -739.8 |
| 三坐标测量仪 | 0 | | 0.0 | 0.0 | 0 | -100.0 | 0.0 | -100.0 | 0 | -100.0 | 0.0 | -100.0 |
| 齿轮量仪 | 182 | -28.1 | 0.3 | -44.7 | 234 | -14.3 | 0.3 | -29.6 | -52 | 160.0 | -0.03 | -149.2 |
| 气动、电动、主动量仪检验机 | 13 212 | -8.2 | 0.1 | -27.5 | 14 512 | -10.4 | 0.2 | -3.6 | -1 300 | -28.4 | -0.1 | 491.2 |
| 其他量仪 | 37 607 | -17.9 | 1.0 | 0.3 | 41 881 | -9.2 | 1.1 | 6.2 | -4 274 | 1 090.5 | -0.04 | -315.1 |
| 金属切削工具 | 917 801 900 | 11.8 | 81.1 | 7.0 | 925 371 000 | 10.4 | 75.9 | 5.3 | -7 569 100 | -56.5 | 5.2 | 39.4 |
| 金属切削机床用切削刀具 | 914 021 000 | 11.8 | 77.7 | 7.6 | 921 776 200 | 10.5 | 72.7 | 6.2 | -7 755 200 | -53.4 | 4.9 | 33.1 |
| 金属切削机床用刀片 | 151 836 000 | 4.55 | 22.7 | 18.4 | 152 312 300 | 1.6 | 15.9 | 14.4 | -476 300 | -89.9 | 6.8 | 28.8 |
| 硬质合金刀片 | 148 758 400 | 4.8 | 20.0 | 14.4 | 149 294 900 | 1.1 | 13.2 | 6.6 | -536 500 | -90.7 | 6.8 | 33.4 |
| 陶瓷刀片 | 0 | -100.0 | 0.0 | -100.0 | 0 | -100.0 | 0.0 | -100.0 | 0 | -100.0 | 0.0 | -100.0 |
| 立方氮化硼刀片 | 459 600 | 43.5 | 0.7 | 25.0 | 466 300 | 50.3 | 0.7 | 27.4 | -6 700 | -167.0 | -0.001 | -115.8 |
| 金刚石刀片 | 978 900 | 324.7 | 1.4 | 240.6 | 937 700 | 305.9 | 1.4 | 246.1 | 41 200 | -8 340.0 | 0.004 | -52.5 |
| 其他金属切削机床用刀片 | 1 639 100 | 0.0 | 0.6 | 31.7 | 1 613 400 | -4.8 | 0.6 | 18.1 | 25 700 | -146.0 | -0.03 | -59.5 |
| 车（刨）削工具 | 99 300 | -1.6 | 0.5 | 13.1 | 119 700 | 30.5 | 0.5 | 63.8 | -20 400 | -321.7 | -0.1 | -247.6 |
| 铣刀 | 64 390 700 | 5.5 | 9.4 | -12.1 | 63 407 800 | 0.5 | 10.1 | -9.3 | 982 900 | -146.8 | -0.6 | 70.7 |
| 可转位硬质合金铣刀 | 6 000 | -81.1 | 0.1 | -63.9 | 7 700 | -76.1 | 0.1 | -62.4 | -1 700 | 325.0 | -0.005 | 2.0 |
| 整体硬质合金铣刀 | 42 094 900 | 16.1 | 5.4 | -13.5 | 40 028 400 | 3.6 | 5.7 | -12.2 | 2 066 500 | -187.4 | -0.3 | 14.5 |
| 高速钢铣刀 | 22 231 000 | -9.9 | 3.8 | -7.5 | 23 314 800 | -4.4 | 4.0 | -2.4 | -1 083 800 | -510.5 | -0.2 | -13 638.1 |
| 其他铣刀 | 58 800 | 5.4 | 0.2 | -9.9 | 56 900 | 4.0 | 0.3 | -3.6 | 1 900 | 72.7 | -0.1 | 14.7 |
| 孔加工刀具 | 593 675 000 | 17.5 | 24.9 | 18.7 | 598 121 700 | 16.2 | 26.3 | 18.6 | -4 446 700 | -54.0 | -1.4 | 15.5 |
| 高速钢钻头 | 583 432 100 | 19.9 | 20.3 | 29.0 | 587 737 200 | 18.5 | 20.7 | 24.8 | -4 305 100 | -55.3 | -0.5 | -47.7 |

（续）

| 产品名称 | 生产 | | | | 销售 | | | | 期间产成品库存 | | | |
|---|---|---|---|---|---|---|---|---|---|---|---|---|
| | 数量（件） | 同比增长（%） | 金额（亿元） | 同比增长（%） | 数量（件） | 同比增长（%） | 金额（亿元） | 同比增长（%） | 数量（件） | 同比增长（%） | 金额（亿元） | 同比增长（%） |
| 整体硬质合金钻头 | 7 634 100 | -53.5 | 0.9 | -45.0 | 7 767 200 | -52.6 | 1.3 | -13.7 | -133 100 | -843.6 | -0.5 | -2 522.0 |
| 可转位硬质合金钻头 | 10 900 | -61.6 | 0.1 | -57.9 | 34 400 | 46.4 | 0.1 | 17.0 | -23 500 | -579.6 | -0.1 | -296.2 |
| 金刚石钻头 | 19 600 | 10.7 | 0.1 | 10.7 | 18 500 | 6.9 | 0.1 | 7.0 | 1 100 | 175.0 | 0.03 | 22.6 |
| 镗刀 | 127 300 | 157.7 | 0.6 | 24.5 | 157 400 | 201.0 | 0.9 | 30.1 | -30 100 | 937.9 | -0.3 | 44.1 |
| 铰刀 | 669 100 | -11.8 | 0.8 | 11.4 | 754 300 | -6.5 | 1.0 | 22.4 | -85 200 | 76.0 | -0.2 | 111.9 |
| 其他孔加工刀具 | 1 781 900 | 17.9 | 2.2 | -2.7 | 1 652 700 | 9.3 | 2.1 | -8.5 | 129 200 | -129 300.0 | 0.04 | -143.8 |
| 螺纹刀具 | 89 836 800 | -6.7 | 8.3 | -4.2 | 94 133 900 | -1.5 | 8.5 | 2.4 | -4 297 100 | -651.3 | -0.2 | -179.8 |
| 机用丝锥 | 59 342 700 | -11.3 | 6.1 | -4.4 | 61 423 600 | -5.8 | 6.2 | 2.1 | -2 080 900 | -222.2 | -0.1 | -128.7 |
| 手用丝锥 | 16 544 100 | 21.8 | 0.7 | 60.5 | 15 192 900 | 5.9 | 0.5 | 15.0 | 1 351 200 | -278.8 | 0.2 | -2 145.1 |
| 板牙 | 10 889 600 | 1.2 | 0.7 | -0.8 | 10 733 200 | -1.0 | 0.6 | -2.9 | 156 400 | -284.7 | 0.01 | -1 391.2 |
| 其他螺纹刀具 | 3 060 400 | -40.2 | 0.8 | -31.4 | 6 784 200 | 30.6 | 1.1 | 1.8 | -3 723 800 | 4413.7 | -0.4 | -19 496.2 |
| 拉削刀具 | 161 800 | 7.5 | 2.7 | 3.0 | 162 200 | 7.1 | 2.7 | 3.5 | -400 | -55.6 | 0.01 | -61.9 |
| 齿轮刀具 | 129 400 | -11.9 | 2.9 | 20.7 | 140 600 | -10.8 | 2.9 | 17.5 | -11 200 | 3.7 | 0.01 | -117.5 |
| 滚刀 | 81 600 | -13.7 | 2.2 | 30.2 | 86 600 | -16.0 | 2.2 | 26.7 | -5 000 | -41.2 | 0.005 | -110.7 |
| 插齿刀 | 26 100 | -13.0 | 0.4 | -4.6 | 27 900 | -9.1 | 0.4 | -7.4 | -1 800 | 157.1 | 0.01 | -180.3 |
| 剃齿刀 | 7 800 | 4.0 | 0.3 | 7.7 | 8 300 | 10.7 | 0.3 | 9.5 | -500 | | -0.01 | 120.3 |
| 其他齿轮刀具 | 13 900 | -6.1 | 0.1 | -8.7 | 17 800 | 8.5 | 0.1 | -22.3 | -3 900 | 143.8 | 0.01 | -351.2 |
| 锯削刀具 | 7 072 500 | 58.8 | 4.7 | 17.5 | 6 360 300 | 32.6 | 4.1 | -6.5 | 712 200 | -307.3 | 0.5 | -211.8 |
| 双金属带锯条 | 6 488 200 | 56.9 | 4.6 | 17.2 | 6 145 600 | 33.0 | 4.1 | -6.6 | 342 600 | -170.6 | 0.5 | -209.2 |
| 机用锯条 | 584 300 | 83.2 | 0.0 | 65.9 | 214 700 | 21.3 | 0.0 | 19.0 | 369 600 | 160.3 | 0.01 | -4 708.9 |
| 其他金属切削机床用切削刀具 | 6 819 500 | 40.5 | 1.7 | -48.7 | 7 017 700 | 29.1 | 1.7 | -46.4 | -198 200 | -65.9 | 0.01 | -96.6 |
| 工具系统 | 1 260 900 | 7.8 | 2.1 | -15.3 | 1 116 200 | 3.7 | 1.9 | -13.9 | 144 700 | 54.9 | 0.1 | -32.0 |
| 车削工具系统 | 115 500 | 37.8 | 0.3 | 80.0 | 110 800 | 21.0 | 0.3 | 65.9 | 4 700 | -160.3 | 0.02 | -552.6 |
| 镗铣工具系统 | 290 400 | 6.7 | 1.2 | -16.0 | 292 300 | 14.5 | 1.1 | -6.4 | -1 900 | -111.3 | 0.1 | -67.2 |
| 其他工具系统 | 855 000 | 5.1 | 0.5 | -34.5 | 713 100 | -2.2 | 0.5 | -41.6 | 141 900 | 68.1 | 0.03 | -188.1 |
| 机器用刀具及刀片 | 200 300 | 2.2 | 0.1 | 0.2 | 204 000 | -2.4 | 0.1 | 9.4 | -3 700 | -71.5 | -0.03 | 39.3 |
| 木工机械用刀具及刀片 | 200 300 | 2.2 | 0.1 | 0.2 | 204 000 | -2.4 | 0.1 | 9.4 | -3 700 | -71.5 | -0.03 | 39.3 |
| 其他金属切削工具 | 2 319 700 | 5.5 | 1.3 | 17.9 | 2 274 600 | -25.3 | 1.2 | -8.1 | 45 100 | -105.3 | 0.1 | -173.3 |

**二、出口情况**

根据海关统计数据，2016 年，工具及量具量仪出口总额 25.8 亿美元，同比下降 1.8%。其中，切削刀具出口额 24.0 亿美元，同比下降 2.0%；量具出口额 1.3 亿美元，同比增长 3.4%；量仪出口额 0.5 亿美元，同比下降 4.6%。2016 年工具及量具量仪出口情况见表 56。

表 56　2016 年工具及量具量仪出口情况

| 产品名称 | 金额<br>（千美元） | 同比增长<br>（%） | 占比<br>（%） |
|---|---|---|---|
| 合计 | 2 575 825 | -1.8 | 100.0 |
| 切削刀具 | 2 395 261 | -2.0 | 93.0 |
| 量具 | 132 507 | 3.4 | 5.1 |
| 量仪 | 48 057 | -4.6 | 1.9 |

注：由于四舍五入，表中合计数有微小出入。

工具及量具量仪在出口去向上，按出口额排序，美国排在第一位，出口额同比增长 4.1%；德国处于第二位，同比增长 1.6%；印度位居第三，同比下降 2.4%。2016 年工具及量具量仪出口去向前 10 位国家或地区情况见表 57。

表 57　2016 年工具及量具量仪出口去向
前 10 位国家或地区情况

| 序号 | 国家（地区） | 金额<br>（千美元） | 同比增长<br>（%） | 占比<br>（%） |
|---|---|---|---|---|
| 1 | 美国 | 521 490 | 4.1 | 20.3 |
| 2 | 德国 | 263 412 | 1.6 | 10.2 |
| 3 | 印度 | 144 730 | -2.4 | 5.6 |
| 4 | 日本 | 137 172 | 4.2 | 5.3 |
| 5 | 韩国 | 136 782 | -0.3 | 5.3 |
| 6 | 中国香港 | 122 249 | 7.8 | 4.8 |
| 7 | 越南 | 92 911 | -8.4 | 3.6 |
| 8 | 荷兰 | 91 862 | -8.3 | 3.6 |
| 9 | 英国 | 83 310 | -3.4 | 3.2 |
| 10 | 俄罗斯联邦 | 79 861 | -6.8 | 3.1 |

工具及量具量仪出口企业中，按出口额占比排序，私人企业（48.2%）、外资企业（40.4%）和国有企业（11.4%）。在出口企业所在地区中，按出口额占比排序，华东（56.8%）、华南（16.9%）和华北（15.2%）居前三位，同比分别变化 -1.7%、3.5% 和 -5.3%。2016 年工具及量具量仪出口企业性质和所在地区情况分别见表 58 和表 59。

表 58　2016 年工具及量具量仪出口企业性质情况

| 序号 | 企业性质 | 金额<br>（千美元） | 同比增长<br>（%） | 占比<br>（%） |
|---|---|---|---|---|
| | 合计 | 2 575 825 | -1.8 | |
| 1 | 私人企业 | 1 241 662 | -0.2 | 48.2 |
| 2 | 外资企业 | 1 041 172 | -1.5 | 40.4 |
| 3 | 国有企业 | 292 991 | -9.3 | 11.4 |

注：由于四舍五入，表中合计数有微小出入。

表 59　2016 年工具及量具量仪出口企业所在地区情况

| 序号 | 所在地区 | 金额<br>（千美元） | 同比<br>（%） | 占比<br>（%） |
|---|---|---|---|---|
| | 合计 | 2 575 825 | -1.8 | |
| 1 | 华东 | 1 462 721 | -1.7 | 56.8 |
| 2 | 华南 | 436 409 | 3.5 | 16.9 |
| 3 | 华北 | 391 540 | -5.3 | 15.2 |
| 4 | 华中 | 110 527 | -6.8 | 4.3 |
| 5 | 东北 | 89 718 | 7.8 | 3.5 |
| 6 | 西南 | 59 981 | -17.5 | 2.3 |
| 7 | 西北 | 24 928 | -4.6 | 1.0 |

注：由于四舍五入，表中合计数有微小出入。

### 三、企业信息

参加 2016 年工具及量具量仪产品年度统计的企业（按企业名称拼音首字母排序）见表 60。

表 60　参加 2016 年工具及量具量仪产品年度统计的企业
（按企业名称拼音首字母排序）

| 企业名称 | 网址 |
|---|---|
| 北京沃尔德金刚石工具有限公司 | http://www.worldiatools.com |
| 本溪工具有限责任公司 | http://www.liontool.com.cn |
| 常熟量具刃具厂 | http://www.cslrj.com.cn |
| 常州市西夏墅工具研究所有限公司 | http://www.xxsgj.com |
| 成都邦普合金材料有限公司 | http://www.bpcarbide.com |
| 成都成量工具集团有限公司 | http://www.chinachengliang.com |
| 成都成林数控刀具有限公司 | http://www.kilowood.cn |
| 成都岷江精密刀具有限公司 | http://www.cdmjdj.cn |
| 大连富士工具有限公司 | http://www.dfg.com.cn |
| 大连恒瑞精机有限公司 | http://www.hrjj.com.cn |
| 大连远东工具有限公司 | http://www.tdc-tools.com |
| 东风汽车有限公司刃量具厂 | http://www.dfl.com.cn |
| 贵阳华工工具注塑有限公司 | http://www.gzhuagong.cn |
| 贵阳新天光电科技有限公司 | http://www.chfoic.com |
| 贵州西南工具（集团）有限公司 | http://www.swt.com.cn |
| 桂林迪吉特电子有限公司 | http://www.dijite.com |
| 桂林广陆数字测控股份有限公司 | http://www.guanglu.com.cn |
| 桂林量具刃具有限责任公司 | http://www.sinoshan.com |
| 哈尔滨第一工具制造有限公司 | http://www.chntool.com |
| 哈尔滨量具刃具集团有限公司 | http://www.links-china.com |

（续）

| 企业名称 | 网址 |
|---|---|
| 汉江工具有限责任公司 | http://www.htw.diytrade.com |
| 汉中市智海精密机械工具有限公司 | http://zhjm.cn |
| 汉中万目仪电有限责任公司 | http://www.wanmu.net |
| 杭州杭工工具有限公司 | http://www.hztools.cn |
| 杭州金南工量具有限公司 | http://www.jinnan-tool.com |
| 河南一工钻业有限公司 | http://www.hygzt.com |
| 河冶住商工模具有限公司 | http://www.hsstool.com |
| 恒锋工具股份有限公司 | http://www.esttools.com |
| 湖南泰嘉新材料科技股份有限公司 | http://www.bichamp.com |
| 江苏飞达钻石股份有限公司 | http://www.feida-china.net |
| 江苏建民工具有限公司 | |
| 江苏天工工具有限公司 | http://www.gaintool.com |
| 江西江钨硬质合金有限公司 | http://www.jxjtc.com |
| 江阴市工具厂 | http://ali_jyggc.cctw.cc |
| 靖江量具有限公司 | http://jmtc.cn |
| 洛阳信成精密机械有限公司 | http://www.lyxc.com |
| 南昌市恒鑫工具有限责任公司 | |
| 宁波利浦刃具有限公司 | http://www.liputool.com |
| 青岛优先出锐工具有限公司 | http://www.qnct.cn |
| 青海量具刃具有限责任公司 | http://www.qlr.com.cn |
| 三门峡中原精密有限公司 | http://wwwzyjm.com |
| 三门峡中原量仪股份有限公司 | http://www.cnzyly.com |
| 森泰英格（成都）数控刀具有限公司 | http://www.egnc.com.cn |
| 厦门金鹭特种合金有限公司 | http://www.gesac.com.cn |
| 山东工具制造有限公司 | http://www.sdtools.cn |
| 山东泰丰宝源数控机床附件有限公司 | http://www.tfbysk.cn |
| 陕西关中工具制造有限公司 | http://www.gztool.com.cn |
| 陕西航空宏峰精密机械工具有限公司 | http://www.hfmtc.com.cn |
| 陕西航空硬质合金工具公司 | http://www.tools-cn.com |
| 陕西渭河精密工模具有限公司 | http://www.weihetools.com.cn |
| 上海工具厂有限公司 | http://www.stwc.cn |
| 上海机韧工具有限公司 | |
| 上海量具刃具厂有限公司 | http://www.smctw.com.cn |
| 上海刃具厂有限公司 | http://www.shrj.net |

（续）

| 企业名称 | 网址 |
|---|---|
| 上海山田刀具有限公司 | http://www.yamadachina.com |
| 上海申利螺纹工具有限公司 | http://www.sltt.com.cn |
| 上海松德数控刀具制造有限公司 | http://www.sunder-tools.com |
| 上海自九量具有限公司 | http://www.zijiu-tools.com |
| 四川天虎工具有限责任公司 | http://scthgj.com |
| 四平博尔特工艺装备有限公司 | http://www.siping.chinatool.net |
| 苏州阿诺精密切削技术股份有限公司 | http://www.ahno-tool.com |
| 苏州纬正精密工具有限公司 | http://www.wztools.com |
| 台州赛诺克机械科技有限公司 | |
| 太原工具厂 | |
| 泰安泰山福神齿轮箱有限责任公司 | http://www.tsfsclx.cn |
| 泰兴工具厂 | |
| 威海量具厂有限公司 | http://www.wmt.com.cn |
| 无锡方寸工具有限公司 | http://www.fctools.com |
| 无锡国宏硬质合金模具刃具有限公司 | http://wxgh.com.cn |
| 扬州江宇刃具有限公司 | http://www.jytaps.com |
| 浙江汤溪工具制造有限公司 | http://www.zjtanggong.com |
| 浙江欣兴工具有限公司 | http://www.alfra.cn |
| 浙江易立刀具有限公司 | http://www.yilitool.com |
| 郑州市钻石精密制造有限公司 | http://www.zhengzuanchina.com |
| 重庆工具厂有限责任公司 | http://www.chtgo.com |
| 株洲华锐硬质合金工具有限责任公司 | http://www.zzhrhj.com |
| 株洲钻石切削刀具股份有限公司 | http://www.zccct.com |

# 磨料磨具

**一、基本情况**

2016年中国机床工具行业年报统计中生产磨料磨具产品的企业共计84家。从磨料磨具产品细分情况看，磨料产值58.8亿元，同比下降0.1%；磨具产值29.4亿元，同比增长2.8%。期间产成品库存金额均呈现同比大幅下降状态。2016年磨料磨具产品产销存情况见表61。

**表 61 2016 年磨料磨具产品产销存情况**

| 产品名称 | 单位 | 生产 | | | | 销售 | | | | 期间产成品库存 | | | |
|---|---|---|---|---|---|---|---|---|---|---|---|---|---|
| | | 数量 | 同比增长（%） | 金额（亿元） | 同比增长（%） | 数量 | 同比增长（%） | 金额（亿元） | 同比增长（%） | 数量 | 同比增长（%） | 金额（亿元） | 同比增长（%） |
| 磨料 | t | 795 727 | 12.7 | 58.8 | -0.1 | 830 765 | 13.0 | 57.8 | 0.3 | -35 038 | 21.0 | 1.1 | -19.4 |
| 普通磨料 | t | 793 781 | 12.8 | 39.8 | 13.1 | 828 937 | 13.0 | 39.8 | 6.6 | -35 156 | 19.5 | 0.1 | -103.3 |
| 超硬材料 | t | 1 946 | -11.8 | 19.0 | -19.8 | 1 828 | 4.7 | 18.0 | -11.3 | 118 | -74.4 | 1.0 | -70.3 |
| 人造金刚石 | t | 1 756 | -13.0 | 16.4 | -22.6 | 1 638 | 5.2 | 15.6 | -12.9 | 118 | -74.4 | 0.9 | -73.9 |
| 立方氮化硼 | t | 190 | 0.5 | 2.5 | 3.6 | 190 | 1.2 | 2.4 | 0.0 | 0.06 | -95.3 | 0.1 | 258.4 |
| 化学气相沉积（CVD）金刚石 | t | 0.04 | 9.1 | 0.03 | 59.6 | 0.03 | 12.0 | 0.02 | 2.7 | 0.01 | 0.0 | 0.01 | 330.2 |
| 磨具 | | | | 29.4 | 2.8 | | | 28.8 | 4.6 | | | 0.6 | -44.1 |
| 固结磨具 | t | 194 173 | 0.5 | 23.2 | 2.4 | 192 160 | 1.5 | 22.6 | 4.5 | 2 013 | -48.5 | 0.5 | -43.6 |
| 超硬材料制品 | 千克拉 | 11 767 714 | 4.6 | 6.2 | 4.4 | 11 722 685 | 3.9 | 6.2 | 5.0 | 45 029 | -286.4 | 0.03 | -51.7 |
| 超硬材料磨具 | 千克拉 | 9 617 818 | 4.4 | 5.6 | 4.0 | 9 571 048 | 3.5 | 5.6 | 4.7 | 46 770 | -224.1 | 0.03 | -52.1 |
| 金刚石钻探工具 | 千克拉 | 2 149 896 | 5.1 | 0.7 | 7.9 | 2 151 637 | 5.9 | 0.7 | 7.9 | -1 741 | -112.9 | 0.001 | -26.5 |

## 二、出口情况

根据海关统计数据，2016 年，磨料磨具出口总额 19.5 亿美元，同比下降 6.7%。其中，出口额占比前三名的是：其他黏聚磨料制砂轮、石磨、石碾出口额 5.1 亿美元，同比下降 3.3%；人造刚玉出口额 4.5 亿美元，同比下降 11.4%；碳化硅出口额 2.8 亿美元，同比下降 7.7%。2016 年磨料磨具出口情况见表 62。

**表 62 2016 年磨料磨具出口情况**

| 产品名称 | 金额（千美元） | 同比（%） | 占比（%） |
|---|---|---|---|
| 合计 | 1 945 253 | -6.7 | 8.0 |
| 天然刚玉 | 8 812 | -26.9 | 0.4 |
| 人造刚玉 | 450 686 | -11.4 | 23.2 |
| 碳化硅 | 281 768 | -7.7 | 14.5 |
| 碳化硼 | 25 566 | -20.3 | 1.3 |
| 碾磨或磨浆用石磨、石碾 | 2 607 | 101.2 | 0.1 |
| 合成或天然金刚石制石磨、石碾 | 135 988 | -18.6 | 7.0 |
| 其他黏聚磨料制砂轮、石磨、石碾 | 507 485 | -3.3 | 26.1 |
| 天然石料制砂轮、石磨、石碾 | 8 989 | -10.8 | 0.5 |
| 手工油石、磨石 | 41 868 | -4.6 | 2.1 |
| 砂布 | 145 273 | -1.0 | 7.5 |
| 砂纸 | 137 757 | -0.3 | 7.1 |
| 以其他材料为底的研磨料 | 42 329 | -18.4 | 2.2 |
| 经加工的工业钻石 | 21 767 | 63.4 | 1.1 |
| 天然、人工合成的钻石粉末 | 134 357 | 3.8 | 6.9 |

注：由于四舍五入，表中合计数有微小出入。

磨料磨具在出口去向上，按出口额排序，印度升至第一位，同比增长 0.7%；美国处于第二位，同比下降 12.4%；日本位居第三，同比下降 7.8%。2016 年磨料磨具出口去向前 10 位国家或地区情况见表 63。

**表 63 2016 年磨料磨具出口去向前 10 位国家或地区情况**

| 序号 | 国家（地区） | 金额（千美元） | 同比增长（%） | 占比（%） |
|---|---|---|---|---|
| 1 | 印度 | 209 096 | 0.7 | 10.8 |
| 2 | 美国 | 208 206 | -12.4 | 10.7 |
| 3 | 日本 | 203 836 | -7.8 | 10.5 |
| 4 | 韩国 | 144 035 | -4.7 | 7.4 |
| 5 | 越南 | 138 142 | -2.8 | 7.1 |
| 6 | 中国台澎金马关税区 | 78 798 | -12.5 | 4.1 |
| 7 | 泰国 | 64 530 | -14.0 | 3.3 |
| 8 | 德国 | 60 318 | -0.4 | 3.1 |
| 9 | 中国香港 | 52 837 | -3.5 | 2.7 |
| 10 | 印度尼西亚 | 49 704 | -31.8 | 2.6 |

磨料磨具出口企业中，按出口额占比排序，私人企业（74.8%）、外资企业（13.9%）和国有企业（11.3%）。在出口企业所在地区中，按出口额占比排序，华东（33.3%）、华南（26.7%）和华中（16.8%）居前三位，同比分别变化 0.1%、-2.0% 和 -8.6%。2016 年磨料磨具出口企业性质和所在地区情况分别见表 64 和表 65。

表 64　磨料磨具出口企业性质情况

| 序号 | 企业性质 | 金额<br>（千美元） | 同比<br>（%） | 占比<br>（%） |
|---|---|---|---|---|
| | 合计 | 1 945 253 | -6.7 | |
| 1 | 私人企业 | 1 455 324 | -5.8 | 74.8 |
| 2 | 外资企业 | 270 288 | -10.7 | 13.9 |
| 3 | 国有企业 | 219 641 | -7.3 | 11.3 |

注：由于四舍五入，表中合计数有微小出入。

表 65　2016 年磨料磨具出口企业所在地区情况

| 序号 | 所在地区 | 金额<br>（千美元） | 同比增长<br>（%） | 占比<br>（%） |
|---|---|---|---|---|
| | 合计 | 1 945 253 | -6.7 | |
| 1 | 华东 | 648 462 | 0.1 | 33.3 |
| 2 | 华南 | 519 817 | -2.0 | 26.7 |
| 3 | 华中 | 326 514 | -8.6 | 16.8 |
| 4 | 华北 | 240 898 | -6.5 | 12.4 |
| 5 | 西南 | 88 077 | -45.9 | 4.5 |
| 6 | 东北 | 63 347 | -12.1 | 3.3 |
| 7 | 西北 | 58 139 | 2.2 | 3.0 |

注：由于四舍五入，表中合计数有微小出入。

**三、企业信息**

参加 2016 年磨料磨具产品年度统计的企业（按企业名称拼音首字母排序）有：安徽宏晶新材料股份有限公司、白鸽磨料磨具有限公司、亳州市东风金刚石厂、常熟巨力砂轮有限公司、成都砂轮有限公司、大连浩发磨具制造有限公司、大连星海砂轮有限公司、丹江口弘源碳化硅有限公司、第三砂轮厂、峰航邯郸砂轮制品公司、福州双屹砂轮有限公司、广东奔朗新材料股份有限公司、广东创汇实业有限公司、广东新劲刚新材料科技股份有限公司、贵阳云雾磨料有限公司、贵州达众第七砂轮有限公司、贵州三山研磨有限公司、桂林特邦新材料有限公司、河南富耐克超硬材料有限公司、河南厚德钻石科技有限公司、河南金渠黄金股份有限公司超硬材料分公司、河南省力量新材料有限公司、河南省豫星华晶微钻有限公司、济宁通用砂轮制作有限公司、江苏锋菱超硬工具有限公司、江苏华东砂轮有限公司、江苏乐园新材料集团有限公司、江苏苏北砂轮厂有限公司、江西奥星砂轮有限公司、江西富力超硬科技有限公司、江西冠亿砂轮有限公司、焦作市山阳亚白刚玉厂、宽甸彤宽金刚砂厂、兰州河桥硅电资源有限公司、廊坊菊龙五金磨具有限公司、辽宁程瑞砂轮有限公司、辽宁黄海砂轮制造公司、辽宁金刚石有限责任公司、临沭县正宇碳化硅厂、漯河市泰隆超硬材料有限公司、宁波大华砂轮有限公司、宁波树脂砂轮厂、泉州市洛江区双阳金刚石工具有限公司、三门峡明珠电冶有限公司、厦门致力金刚石科技股份有限公司、山东华冠磨料磨具有限公司、山东金蒙新材料有限公司、山东鲁信高新技术产业股份公司、山西太岳磨料有限公司、上海树脂砂轮厂、深圳市二砂深联有限公司、深圳市海明润超硬材料股份有限公司、沈阳市盛世磨料磨具有限公司、四砂泰益研磨有限公司、苏州远东砂轮有限公司、滕州圣诺研磨有限公司、天津乾宇超硬科技股份有限公司、天津市宝利欣超硬材料有限公司、通化宏信研磨材有限责任公司、潍坊六合微粉有限公司、武汉熊峰磨具公司、西峡正弘单晶刚玉公司、新疆龙海硅业发展有限公司、邢台砂轮有限责任公司、扬州东方砂轮有限公司、伊川县东风磨料磨具有限公司、伊龙高新材料股份有限公司、郓城县伟业达磨业有限公司、柘城县金鑫磨料磨具有限公司、柘城县翔泰磨料磨具有限公司、郑州宏基研磨科技有限公司、郑州平原磨料有限公司、郑州三祥科技有限公司、郑州市永泰磨料磨具有限公司、郑州烨达高新材料有限公司、郑州玉发磨料有限公司、郑州中南杰特超硬材料有限公司、中南钻石有限公司、重庆博赛矿业集团有限公司、重庆强泰砂轮制造有限公司、珠海大象磨料磨具有限公司、珠海市钜晶贸易有限公司、珠海市聚晶金刚石企业有限公司、淄博晶山刚玉厂

〔撰稿人：中国机床工具工业协会谷金花、杜智强、段洁瑛〕

中国
机床
工具
工业
年鉴
2017

市 场 概 况

产业概况

产业运行

市场概况

概述我国机床工具消费市场结构，从进出口、主要用户行业运行情况、主要用户行业固定资产投资情况等方面分析机床工具市场需求

产品与技术

特色企业

附录

产业概况

产业运行

市场概况

产品与技术

特色企业

附录

中国机床工具工业年鉴2017

市场概况

2016 年中国机床工具消费市场综述

2016 年中国机床工具市场对外贸易分析

2016 年机床工具主要用户行业固定资产投资分析

# 2016年中国机床工具消费市场综述

2016年，面对错综复杂的国内外经济环境，全国上下统筹推进"五位一体"总体布局和协调推进"四个全面"战略布局，坚持稳中求进工作总基调，坚持新发展理念，以推进供给侧结构性改革为主线，适度扩大总需求，坚定推进改革，妥善应对风险挑战，引导形成良好社会预期，中国经济、工业和机床工具消费均缓中趋稳、稳中向好，实现了"十三五"良好开局。下面根据行业统计数据、海关进口数据和国家统计局的经济运行数据，分析2016年我国机床工具消费市场的变化情况。

通过对近一段时间机床行业国内外市场和贸易情况的梳理和分析，机床工具消费市场总体呈现"国内市场短期趋稳，国际市场复苏乏力"的状态。

1.国内市场短期趋稳，结构性调整将继续

近几年，中国机床工具市场在经济转型升级和动力转换的多重因素影响下，一直呈现逐级下行的状态。2016年，受国内房地产、汽车和消费电子制造等领域回升拉动，我国机床工具市场呈现短期的、阶段性趋稳的状态。2016年，我国机床消费总额约为275亿美元，同比持平。其中，金属切削机床消费额约为164亿美元，同比下降4.1%；金属成形机床消费额约为111亿美元，同比增长6.7%。2016年我国工具市场消费总额约为40亿美元，同比下降11.1%。与历史峰值（2011年）相比，机床消费总额下降了29.6%，其中金属切削机床更是显著下降了42.7%。

从近期投资、用户市场和外贸的变化情况可以发现，结构性的调整仍将持续。机床消费与货币供应量和用户产能变化有直接关系，相对于货币供应量（M2）指标，固定资产投资数据更直接地反映出针对机床工具消费的货币供应情况。2016年固定资产投资同比增长8.1%，与2015年相比下降1.9个百分点。其中，民间投资同比增长3.2%，制造业同比增长4.2%，设备工器具购置仅同比增长2.1%。因此，从上述细分领域的固定资产投资完成情况看，近期机床工具消费领域的货币供应量呈现增速明显下降的趋势。从固定资产投资热点的变化上也反映出消费结构性变化日益明显。第一、二、三产业投资同比增速分别为21.1%、3.5%、10.9%，与2015年相比分别变化-10.7、-4.5、0.3个百分点。2016年高技术产业投资（包括医药制造、航空航天器及设备制造等六大类高技术制造业投资，信息服务、电子商务服务等九大类高技术服务业投资）同比增长15.8%（占全部的6.3%），与2015年相比，比重增加

0.4个百分点。与之对应，六大高耗能行业投资同比仅增长3.1%。

目前，我国机床工具消费用户的产能状态也发生了明显的变化。通过对2000—2016年我国工业91种主要产品产量数据分析，考虑其对机床工具消费影响因数，加权汇总分别得到我国机床和工具消费需求指数。从该指数可以看出，近16年间，机床消费需求在2010年出现峰值后便呈现单边下行的状态。虽然在2013年出现短期回升，但目前整体趋势仍处于下降通道。工具消费需求则在2011年之前均呈现快速增长的趋势，2011—2013年呈现顶部运行的状态，2014年开始呈现下降趋势。

机床工具商品外贸活跃度明显下降。2016年机床工具商品进出口总额约为232.6亿美元，同比下降8.8%。其中，出口额102.9亿美元，同比下降5.0%；进口额129.7亿美元，同比下降11.7%；贸易逆差为26.8亿美元。从进口商品细分领域看，2016年我国机床进口总额约为75亿美元，同比下降12.8%。其中，金属切削机床进口额约为61亿美元，同比下降12.9%；金属成形机床进口额约为14亿美元，同比下降12.5%。2016年我国工具进口总额为15亿美元，同比持平。由于机床工具进口商品多为中高端机床主机、切削刀具和机床核心功能部件，近几年进口持续显著下降反映出机床工具消费市场的主体正在发生变化，间接反映市场动力转换仍处于进行中，寻找长期稳定的需求支撑。

综合上述情况，我国机床工具消费市场的变化趋势仍将以结构性调整为主，表现为"需求总量下降，需求结构升级"。

2.国际市场复苏乏力，原有的全球化体系正处于变革中

随着我国改革开放的不断深入，国际市场对于我国机床工具产业的重要性在不断提升。2016年我国机床和工具的出口依赖度分别为12.7%和51.0%，与2015年同期相比较分别变化了-1.8和4.6个百分点。根据美国GARDNER的全球机床消费调查数据，2016年国际市场呈现低迷和乏力的状态，全球主要机床消费市场的消费总额约为708亿美元，同比下降4.6%。其中，消费额排名前10位的机床消费市场（占全球消费额的88.7%）分别是中国大陆、美国、德国、日本、韩国、意大利、墨西哥、印度、中国台湾和法国。其中，呈现增长的5家，分别是德国（6.0%）、日本（7.2%）、意大利（11.8%）、印度（12.6%）和法国

（10.2%）；呈现下降的4家，分别是美国（-2.1%）、韩国（-21.4%）、墨西哥（-4.5%）和中国台湾（-4.8%）；持平的1家，是中国大陆。

从中国出口商品细分领域看，2016年中国机床出口总额约为29亿美元，同比下降9.4%。其中，金属切削机床出口约为19亿美元，同比下降9.5%；金属成形机床出口约为10亿美元，同比下降9.1%。2016年中国工具出口总额约为26亿美元，同比持平。虽然2016年人民币汇率快速贬值和稳定出口措施对机床工具出口有一定的促进作用，但出口下降反映出近期国际经济和国际主要消费市场仍呈现低迷和运行乏力的状态。

综合分析近几年全球经济和贸易数据，当前全球经济所受2008年全球金融危机影响可谓"余波未平"，全球经济仍未走出金融危机带来的影响。在此大背景下，由于世界各主要经济体发展的条件和特征不同，在全球经济体系中所处的地位不同，近年来世界各主要经济体的经济和贸易政策呈现严重分化，货币和财政政策不同步，贸易保护主义抬头，贸易摩擦激增，原有的全球化体系正在面临严重挑战，并处于变革之中，全球经济和产业发展引擎大多出于调整转换中。近几年还有一些明显的变化和突发事件推动全球化体系的变革，如中国成为第二大经济体，印度成为经济增速最快的国家，具有全球影响力的美国选出的新总统转向奉行"美国优先"，英国脱欧引发的一系列欧洲分裂危机，新兴经济体深陷经济发展困局，地区冲突和潜在冲突此起彼伏，等等。当前国际主要经济体和国家中，对于全球化体系依赖者和维护者有之，受害者和欲抛弃者亦有之。基于以上原因和分析，全球化体系变革任重道远，全球经济贸易复苏形势严峻，全球机床工具消费趋势具有较大的不确定性。2016年中国机床工具消费市场情况见表1。

### 表1 2016年中国机床工具消费市场情况

| 序号 | 指标名称 | 单位 | 数值 | 同比增长 (%) | 增速同比变化 （百分点） |
|---|---|---|---|---|---|
| 1 | 机床市场消费金额 | 亿美元 | 275.0 | 0.0 | 13.5 |
| | 其中：金属切削机床 | 亿美元 | 164.0 | -4.1 | 10.3 |
| | 金属成形机床 | 亿美元 | 111.0 | 6.7 | 19.0 |
| 2 | 机床生产（销售）金额 | 亿美元 | 229.0 | 3.6 | 13.0 |
| | 其中：金属切削机床 | 亿美元 | 122.0 | 0.0 | 9.0 |
| | 金属成形机床 | 亿美元 | 107.0 | 8.1 | 18.1 |
| 3 | 机床出口金额 | 亿美元 | 29.0 | -9.4 | -3.5 |
| | 其中：金属切削机床 | 亿美元 | 19.0 | -9.5 | -2.0 |
| | 金属成形机床 | 亿美元 | 10.0 | -9.1 | -6.4 |
| 4 | 机床进口金额 | 亿美元 | 75.0 | -12.8 | 7.6 |
| | 其中：金属切削机床 | 亿美元 | 61.0 | -12.9 | 7.9 |
| | 金属成形机床 | 亿美元 | 14.0 | -12.5 | 3.7 |
| 5 | 机床产量 | 万台 | 81.1 | -1.1 | 11.7 |
| | 其中：金属切削机床 | 万台 | 60.8 | -1.9 | 11.3 |
| | 金属成形机床 | 万台 | 20.3 | 1.5 | 11.9 |
| 6 | 机床市场消费金额数控化率 | % | 79.2 | / | 0.4 |
| 7 | 机床市场消费金额国产化率 | % | 72.7 | / | 2.7 |
| 8 | 工具市场消费金额 | 亿美元 | 40.0 | -11.1 | 1.0 |
| 9 | 工具生产（销售）金额 | 亿美元 | 51.0 | -8.9 | 2.4 |
| 10 | 工具出口金额 | 亿美元 | 26.0 | 0.0 | 7.1 |
| 11 | 工具进口金额 | 亿美元 | 15.0 | 0.0 | 6.8 |
| 12 | 工具市场消费金额国产化率 | % | 62.5 | / | -4.2 |

说明：1.表中机床指金属加工机床，工具包含切削工具和量具量仪。

2.表中消费、生产（销售）和产量为测算值。

3.表中进出口数据源自海关。

4.2015年1美元对人民币的平均汇率为6.2元，2016年1美元对人民币的平均汇率为6.64元。

5.同比计算中的上年同期数据采用上年发布数据，以保持可比性。由于海关会不断对历史数据做微小修正，所以与海关发布的同比数据会存在微小差别。

〔撰稿人：中国机床工具工业协会谷金花、杜智强、段洁琰〕

# 2016 年中国机床工具市场对外贸易分析

## 一、进出口整体情况

2016 年，机床工具类商品进口总额现显著下降，进口总额降幅明显大于出口总额降幅。2016 年，机床工具商品进出口总额 232.6 亿美元，同比下降 8.8%。其中，出口 102.9 亿美元，同比下降 5.0%；进口 129.7 亿美元，同比下降 11.7%；贸易逆差 26.8 亿美元，同比下降 30.3%。

出口方面，2016 年出口同比呈现小幅下降。其中，金属加工机床出口额 29.5 亿美元，同比下降 6.8%；金属切削机床出口额 19.2 亿美元，同比下降 6.7%；金属成形机床出口额 10.2 亿美元，同比下降 7.0%。

进口方面，2016 年进口呈现逐月振荡下行的态势。其中，金属加工机床进口额 75.1 亿美元，同比下降 12.8%；金属切削机床进口额 61.0 亿美元，同比下降 12.4%；金属成形机床进口额 14.1 亿美元，同比下降 14.5%。

## 二、进口贸易

### 1. 加工中心

根据海关统计，2016 年，加工中心进口总额为 27.5 亿美元，同比下降 16.5%。其中，立式加工中心进口额 13.4 亿美元，同比下降 23.4%；卧式加工中心进口额为 10.9 亿美元，同比下降 5.1%；龙门式加工中心进口额为 2.3 亿美元，同比下降 14.9%。2016 年加工中心进口情况见表 1。

**表 1　2016 年加工中心进口情况**

| 产品名称 | 数量（台） | 同比增长（%） | 所占比例（%） | 金额（千美元） | 同比增长（%） | 所占比例（%） | 单价（千美元／台） | 同比增长（%） |
|---|---|---|---|---|---|---|---|---|
| 合计 | 21 026 | -35.3 | 100.0 | 2 752 091 | -16.5 | 100.0 | 131 | 29.1 |
| 立式加工中心 | 18 063 | -38.0 | 85.9 | 1 340 912 | -23.4 | 48.7 | 74 | 23.5 |
| 卧式加工中心 | 2 284 | -9.4 | 10.9 | 1 087 826 | -5.1 | 39.5 | 476 | 4.7 |
| 龙门式加工中心 | 488 | -4.5 | 2.3 | 227 746 | -14.9 | 8.3 | 467 | -10.9 |
| 铣车复合加工中心 | 117 | -47.3 | 0.6 | 60 596 | -30.1 | 2.2 | 518 | 32.7 |
| 未列名加工中心 | 74 | -25.3 | 0.3 | 35 011 | -17.1 | 1.3 | 473 | 10.9 |

注：由于四舍五入，表中合计数有微小出入。

从数量和金额上看，立式加工中心的占比都居首位。从进口趋势上看，加工中心在数量和金额上呈现大幅下降的状态。但进口平均单价呈现较大幅度增长，除龙门式加工中心单价小幅下降外，其他均呈现增长的趋势。

从进口来源上，日本排在第 1 位，进口额同比下降 29.3%；德国处于第 2 位，同比下降 7.1%；中国台湾持续下降，位居第 3，同比下降 7.4%。2016 年加工中心进口来源前 10 位国家或地区情况见表 2。

**表 2　加工中心进口来源前排名 10 位国家或地区情况**

| 序号 | 国家（地区） | 数量（台） | 同比增长（%） | 所占比例（%） | 金额（千美元） | 同比增长（%） | 所占比例（%） | 单价（千美元／台） |
|---|---|---|---|---|---|---|---|---|
| 1 | 日本 | 14 691 | -41.3 | 69.9 | 1 177 583 | -29.3 | 42.8 | 80 |
| 2 | 德国 | 1 116 | -3.7 | 5.3 | 734 560 | -7.1 | 26.7 | 658 |
| 3 | 中国台湾 | 2 715 | -15.7 | 12.9 | 290 441 | -7.4 | 10.6 | 107 |
| 4 | 韩国 | 1 100 | -14.1 | 5.2 | 157 463 | -5.0 | 5.7 | 143 |
| 5 | 意大利 | 194 | 26.0 | 0.9 | 114 711 | 14.9 | 4.2 | 591 |
| 6 | 瑞士 | 169 | 92.1 | 0.8 | 93 971 | 73.2 | 3.4 | 556 |

（续）

| 序号 | 国家（地区） | 数量<br>（台） | 同比增长<br>（%） | 所占比例<br>（%） | 金额<br>（千美元） | 同比增长<br>（%） | 所占比例<br>（%） | 单价<br>（千美元／台） |
|---|---|---|---|---|---|---|---|---|
| 7 | 法国 | 77 | -4.9 | 0.4 | 44 155 | 15.6 | 1.6 | 573 |
| 8 | 美国 | 604 | -47.3 | 2.9 | 39 931 | -39.0 | 1.5 | 66 |
| 9 | 西班牙 | 23 | -20.7 | 0.1 | 31 296 | 7.3 | 1.1 | 1 361 |
| 10 | 新加坡 | 229 | 21.8 | 1.1 | 29 176 | 20.4 | 1.1 | 127 |

进口加工中心的企业类别中，按进口额占比排序，外资企业（48.3%）、私人企业（27.4%）和国有企业（24.3%）。在进口企业所在地区中，按进口额占比排序，华东（42.2%）、华南（18.7%）和华北（18.1%）居前3位，同比分别下降18.1%、36.1%和2.1%。2016年加工中心进口企业性质情况和所在地区情况分别见表3和表4。

**表3　2016年加工中心进口企业性质情况**

| 序号 | 企业性质 | 数量<br>（台） | 同比增长<br>（%） | 所占比例<br>（%） | 金额<br>（千美元） | 同比增长<br>（%） | 所占比例<br>（%） | 单价<br>（千美元） |
|---|---|---|---|---|---|---|---|---|
| | 合计 | 21 026 | -35.3 | | 2 752 091 | -16.5 | | 131 |
| 1 | 外资企业 | 12 286 | -40.6 | 58.4 | 1 329 976 | -30.7 | 48.3 | 108 |
| 2 | 私人企业 | 5 880 | -34.3 | 28.0 | 754 469 | 1.3 | 27.4 | 128 |
| 3 | 国有企业 | 2 860 | 0.3 | 13.6 | 667 646 | 6.1 | 24.3 | 233 |

注：由于四舍五入，表中合计数有微小出入。

**表4　2016年加工中心进口企业所在地区情况**

| 序号 | 所在地区 | 数量<br>（台） | 同比增长<br>（%） | 所占比例<br>（%） | 金额<br>（千美元） | 同比增长<br>（%） | 所占比例<br>（%） | 单价<br>（千美元／台） |
|---|---|---|---|---|---|---|---|---|
| | 合计 | 21 026 | -35.3 | | 2 752 091 | -16.5 | | 131 |
| 1 | 华东 | 10 230 | -32.4 | 48.7 | 1 160 865 | -18.1 | 42.2 | 113 |
| 2 | 华南 | 6 484 | -45.7 | 30.8 | 515 444 | -36.1 | 18.7 | 79 |
| 3 | 华北 | 2 039 | -26.2 | 9.7 | 497 207 | -2.1 | 18.1 | 244 |
| 4 | 东北 | 978 | 37.4 | 4.7 | 226 875 | 1.8 | 8.2 | 232 |
| 5 | 西南 | 397 | -72.9 | 1.9 | 185 549 | -11.5 | 6.7 | 467 |
| 6 | 华中 | 473 | 25.5 | 2.2 | 106 808 | 5.3 | 3.9 | 226 |
| 7 | 西北 | 425 | 394.2 | 2.0 | 59 343 | 110.8 | 2.2 | 140 |

注：由于四舍五入，表中合计数有微小出入。

**2. 数控车床**

根据海关统计，2016年，数控车床进口总额为5.5亿美元，同比下降15.0%。其中，数控卧式车床进口额为3.5亿美元，同比下降14.8%；数控立式车床进口额1.9亿美元，同比下降14.3%。2016年数控车床进口情况见表5。

从数量和金额上看，数控卧式车床的占比都居首位。

从进口趋势上看，数控车床在数量和金额上呈现大幅下降的趋势，同时进口平均单价都呈现小幅下降的状态。

从进口来源上看，日本小幅增长，排在第1位，进口额同比增长2.6%；中国台湾大幅下降，处于第2位，进口额同比下降32.7%；德国小幅下降，位居第3，同比下降10.5%。2016年数控车床进口来源前10位国家或地区情况见表6。

表 5  2016 年数控车床进口情况

| 产品名称 | 数量<br>（台） | 同比增长<br>（%） | 所占比例<br>（%） | 金额<br>（千美元） | 同比增长<br>（%） | 所占比例<br>（%） | 单价<br>（千美元／台） | 同比增长<br>（%） |
|---|---|---|---|---|---|---|---|---|
| 合计 | 4 474 | -12.8 | 100.0 | 546 074 | -15.0 | 100.0 | 122 | -2.5 |
| 数控卧式车床 | 3 412 | -13.6 | 76.3 | 351 223 | -14.8 | 64.3 | 103 | -1.4 |
| 其他数控车床 | 1 062 | -10.4 | 23.7 | 194 851 | -15.4 | 35.7 | 183 | -5.6 |
| 其中：数控立式车床 | 1 010 | 0.00 | | 186 654 | -14.3 | | 185 | |

注：由于四舍五入，表中合计数有微小出入。

表 6  2016 年数控车床进口来源前 10 位国家或地区情况

| 序号 | 国家（地区） | 数量<br>（台） | 同比增长<br>（%） | 所占比例<br>（%） | 金额<br>（千美元） | 同比增长<br>（%） | 所占比例<br>（%） | 单价<br>（千美元／台） |
|---|---|---|---|---|---|---|---|---|
| 1 | 日本 | 1 418 | 15.0 | 31.7 | 169 175 | 2.6 | 31.0 | 119 |
| 2 | 中国台湾 | 1 633 | -31.5 | 36.5 | 135 365 | -32.7 | 24.8 | 83 |
| 3 | 德国 | 221 | -14.7 | 4.9 | 114 722 | -10.5 | 21.0 | 519 |
| 4 | 韩国 | 738 | 1.1 | 16.5 | 49 903 | -22.3 | 9.1 | 68 |
| 5 | 意大利 | 68 | -9.3 | 1.5 | 27 489 | 11.7 | 5.0 | 404 |
| 6 | 美国 | 138 | -20.2 | 3.1 | 12 685 | -19.6 | 2.3 | 92 |
| 7 | 瑞士 | 32 | 45.5 | 0.7 | 6 704 | 30.1 | 1.2 | 210 |
| 8 | 奥地利 | 9 | -50.0 | 0.2 | 5 636 | -51.0 | 1.0 | 626 |
| 9 | 波兰 | 5 | 66.7 | 0.1 | 4 852 | 104.6 | 0.9 | 970 |
| 10 | 西班牙 | 8 | 60.0 | 0.2 | 4 624 | 120.0 | 0.9 | 578 |

数控车床进口企业中，按进口额占比排序，外资企业（57.7%）、私人企业（25.0%）和国有企业（17.3%）。在进口企业所在地区中，按进口额占比排序，华东（57.7%）、华北（23.5%）和华南（10.3%）居前 3 位，同比分别下降 9.1%、13.8% 和 30.9%。2016 年数控车床进口企业性质情况和所在地区情况分别见表 7 和表 8。

表 7  2016 年数控车床进口企业性质情况

| 序号 | 企业性质 | 数量<br>（台） | 同比增长<br>（%） | 所占比例<br>（%） | 金额<br>（千美元） | 同比增长<br>（%） | 所占比例<br>（%） | 单价<br>（千美元／台） |
|---|---|---|---|---|---|---|---|---|
| | 合计 | 4 474 | -12.8 | | 546 074 | -15.0 | | 122 |
| 1 | 外资企业 | 2 433 | -22.5 | 54.4 | 315 084 | -19.8 | 57.7 | 130 |
| 2 | 私人企业 | 1 438 | 8.7 | 32.1 | 136 415 | 0.8 | 25.0 | 95 |
| 3 | 国有企业 | 603 | -10.3 | 13.5 | 94 575 | -17.4 | 17.3 | 157 |

注：由于四舍五入，表中合计数有微小出入。

表 8  数控车床进口企业所在地区情况

| 序号 | 所在地区 | 数量<br>（台） | 同比增长<br>（%） | 所占比例<br>（%） | 金额<br>（千美元） | 同比增长<br>（%） | 所占比例<br>（%） | 单价<br>（千美元／台） |
|---|---|---|---|---|---|---|---|---|
| | 合计 | 4 474 | -12.8 | | 546 074 | -15.0 | | 122 |
| 1 | 华东 | 2 389 | -13.9 | 53.4 | 315 300 | -9.1 | 57.7 | 132 |
| 2 | 华北 | 961 | -13.6 | 21.5 | 128 234 | -13.8 | 23.5 | 133 |
| 3 | 华南 | 749 | -17.6 | 16.7 | 56 270 | -30.9 | 10.3 | 75 |
| 4 | 东北 | 243 | 30.0 | 5.4 | 20 474 | -30.9 | 3.8 | 84 |

（续）

| 序号 | 所在地区 | 数量<br>（台） | 同比增长<br>（%） | 所占比例<br>（%） | 金额<br>（千美元） | 同比增长<br>（%） | 所占比例<br>（%） | 单价<br>（千美元／台） |
|---|---|---|---|---|---|---|---|---|
| 5 | 西南 | 62 | 3.3 | 1.4 | 13 400 | -10.1 | 2.4 | 216 |
| 6 | 华中 | 44 | -8.3 | 1.0 | 8 009 | -20.4 | 1.5 | 182 |
| 7 | 西北 | 26 | -36.6 | 0.6 | 4 388 | -60.5 | 0.8 | 169 |

注：由于四舍五入，表中合计数有微小出入。

### 3.磨床

根据海关统计，2016 年，磨床进口总额为 8.6 亿美元，同比下降 14.4%。其中，外圆磨床进口额为 1.9 亿美元，同比下降 16.6%；其他磨床进口额为 1.7 亿美元，同比下降 16.4%；工具磨床进口额为 1.6 亿美元，同比下降 26.2%。2016 年磨床进口情况见表 9。

从进口金额上看，外圆磨床的占比居首位。从进口趋势上看，磨床整体呈现持续下降的趋势，进口平均单价也呈现大幅下降的趋势。

从进口来源上，德国排在第 1 位，进口额同比下降 12.1%；日本处于第 2 位，同比下降 21.9%；瑞士位居第 3，同比下降 14.7%。2016 年磨床进口来源前 10 位国家或地区情况见表 10。

### 表 9    2016 年磨床进口情况

| 产品名称 | 数量<br>（台） | 同比增长<br>（%） | 所占比例<br>（%） | 金额<br>（千美元） | 同比增长<br>（%） | 所占比例<br>（%） | 单价<br>（千美元／台） | 同比增长<br>（%） |
|---|---|---|---|---|---|---|---|---|
| 合计 | 5 716 | -16.5 | 100.0 | 858 774 | -14.4 | 100.0 | 150 | -32.7 |
| 平面磨床 | 1 022 | -9.7 | 17.9 | 71 547 | 0.4 | 8.4 | 70 | 11.2 |
| 曲轴磨床 | 96 | 17.1 | 1.7 | 74 706 | 46.3 | 8.7 | 778 | 24.9 |
| 外圆磨床 | 555 | -29.7 | 9.7 | 190 784 | -16.6 | 22.2 | 344 | 18.5 |
| 内圆磨床 | 198 | -37.3 | 3.5 | 50 772 | -30.8 | 5.9 | 256 | 10.5 |
| 轧辊磨床 | 15 | 275.0 | 0.2 | 987 | 735.5 | 0.1 | 66 | 122.8 |
| 工具磨床 | 1 287 | -20.5 | 22.5 | 162 350 | -26.2 | 18.9 | 126 | -7.1 |
| 珩磨、研磨机 | 1 983 | -15.1 | 34.7 | 134 064 | -11.5 | 15.6 | 68 | 4.2 |
| 其他磨床 | 560 | -1.6 | 9.8 | 173 563 | -16.4 | 20.2 | 310 | -15.0 |

注：由于四舍五入，表中合计数有微小出入。

### 表 10    2016 年磨床进口来源前 10 位国家或地区情况

| 序号 | 国家（地区） | 数量<br>（台） | 同比增长<br>（%） | 所占比例<br>（%） | 金额<br>（千美元） | 同比增长<br>（%） | 所占比例<br>（%） | 单价<br>（千美元／台） |
|---|---|---|---|---|---|---|---|---|
| 1 | 德国 | 609 | -17.7 | 10.7 | 244 775 | -12.1 | 28.5 | 402 |
| 2 | 日本 | 1 039 | -17.3 | 18.2 | 165 267 | -21.9 | 19.2 | 159 |
| 3 | 瑞士 | 258 | -18.4 | 4.5 | 106 935 | -14.7 | 12.5 | 414 |
| 4 | 中国台湾 | 2 157 | -18.1 | 37.7 | 72 964 | 0.5 | 8.5 | 34 |
| 5 | 捷克 | 176 | 0.6 | 3.1 | 58 230 | -2.3 | 6.8 | 331 |
| 6 | 美国 | 200 | -15.3 | 3.5 | 37 264 | -23.2 | 4.3 | 186 |
| 7 | 意大利 | 92 | -19.3 | 1.6 | 35 484 | -44.0 | 4.1 | 386 |
| 8 | 英国 | 45 | -21.1 | 0.8 | 30 661 | 1.5 | 3.6 | 681 |
| 9 | 泰国 | 311 | -32.0 | 5.4 | 30 367 | -35.8 | 3.5 | 98 |
| 10 | 西班牙 | 27 | 200.0 | 0.5 | 21 076 | 372.2 | 2.5 | 781 |

磨床进口企业中，按进口额占比排序，外资企业（49.4%）、国有企业（28.1%）、私人企业（22.5%）。在进口企业所在地区中，按进口额占比排序，华东（50.8%）、华北（15.5%）、华南（15.3%）居前 3 位，同比分别降低 10.4%、6.1% 和 27.9%。2016 年磨床进口企业性质情况和所在地区情况分别见表 11 和表 12。

**表 11　2016 年磨床进口企业性质情况**

| 序号 | 企业性质 | 数量（台） | 同比增长（%） | 所占比例（%） | 金额（千美元） | 同比增长（%） | 所占比例（%） | 单价（千美元／台） |
|---|---|---|---|---|---|---|---|---|
| | 合计 | 5 716 | -16.5 | | 858 774 | -14.4 | | 150 |
| 1 | 外资企业 | 2 920 | -17.1 | 51.1 | 424 296 | -20.7 | 49.4 | 145 |
| 2 | 国有企业 | 736 | -16.8 | 12.9 | 241 700 | -20.9 | 28.1 | 328 |
| 3 | 私人企业 | 2 060 | -15.6 | 36.0 | 192 777 | 18.0 | 22.5 | 94 |

注：由于四舍五入，表中合计数有微小出入。

**表 12　2016 年磨床进口企业所在地区情况**

| 序号 | 所在地区 | 数量（台） | 同比增长（%） | 所占比例（%） | 金额（千美元） | 同比增长（%） | 所占比例（%） | 单价（千美元／台） |
|---|---|---|---|---|---|---|---|---|
| | 合计 | 5 716 | -16.5 | | 858 774 | -14.4 | | 150 |
| 1 | 华东 | 3 166 | -11.3 | 55.4 | 436 311 | -10.4 | 50.8 | 138 |
| 2 | 华北 | 696 | -13.3 | 12.2 | 132 825 | -6.1 | 15.5 | 191 |
| 3 | 华南 | 1 390 | -26.6 | 24.3 | 131 093 | -27.9 | 15.3 | 94 |
| 4 | 东北 | 212 | -6.2 | 3.7 | 73 116 | 0.7 | 8.5 | 345 |
| 5 | 西南 | 77 | -52.8 | 1.3 | 40 454 | -26.0 | 4.7 | 525 |
| 6 | 华中 | 159 | 0.0 | 2.8 | 40 274 | -28.1 | 4.7 | 253 |
| 7 | 西北 | 16 | -52.9 | 0.3 | 4 700 | -53.7 | 0.5 | 294 |

注：由于四舍五入，表中合计数有微小出入。

### 4. 齿轮加工机床

根据海关统计，2016 年，齿轮加工机床进口总额为 3.1 亿美元，同比增长 31.3%。2016 年齿轮加工机床进口情况见表 13。从进口趋势上看，齿轮加工机床呈现大幅增长趋势，进口平均单价也呈现大幅增长的状态。

从进口来源上看，德国大幅增长排在第 1 位，进口额同比增长 70.9%；瑞士略有下降，处于第 2 位，同比下降 1.2%；日本大幅增长，位居第 3，同比增长 19.9%。2016 年齿轮加工机床进口来源前 10 位国家或地区情况见表 14。

**表 13　2016 年齿轮加工机床进口情况**

| 产品名称 | 数量（台） | 同比增长（%） | 所占比例（%） | 金额（千美元） | 同比增长（%） | 所占比例（%） | 单价（千美元／台） | 同比增长（%） |
|---|---|---|---|---|---|---|---|---|
| 齿轮加工机床 | 620 | 6.7 | 100.0 | 309 826 | 31.3 | 100.0 | 500 | 23.1 |

**表 14　2016 年齿轮加工机床进口来源前 10 位国家或地区情况**

| 序号 | 国家（地区） | 数量（台） | 同比增长（%） | 所占比例（%） | 金额（千美元） | 同比增长（%） | 所占比例（%） | 单价（千美元／台） |
|---|---|---|---|---|---|---|---|---|
| 1 | 德国 | 259 | 69.3 | 41.8 | 186 775 | 70.9 | 60.3 | 721 |
| 2 | 瑞士 | 130 | 11.1 | 21.0 | 68 907 | -1.2 | 22.2 | 530 |
| 3 | 日本 | 112 | 1.8 | 18.1 | 32 139 | 19.9 | 10.4 | 287 |
| 4 | 韩国 | 31 | 10.7 | 5.0 | 8 123 | 83.3 | 2.6 | 262 |
| 5 | 美国 | 43 | -29.5 | 6.9 | 6 564 | -57.3 | 2.1 | 153 |

（续）

| 序号 | 国家（地区） | 数量<br>（台） | 同比增长<br>（%） | 所占比例<br>（%） | 金额<br>（千美元） | 同比增长<br>（%） | 所占比例<br>（%） | 单价<br>（千美元/台） |
|---|---|---|---|---|---|---|---|---|
| 6 | 中国台湾 | 23 | -70.9 | 3.7 | 4 814 | 12.4 | 1.6 | 209 |
| 7 | 意大利 | 5 | 0.0 | 0.8 | 2 355 | -37.4 | 0.8 | 471 |
| 8 | 俄罗斯联邦 | 15 | -25.0 | 2.4 | 95 | -69.1 | 0.03 | 6 |
| 9 | 土耳其 | 1 | — | 0.2 | 54 | — | 0.02 | 54 |
| 10 | 印度 | 0 | -100.0 | | 0 | -100.0 | 0.0 | |

齿轮加工机床进口企业中，按进口额占比排序，外资企业（60.9%）、私人企业（21.5%）、国有企业（17.6%）。在进口企业所在地区中，按进口额占比排序，华东（50.9%）、华北（28.3%）、华南（6.7%）居前3位，同比分别增长63.7%、29.9%和28.8%。2016年齿轮加工机床进口企业性质情况和所在地区情况分别见表15和表16。

**表 15   2016 年齿轮加工机床进口企业性质情况**

| 序号 | 企业性质 | 数量<br>（台） | 同比增长<br>（%） | 所占比例<br>（%） | 金额<br>（千美元） | 同比增长<br>（%） | 所占比例<br>（%） | 单价<br>（千美元/台） |
|---|---|---|---|---|---|---|---|---|
| | 合计 | 620 | 6.7 | | 309 826 | 31.3 | | 500 |
| 1 | 外资企业 | 344 | 48.9 | 55.5 | 188 679 | 47.9 | 60.9 | 549 |
| 2 | 私人企业 | 183 | -27.4 | 29.5 | 66 536 | 23.6 | 21.5 | 364 |
| 3 | 国有企业 | 93 | -5.0 | 15.0 | 54 611 | 0.2 | 17.6 | 587 |

注：由于四舍五入，表中合计数有微小出入。

**表 16   2016 年齿轮加工机床进口企业所在地区情况**

| 序号 | 所在地区 | 数量<br>（台） | 同比增长<br>（%） | 所占比例<br>（%） | 金额<br>（千美元） | 同比增长<br>（%） | 所占比例<br>（%） | 单价<br>（千美元/台） |
|---|---|---|---|---|---|---|---|---|
| | 合计 | 620 | 6.7 | | 309 826 | 31.3 | | 500 |
| 1 | 华东 | 279 | 36.1 | 45.0 | 157 868 | 63.7 | 50.9 | 566 |
| 2 | 华北 | 129 | 38.7 | 20.8 | 87 635 | 29.9 | 28.3 | 679 |
| 3 | 华南 | 90 | -43.0 | 14.5 | 20 629 | 28.8 | 6.7 | 229 |
| 4 | 西南 | 24 | -25.0 | 3.9 | 17 312 | -48.8 | 5.6 | 721 |
| 5 | 华中 | 23 | 4.6 | 3.7 | 15 955 | 24.2 | 5.1 | 694 |
| 6 | 东北 | 75 | 11.9 | 12.1 | 10 428 | 37.1 | 3.4 | 139 |
| 7 | 西北 | 0 | -100.0 | 0.0 | 0 | -100.0 | 0.00 | |

注：由于四舍五入，表中合计数有微小出入。

5. 重型机床

根据海关统计，2016年，重型机床进口总额为4.5亿美元，同比下降11.6%。其中，进口占比最大的是龙门式加工中心，进口额为2.3亿美元，同比下降14.9%；数控立式车床进口额为1.9亿美元，同比下降14.3%。2016年重型机床进口情况见表17。

从进口趋势上看，重型机床在数量和金额上继续呈现下降趋势，同时进口平均单价也继续呈现下降的趋势。

从进口来源上，中国台湾排在第1位，进口额同比下降13.2%；日本处于第2位，同比下降20.0%；德国位居第3，同比下降30.6%。2016年重型机床进口来源前10位国家或地区情况见表18。

**表 17　2016 年重型机床进口情况**

| 产品名称 | 数量（台） | 同比增长（%） | 所占比例（%） | 金额（千美元） | 同比增长（%） | 所占比例（%） | 单价（千美元／台） | 同比增长（%） |
|---|---|---|---|---|---|---|---|---|
| 合计 | 1 594 | -8.9 | 100.0 | 453 018 | -11.6 | 100.0 | 284 | -3.0 |
| 龙门式加工中心 | 488 | -4.5 | 30.6 | 227 746 | -14.9 | 50.3 | 467 | -10.9 |
| 数控立式车床 | 1 010 | 0.0 | 63.4 | 186 654 | -14.3 | 41.2 | 185 | -2.6 |
| 数控镗铣床 | 60 | -3.2 | 3.8 | 37 154 | 47.6 | 8.2 | 619 | 52.6 |
| 其他镗铣床 | 21 | -12.5 | 1.3 | 477 | -66.0 | 0.1 | 23 | -61.2 |
| 轧辊磨床 | 15 | 275.0 | 0.9 | 987 | 735.5 | 0.2 | 66 | 122.8 |

注：由于四舍五入，表中合计数有微小出入。

**表 18　2016 年重型机床进口来源前 10 位国家或地区情况**

| 序号 | 国家（地区） | 数量（台） | 同比增长（%） | 所占比例（%） | 金额（千美元） | 同比增长（%） | 所占比例（%） | 单价（千美元／台） |
|---|---|---|---|---|---|---|---|---|
| 1 | 中国台湾 | 854 | -14.7 | 53.6 | 156 794 | -13.2 | 34.6 | 184 |
| 2 | 日本 | 250 | -8.1 | 15.7 | 97 120 | -20.0 | 21.4 | 388 |
| 3 | 德国 | 143 | -15.9 | 9.0 | 82 986 | -30.6 | 18.3 | 580 |
| 4 | 意大利 | 81 | 14.1 | 5.1 | 66 358 | 42.0 | 14.7 | 819 |
| 5 | 韩国 | 185 | 12.1 | 11.6 | 15 560 | -31.8 | 3.4 | 84 |
| 6 | 西班牙 | 7 | 250.0 | 0.4 | 13 316 | 396.8 | 2.9 | 1 902 |
| 7 | 法国 | 8 | 300.0 | 0.5 | 6 622 | 298.5 | 1.5 | 828 |
| 8 | 捷克 | 5 | -28.6 | 0.3 | 4 749 | -4.6 | 1.1 | 950 |
| 9 | 瑞士 | 5 | -16.7 | 0.3 | 4 459 | -20.7 | 1.0 | 892 |
| 10 | 美国 | 12 | -7.7 | 0.8 | 1 982 | 11.7 | 0.4 | 165 |

重型机床进口企业中，按进口额占比排序，外资企业（36.6%）、私人企业（35.0%）、国有企业（28.4%）。在进口企业所在地区中，按进口额占比排序，华东（48.9%）、华北（26.0%）、华南（10.2%）居前 3 位，同比分别下降 7.4%、5.9% 和 19.6%。2016 年重型机床进口企业性质情况和所在地区情况分别见表 19 和表 20。

**表 19　2016 年重型机床进口企业性质情况**

| 序号 | 企业性质 | 数量（台） | 同比增长（%） | 所占比例（%） | 金额（千美元） | 同比增长（%） | 所占比例（%） | 单价（千美元／台） |
|---|---|---|---|---|---|---|---|---|
| | 合计 | 1 594 | -8.9 | | 453 018 | -11.56 | | 284 |
| 1 | 外资企业 | 646 | -30.5 | 40.5 | 165 693 | -26.84 | 36.6 | 256 |
| 2 | 私人企业 | 665 | 64.2 | 41.7 | 158 627 | -3.42 | 35.0 | 239 |
| 3 | 国有企业 | 283 | -31.6 | 17.8 | 128 697 | 5.9 | 28.4 | 455 |

注：由于四舍五入，表中合计数有微小出入。

### 表20 2016年重型机床进口企业所在地区情况

| 序号 | 所在地区 | 数量<br>（台） | 同比增长<br>（%） | 所占比例<br>（%） | 金额<br>（千美元） | 同比增长<br>（%） | 所占比例<br>（%） | 单价<br>（千美元／台） |
|---|---|---|---|---|---|---|---|---|
| | 合计 | 1 594 | -8.9 | | 453 018 | -11.6 | | 284 |
| 1 | 华东 | 738 | -14.3 | 46.3 | 221 415 | -7.4 | 48.9 | 300 |
| 2 | 华北 | 564 | 6.0 | 35.4 | 117 645 | -5.9 | 26.0 | 209 |
| 3 | 华南 | 169 | -20.3 | 10.6 | 46 156 | -19.6 | 10.2 | 273 |
| 4 | 西南 | 55 | -9.8 | 3.5 | 34 199 | -8.4 | 7.5 | 622 |
| 5 | 东北 | 49 | 19.5 | 3.1 | 21 406 | -38.4 | 4.7 | 437 |
| 6 | 华中 | 15 | -54.6 | 0.9 | 7 716 | -20.8 | 1.7 | 514 |
| 7 | 西北 | 4 | -55.6 | 0.2 | 4 480 | -49.0 | 1.0 | 1 120 |

注：由于四舍五入，表中合计数有微小出入。

6. 特种加工机床

根据海关统计，2016年，特种加工机床进口总额为8.5亿美元，同比下降11.9%。其中，激光加工机床进口额为6.4亿美元，同比下降11.8%；放电加工机床进口额为1.6亿美元，同比下降13.2%。2016年特种加工机床进口情况见表21。

从数量和金额上看，激光加工机床的占比都居首位。

从进口趋势上看，特种加工机床呈下降状态，同时进口平均单价总体上也呈现下降的状态。

从进口来源上，日本排在第1位，进口额同比增长4.6%；德国处于第2位，同比下降25.5%；瑞士位居第3，同比下降12.4%。2016年特种加工机床进口来源前10位国家或地区情况见表22。

### 表21 2016年特种加工机床进口情况

| 产品名称 | 数量<br>（台） | 同比增长<br>（%） | 所占比例<br>（%） | 金额<br>（千美元） | 同比增长<br>（%） | 所占比例<br>（%） | 单价<br>（千美元／台） | 同比增长<br>（%） |
|---|---|---|---|---|---|---|---|---|
| 合计 | 10 328 | -4.9 | 100.0 | 846 982 | -11.9 | 100.0 | 82 | -7.4 |
| 用激光、其他光或光子束处理材料的加工机床 | 5 104 | -8.4 | 49.4 | 639 381 | -11.8 | 75.5 | 125 | -3.7 |
| 用超声波处理材料的加工机床 | 185 | -25.7 | 1.8 | 11 564 | 152.5 | 1.4 | 63 | 239.9 |
| 用放电处理各种材料的加工机床 | 1 603 | -2.7 | 15.5 | 155 642 | -13.2 | 18.4 | 97 | -10.9 |
| 等离子切割机、水射流切割机 | 3 358 | 1.0 | 32.5 | 31 507 | -11.8 | 3.7 | 9 | -12.6 |
| 其他化学、电子、离子束或等离子弧加工机床 | 78 | 14.7 | 0.8 | 8 887 | -48.5 | 1.0 | 114 | -55.1 |

注：由于四舍五入，表中合计数有微小出入。

### 表22 2016年特种加工机床进口来源前10位国家或地区情况

| 序号 | 国家（地区） | 数量<br>（台） | 同比增长<br>（%） | 所占比例<br>（%） | 金额<br>（千美元） | 同比增长<br>（%） | 所占比例<br>（%） | 单价<br>（千美元／台） |
|---|---|---|---|---|---|---|---|---|
| 1 | 日本 | 1 414 | -23.0 | 13.7 | 217 662 | 4.6 | 25.7 | 154 |
| 2 | 德国 | 1 578 | -7.9 | 15.3 | 197 293 | -25.5 | 23.3 | 125 |
| 3 | 瑞士 | 277 | -15.8 | 2.7 | 80 264 | -12.4 | 9.5 | 290 |
| 4 | 韩国 | 329 | -34.2 | 3.2 | 64 516 | -36.9 | 7.6 | 196 |
| 5 | 新加坡 | 272 | 16.2 | 2.6 | 51 986 | 30.1 | 6.1 | 191 |

（续）

| 序号 | 国家（地区） | 数量（台） | 同比增长（%） | 所占比例（%） | 金额（千美元） | 同比增长（%） | 所占比例（%） | 单价（千美元／台） |
|---|---|---|---|---|---|---|---|---|
| 6 | 中国台湾 | 875 | -7.0 | 8.5 | 50 202 | -15.5 | 5.9 | 57 |
| 7 | 美国 | 3 504 | 3.7 | 33.9 | 42 762 | -27.4 | 5.1 | 12 |
| 8 | 意大利 | 208 | -18.1 | 2.0 | 34 157 | -20.1 | 4.0 | 164 |
| 9 | 泰国 | 671 | 194.3 | 6.5 | 28 055 | 60.7 | 3.3 | 42 |
| 10 | 中国 | 301 | -44.2 | 2.9 | 17 853 | -39.3 | 2.1 | 59 |

特种加工机床进口企业中，按进口额占比排序，外资企业（63.9%）、国有企业（18.5%）、私人企业（17.6%）。在进口企业所在地区中，按进口额占比排序，华东（46.3%）、华南（27.8%）和华北（12.7%）居前3位，同比分别变化 -25.9%、11.1% 和 -13.8%。2016 年特种加工机床进口企业性质情况和所在地区情况分别见表23和表24。

**表 23　2016 年特种加工机床进口企业性质情况**

| 序号 | 企业性质 | 数量（台） | 同比增长（%） | 所占比例（%） | 金额（千美元） | 同比增长（%） | 所占比例（%） | 单价（千美元／台） |
|---|---|---|---|---|---|---|---|---|
| | 合计 | 10 328 | -4.9 | | 846 982 | -11.9 | | 82 |
| 1 | 外资企业 | 5 221 | -4.8 | 50.5 | 540 930 | -12.1 | 63.9 | 104 |
| 2 | 国有企业 | 3 395 | -7.0 | 32.9 | 156 428 | -6.0 | 18.5 | 46 |
| 3 | 私人企业 | 1 712 | -0.8 | 16.6 | 149 624 | -16.8 | 17.6 | 87 |

注：由于四舍五入，表中合计数有微小出入。

**表 24　2016 年特种加工机床进口企业所在地区情况**

| 序号 | 所在地区 | 数量（台） | 同比增长（%） | 所占比例（%） | 金额（千美元） | 同比增长（%） | 所占比例（%） | 单价（千美元／台） |
|---|---|---|---|---|---|---|---|---|
| | 合计 | 10 328 | -4.9 | | 846 982 | -11.9 | | 82 |
| 1 | 华东 | 7 293 | 2.0 | 70.6 | 391 853 | -25.9 | 46.3 | 54 |
| 2 | 华南 | 2 097 | -22.0 | 20.3 | 235 145 | 11.1 | 27.8 | 112 |
| 3 | 华北 | 579 | -11.3 | 5.6 | 107 590 | -13.8 | 12.7 | 186 |
| 4 | 西南 | 134 | 24.1 | 1.3 | 36 354 | 39.7 | 4.3 | 271 |
| 5 | 东北 | 87 | -12.1 | 0.8 | 33 431 | 4.1 | 4.0 | 384 |
| 6 | 华中 | 107 | -22.5 | 1.0 | 31 466 | -3.2 | 3.7 | 294 |
| 7 | 西北 | 31 | 40.9 | 0.3 | 11 142 | 109.4 | 1.3 | 359 |

注：由于四舍五入，表中合计数有微小出入。

### 7. 金属成形机床

根据海关统计，2016 年，金属成形机床进口总额为 14.1 亿美元，同比下降 14.5%。其中，锻造和冲压机床进口额为 4.6 亿美元，同比增长 2.3%；成形折弯机进口额为 2.5 亿美元，同比下降 15.8%；冲床进口额为 2.0 亿美元，同比下降 17.5%。2016 年金属成形机床进口情况见表 25。

从金额上看，锻造和冲压机床的占比居首位。从进口趋势上看，金属成形机床整体呈现大幅下降趋势，同时进口平均单价也呈现下降的趋势。

从进口来源上看，日本排在第 1 位，进口额同比下降 17.4%；韩国大幅增长，处于第 2 位，同比增长 21.0%；德国位居第 3，同比下降 27.5%。2016 年金属成形机床进口来源前 10 位国家或地区情况见表 26。

表 25  2016 年金属成形机床进口情况

| 产品名称 | 数量<br>（台） | 同比增长<br>（%） | 所占比例<br>（%） | 金额<br>（千美元） | 同比增长<br>（%） | 所占比例<br>（%） | 单价<br>（千美元／台） | 同比增长<br>（%） |
|---|---|---|---|---|---|---|---|---|
| 合计 | 12 052 | -11.8 | 100.0 | 1 411 245 | -14.5 | 100.0 | 117 | -3.0 |
| 锻造和冲压机床 | 1 904 | -16.1 | 15.8 | 462 545 | 2.3 | 32.8 | 243 | 21.9 |
| 成形折弯机 | 1 878 | -29.4 | 15.6 | 249 494 | -15.8 | 17.7 | 133 | 19.3 |
| 剪切机床 | 479 | -24.7 | 4.0 | 96 719 | -41.9 | 6.8 | 202 | -22.9 |
| 冲床 | 1 465 | -15.9 | 12.1 | 195 537 | -17.5 | 13.8 | 133 | -2.0 |
| 液压压力机 | 1 143 | 9.0 | 9.5 | 99 912 | -27.3 | 7.1 | 87 | -33.2 |
| 机械压力机 | 2 435 | 31.6 | 20.2 | 115 246 | -14.8 | 8.2 | 47 | -35.3 |
| 其他成形机床 | 2 748 | -20.7 | 22.8 | 191 791 | -15.2 | 13.6 | 70 | 7.0 |

注：由于四舍五入，表中合计数有微小出入。

表 26  2016 年金属成形机床进口来源前 10 位国家或地区情况

| 序号 | 国家（地区） | 数量<br>（台） | 同比增长<br>（%） | 所占比例<br>（%） | 金额<br>（千美元） | 同比增长<br>（%） | 所占比例<br>（%） | 单价<br>（千美元／台） |
|---|---|---|---|---|---|---|---|---|
| 1 | 日本 | 1 814 | -26.5 | 15.1 | 276 802 | -17.4 | 19.6 | 153 |
| 2 | 韩国 | 1 355 | -43.1 | 11.2 | 269 288 | 21.0 | 19.1 | 199 |
| 3 | 德国 | 1 583 | -4.3 | 13.1 | 261 928 | -27.5 | 18.6 | 165 |
| 4 | 中国台澎金马关税区 | 3 489 | -3.9 | 29.0 | 177 848 | -3.4 | 12.6 | 51 |
| 5 | 意大利 | 671 | -3.3 | 5.6 | 106 307 | -27.3 | 7.5 | 158 |
| 6 | 美国 | 857 | -10.5 | 7.1 | 74 366 | -34.2 | 5.3 | 87 |
| 7 | 瑞士 | 235 | -1.7 | 2.0 | 48 078 | -23.1 | 3.4 | 205 |
| 8 | 西班牙 | 147 | 48.5 | 1.2 | 38 752 | 53.6 | 2.8 | 264 |
| 9 | 法国 | 107 | 10.3 | 0.9 | 25 976 | 66.6 | 1.8 | 243 |
| 10 | 英国 | 189 | -62.1 | 1.6 | 24 804 | -29.0 | 1.8 | 131 |

金属成形机床进口企业中，按进口额占比排序，外资企业（55.0%）、私人企业（26.6%）、国有企业（18.4%）。在进口企业所在地区中，按进口额占比排序，华东（45.2%）、华北（18.8%）、华南（13.4%）居前 3 位，同比分别下降 16.2%、30.9% 和 16.7%。2016 年金属成形机床进口企业性质情况和所在地区情况分别见表 27 和表 28。

表 27  2016 年金属成形机床进口企业性质情况

| 序号 | 企业性质 | 数量<br>（台） | 同比增长<br>（%） | 所占比例<br>（%） | 金额<br>（千美元） | 同比增长<br>（%） | 所占比例<br>（%） | 单价<br>（千美元／台） |
|---|---|---|---|---|---|---|---|---|
| | 合计 | 12 052 | -11.8 | | 1 411 245 | -14.5 | | 117 |
| 1 | 外资企业 | 7 868 | -8.3 | 65.3 | 775 982 | -18.5 | 55.0 | 99 |
| 2 | 私人企业 | 3 648 | -5.8 | 30.3 | 375 234 | 0.8 | 26.6 | 103 |
| 3 | 国有企业 | 536 | -55.9 | 4.4 | 260 030 | -20.2 | 18.4 | 485 |

注：由于四舍五入，表中合计数有微小出入。

### 表28 2016年金属成形机床进口企业所在地区情况

| 序号 | 所在地区 | 数量<br>（台） | 同比增长<br>（%） | 所占比例<br>（%） | 金额<br>（千美元） | 同比增长<br>（%） | 所占比例<br>（%） | 单价<br>（千美元／台） |
|---|---|---|---|---|---|---|---|---|
| | 合计 | 12 052 | -11.8 | | 1 411 245 | -14.5 | | 117 |
| 1 | 华东 | 6 378 | -1.1 | 52.9 | 638 396 | -16.2 | 45.2 | 100 |
| 2 | 华北 | 1 593 | -48.9 | 13.2 | 265 356 | -30.9 | 18.8 | 167 |
| 3 | 华南 | 3 204 | 12.7 | 26.6 | 189 599 | -16.7 | 13.4 | 59 |
| 4 | 华中 | 238 | -11.5 | 2.0 | 116 604 | 40.1 | 8.3 | 490 |
| 5 | 东北 | 372 | -49.7 | 3.1 | 92 318 | -17.9 | 6.6 | 248 |
| 6 | 西南 | 204 | -5.1 | 1.7 | 77 950 | 19.7 | 5.5 | 382 |
| 7 | 西北 | 63 | 70.3 | 0.5 | 31 022 | 89.0 | 2.2 | 492 |

注：由于四舍五入，表中合计数有微小出入。

8. 数控装置

根据海关统计，2016年，数控装置进口总额为13.5亿美元，同比下降8.9%。从进口趋势上看，总体呈现下降的状态，进口平均单价呈现大幅下降的趋势。2016年数控装置进口情况见表29。

数控装置在进口来源上，德国排在第1位，进口额同比下降21.8%；日本处于第2位，同比下降3.7%；韩国位居第3，同比增长12.4%。2016年数控装置进口来源前10位国家或地区情况见表30。

### 表29 2016年数控装置进口情况

| 产品名称 | 数量<br>（件） | 同比增长<br>（%） | 所占比例<br>（%） | 金额<br>（千美元） | 同比增长<br>（%） | 所占比例<br>（%） | 单价<br>（千美元／件） | 同比增长<br>（%） |
|---|---|---|---|---|---|---|---|---|
| 数控装置 | 6 518 846 | 13.5 | 100.0 | 1 348 247 | -8.9 | 100.0 | 0.2 | -19.8 |

### 表30 数控装置进口来源前10位国家或地区情况

| 序号 | 国家（地区） | 金额<br>（千美元） | 同比增长<br>（%） | 所占比例<br>（%） | 序号 | 国家（地区） | 金额<br>（千美元） | 同比增长<br>（%） | 所占比例<br>（%） |
|---|---|---|---|---|---|---|---|---|---|
| 1 | 德国 | 303 766 | -21.8 | 22.5 | 6 | 瑞典 | 58 856 | -22.4 | 4.4 |
| 2 | 日本 | 274 788 | -3.7 | 20.4 | 7 | 奥地利 | 53 186 | -4.2 | 3.9 |
| 3 | 韩国 | 121 823 | 12.4 | 9.0 | 8 | 中国 | 43 577 | 24.1 | 3.2 |
| 4 | 美国 | 88 803 | -9.5 | 6.6 | 9 | 捷克 | 42 247 | 17.9 | 3.1 |
| 5 | 中国台湾 | 84 239 | 5.2 | 6.3 | 10 | 荷兰 | 37 174 | -36.4 | 2.8 |

数控装置进口企业中，按进口额占比排序，外资企业（74.4%）、私人企业（17.6%）、国有企业（8.0%）。在进口企业所在地区中，按进口额占比排序，华东（50.5%）、华北（26.7%）、华南（10.8%）居前3位，同比分别变化-9.6%、-6.6%和3.2%。2016年数控装置进口企业性质情况和所在地区情况分别见表31和表32。

### 表31 2016年数控装置进口企业性质情况

| 序号 | 企业性质 | 金额<br>（千美元） | 同比增长<br>（%） | 所占比例<br>（%） |
|---|---|---|---|---|
| | 合计 | 1 348 247 | -8.9 | |
| 1 | 外资企业 | 1 002 852 | -11.9 | 74.4 |
| 2 | 私人企业 | 237 787 | 3.4 | 17.6 |
| 3 | 国有企业 | 107 588 | -4.6 | 8.0 |

注：由于四舍五入，表中合计数有微小出入。

### 表32 2016年数控装置进口企业所在地区情况

| 序号 | 所在地区 | 金额<br>（千美元） | 同比增长<br>（%） | 所占比例<br>（%） |
|---|---|---|---|---|
| | 合计 | 1 348 247 | -8.9 | |
| 1 | 华东 | 680 667 | -9.6 | 50.5 |
| 2 | 华北 | 359 527 | -6.6 | 26.7 |
| 3 | 华南 | 144 813 | 3.2 | 10.8 |
| 4 | 东北 | 92 189 | -20.5 | 6.8 |
| 5 | 西南 | 41 980 | 137.8 | 3.1 |
| 6 | 华中 | 19 205 | -37.9 | 1.4 |
| 7 | 西北 | 9 865 | -73.6 | 0.7 |

注：由于四舍五入，表中合计数有微小出入。

9.功能部件

根据海关统计，2016 年，功能部件进口总额为 14.6 亿美元，同比下降 21.0%。其中，机床夹具、附件进口额为 6.4 亿美元，同比下降 15.1%；机床零件、部件进口额为 8.3 亿美元，同比下降 25.0%。2016 年功能部件进口情况见表 33。

### 表 33 2016 年功能部件进口情况

| 产品名称 | 数量（件） | 同比增长（%） | 所占比例（%） | 金额（千美元） | 同比增长（%） | 所占比例（%） | 单价（千美元／件） | 同比增长（%） |
|---|---|---|---|---|---|---|---|---|
| 合计 | 54 635 085 | -18.9 | 100.0 | 1 462 448 | -21.0 | 100.0 | 0.03 | -2.6 |
| 机床夹具，附件 | 11 444 329 | -13.0 | 21.0 | 636 726 | -15.1 | 43.5 | 0.06 | -2.4 |
| 机床零件，部件 | 43 190 756 | -20.3 | 79.0 | 825 723 | -25.0 | 56.5 | 0.02 | -5.9 |

注：由于四舍五入，表中合计数有微小出入。

从数量和金额上看，机床零部件的占比都居首位。从进口趋势上看，功能部件整体呈现大幅下降趋势，进口平均单价呈现小幅下降的状态。

从在进口来源上看，中国台澎金马关税区排在第 1 位，进口额同比下降 6.1%；德国处于第 2 位，同比下降 43.4%；日本位居第 3，同比下降 10.5%。2016 年功能部件进口来源前 10 位国家或地区情况见表 34。

### 表 34 2016 年功能部件进口来源前 10 位国家或地区情况

| 序号 | 国家（地区） | 金额（千美元） | 同比增长（%） | 所占比例（%） |
|---|---|---|---|---|
| 1 | 中国台澎金马关税区 | 427 375 | -6.1 | 29.2 |
| 2 | 德国 | 334 416 | -43.4 | 22.9 |
| 3 | 日本 | 295 923 | -10.5 | 20.2 |
| 4 | 韩国 | 94 489 | -16.5 | 6.5 |
| 5 | 美国 | 79 624 | -10.0 | 5.4 |
| 6 | 意大利 | 61 296 | -22.9 | 4.2 |
| 7 | 瑞典 | 41 540 | -3.8 | 2.8 |
| 8 | 瑞士 | 34 301 | -7.5 | 2.4 |
| 9 | 法国 | 17 337 | 28.2 | 1.2 |
| 10 | 英国 | 16 125 | -9.6 | 1.1 |

功能部件进口企业中，按进口额占比排序，外资企业（64.3%）、私人企业（26.4%）、国有企业（9.3%）。在进口企业所在地区中，按进口额占比排序，华东（56.5%）、华北（18.2%）、华南（12.1%）居前 3 位，同比分别下降 9.2%、26.9% 和 20.3%。2016 年功能部件进口企业性质情况和所在地区情况分别见表 35 和表 36。

### 表 35 2016 年功能部件进口企业性质情况

| 序号 | 企业性质 | 金额（千美元） | 同比增长（%） | 所占比例（%） |
|---|---|---|---|---|
| | 合计 | 1 462 448 | -21.0 | |
| 1 | 外资企业 | 940 849 | -17.4 | 64.3 |
| 2 | 私人企业 | 385 505 | -24.3 | 26.4 |
| 3 | 国有企业 | 136 095 | -33.2 | 9.3 |

注：由于四舍五入，表中合计数有微小出入。

### 表 36 功能部件进口企业所在地区情况

| 序号 | 所在地区 | 金额（千美元） | 同比增长（%） | 所占比例（%） |
|---|---|---|---|---|
| | 合计 | 1 462 448 | -21.0 | |
| 1 | 华东 | 826 101 | -9.2 | 56.5 |
| 2 | 华北 | 266 856 | -26.9 | 18.2 |
| 3 | 华南 | 177 226 | -20.3 | 12.1 |
| 4 | 东北 | 111 501 | -57.4 | 7.6 |
| 5 | 华中 | 36 176 | 1.0 | 2.5 |
| 6 | 西北 | 29 081 | -20.0 | 2.0 |
| 7 | 西南 | 15 508 | -22.2 | 1.1 |

注：由于四舍五入，表中合计数有微小出入。

10.工具和量具量仪

根据海关统计，2016 年，工具和量具量仪进口总额为 14.9 亿美元，同比增长 1.6%。其中，切削刀具进口额为 13.4 亿美元，同比增长 3.0%；量仪进口额为 1.2 亿美元，同比下降 8.6%；量具进口额为 0.3 亿美元，同比下降 11.0%。2016 年工具和量具量仪进口情况见表 37。

**表 37　2016 年工具和量具量仪进口情况**

| 产品名称 | 金额<br>（千美元） | 同比增长<br>（%） | 所占比例<br>（%） |
|---|---|---|---|
| 合计 | 1 494 422 | 1.6 | 100.0 |
| 切削刀具 | 1 343 907 | 3.0 | 89.9 |
| 量具 | 30 507 | -11.0 | 2.1 |
| 量仪 | 120 007 | -8.6 | 8.0 |

注：由于四舍五入，表中合计数有微小出入。

从金额上看，切削刀具的占比居首位。从进口趋势上看，工具和量具量仪总体呈现微幅增长的趋势。

从进口来源上看，日本排在第 1 位，进口额同比下降 2.4%；德国处于第 2 位，同比下降 6.0%；中国台湾位居第 3，同比增长 6.3%。2016 年工具和量具量仪进口来源前 10 位国家或地区情况见表 38。

**表 38　2016 年工具和量具量仪进口来源前 10 位国家或地区情况**

| 序号 | 国家（地区） | 金额<br>（千美元） | 同比增长<br>（%） | 所占比例<br>（%） |
|---|---|---|---|---|
| 1 | 日本 | 439 160 | -2.4 | 29.4 |
| 2 | 德国 | 310 340 | -6.0 | 20.8 |
| 3 | 中国台湾 | 141 172 | 6.3 | 9.5 |
| 4 | 瑞典 | 130 554 | 24.5 | 8.7 |
| 5 | 韩国 | 107 720 | 13.4 | 7.2 |
| 6 | 美国 | 97 645 | -6.7 | 6.5 |
| 7 | 中国 | 55 518 | 20.6 | 3.7 |
| 8 | 以色列 | 50 586 | 2.8 | 3.4 |
| 9 | 意大利 | 48 270 | 3.0 | 3.2 |
| 10 | 法国 | 18 751 | 12.1 | 1.3 |

工具和量具量仪进口企业中，按进口额占比排序，外资企业（80.0%）、私人企业（14.1%）、国有企业（5.9%）。在进口企业所在地区中，按进口额占比排序，华东（69.5%）、华北（15.2%）、华南（9.5%）居前 3 位，同比分别变化 2.9%、-4.7% 和 13.7%。2016 年工具和量具量仪进口企业性质情况和所在地区情况分别见表 39 和表 40。

**表 39　2016 年工具和量具量仪进口企业性质情况**

| 序号 | 企业性质 | 金额<br>（千美元） | 同比增长<br>（%） | 所占比例<br>（%） |
|---|---|---|---|---|
| | 合计 | 1 494 422 | 1.6 | |
| 1 | 外资企业 | 1 194 805 | -0.5 | 80.0 |
| 2 | 私人企业 | 210 636 | 6.6 | 14.1 |
| 3 | 国有企业 | 88 980 | 22.4 | 5.9 |

注：由于四舍五入，表中合计数有微小出入。

**表 40　2016 年工具和量具量仪进口企业所在地区情况**

| 序号 | 所在地区 | 金额<br>（千美元） | 同比增长<br>（%） | 所占比例<br>（%） |
|---|---|---|---|---|
| | 合计 | 1 494 422 | 1.6 | |
| 1 | 华东 | 1 038 553 | 2.9 | 69.5 |
| 2 | 华北 | 227 619 | -4.7 | 15.2 |
| 3 | 华南 | 142 024 | 13.7 | 9.5 |
| 4 | 东北 | 37 115 | -3.5 | 2.5 |
| 5 | 西南 | 28 355 | -1.8 | 1.9 |
| 6 | 华中 | 12 305 | -38.8 | 0.8 |
| 7 | 西北 | 8 449 | -20.4 | 0.6 |

注：由于四舍五入，表中合计数有微小出入。

**11. 磨料磨具**

根据海关统计，2016 年，磨料磨具进口总额为 5.7 亿美元，同比下降 4.8%。从进口趋势上看，磨料磨具总体呈现小幅下降的趋势。2016 年磨料磨具进口情况见表 41。

**表 41　2016 年磨料磨具进口情况**

| 产品名称 | 金额<br>（千美元） | 同比增长<br>（%） | 所占比例<br>（%） |
|---|---|---|---|
| 合计 | 568 792 | -4.8 | 100.0 |
| 天然刚玉 | 3 996 | 7.2 | 0.7 |
| 人造刚玉 | 21 682 | -10.6 | 3.8 |
| 碳化硅 | 7 043 | -30.9 | 1.2 |
| 碳化硼 | 226 | 94.7 | 0.04 |
| 碾磨或磨浆用石磨、石碾 | 1 514 | 61.7 | 0.3 |
| 合成或天然金刚石制石磨、石碾 | 122 611 | 5.9 | 21.6 |
| 其他黏聚磨料制砂轮、石磨、石碾 | 155 256 | -2.0 | 27.3 |
| 天然石料制砂轮、石磨、石碾 | 9 137 | -23.1 | 1.6 |
| 手工油石、磨石 | 5 777 | -1.3 | 1.0 |
| 砂布 | 50 641 | -3.9 | 8.9 |
| 砂纸 | 64 828 | 2.4 | 11.4 |
| 以其他材料为底的研磨料 | 102 961 | -13.8 | 18.1 |
| 经加工的工业钻石 | 4 654 | -37.2 | 0.8 |
| 天然、人工合成的钻石粉末 | 18 468 | -22.2 | 3.3 |

注：由于四舍五入，表中合计数有微小出入。

从进口来源上，日本排在第 1 位，进口额同比增长 2.2%；韩国处于第 2 位，同比增长 1.1%；德国位居第 3，同比增长 13.9%。2016 年磨料磨具进口来源前 10 位国家或地区情况见表 42。

**表 42　2016 年磨料磨具进口来源
前 10 位国家或地区情况**

| 序号 | 国家（地区） | 金额（千美元） | 同比增长（%） | 所占比例（%） |
|---|---|---|---|---|
| 1 | 日本 | 161 066 | 2.2 | 28.3 |
| 2 | 韩国 | 78 497 | 1.1 | 13.8 |
| 3 | 德国 | 65 392 | 13.9 | 11.5 |
| 4 | 美国 | 64 904 | 0.9 | 11.4 |
| 5 | 中国台澎金马关税区 | 48 156 | -28.6 | 8.5 |
| 6 | 奥地利 | 21 349 | -4.2 | 3.8 |
| 7 | 中国 | 14 186 | -41.6 | 2.5 |
| 8 | 瑞士 | 13 905 | -17.5 | 2.4 |
| 9 | 英国 | 13 895 | -8.8 | 2.4 |
| 10 | 意大利 | 10 584 | -14.6 | 1.9 |

　　磨料磨具进口企业中，按进口额占比排序，外资企业（72.2%）、私人企业（21.8%）、国有企业（6.0%）。在进口企业所在地区中，按进口额占比排序，华东（56.7%）、华南（23.3%）和华北（10.3%）居前 3 位，同比分别下降 0.6%、4.2% 和 7.8%。2016 年磨料磨具进口企业性质情况和所在地区情况分别见表 43 和表 44。

**表 43　2016 年磨料磨具进口企业性质情况**

| 序号 | 企业性质 | 金额（千美元） | 同比增长（%） | 所占比例（%） |
|---|---|---|---|---|
| | 合计 | 568 792 | -4.8 | |
| 1 | 外资企业 | 410 873 | -4.8 | 72.2 |
| 2 | 私人企业 | 123 700 | -1.4 | 21.8 |
| 3 | 国有企业 | 34 219 | -15.2 | 6.0 |

　　注：由于四舍五入，表中合计数有微小出入。

**表 44　磨料磨具进口企业所在地区情况**

| 序号 | 所在地区 | 金额（千美元） | 同比增长（%） | 所占比例（%） |
|---|---|---|---|---|
| | 合计 | 568 792 | -4.8 | |
| 1 | 华东 | 322 246 | -0.6 | 56.7 |
| 2 | 华南 | 132 778 | -4.2 | 23.3 |

（续）

| 序号 | 所在地区 | 金额（千美元） | 同比增长（%） | 所占比例（%） |
|---|---|---|---|---|
| 3 | 华北 | 58 632 | -7.8 | 10.3 |
| 4 | 华中 | 23 145 | -41.4 | 4.1 |
| 5 | 东北 | 20 904 | -14.7 | 3.7 |
| 6 | 西北 | 6 905 | 88.8 | 1.2 |
| 7 | 西南 | 4 182 | 19.7 | 0.7 |

　　注：由于四舍五入，表中合计数有微小出入。

**三、贸易变化趋势**

　　综合上述产品进出口贸易情况，2016 年中国机床工具类产品进出口贸易状况继续呈现逆差状态，贸易逆差达到 26.8 亿美元，同比下降 30.3%。其中，金属加工机床为外贸呈现逆差，工具、量具量仪和磨料磨具外贸呈现顺差。2016 年中国机床工具产品进出口贸易情况见表 45。

**表 45　2016 年中国机床工具产品进出口贸易情况**

（单位：亿美元）

| 序号 | 产品名称 | 进口额 | 出口额 | 进出口差额 |
|---|---|---|---|---|
| | 机床工具 | 129.7 | 102.8 | -26.8 |
| 1 | 加工中心 | 27.5 | 1.4 | -26.1 |
| 2 | 数控车床 | 5.5 | 3 | -2.5 |
| 3 | 磨床 | 8.6 | 0.7 | -7.9 |
| 4 | 齿轮加工机床 | 3.1 | 0.2 | -2.9 |
| 5 | 重型机床 | 4.5 | 0.7 | -3.8 |
| 6 | 特种加工机床 | 8.5 | 6.2 | -2.3 |
| 7 | 金属成形机床 | 14.1 | 10.2 | -3.9 |
| 8 | 数控装置 | 13.5 | 5.6 | -7.9 |
| 9 | 功能部件 | 14.6 | 9 | -5.6 |
| 10 | 工具和量具量仪 | 14.9 | 25.8 | 10.9 |
| 11 | 磨料磨具 | 5.7 | 19.5 | 13.8 |

　　注：产品统计口径上有交叉，所以各产品贸易状况的合计值大于机床工具全口径。

　　〔撰稿人：中国机床工具工业协会谷金花　杜智强　段洁琰〕

# 2016 年中国机床工具主要用户行业固定资产投资分析

## 一、全国固定资产投资情况

根据国家统计局数据，2016 年全国固定资产投资额为 59.7 万亿元，同比增长 8.1%。其中，第二产业固定资产投资额 23.2 万亿元，同比增长 3.5%，占全部投资的 38.9%；制造业固定资产投资额为 18.8 万亿元，同比增长 4.2%，占全部投资的 31.5%；用于购置设备工器具的投资额为 11.2 万亿元，同比增长 2.1%，占全部投资的 18.8%。2016 年全国固定资产投资情况见表 1。

**表 1　2016 年全国固定资产投资情况**

| 序号 | 分类名称 | 投资额（亿元） | 同比增长（%） | 所占比例（%） |
|---|---|---|---|---|
| 1 | 全国（不含农户） | 596 501 | 8.1 | 100.0 |
| 2 | 其中：第二产业 | 231 826 | 3.5 | 38.9 |
| 3 | 其中：制造业 | 187 836 | 4.2 | 31.5 |
| 4 | 其中：设备工器具购置 | 111 860 | 2.1 | 18.8 |

从上述数据可以看出，属于机床工具用户市场的制造业投资增速要低于全国固定资产投资增速，第二产业低于全国水平 4.6 个百分点，制造业低于全国水平 3.9 个百分点。

对比近 10 年全国固定资产投资情况，2016 年仍处于投资增速不断回落的过程中，这将进一步影响机床工具消费市场的需求。从长期看，预计未来仍然会呈现持续回落的走势。

## 二、主要用户行业固定资产投资情况

根据国家统计局数据整理出 2016 年机床工具主要用户行业的固定资产投资情况。机床工具主要用户行业涉及汽车、电工电器、石化通用机械等 12 个行业，计划总投资达到 9.0 万亿元，同比增长 1.0%。投资完成额 5.0 万亿元，同比增长 1.7%；新增固定资产 3.4 万亿元，同比下降 12.6%；用于购置设备 2.0 万亿元，同比下降 1.7%。将上述数据与全国情况比较可以发现，机床工具主要用户的固定资产投资情况低于全国水平，且用于购置设备的投资呈现微弱下降状态。

2016 年机床工具主要用户行业的固定资产投资情况见表 2。

**表 2　2016 年机床工具主要用户行业的固定资产投资情况**

| 序号 | 行业类别 | 计划总投资 | | 固定资产完成额 | | 固定资产中设备工具购置额 | | 新增固定资产 | |
|---|---|---|---|---|---|---|---|---|---|
| | | 金额（亿元） | 同比增长（%） | 金额（亿元） | 同比增长（%） | 金额（亿元） | 同比增长（%） | 金额（亿元） | 同比增长（%） |
| | 合计 | 89 687 | 1.0 | 50 132 | 1.7 | 20 272 | -1.7 | 34 156 | -12.6 |
| 1 | 汽车 | 26 455 | 8.6 | 124 27 | 4.2 | 4 918 | -4.3 | 7 524 | -13.7 |
| 2 | 电工电器 | 19 695 | 7.6 | 10 852 | 8.8 | 4 384 | 4.3 | 7 153 | -6.8 |
| 3 | 石化通用机械 | 10 380 | -1.9 | 6 079 | -5.5 | 2 416 | -6.9 | 4 302 | -18.6 |
| 4 | 机械基础件 | 8 449 | 0.5 | 5 841 | 4.3 | 2 653 | 5.4 | 4 399 | -5.8 |
| 5 | 机床工具 | 7 709 | -6.5 | 4 581 | -3.9 | 1 801 | -4.6 | 3 282 | -18.3 |
| 6 | 重型矿山机械 | 4 608 | -18.9 | 2 740 | -9.8 | 1 097 | -13.5 | 1 893 | -25.7 |
| 7 | 其他民用机械 | 3 324 | -14.1 | 2 201 | -2.0 | 897 | -6.2 | 1 699 | -11.2 |
| 8 | 仪器仪表 | 2 957 | -3.7 | 1 729 | 4.4 | 671 | 2.6 | 1 205 | -9.8 |
| 9 | 农业机械 | 2 559 | -3.3 | 1 650 | 2.6 | 586 | -0.5 | 1 220 | -4.8 |
| 10 | 工程机械 | 1 816 | 3.5 | 971 | 1.0 | 414 | 5.0 | 721 | -6.5 |
| 11 | 内燃机 | 521 | -4.1 | 280 | -15.5 | 147 | -3.4 | 173 | -33.5 |
| 12 | 机械和设备修理 | 366 | -18.3 | 229 | -7.9 | 80 | 9.1 | 182 | -14.0 |

注：由于四舍五入，表中合计数有微小出入。

从固定资产投资结构上看，设备购置占总完成额的40.4%。设备购置投资排序前 3 位的是汽车（4 918 亿元，同比下降 4.3%）、电工电器（4 384 亿元，同比增长 4.3%）和机械基础件（2 653 亿元，同比增长 5.4%）。

### 三、特征和趋势分析

综合上述可以发现，2016 年机床工具主要用户行业的固定资产投资具有以下几个方面的特征和趋势。

1. 投资增速持续下降

2016 年全社会固定资产投资增速比 2015 年下降了 1.9 个百分点，较 2015 年的增速下降幅度有所收窄。其中，用于设备购置部分的投资增速比 2015 年同期下降了 8.1 个百分点。这反映出制造业和机床工具的用户领域呈现投资热度持续减退的趋势。

2. 投资新方向还不明确

从计划投资增速上看，投资方向还不明确，新的支柱产业还未形成。机床工具用户领域的计划总投资列前 3 位的行业分别是汽车（同比增长 8.6%）、电工电器（同比增长 7.6%）和石化通用机械（同比下降 1.9%）。设备购置投资列前 3 位的行业分别是汽车（4 918 亿元，同比下降 4.3%）、电工电器（4 384 亿元，同比增长 4.3%）和机械基础件（2 653 亿元，同比增长 5.4%）。

〔撰稿人：中国机床工具工业协会谷金花、杜智强、段洁琰〕

中国
机床
工具
工业
年鉴
**2017**

产品与技术

产业概况

产业运行

市场概况

产品与技术

特色企业

附录

分析机床工具行业典型产品技术进步和发展情况、"中国机械工业科学技术奖"获奖情况，总结行业标准化工作

产业概况

产业运行

市场概况

产品与技术

特色企业

附录

中国机床工具工业年鉴 2017

产品与技术

# 2016 年机床工具行业典型产品技术进步和发展情况

## 加工中心

《中国制造2025》将数控机床和基础制造装备列为"加快突破的战略必争领域",其中提出要加强前瞻部署和关键技术突破,积极谋划抢占未来科技和产业竞争制高点,提高国际分工层次和话语权。这一战略目标的提出,是由数控机床和基础制造装备产业的战略特征以及发展阶段特征所决定的。而加工中心作为应用范围最广泛的数控机床之一,具有高效、高精的特点,已成为高端数控机床的代表性产品。目前,世界加工中心年产量已超过9万台,产值占世界机床总产值的比例约为16.7%。加工中心技术发展的总趋势是向高速、高精、高效、环保化、复合化方向发展。

**一、产品开发思路与实际紧密结合**

行业企业加工中心类产品的开发采用产学研用相结合,把企业、高校、用户等分散资源引入产品研发中,以企业为主体,以市场为导向,以用户为示范应用,充分利用学校、企业、科研单位等多种不同资源以及其在人才方面的各自优势,把"用"作为技术创新的出发点和落脚点,减少技术创新的盲目性,缩短新产品从研究开发到进入市场的周期,有效降低技术创新的风险和成本,最终打造"点、线、面"结合的创新产品,提升区域、产业、企业、高校的创新能力。在研发过程中,从实际出发,以产学研用示范工程为带动,以重点领域和关键技术的创新为突破口,紧紧围绕我国制造业发展方向,充分发挥用户在使用方面的引导作用、企业创新的主体作用、高等院校和研发机构的技术人才支撑作用,充分发挥市场机制优化配置创新资源的基础功能,创新多形式的产学研结合模式,形成多元投入、资源共享、广泛协作、联合攻关的产学研用结合新格局。

沈机集团昆明机床股份有限公司生产的KHC系列卧式加工中心就是根据以上开发思路研发而成的,KHC系列卧式加工中心主要包含KHC160、KHC160-5A、KHC200、KHC200-5A、KHC250、KHC250-5A等型号。这款产品是集昆明机床股份有限公司传统精密制造优势、国际先进技术为一体的高科技产品。该机床在结构设计和制造技术等方面吸收了国内外先进技术,在开发研制阶段,采用了模块化设计、Pro/E三维造型、有限元分析等先进设计技术,对精密主轴结构设计、精密拖动机构设计技术、整机结构优化设计、动刚度分析与抑振技术、伺服驱动优化技术、数控系统误差补偿技术、机床热变形及其补偿技术、可靠性技术等关键技术研究,使机床具有极高的静、动、热态性能,满足了机床高速、高精、高效、高可靠性的切削性能要求,是集现代机、电、光、液、气和信息技术为一体的高科技产品。配置A摆头可实现五轴联动加工,满足特殊材料、复杂曲面零件的加工需求。

KHC系列卧式加工中心布局为卧式刨台,前、后床身连接呈T字形结构,动立柱、正挂主轴箱。机床由床身、立柱、工作台、主轴系统、进给系统、液压系统、润滑系统、冷却系统、刀库、排屑装置、安全防护装置、数控系统等部件组成,机床整体结构紧凑、热变形小、刚性高、精度高。前床身、后床身、立柱、A摆铣头传动箱体、主轴箱、滑座及工作台等大件材质均为优质铸铁,经时效处理;采用FEM有限元分析以便得到最高的刚性。前后床身为封闭的箱形结构,并布置加强筋,合理分配多点支承,使机床具有足够的刚度;立柱是双壁门式铸件,纵横布筋。立柱前后敞开,便于散热。主运动采用交流伺服电动机,通过齿轮变速,扩大主轴调速范围,增大主轴转矩。气缸推动滑移齿轮实现高、低两挡变速,驱动A摆铣头支承箱体内的弧齿锥齿轮、斜齿轮传动摆头箱内两个弧齿锥齿轮使主轴获得4 000r/min转速。摆头主轴材料采用氮化钢,经过多次热处理精密加工。主轴前支承轴承采用高速、高精度、万能组配向心角接触球轴承,主轴后支承轴承采用超精密单列圆柱滚子轴承。主轴轴承转速高、精度高、刚性好,能长期保持主轴旋转精度,满足强力切削。回转运动(B坐标)360°连续任意分度,进给机构采用蜗杆副传动结构,可调整消除传动间隙,保证较高的传动精度。B坐标采用进口轴承支承,精度高,运动平稳,抗振性好,寿命长,能长期保持精度。工作台采用液压夹紧机构,工作台夹紧、松开变动量小,夹紧可靠。

KHC系列卧式加工中心应用范围广,适合于箱体零件、盘件、杂件及模具等复杂零件的加工,是航空、航天、军工、船用壳体、汽轮机、水轮机等机械制造业的理想加工设备。特别适用于复杂、工序多、精度要求高、需用多种类型普通机床和繁多刀具、工装，经过多次装夹和调整才能完成加工的具有适当批量的零件。如：

（1）箱体类零件。箱体类零件是指具有一个以上的孔系，并有较多型腔的零件，这类零件在机械、汽车、飞机等行业较多，如汽车的发动机缸体、变速器体、机床的主轴箱、柴油机缸体、齿轮泵壳体等箱体类零件。一次装夹可以完成普通机床 60%～95% 的工序内容，零件各项精度一致性好，品质稳定，同时可缩短生产周期，降低成本。

（2）异形件。异形件是外形不规则的零件，大多需要点、线、面多工位混合加工，如支架、基座、样板、靠模等。异形件的刚性一般较差，夹压及切削变形难以控制，加工精度也难以保证，这时可充分发挥加工中心工序集中的特点，采用合理的工艺措施，一次或两次装夹，完成多道工序或全部的加工内容。

（3）航空航天、军工结构件。航空航天、军工结构件多为高温合金或耐高温的复合材料，一般为异形环状结构，需进行空间复杂曲面、镂空、打孔、斜孔、斜切等加工，且刚性差、精度高，加工难度大。此类零件需要采用多功能、高精度、具有较高的柔性、在线测量功能强大、工位多、刀具库容量大的五轴联动加工中心进行加工。

**二、立式加工中心的新型布局发展**

立式加工中心仍然以传统的十字滑台结构为主，也有较多的龙门立式加工中心等结构形式，其中有的配置了提篮式的 A、C 轴，有的立式加工中心上配置了偏摆铣头、回转工作台等，将普通的三轴立式加工中心变成了五轴联动立式加工中心。在目前经济下行压力下，各企业都在原立式加工中心的基础上，逐步分类研发出了众多系列立式加工中心产品，以求多元化发展。

大连光洋科技集团有限公司生产的 KMC1250UMT 五轴立式加工中心特点：①改良的龙门框架结构，采用人造大理石材料床身，与铸铁床身相比具有极佳的抑振性和抗热变形性能。②机床五轴联动，刀具三轴移动设计，采用高性能伺服驱动电动机直联滚珠丝杠传动，动态性能不受工件限制，实现高动态特性、高效率加工。③工作台摆动而主轴不摆动，因而主轴不受摆动影响，刚性好。刀具长度不影响摆臂长度，不影响摆动误差。④Y 轴采用四导轨支撑和重心驱动方式。自动拾取式环形刀库与床身融为一体，结构紧凑节省空间，拾取式换刀速度更快（屑对屑时间为 5s）。⑤数控回转摆动工作台实现双壁支撑和单/双驱动，实现 C 轴连续 360° 旋转并支持高速车铣功能，A 轴 ±130° 摆动。⑥机床采用通用性设计，兼容 3～5 轴机床扩展功能，4 轴可选单/双驱控制，C 轴可选铣削/铣车功能，X、Y、Z 轴支持半闭环/全闭环控制，三种规格车铣复合电主轴，多种机床配置形式可满足不同用户的加工要求。⑦机床作业空间大，干涉范围小，切削刚度高，动态性能高、安装空间紧凑。具有三维切削仿真和三维防碰撞功能，机床平均无故障时间（MTBF）达到 1 500h。

宁波海天精工股份有限公司生产的 VMP1000 立式加工中心是吸收国内外先进设计理念，全新开发设计的高性能立式加工中心，大跨距床身、滑座及工作台搭配"A"字形支撑结构结合"米"字形筋板立柱，满足机床高刚性的要求。Z 轴驱动采用高功率大转矩伺服电动机，配合四方向等负荷、大承载、高抗振性滚柱导轨，动态特性好，起停反应快。停电或机床出现故障时具有断电防撞保护功能。油脂润滑系统大幅度减少维护次数及成本。根据材料、切屑量及切屑形状配置了三种不同的排屑方式。标准配置选用 8 000r/min 钢球轴承主轴及气动增压打刀机构，采用 1.5：1 的减速比带式传动方式，转矩提升 50%。若选配数控转台，则将机床原有的三轴三联动扩展为四轴三（四）联动，并实现多面加工。

黄山皖南机床有限公司自主研发生产的新一代高速立式加工中心 V5，X、Y、Z 轴均采用滚动导轨副，经过预压处理，零间隙，摩擦因数小，满足各方向上的承载能力。可以满足高速快响应的加工要求，快速移动速度快，精度保持性好。在结构设计上，采用具有高刚性的 C 形结构设计，并以肋骨做刚性强化。所有零部件的接触面皆施以精密的手工刮研，能确保机床长期使用的精度。主轴采用直联结构，最高转速可达 12 000r/min。大幅度降低传统带传动的主轴噪声，可实现小型螺纹孔的钻孔攻螺纹要求，可进行高精度、高效率的加工。X、Y、Z 轴行程分别为 510mm、570mm、430mm，快移速度分别为 40 m/min、40 m/min、32m/min。

山东威达重工股份有限公司生产的 VMC-600B 立式加工中心，是为有高效率加工需求的产业所设计的新型数控系列产品，整体布局紧凑合理，质量性能稳定可靠，可实现 X、Y、Z 三轴联动，广泛适用于航空航天、军工、模具、汽车、内燃机、纺织机械等行业的机械加工。机床基础件均采用高强度铸件，超宽的机床底座设计，单立柱结构配有高速主轴为机床提供最佳的结构支撑及切削刚性。床身、立柱、滑座、工作台及主轴箱内具有加宽加强筋和角支撑板，各结合面均经过手工刮研，保证了整体结构的刚性和精度的保持。三轴伺服电动机与丝杠采用进口无间隙弹性联轴器直联，传动无间隙，转动惯量小，传动刚度高，保证了机床的定位精度；丝杠支承采用预拉伸结构，大大降低了机床长时间运转时热变形对精度的影响。主轴采用台湾 10 000r/min 高速、高精度主轴单元，配有日本进口 NSK 轴承，自动打刀装置。主轴采用中心吹气结构，换刀前对主轴内锥孔和刀具柄部进行清洗，去除残留物，确保主轴的高精度和刚性。

**三、技术不断完善的卧式加工中心**

行业企业利用国外先进技术生产制造中、大型卧式加工中心及其他类型高端数控产品的技术水平不断提高。具体体现在以下几方面：①机床的动静刚度得到进一步增强。利用有限元法对整机结构刚度进行优化分析日益广泛，台中台、箱中箱、重心驱动、过定位约束、双丝杠同步驱动、预拉伸丝杠等结构和技术的应用，使机床的刚度、精度、效率、工作稳定性得到很大提升。②电主轴、高速滚珠丝杠、凸轮式换刀机构、超精密滚柱式线轨、陶瓷珠丝杠、高分辨率检测反馈元件以及直驱、直线导轨等技术和功能部件的广泛使用，大幅提升了机床的综合性能。③通过对称性结构设计、热源综合管理、热补偿的应用，机床的热稳定性得到很大提高。④自动化水平有新的提高。ATC、APC、机内对刀、机内测量、断刀检测、与机器人及机械手的融合等，将机床自动化水平推向新的高度。

成都普瑞斯数控机床有限公司生产的 PH400 卧式加工中心。该机工作台尺寸 400mm×400mm，工作台最大承重 350kg，主轴最高转速 8 000r/min，$X$、$Y$、$Z$ 轴快移速度 40m/min。该机整机由三维设计软件设计并进行了有限元分析，具有较好的刚性和稳定性。进给系统三轴采用了大直径滚珠丝杠副，与电动机采用刚性联轴器直联，提高了传动的刚性和精度。滚珠丝杠均采用世界著名品牌的精密轴承支撑，精密的预拉伸降低丝杠热变形。丝杠采用中空循环冷却设计，满足高精度的零件加工要求。刀库装置采用先进无手臂换刀方式或凸轮机构换刀，换刀的稳定性、可靠性值得信赖。工作台配制了 0.001° 圆光栅或 1°/5° 分度端齿盘工作台，定位精度高、重切削能力强。

山东威达重工股份有限公司生产的 HMC500 双工位卧式加工中心。该机工作台尺寸 500mm×500mm，工作台最大承重 500kg，转台最高转速 16.7r/min，$X$、$Y$、$Z$ 轴快移进给速度 32m/min。采用 FANUC Oi MD 数控系统，四轴四联动，T 形床身，立柱移动，重载直线滚柱导轨，高精度，具有环喷功能主轴单元，具有托盘交换功能。

南通科技投资集团股份有限公司生产的 MCH-63A 卧式加工中心。该机工作台尺寸 630mm×630mm，工作台最大承重 1 200kg，主轴最高转速 20 000r/min，$X$、$Y$、$Z$ 轴快移进给速度 42m/min。这是国内第一台双丝杠、双驱动、箱中箱结构、力矩电动机驱动转台的高档精密卧式加工中心。机床在结构设计、传动方式、功能部件匹配、数控系统选用、加工制造和整机安装调试等方面，采用了当今前沿的设计理念和先进的制造技术。该机能够替代进口同类机床，广泛应用于军工、汽车、船舶、纺织机械等领域。

**四、高架桥式五轴龙门加工中心国产化飞跃**

一直以来，国内高架桥式五轴龙门加工中心鲜有突破，市场被国外厂家占据。而自 2016 年起，国产高架桥式五轴龙门加工中心呈井喷式发展。各厂家根据不同的市场定位，在结构设计、配置选择上各有所侧重，显示了国内厂家在产品开发理念上有了较大的进步。

北京北一机床股份有限公司生产的 XKAS2525 是一台面向航空、航天领域大型钛合金类零件精密加工的高架桥式五轴龙门加工中心，是国内首款三轴均采用直线电动机驱动的产品。该产品 $X$、$Y$、$Z$ 轴快移速度达到 60m/min，

加速度更是达到 0.8$g$，配合进口力矩电动机驱动的 $A/C$ 轴双摆角铣头及 18 000r/min 高速电主轴系统，实现了高速五轴联动加工，是真正意义上的"零传动"机床。其直线轴定位精度达到 0.012mm，重复定位精度 0.006mm。该机床采用西门子公司 840Dsl 系统，结合西门子直线电动机，使机床动态性能实现最佳匹配，达到更高的精度要求；为满足移动部件轻量化的设计要求，该机床采用全新的高刚度龙门框架设计，所有大件均采用焊接结构，使机床运动更灵敏、更轻便、更精确；可在平面地基上安装，无需考虑地坑，结构简洁、紧凑，占地面积小，加工范围大。适用于航空、航天、模具等行业的铝合金、复材、玻璃加工。

浙江日发精密机械股份有限公司生产的 RFMP2025 GMTI/5X 高架桥式五轴龙门加工中心是引进、吸收国外先进技术而开发的五轴联动钛合金加工专用设备，通过优化设计传动结构、匹配机床的刚度与质量参数，使其具有钛合金零件的加工能力。该产品具有以下特点：①横梁采用箱中箱结构，四导轨设计，体现了极佳的热对称性，确保长时间高精度加工。②方滑枕设计，四导轨对称布置结构，确保强力切削的稳定性，并可得到均匀的热变形，提升加工精度。③意大利 COLGAR 机械式钛合金重切五轴头，采用机械传动结构，配合机械式大转矩主轴，可提供钛合金零件加工所需的强劲动力。该产品适用于航空航天、工程机械、船舶、军工等行业精度要求高、形状复杂零件的加工需求，尤其满足对于机床提出高转矩、高刚性要求的航空钛合金、镍基高温合金、超高强度钢等其他硬质合金的切削加工。

南通国盛智能科技集团股份有限公司生产的 GMS2516 X 高架桥式五轴龙门加工中心是一台满足精密模具加工需求的五轴龙门加工中心，配海德汉 TNC640 系统。五轴头采用德国 Kessler 小型五轴头，HSK A63 电主轴转速 18 000r/min，转矩（S1）：90N·m，功率（S1）：56kW，$A/C$ 轴采用力矩电动机驱动。伺服轴采用传统的滚珠丝杠＋伺服电动机的驱动结构。横梁采用四导轨热对称的箱中箱结构，方滑枕采用高刚性的四导轨包容结构，将切削力及热变形对称地传递到基础大件上。精密模具加工具有加工时间长、轮廓精度要求高的特点，该设备在热误差控制上，也有多项针对性设计，如螺杆中空冷却、螺母冷却、结构件力流分级处理等。

山东永华机械有限公司生产的 RY-GB8550BF5 高架桥式五轴龙门加工中心，主要适用于硬质合金材料空间曲面、连续曲面的高速高精加工。配备西门子 840DSL 系统。采用可换铣头结构，立铣头 HSK A100 最高转速 6 000r/min、最大转矩 1 830N·m，功率 60kW，直角铣头 HSK A100，最高转速 4 000r/min，最大转矩 1 830N·m，功率 60kW。$B$ 轴摆头 HSK A63，最高转速 12 000r/min，最大转矩 89N·m，功率 56kW。横梁部分同样采用箱中箱结构。在固定件（立柱墙板）基体材料方面，采用了新的矿物材

料浇注成形，大幅提高了吸振性，降低了加工振动。运动件方面采用精密板材焊接，实现了轻量化，提高了轴向运动的动态性能。可交换的铣头结构，能应对不同的加工工况，提高了设备的应用范围。

**五、精准的市场定位**

目前，机床行业下游用户需求结构出现高端化发展态势，多个用户行业都将进行大范围、深层次的结构调整和升级改造，对于高质量、高技术水平机床产品需求迫切，而用户只能提出高速、高精度、复合、柔性、多轴联动、智能、高刚度、大功率等普遍的要求，这就需要企业进行深入的调研，针对某一细分市场或某一特殊领域研发产品，获得市场的认可。

如扬州欧普兄弟机械工具有限公司在充分调研市场的基础上结合公司实际情况，决定在小型加工中心上投入力量进行研发，以满足不断增长的教育市场和蓬勃发展的小型加工企业的加工需求。公司生产的教学用小型加工中心系列（型号 M2LS（F2）/F3/F4）和中小型加工中心系列（型号为 F80/F105/F150/F210），小型加工中心定位于教学演示及小型零部件的加工，占地面积小，结构紧凑，安全可靠。部分机型根据客户需求，在莱茵公司做了谐波、传导、辐射测试并成功通过测试。教育市场尤其重视安全性，公司在采用的数控系统上增加了安全集成控制模块，通过安全 PLC 及各种安全开关，监控各种可能发生的误操作，使公司的数控产品在安全上达到一个新的高度，满足了市场不断增长的要求，得到了市场的广泛认可和赞誉。

3C 用户的高速钻铣机床所要加工的产品种类、材料、功能更为苛刻，如 3D 曲面玻璃、3D 曲面陶瓷、陶瓷边框、手机不锈钢按键、玻璃模具、石墨模具等，高速、高精度、高表面质量、高稳定性成为 3C 用户对机床的基本要求。

北京精雕科技集团有限公司作为精雕机行业的领军企业，其产品擅长小刀具精加工，具备铣削、磨削、钻孔和高速攻螺纹的能力，广泛应用于 3C 行业、模具行业等多个领域。

北京精雕科技集团有限公司生产的 JDVT600-DZ-A13S 机床，工作台尺寸 830mm×400mm，$X$、$Y$、$Z$、$W$ 轴行程分别为 600mm、400mm、420mm、420mm。机床主体布局为 C 形床身结构、单立柱、十字滑台形状，立柱采用公司已获专利的"倒 L"形结构，抗切削振动能力强，配备 24 刀位的圆盘式刀库，采用机械手换刀，刀对刀换刀时间为 1.2s。

该机床的主要特色之一是双 $Z$ 轴结构，两主轴的间距为 300mm，可实现双工位同步加工，加工效率提高一倍，同时，机床可搭配（SRTM150L-HBB6）双工位，可实现一次装夹多面定位加工。另一优势是配了精雕 JD130S-24-BT30，$\phi$130mm 的同步主轴，具有刚性快速攻螺纹的能力。该机床还采用了丝杠冷却技术，控制加工过程的温升。适用于五金件加工，可进行钻孔、攻螺纹、磨削、抛光、高光等加工，是加工能力十分全面的 CNC 工具机，尤其适合 3C 行业中有高光要求的五金件的加工，高光产品表面粗糙度可达 0.01μm。

沈阳机床（集团）有限责任公司的智能高速钻攻中心 i5M1.4，率先采用蒙德里安风格全铝防护件的概念化设计，通过简约的线条与几何图形延伸交叠，呈现出轻盈、辨识度更高的模块化外观，给人以独特的视觉体验，与其面向的 3C 行业更加契合。整体采用全铝材质，有效避免粉尘及油气外溢，减少环境污染，使排屑更容易，开门更自如，安装更简单。该机床所配备的系统是由沈阳机床股份有限公司自主研发的具有完全自主知识产权的智能化数控系统。

该机床工作台尺寸 550mm×350mm，$X$、$Y$、$Z$ 轴行程分别为 550mm、400mm、350mm，三轴快移速度达到 48m/min，主轴电动机功率 3.7kW，主轴配用 BT30 刀柄，最高转速 20 000r/min，21 把伞形刀刀库，换刀时间 1.4s。该机床主要针对消费电子行业，用于加工手机、平板电脑大宗消费电子类产品的外壳、中框、按键灯小型金属零部件。该机床结构紧凑，身材小巧，将加工效率、精度、产品表面粗糙度提升到极致。

大连机床集团有限责任公司针对 3C 产业用户的需求，研发了 DKX-114 钻攻智能自动线及 TD-700 立式加工中心。TD-700 立式加工中心是大连机床集团公司自行研制开发生产的新一代数控机床，工作台尺寸 850mm×410mm，工作台最大载重 200kg，$X$、$Y$、$Z$ 轴行程分别为 700mm、400mm、330mm，三轴快移速度 60m/min；主轴采用高速直联机械主轴，最高转速 20 000r/min；配备 16 把伺服飞碟式刀库和 21 把飞碟式刀库。该机床在 3C、航天、医疗等行业的应用已经较为成熟。该机床的配置在市场上较为普遍，使用也较为广泛。

DKX-114 钻攻中心智能自动加工生产线主要由 2 台立式雕铣机 TD-550A、1 台 TD-700 立式加工中心及 1 套地轨式 6 轴机器人 DRV-13F 组成，1 套随行料架用以辅助机器人完成工序间工件姿态的转换，一处上下料料架用于存储待加工毛坯和工件成品。该自动生产线正常生产全过程无人工参与。

目前来看，在 3C 加工领域，一些国内优秀企业在专机（如金属外观件和结构件、玻璃保护屏）的加工设备方面已经达到可以与国外相竞争的水平，也逐渐占据了较大市场份额。在今后的发展中，曲面屏玻璃机身和人工智能将成为新潮流，曲面屏产品更多，AMOLED 屏将继续普及，玻璃机身重新回归，以及更多的概念设计产品面市。种种现象表明，手机玻璃加工、曲面屏加工、2.5D 与 3D 玻璃手机屏幕、陶瓷手机，已然成为 CNC 加工行业发展新趋势。因此，针对 3C 用户各种特殊材料的加工要求、加工工艺、加工效率、检测手段等，提供更为个性化的相关配套服务已成为高速钻铣机床制造业关注的方向。

## 六、新技术革命的战略高地

新一轮科技革命所包含的智能制造、能源互联网以及新一代信息技术等要素为中国装备制造业技术突破提供牵引动力，也为装备制造业提供了巨量市场。机床行业是信息技术和工业技术重要的交汇点，行业本身对于新技术具有较强的敏感度，也是新兴技术扩散的主要源泉。在新技术革命浪潮的推动下，机床行业集成创新趋势明显，世界领先企业加快推进新技术与机床产业融合，网络化技术和智能化技术加快向机床产品集成应用，更多的专利技术也汇聚在加工中心类产品当中

如江苏新瑞重工科技有限公司生产的 V55 立式加工中心、XH2420-40 龙门加工中心和 Ha63 卧式加工中心 3 种产品就申请了包括主轴尾部浮动保持架结构、机床附件延伸头拉刀结构、长悬臂的结构等 7 项专利。V55 立式加工中心主要适应于模具加工业、中小型机械加工制造业，零件在一次装夹后可实现钻、镗、铣等多工序高效、精密加工。其特点是采用立式结构，具有 $X$、$Y$、$Z$ 3 个直线数控轴，三轴联动，主轴可定位，加上数控回转工作台，可实现四轴联动。产品主要技术参数：主轴最高转速为 8 000r/min，最大转矩 96N·m，定位精度和重复定位精度分别为 0.015mm、0.008mm。XH2420-40 龙门加工中心广泛适用于汽车、柴油机、制冷、石化、锅炉、印刷、包装等行业的各种缸体、壳体、板件、盘件、模具等复杂零件的多品种、中小批量的高效、精密加工。其特点是采用定梁式龙门结构，具有 $X$、$Y$、$Z$ 3 个直线数控轴，各坐标轴均可自动定位，采用 SIEMENS—828D 控制系统，可实现三轴联动，配置数控回转台可实现四轴联动，配置扩展功能附件如直角头、万能头、延伸头、扁直角铣头等，可扩展机床的加工范围及附加加工功能。Ha63 卧式加工中心主要面向汽车、摩托车零部件的高效大批量精密加工，同时也适用于其他机械加工业的中批量精密零件的高效加工。其特点是采用 T 形卧式结构，具有 $X$、$Y$、$Z$ 3 个直线数控轴和一个回转数控轴，机床配置 360×1° 回转工作台，齿盘定位，分度精度高、刚性好，具有自动换刀功能与托盘交换功能，工件一次装夹后可进行多面加工。选配 0.001° 连续回转工作台，可实现四轴联动。

沈阳众一机床制造有限公司生产的 HCM 系列数控龙门加工中心与 VMC 系列数控立式加工中心获得了一种龙门组合机床加工大型工件装置的专利。该产品适用于汽车钣金模具行业、机械零件加工行业、航空航天行业，其产品特点是机械结构稳定，处处体现热对称结构设计，整体铸件结构采用 HT300 铸铁铸成，经过两次热处理时效消除内应力。该产品获得万向集团等大型高端客户的认可和赞美。

〔撰稿人：中国机床工具工业协会铣床分会闫磊、中国机床工具工业协会钻镗床分会李军〕

## 车 床

2016 年，机床行业经过多年的持续下滑，进入"筑底"且平稳运行阶段，某些厂家甚至出现原材料、铸件短缺，从业人员难找的现象。另一些企业面临着升级转型，出现了想投资又不敢投资的状态，整个行业已经处于转变的关键节点。

### 一、车床行业总体情况

根据车床分会重点联系企业统计数据，2016 年，车床产量 7.6 万台，同比下降 6%；产值 122 亿元，同比下降 12%；平均单价 16 万元，下降 1.3 万元。其中，数控车床产量 5.3 万台，产值 103 亿元。数控车床中，普及型数控车床 1.55 万台，同比下降 15.7%；产值 43.5 亿元，同比下降 3%；平均单价 28 万元，增涨了 3.5 万元。经济型数控车床 3.3 万台，同比降低 13%；产值 43 亿元，同比下降 14%，平均单价 13 万元，同比基本持平。产量数控化率 69.7%，产值数控化率 84.4%，同比增长分别为 3 个百分点和 6 个百分点。虽然产量以及产值下降，但是中档（普及型产品）产品的平均单价在上升，数控化率也在提高，显示出各企业生产的产品档次在提升，说明各企业在转型升级和结构调整上取得了一定的成绩，行业发展总体形势比较乐观。

### 二、车床行业技术进步情况

2016 年，虽然机床工具行业市场仍处于下行启稳阶段，但是，在工业 4.0、互联网、物联网时代背景下，在严峻的市场经济的竞争环境下，在《中国制造 2025》的方针指导下，车床行业企业在夯实自身基础的同时，各自通过不同的方式，产品在不断地推陈出新，技术在不断地进步。

车床行业产品分类主要为数控卧式车床、数控立式车床、复合车床、自动生产线及智能机床。

1. i5 智能机床

沈阳机床股份有限公司（以下简称沈阳机床）作为机床工具行业的龙头企业，在行业内率先提出了智能机床的概念，即 i5 系列智能机床。该机床分为 i5T 系列和 i5M 系列两大类，产品功能涵盖立式、卧式、复合等多种功能，同时，可根据用户不同的加工需求配置不同的技术模块，衍生出不同系列的机床。而最主要的是，相比于以前的传统机床产品，i5 系列智能机床作为智能终端，依托于互联网，能够实现智能功能和在线服务，提高全社会的设备利用率。机床搭载具有自主知识产权的 i5 智能数控系统，可实现操作、编程、维护和管理的数字智能制造控制。i5 系

统的管理智能化工具可以提供具体到每台机床的生产管理信息，在实现智能化管理的同时实现了 PC 端、平板端、手机端对管理系统的多平台操作，实时收集机床信息，掌握设备加工状态、订单完成情况，进行设备效率分析、成本分析、工单计划、生产趋势分析等管理，"真正做到了让生产更轻松，让管理更快捷"。几年来，i5 系列机床在不断地改进和升级，以适应不同的客户群需求。

以 i5M8.4 智能多轴立式加工中心为例，其主要性能指标：工作台直径 400mm；工作台承重 300kg；行程 600mm、750mm、450mm，（A、C）±120°/n×360。快移速度 30 000mm/min，（A、C）50r/min；主轴转速 12 000r/min；主轴功率 11kW/15kW；刀位数量 20 把；刀柄形式 BT40；定位精度 0.008mm，（A、C）±5″；重复定位精度 0.005mm，（A、C）±3″；数控系统为 i5 智能系统。该机床是一款高速五轴加工中心，用于加工阀体、薄壁类、壳体类、框架类零件的柔性高效加工。该机床标配为双轴转台，工件可以在一次装夹后自动连续完成多个平面的高速铣、镗、钻、铰、攻螺纹等多种加工工序。同时，i5 数控系统后台可以连接互联网，可以对用户加工信息进行收集，最终形成大数据，有利于了解和分析用户零件的加工特点和需求。

**2. 数控卧式车床**

数控卧式车床是车床行业的主要产品，其主要分为经济型和普及型两大类。经济型数控卧式车床就是常规意义的平床身数控车床，普及型数控卧式车床通常指斜床身数控车床。

经济型数控卧式车床是目前国内产量最大的一款车床，技术相对比较成熟，国内多数车床企业均在生产。在目前多元化市场竞争的环境下，经济型数控卧式车床在市场倒逼机制下，也在逐步推陈出新，向着通用机床专用化方向发展。例如近几年发展非常好的高新技术企业宝鸡西力精密机械有限公司，致力于生产高速、精密、小型机床，其代表产品就有 XKC-20F 系列、XKC-30F 系列、XKC-40F 系列、XKC-20H 系列、XKC-25H 系列、XKC-30H 系列高精密平床身排刀式数控车床。其机床主要指标：机床主轴径向圆跳动 < 2μm，重复定位精度 < ±1μm，加工零件的表面粗糙度可达到 $Ra0.2 \sim 0.4\mu m$，公差一致性控制在 0.3μm 以内，确保机床能够长时间高精密运转。为航天航空、仪器仪表、医疗器械、气动元件、特种电动机、通信电子、制冷、汽车、军工、光学、核工业、钟表业、外贸精加工等行业提供了足够的产品支持。产品销往全国各地，外销出口到日本、欧盟各国、韩国、俄罗斯、土耳其、马来西亚、泰国、菲律宾、印度、缅甸、越南等国家及中国台湾地区。

普及型数控卧式车床的发展起到了承上启下的重要作用，前有经济型数控卧式车床，后有车床类的高端产品即复合型机床以及生产线、生产单元。可以说，普及型数控

卧式车床的产品水平，在一定程度上将影响未来一阶段的数控车床水平。2016 年，车床行业企业又根据市场情况以及行业发展趋势，研发出了多款普及型数控卧式车床产品。其中，浙江海德曼智能装备股份有限公司开发的 T35 数控车床以高速、精密著称，该机床适用于轴类、盘类零件高精度加工。机床主机采用排刀结构，可配置立/卧式铣削动力头，用于镗孔或者铣削加工；采用进口高精度直线导轨和滚珠丝杠，移动速度快，加工精度高；具有各种无人化场合接口，是轴类和盘类小型零件无人化加工的理想选择。主要指标：回转直径 350mm；工件回转直径（滑板）160mm；加工直径 300mm；加工长度 250mm；主轴通孔棒料能力 φ35mm；行程（X/Z）300mm/350mm；快进速度（X/Z）20 000（mm/min）/24 000（mm/min）；刀架形式排刀；刀具容量（标配）4 把；输出功率（变频）5.5kW；主轴端部形式 A2-5；主轴转速 5 000r/min；卡盘尺寸 φ152.4mm（6in）；定位精度（X、Z）0.006mm；重复定位精度（X、Z）±0.001 5mm。宝鸡机床集团有限公司生产的专用数控车床 CK7520C，采用模块化技术，可配备多种中高档数控系统；可根据顾客的要求实现机床个性化设计；能进行端面、圆柱、曲面、公制和英制螺纹的车削加工；具有刀尖补偿、后台编辑、图形显示等功能，适用于汽车、军工等行业大批量、多品种、多规格、高精度零件车削加工。天水星火机床有限责任公司生产的大型数控卧式车床——HZK61200 海油钻机数控多功能加工机床是加工轴类、盘类、壳类等零件外圆、外圆曲面、内孔、端面、直面、深孔镗削和铣削及大规格螺纹加工的主要设备，具有内外孔铣削、深孔镗削、钻孔、大规格螺纹加工等功能，具有高速度、重切削、高效率及高精度等特点，可用于高精度大构件等多种零件混合加工。同时，也适用于硬质合金刀具进行强力车削，加工各种黑色金属和有色金属。云南 CY 集团有限公司生产的高刚度数控车床 CY-CTC63150，是一款采用静压技术满足硬车的通用型数控车床，在硬车车削中，可以得到比普通机床更好的加工表面质量和加工精度。该机床应用于汽车、摩托车、电子、航天、军工等行业，适合淬火前后的可以替代需要磨削的大型轴类零件的精密加工。沈阳机床研发的 HTC3650 数控卧式车床是中德技术结合的全新数控车床。主要性能指标达到国际先进水平，具有超高的精度和稳定性及大切削量进给的高刚性结构。该机床适合汽车、摩托车、轻工机械等行业对旋转体类零件进行高效、大批量、高精度加工。

**3. 数控立式车床**

数控立式车床是最近几年国产车床发展比较快的典型产品，主要分为立式和倒立式两种。

济南第一机床有限公司生产的双刀架数控轮毂立式车床 J1VWL-900DT 主要用于汽车轮毂行业是具有高产出、高可靠性、高精度、高刚性、高性价比的数控立式车床产品。车床采用双立柱、双刀架结构，在加工汽车轮毂时可

双刀架同时加工，大大提高工件的加工效率，重点针对汽车轮毂行业及铁路、军工、航空航天、船舶及其他各类机械行业重量较大、不易在数控卧式车床上加工的复杂盘类零件进行精密、高效的车削加工。机床既可作为中小批量多品种加工生产设备，也可与其他设备一起联线使用。宝鸡机床集团有限公司生产的 VW24T 数控立式双刀架车床是针对汽车轮毂加工开发的一款高效机床。机床拥有单主轴双刀架，由双通道数控系统控制，两个六工位伺服刀架可各自独立对刀和进给，两个刀架可同时对轮毂进行内外圈加工，应用灵活，通用性强；一套控制系统控制两套进给装备，加工效率高，占地面积小。其主要参数指标：最大回转直径 870mm；车削直径 660mm；车削长度 356mm；行程（$X1X2/Z1Z2$）520mm/550mm；快移速度（$X1X2/Z1Z2$）16（m/min）/16（m/min）；卡盘尺寸 $\phi$530mm；主轴转速 2 200r/min；主电动机功率 45kW；刀架刀位数 $2\times6$ 把；表面粗糙度 $Ra$1.6μm；定位精度（$Z/X$）0.04mm/0.035mm（采用标准）；重复定位精度（$Z/X$）0.015mm/0.0075mm；数控系统 FANUC 0i-TF（1）；控制轴／联动轴数 4/4；机床净重 16 000kg；占地面积 3 400mm×4 700mm×3 365mm。沈阳机床生产的倒立式车床 Vertiturn 3 230iM，是一款自动化产品，最大加工直径为 320mm，最大加工高度为 300mm。特别适合盘类、套类及阀体等零件的大批量加工。因其是自动化产品，最大限度地降低了在加工过程中的人员操作误差，满足了客户对零件一致性和精度稳定性的需求。该倒立式车床的自动化主要体现在电主轴作为机械手自动抓取和卸载工件。物料传送机构采用双工位料道的设计，可以有效缩短加工节拍，提高效率。倒立车最显著的特点是工件倒置，使加工过程处于最优的排屑状态。另外，该倒立式车床的机床尺寸非常紧凑，宽度方向只有 1.77m，可以有效提高客户车间的机床布局的容量。德国工程师按照 smart 理念对整机结构进行了优化设计和精密计算，功能模块配备了 6 000r/min 的高速电主轴、高速进给轴（快移 60m/min）和 12 工位的动力刀塔，功能模块全部来自德国顶级供应商。同时，VertiTurn3230iM 也是一台倒立式车削中心，通过动力刀塔和 C 轴的配置可以实现切削、铣削、钻孔、攻螺纹等动作，特别适合汽车行业、轴承行业、齿轮行业用于零件的高效、高质量、高稳定性加工。吉林省金沙数控机床股份有限公司将研发专用自动化机床作为公司的发展方向，以做细分市场龙头作为公司的发展目标，如今在行业内部已具有较高的知名度。其标志性产品 —— 正倒立式车床 DDC350，并且以其为主机搭配桁架机械手构建了自动化生产线，主要生产制动盘等盘类零件。其最大车削直径 50～350mm，最大切削长度 130mm，刀塔工位 12，中心高 100mm，定位精度 ±0.005mm，重复定位精度 ±0.003mm，快速进给速度 24m/min，该产品技术水平已与传统骨干机床企业的产品技术水平相当。

4. 复合车床

当前市场环境下，复合机床成为行业发展的主要方向，属于车床行业中的高档机床。近年来，我国复合机床水平发展迅猛，很多产品已经达到了国际先进水平。

大连意美机械有限公司的数控立式车铣复合加工中心 CXK160 主要技术指标：工件最大车削直径 1 600mm，最大加工高度 1 200mm，承重 8t，工作台最高转速 315r/min，铣轴最高转速 2 000r/min，机床配有 ATC 刀库，刀柄规格为 BT50，C 轴定位精度可达 ±6″。宁夏新瑞长城机床有限公司生产的 LG250Y 型车削中心是利用全新设计理念设计开发的新一代四轴联动半闭环控制高性能车削中心，采用整体床身结构设计及高刚性合成 Y 轴结构。机床整体结构布局合理，排屑性能好，防水严密，操作方便，造型美观。该机床系整体后倾 30° 导轨床身结构布局，该结构的内部空间比传统 45° 结构布局大约节省 30%，为桁架式自动线或关节式机器人布局提供了更大的操作空间。宝鸡机床集团有限公司的车削中心 BM63150X，是国家重大专项产品，主要用于汽车、航空等领域精密零件的高效率、高精度加工。其性能指标：床身回转直径 800mm；车削直径 630mm；车削长度 1 500mm；主轴转速 5 000r/min；主电动机功率 67.4kW/80kW（连续 /30min）；行程（$X/Z$）385mm/1 500mm；快移速度（$X/Z$）36 000mm/min；刀具转速 10 000r/min；刀具电动机功率 9.7kW；端铣直径 / 攻螺纹尺寸 25mm/M18；定位精度（$X/Z$）0.020/0.035mm，（C）63″；重复定位精度（$X/Z$）0.002/0.003mm，（C）25″。天水星火机床有限责任公司生产的大型车削中心 CXH61160/6000，适用于各种轴类、盘类、壳体类零件的外圆、外圆曲面、内孔、端面、直面、深孔及螺纹加工，具有铣削、镗孔、钻孔、攻螺纹等功能，具有高速度、重切削、高效率及高精度等特点，可用于铝合金、铜合金、铸钢、铸铁、合金结构钢、模具钢等材料的加工，也可用于特殊材料的加工。其性能指标：床身上回转直径 1 600mm；滑板上回转直径 1 250mm；切削外圆直径 1 000mm；孔加工直径 860mm；顶尖间工件长度 6 000mm 顶尖间工件重量 12t；行程（$X/Y/Z$）870mm/±100mm/5 700mm；单动卡盘直径 1 250mm；主轴端部型号 A2-15；主轴通孔直径 100mm；主轴前支承轴颈 240mm；主轴转速（四挡自动无级变速）2～200r/min；主轴输出转矩 21 000N·m；主轴电动机功率（连续 /30min，AC）51kW；数控动力刀架工位数卧式十二工位；使用刀具截面尺寸 32mm×32mm；刀盘尺寸 $\phi$520mm；刀具定位孔直径 85mm；动力头钻孔直径 55mm；动力头铣槽宽度尺寸 54mm；尾座套筒直径 240mm。安阳鑫盛机床股份有限公司生产的 ADGM25M 车削中心，机床床身采用整体花岗岩斜床身结构，配置 C 轴（主轴分度功能）和进口动力刀塔，导轨采用高精度滚动直线导轨,适合高速高精密加工。具有侧排屑和后排屑配置,更适合汽车行业布置成生产线,适用于汽车、摩托车、火车轮毂、活塞、轴套等配件加工,也可用于航空航天、家电、液压气动元件、轴承、仪器仪表、五金阀门等制造业零件的批量加工,是理想的机械加工设备。山东鲁南机床有限公司研发的倒立式车铣复合柔性加工中心VTC2040,有4个直线运动轴,1个$C$轴,1个主轴及两个刀塔(可为动力刀塔),安装动力刀塔后可实现车铣复合加工功能。主轴安装在机床上部的中心,刀塔对称分布其两侧。在主轴的下方装有尾座。机床两侧分别设置两套多工位料仓,物料的取放分别由刀塔上的机械手完成。两刀塔可同时加工零件,缩短了加工时间。该机床既可以作为单机用于生产,又可以联机用作生产线系统。

5.自动生产线

自动生产线等成套设备逐渐成为市场新星。节约用工成本、提高生产效率及拥有较高的产成品一致性是自动生产线最大的特色。2016年,车床行业企业的自动生产线研发也有较大的成绩。

安阳鑫盛机床股份有限公司研制了新产品——盘套类零件自动生产线XSPT-003。该设备采用AD15B及AD-25数控车床组线,由机械手负责上下料,搭配圆盘托盘式供料台储放毛坯及成品,能够完成盘套类零件的自动化加工。机床配置夹爪行程检测、主轴上方吹气、自动门主轴负载监视功能,实现高精、高速、高效自动化生产。系统通过I/O接口与机械手系统连接,保证生产单元加工过程连续顺畅。根据用户的不同物储系统,满足相关的生产节拍需求。天水星火机床有限责任公司研发的CXK61125五轴联动的大型斜床身卧式车铣复合加工中心。该机床是天水星火机床有限责任公司与法国SOMAB公司合作生产的具有国际先进水平的数控加工机床,具有功率大、精度高、刚性强、功能丰富、宜人性好等特点。主要应用于航天、军工、船舶、水利等各类大型转子及机械轴类零件加工,具备全工序的车、铣、钻、镗、攻螺纹等功能,并能对轴的两端面进行加工,具备铣键槽、铣六方、铣齿等功能,可实现一次装夹完成轴类零件的加工。机床最大回转直径达到了1 250mm,最大加工直径达1 000mm,最大工件重量为4t,主轴最大转速3 000r/min,铣头最大功率25kW,铣头最高转速8 000r/min,刀库最大刀位数达120把。德州普利森机床有限公司研发的CK5712型数控立式车铣复合加工中心,采用立式车床为基础,主轴采用大功率的电主轴结构,有2个四方滑枕,1个滑枕上有1个电动刀架用于车削,另1个滑枕上安装有铣削电主轴,机床具有C轴功能,可实现分度铣削、钻削、攻螺纹等功能。该机床最大加工直径达1 250mm,最大加工工件高度为650mm,最大工件重量为4t,主轴最大转速250r/min,主轴电动机功率达105kW,铣头最高转速2 000r/min,刀库最大刀位数24把。海德曼集团研发的自动加工单元系列产品的目标是

"对标德日,替代进口",可见其将高精度与高稳定性作为产品特色之一。该系列产品主轴轴向圆跳动及径向圆跳动均在0.003mm,两轴定位精度为0.008mm,重复定位精度可达0.003mm,在国内机床中精度较高,在国际上其他同类产品中也具有相当的技术水平。济南第一机床有限公司于2016年9月研制成功的汽车轮毂加工智能装备代表了行业内最新的技术水平。主机为J1WL-800数控轮毂卧式车床及VMC540H立式加工中心。J1WL-800卧式车床最大加工直径680mm,标准加工轮圈$\phi$355.6~558.8mm(14~22in)。VMC540H立式加工中心各轴行程分别为$X$轴1 020mm、$Y$轴580mm、$Z$轴710mm,工作台面积1 200mm×540mm,主轴转速最高可达8 000r/min。

面对世界机床行业特别是数控车床行业的激烈竞争,经过20多年的研发以及生产,我国通用性数控车床已经发展到一个瓶颈时期。机床企业为了应对客户对机床性价比、稳定性、差异化、加工效率及服务要求不断提高而进行产品结构升级势在必行。

〔撰稿人:中国机床工具工业协会车床分会陈洪军〕

# 磨 床

2016年是"十三五"的开局之年,也是我国经济进入新常态以来的第三个年头。我国经济挥别了30年的高速增长,在国际经济复苏乏力和国内经济动能转换的背景下,我国经济、工业和机床工具消费市场的转型升级步伐日益加快,经济传统动能大幅消退,新动能体量不大且不稳定,新旧动能转换还未完成,我国机床工具产业面临着前所未有的新环境和新问题。

在近年来市场的快速变迁中,磨床行业在分化中加速调整转型的步伐。很多企业都在积极探索产品结构、产业结构的调整,在发展数控磨床的问题上,已形成共识。只有调整产品结构,提高数控磨床产品的技术含量、产品质量和可靠性,重点发展中高档、多功能数控磨床,走"专业、专精"的道路,才能满足市场迅速发展和变化的需要,增强与国外进口数控磨床争占国内市场的竞争力。同时,企业积极进行产业结构调整,通过技改、构建全新产业链、引进或自主创新形成核心技术等多种形式,提升抗风险能力。结合磨床行业企业2016年的发展来看,技术进步主要体现在企业产品结构调整,重点针对细分市场及用户行业工艺有针对性地研制新产品,在外圆(含端面外圆)磨床、随动(切点跟踪)磨床、工具磨床、轴承专用磨床、内圆

磨床、研磨机、数控复合机床及专用磨床等产品上取得了一些成果。

## 一、外圆（含端面外圆）磨床

数控外圆磨床已非传统概念中的外圆磨床，而是行业企业针对细分市场有针对性地研制的外圆类、针对用户特定工艺配置的专机类产品。

北京第二机床厂有限公司生产的 B2-K2012 高精度数控精密偶件外圆磨床是"高档数控机床与基础制造装备"科技重大专项成果产品，主要用于汽车油嘴油泵行业精密偶件加工，实现一次装夹进行针阀密封外圆配磨、密封锥面的磨削加工。机床配置精密数控转台，实现不同砂轮的交换磨削，磨削精度达到国际同行先进水平。其配置三轴数控系统，全部数控轴都实现了绝对测量闭环控制。砂轮主轴采用北京第二机床厂有限公司自主开发的高精度动静压砂轮主轴系统，配置砂轮在线自动平衡系统。机床配置在线测量系统，可实现工件轴向和径向的在线自动测量。同时，可实现工件—针阀外径对针阀体中孔的间隙配磨且配磨精度高。机床安全可靠。机床配置机内自动上下料系统，实现了小型工件的自动快速换装，砂轮的自动加工与砂轮修整自动循环切换。结合工件加工精度的自动测量，实现了在自动循环加工条件下无人值守的自动化加工。

外圆磨床发展的另一条思路就是高速，利用超高线速解决磨削效率的瓶颈问题。典型的高速外圆磨床有济南四机数控机床有限公司的"MKS1320CBN"以及重庆恒博机械制造有限公司的"HBW2350-L/K"。两台均为 200 系列外圆磨床，120 m/s 砂轮线速度也是国内的主流。如今，面对大批量单一品种的加工现状，客户不再以机床单价而是以零件的加工单价作为采购机床的重要指标，面对这样的观念转变高速磨削、超硬磨具已成为主流。

## 二、数控复合磨床

上海机床厂有限公司开发的 H405-BE 转塔式内外圆复合磨床，最大工件外径 320 mm、最大工件长度 1 000 mm、最大工件重量 150 kg。该机床集复合加工技术、数控多轴联动控制技术以及精密磨削技术于一体，还具有非圆磨削、砂轮架自动分度等功能，可在一次装夹的条件下实现多工序的柔性加工。其精度、功能等指标均向国际先进水平全面看齐，代表了国内复合磨削类机床的最高水平。

杭州杭机股份有限公司开发的 MGKF600/C 高精度立式复合磨床，可以磨削平面、圆弧面、曲面，工作台直径 400 mm，最大磨削高度为 400 mm，磨削孔径 100 ～ 400 mm，$X$、$Y$、$Z$ 轴行程分别为 500mm、1 300mm、600mm，砂轮主轴转速达 18 000 r/min，这几项参数均处于国内领先水平。该机床安装自主开发的、具有定位功能的回转工作台，通过一次装夹，完成如摆线轮针齿壳的内齿、内外圆以及端面的复合磨削加工。主要适用于 RV 减速器等齿轮减速器多品种、小批量零部件的加工。

## 三、随动（切点跟踪）磨床

上海机床厂有限公司开发的 H405-AJ 数控曲轴磨床采用卧式布局，砂轮架移动数控切点跟踪磨削方式，一次装夹可实现曲轴主轴颈和连杆颈的外圆磨削。床身采用一体式铸造结构；工作台位于操作位之前，固定于床身前部；头架（$C$ 轴）布置在工作台左侧，采用滚动轴承和内装式力矩电动机结构；尾架布置在工作台右侧，采用固定式顶尖，由液压缸驱动；尾架后侧为固定位置金刚石滚轮修整器；工件支撑采用液压中心架。砂轮架 $X$ 轴导轨采用闭式静压导轨，采用 Hyprostatik 公司的 PM 流量控制器，直线电动机驱动。砂轮架主轴系统采用滚动轴承，内装式电动机驱动。机床最大回转直径 200 mm，最大磨削长度 750 mm，最大砂轮线速度 150 m/s，最大工件重量 30 kg，中心架上最大可磨削直径 60 mm。加工精度：圆度 0.005 mm，直线度 0.004 mm，表面粗糙度 $Ra$ 0.8 μm。成果充分体现了国产磨床制造企业在自主创新、开发新品方面的实力，同时代表了国内高精度随动偏心轴磨床的先进水平和领先地位。

## 四、螺纹磨床

陕西汉江机床有限公司针对汽车行业 EPS 蜗杆的粗、精加工为用户提供整体解决方案，研发成功了 SK6505 数控蜗杆铣床和 SK7712 数控蜗杆磨床。其中，研发的 SK7712 为四轴数控蜗杆磨床，配置 SIEMENS 828D 数控系统。主要用于磨削各种圆柱形蜗杆（ZN、ZA、ZI、ZK、ZC1 齿形）和精密丝杠。磨削蜗杆的最大模数为 4 mm，工件最大直径为 100 mm，最大长度为 350 mm；磨削蜗杆的精度达到 4 级（GB10089）。其配置了自主研发的四轴平面机械手实现自动上下料，搭配工件自动夹紧装置和自动对刀装置实现蜗杆的智能磨削，满足"一人多机"的生产要求，特别适合 EPS 蜗杆的大批量磨削。另外，采用金刚碟轮数控修整砂轮技术，满足多品种、高精度蜗杆齿形修整，且砂轮轴螺旋升角的调整采用伺服调整、自动锁紧技术，调整精度高、速度快。砂轮电动机由内装式电动机直接驱动，功率强劲、振动小。冷却系统配置磁性分离器和离心过滤机实现二次过滤，配置油冷机实现冷却油的恒温控制。配置半自动砂轮平衡装置，更换砂轮快捷方便，无需静平衡。

## 五、内圆磨床

无锡机床股份有限公司推出的 WX2017/1 高精度中孔座面磨床是针对内燃机行业中高压共轨的核心零件之一——针阀体的中孔及内锥面的磨削而开发的新机型。针阀体的中孔及内锥面由于孔小（$\phi$4 mm）而且孔深（座面深度 40 mm），其加工的长径比超过了 1 : 10，属于小深孔磨削，而且磨削后精度要求非常高：其中孔及座面的圆度均要小于 0.000 5 mm，孔的圆柱度小于 0.001 mm，座面的磨削需插补修整，插补磨削以适应不同的角度需要，并且该零件属于大批量生产的汽车行业，对机床精度的稳定性有很高的要求。针对这些特点，该机床两个数控轴（$X$轴，$Z$轴）采用了直线电动机＋静压导轨，代替传统的伺服电动机＋滚珠丝杠传动方式，减少了传动链误差，极大地提高了座面插补修整、插补磨削的精度。同时，高精度的工件主轴系统确保了加工圆度的要求，采用 CBN 砂轮磨削保证了小孔磨削中砂轮的使用效率，内置式的自动上下料机构使机床在上下料过程中不需要随时随地开防护门，提高了生产效率。

## 六、专用磨床

北京广宇大成数控机床有限公司的 MKG28100 高精度数控立式万能磨床，回转工作台的径向、轴向全部采用静压技术，确保了工作台在负载情况下的高刚度和高回转精度。工件主轴由力矩电动机驱动，提高了传动刚度和平稳性。采用了双立柱、双磨头分别独立进给及上下往复。双磨头可以是两个垂直磨头，也可以是一个垂直磨头一个卧式磨头，更有利于零件大端面的磨削。与以往的同类型机床相比，MKG28100 在内孔磨砂轮轴的左侧设置了一个砂轮库，可以根据不同的磨削内孔要求实时更换大小不同的砂轮。

桂林桂北机器有限责任公司开发的 M7163×12LCK 程控立柱移动式平面磨床，采用 PLC 作为控制核心，可实现自动磨削，触屏式人机操作界面简单方便易学。机床采用整体式内柱外锥滑动轴承，具有承载力大、磨削效率高、表面质量好等特点，垂直和横向进给采用滚珠丝杠配伺服电动机驱动，进刀精度灵敏、准确。

天津市津机磨床有限公司开发的 MGKF7460 高精度数控立式复合磨削中心，通过砂轮库满足不同的磨削孔径要求。采用单磨架，并在单磨架上安装了进口的数控转塔，数控转塔可实现磨架 ±90° 回转，不仅可以磨削各个内外表面，还可通过插补振荡进行长锥面磨削，机床工件回转工作台径向和轴向均采用了可反馈式闭式静压轴承，保证了较高的抗颠覆性能，工作台的回转是由西门子大功率力矩电动机驱动，若配海德汉角度光栅则可以与砂轮进给轴（$X$轴）联动实现非圆磨削。

〔撰稿人：中国机床工具工业协会磨床分会王宇〕

# 齿轮加工机床

齿轮加工机床是机床行业中结构最复杂、制造难度最大的产品之一，也是装备制造业中的重要基础装备。国内齿轮加工机床制造商为适应齿轮加工行业的需要，不断开

发技术先进、性能可靠的新产品，缩短了与世界先进水平的差距，个别产品在技术上已达到国际先进水平，基本满足了国内大多数齿轮加工企业的要求。国产齿轮机床已成为我国机床行业中少数几个国内市场占有率较高的细分行业之一，并开始向欧、美、日、韩、印度及中东国家出口。与此同时，国外齿轮加工机床制造商也在采取各种措施，向我国齿轮加工行业销售产品。

## 一、滚齿机

重庆机床集团有限公司生产的 YA3118CNC 六轴四联动数控高速滚齿机体现了结构紧凑、加工高效、稳定可靠的设计思想。机床各数控运动轴均由独立的交流伺服电动机驱动，用"电子齿轮箱（EGB）"实现分度运动、差动补偿完成用展成法加工各种齿类零件。机床采用立式布局，大立柱移动完成径向进给运动，机床的液压、润滑、冷却为完全独立的系统。机床床身采用双层壁、高筋板结构且前后完全对称设计，刚性好又保证了机床的热平衡，大立柱及小立柱采用双层壁、高筋板的对称结构，大大提高了机床的刚性。

该机床主要特点如下：

（1）干式切削，有全封闭护罩及粉尘收集器。

（2）采用电子齿轮箱取代交换齿轮、差动挂轮的内联系功能，工作台采用高精度斜齿轮副传动。

（3）滚刀主轴速度范围能适应单头、双头或多头进口滚刀，采用大小直径滚刀均能进行高速、高效滚齿加工。

（4）采用高精度、高刚性并能够实现快速更换的滚齿夹具，满足高精度、高柔性的加工需要。

（5）具有快速换刀机构和外部调刀机构，配备刀轴自动装夹装置。

（6）刀具主轴采用主轴电动机驱动，并设置有主轴过载自动监测及报警装置。

（7）配有自动磁力排屑装置（包括切屑输送器、自动切屑分离装置）。

（8）各运动副有可靠防护或密封，以免运动副受到损伤。

（9）可根据用户需求情况安装自动上下料、自动门机构。

YDE3120CNC-CD 是面向齿轮干式滚磨加工工艺而全新设计开发的具有当今国际先进水平的新一代数控高速干切复合机床，是重庆机床（集团）有限责任公司最新一代干切产品。

该机床十二轴四联动，代表了齿轮机床行业环保、自动、柔性、高速、高效的发展趋势，体现了以人为本、绿色制造的设计理念，特别适合汽车、轿车变速器齿轮大批量、高精度的超干式滚齿加工，能一次装夹完成滚倒滚工艺，能很好地契合后续磨齿、珩齿工艺。采用展成法原理，通过数控系统电子齿轮箱（EGB）功能，实现分度和差动补偿运动，可实现圆柱直齿轮、斜齿轮、小锥度齿、鼓形齿、

花键、蜗轮、链轮等齿部的加工。

目前，该设备已经在国内齿轮加工的知名企业中使用，与国外老牌齿轮加工设备厂商的产品同台竞技，并获得用户的认可，如浙江双环、万里扬、安徽星瑞等。该机床已经达到国内领先、国际先进水平。

该产品主要特点如下：

（1）高速干切滚齿加工效率较高，平均为湿切滚齿加工的 2～3 倍；齿轮精加工精度可达 GB/T10095.1—2001 的 6-6-7 级。

（2）全新偏置龙门结构的大立柱、后立柱固定，由径向进给单元移动完成径向进给运动，在提高机床整体刚性的同时，便于形成清晰整洁、防护严密的切削区，漏斗式内罩防护完美，切屑排除迅速，有利于机床的整体热平衡。

（3）机床的液压、润滑、气动为集中的系统，位于机床后侧，机床的电气控制箱为左侧置，自动存储料仓位于机床右侧。

（4）滚刀主轴采用高精度内装电主轴，配置高精度环形编码器，采用高效循环水冷。

（5）工作台采用高精度力矩电动机驱动，配置高精度圆光栅尺，冷却为循环水冷。

（6）通过对现有标准刀柄的创新组合，开发出新的刀柄连接结构，大大提高了滚齿刀柄贴合的刚性。

（7）先进的切削区防护和切屑的快速排除技术。

（8）绿色环保的超干式切削工艺。通过对主轴转速、滚刀参数、进给量、切削力和切屑厚度的研究，形成较为完善的干式滚齿工艺参数体系。

（9）各直线运动部件采用进口高精度、高刚性滚柱式直线导轨；采用预加负荷的精密滚珠丝杠副，丝杠采用高精度、高刚性进口组合轴承支承，大大提高部件刚性和运动精度。

（10）面向环境友好、生态效益的机床设计：构件有限元拓扑分析、模态分析，保证高刚性的同时，减轻移动部件质量，优化驱动特性，整体实现节能降耗、环境友好的设计。

**二、剃齿机**

重庆机床集团有限公司生产的 YXT4230CNC1 数控剃齿机是一种高效的齿轮精加工机床，适用于外啮合直齿、斜齿圆柱齿轮及连轴、台阶齿轮的径向剃削加工。机床刚性好，调整简单、生产效率高，特别适合批量加工齿轮的汽车、拖拉机、载货汽车、工程机械等行业。

通过编制零件加工程序，能实现剃刀无级变速、刀架转角、刀具微量回程、粗—精剃转换等功能。机床 Z 轴移动采用了高精度、有预紧力的滚珠丝杠副，立柱、切向机构均采用高刚性的直线滚柱导轨。机床还配有定时、定量自动润滑装置，对导轨、丝杠等部件进行自动润滑。机床带有自动排屑装置。机床可配置：盘齿夹具，轴齿轮、盘齿轮上下料装置及人机界面。

该机床特点如下：

（1）具有径向剃削功能。

（2）无机械仿形机构，通过 Z 轴伺服电动机驱动及切向机构调整，可加工锥度齿。

（3）立柱和床身为高刚性的整体式结构。

（4）刀架自动放松、转角、锁紧。

（5）刀架转角范围 ±30°，转角蜗杆上配有编码器，通过操作站上的数显表进行显示，方便操作者调整刀架角度。

（6）切向滑板移动范围 ±10mm，配有光栅尺，切向移动尺寸可通过操作站上的数显表进行显示，方便操作者调整切向尺寸。

（7）刀具主轴采用快换结构，顶尖采用锥度快换结构。

（8）刀架径向进给运动、滑板切向运动均采用高刚性直线滚柱导轨及滚珠丝杠。

（9）独立的液压、润滑、冷却系统，且布置在主机上，安装调试方便；丝杠、导轨自动定时定量润滑。

（10）机床结构紧凑，占地面积小。

（11）机床配置人机界面，操作者只需输入工件、刀具等相应数据，机床自动生成对应的加工程序，并显示出刀架转角及锥度的调整量，用户根据数据进行刀架转角及切向的调节。

（12）机床可配置盘齿夹具、轴齿轮、盘齿轮上下料装置。

**三、倒角机**

重庆机床集团有限公司生产的 YZ9432CNC4 四轴数控倒角机采用冷挤压方式倒棱，利用专用齿轮倒棱刀具与工件处于啮合状态，由工件带动刀具旋转，达到齿轮两端倒棱的目的。这种加工方式最大的优点是效率高、成本低、精度高且倒棱均匀。

该机床特点如下：

（1）卧式布局结构，为 4 轴数控——工件轴旋转、去毛刀滑台移动、倒角刀刀架轴向移动、倒角刀刀架径向移动。

（2）工件主轴为驱动轴，工件和倒棱刀具有自动对齿功能。

（3）液压转台安装在十字滑台上，滑台采用丝杠、直线导轨结构，由两个伺服电动机驱动，能实现高精度移动和定位。

（4）机床带倒棱刀刀库，有 4 个倒棱刀工位，在工件一次装夹的情况下，可加工不同参数的 4 个齿部或多种工件倒棱时实现倒棱刀快速切换，减少换刀和调整环节，提高效率。

（5）机床结构紧凑，占地面积小，机床留有与其他机床组成桁架自动生产线或机器人自动生产线的接口。

〔撰稿人：中国机床工具工业协会齿轮机床分会刘欢〕

# 重型机床

## 一、行业概况

重型机床作为机械装备母机，主要服务于国防军工、航空航天、船舶、能源（火电、水电、核电、风电）、交通运输（铁路、汽车）、冶金、矿山、工程机械等国家支柱产业及国家重点工程项目。随着我国机床工具行业进入新常态、新时期，重型机床行业受下游产业需求的影响，自 2011 年后，重型机床市场需求总量呈现大幅萎缩，尤其是普通型和低档次的数控重型机床的市场需求持续大幅下滑。根据对重型机床分会重点联系企业的统计：产量和价值已由 2009 年高峰时期的 3 539 台、69.65 亿元（其中数控机床 1 304 台，价值量 54 亿元），下降到 2016 年 487 台、13.47 亿元（其中数控机床 315 台，价值量 10.49 亿元）。普通型和低档次数控重型机床的需求下降幅度很大，加工中心、复合化加工机床、专用机床等中高档重型机床需求占比不断增大，并以集高速、高精、智能化、环保于一体的复合化加工机床（含加工中心）、个性化的高端机床为主。伴随着重型机床下游行业的转型升级和需求结构的加速升级以及供给则结构性的改革，重型机床行业内企业为适应新时期，加快了转型升级、产品结构性调整、产品升级换代的步伐，以改革创新、转型升级推动行业发展迈向中高端。行业的转型升级成效明显，用户市场对国产中高端重型机床产品的认可度、采用度、满意度逐年提高。

2016 年，重型机床行业主要企业申请专利 33 项，其中，武汉重型机床集团有限公司（以下简称武重）申请专利 18 项（申请发明专利 3 项、实用新型专利 10 项、设计外观专利 5 项）；齐齐哈尔二机床（集团）有限责任公司（以下简称齐二机床）申请专利 10 项（均为实用新型专利）；青海华鼎重型机床有限责任公司申请专利 5 项（发明专利 1 项、实用新型专利 1 项、设计外观专利 3 项）。重型机床行业获授权专利 15 项，其中，武重获授权实用新型专利 4 项；齐二机床获授权专利 11 项，其中授权发明专利 4 项、实用新型专利 7 项。

## 二、产品与技术向价值链的高端发展

2016 年，重型机床行业产品与技术向高速、高精、高效、多功能复合化、在线检测、智能化、安全环保方向迈进，大量先进设计与制造技术得到广泛推广与应用，自动化程度显著提高，技术日趋成熟，体现出行业内企业正在抓紧进行产品结构性调整、转型升级。高速精密主轴、轴承和

高速大功率主轴单元的推出和广泛应用，刀具性能的不断改进与提高，先进制造技术不断推出，为重型机床实现高速、高精、复合化、自动化、智能化的高效加工打下了良好的基础。

### 1. 齐二机床研制的新产品

（1）高速数控龙门系列 —— 铝锭复合加工生产线。该机床为一种高自动化、高效率的重型金属切削机床系列新品，可实现替代进口。产品特征：总体布局为龙门框架结构，运行稳定可靠；一次上料可自动完成铸锭六个面的加工。机床设有三个主轴：一个方滑枕立式主轴和两个带摆角的卧式主轴。方滑枕立式主轴完成大平面铣削，卧式主轴可同时加工铝锭的两个角度小平面，可根据铸锭的形状不同，在 0°～ 25°之间作任意调整。产品的整机设计以高自动化、高精度、高效率、重切削为追求目标，并以一次装夹完成铝锭自动测量、自动翻转及全部加工为目的，采用了"立式单面铣 + 侧铣"的加工方式，其中，立式主轴一次进刀即可完成整个上平面的加工，侧铣主轴角度可调，以适应不同铸锭的侧面形状并控制侧面铣削厚度，减少铣削量；采用工件翻转180°的方法，完成另一面及两侧对称小平面的加工；同时应用了载重 24t 的工件自动翻转技术等多项先进技术，提高了机床的自动化水平和工作效率，扩大了产品的加工范围和使用范围。经过对西门子 840D 全数字控制系统的二次开发后，机床实现了全自动完成上料、测量、加工、下料等工序。

该铝锭复合加工生产线的创新亮点有刀具防过切保护技术；新型上料防冲击保护技术；定位准确、夹紧可靠的丝杠对中液压夹紧技术；实现载重 24t 的工件自动翻转技术；接触式工件自动测量及加工余量控制技术等。

主要技术参数：主轴转速 595r/min；立铣刀直径 2 200mm；立铣刀线速度 4 100m/min；滑枕垂向进给速度 0.5 ～ 5 000mm/min；工作台进给速度 18 000mm/min；侧铣电动机转速 1 450r/min；侧铣刀线速度 3 400m/min；侧铣摆角范围 0°～25°；综合生产能力（带侧边铣）3 ～ 4 块 /h；辊道送料速度 18m/min/30m/min；铣削表面时单面一次进刀量 0 ～ 10mm（最大 22mm）。

该产品主要用于解决大飞机铝合金型材及轨道车辆型材等加工难题。产品的研制成功，实现了替代进口，而价格仅为国外同类产品的 1/3 ～ 1/2，具有很强的国际市场竞争力。产品的研制获一项授权专利，专利号：ZL200920293171.2。

（2）TKG6920 型落地铣镗床。该机床是一款多轴控制五轴联动高速、高精落地铣镗床。

机床特征：采用单立柱、主轴箱侧挂、滑枕移动型、大横向移动立柱的落地式布局形式。主轴轴承安装有温度传感器，可适时检测轴承温度变化；X 轴采用双电动机伺服消隙，Y 轴具有双光栅尺检测反馈，可分别实现进给和

主轴箱重心位移补偿控制；主轴箱平衡采用液压系统完成，滑枕中检测反馈控制系统配有铟钢杆，可确保在加工过程中对滑枕热伸长进行实时补偿。

$X$、$Y$、$W$ 3个直线轴导轨均采用"一腔一泵"的恒流闭式静压导轨结构，静压系统采用恒流量多头泵；$X$ 轴进给采用双伺服电动机驱动减速器在齿条上进给的驱动方式，采用伺服控制技术消除传动间隙，具有数控运动精度高、反应快速、可靠的特点；主轴箱 $Y$ 轴进给采用双伺服电动机驱动双滚珠丝杠，位置控制采用左、右双光栅尺作为反馈元件，检测并反馈 $Y$ 轴位置，可分别实现 $Y$ 轴进给和主轴箱重心位移的精度补偿控制；主轴承采用油气润滑，可有效控制温升，轴承温度传感器可检测轴承的温度变化，防止主轴在高速旋转时由于轴承温升过高而影响主轴精度，确保机床主轴的旋转精度和高速性能；滑枕中检测反馈控制系统配有铟钢杆，利用铟钢热膨胀系数小的特点，在加工过程中对滑枕热伸长进行实时补偿。

$Z$ 轴采用集成在直线导轨上的磁尺作为反馈元件，实现镗轴全闭环控制，提高了镗轴的定位精度和重复定位精度；主轴箱的平衡采用液压系统加蓄能器组成的缓冲系统控制液压缸的平衡方式，有效减少了 $X$、$Y$ 轴在 20 000mm/min 高速进给时的惯性冲击，保证运动稳定性，提高了机床的加工精度。机床既满足了用户使用小直径刀具（如球头铣刀等）所需的对高转速的要求，同时又可满足用户对强力铣削所需的足够切削功率，从而提高机床的加工效率。

机床主要技术参数：主轴直径 200mm；主轴转速 2～2 500r/min。滑座进给速度（$X$ 轴）1～25 000mm/min。主轴箱进给速度（$Y$ 轴）1～25 000mm/min。镗轴进给速度（$Z$ 轴）1～15 000mm/min。滑枕进给速度（$W$ 轴）1～15 000mm/min；$X/Y/Z/W$ 轴定位精度 0.012mm；$X/Y/Z/W$ 轴重复定位精度 0.008mm。主轴锥孔径向圆跳动 0.005mm；主轴轴向圆跳动 0.007mm。

高精度、高进给速度是数控重型机床的重要指标，它直接反映了机床加工效率和加工零件的精度。伴随着重型机床向高速、大切削进给速度方向发展，机床的热变形已成为影响整机精度的一项重要因素。目前我国重型机床行业内已有厂家开始研究并应用了热平衡补偿技术和温升监测装置，降低由于温度变化差异所造成的变形，以提高机床的精度。如齐二机床的 TKG6920 型数控落地铣镗床采用了轴承温度传感器检测轴承的温度变化，以防止主轴在高速旋转时轴承温升过高而影响主轴精度，保证主轴的旋转精度和高速性能，在滑枕检测反馈控制系统中配置有铟钢杆，利用铟钢热膨胀系数小的特点，在加工过程中对滑枕热伸长进行实时补偿；武重研制的 WHCQ1600 型卧式加工中心，对主轴轴承采用了单独冷却装置进行强力冷却，并通过两个流量继电器对冷却油流量进行控制，实现了降低主轴轴承发热，控制主轴温升，

同时在主轴箱内壁上安装冷却油淋装置，冷却油可沿箱体的内壁均匀下流，使整个主轴箱实现恒温，有效保证了加工精度。热平衡补偿技术及防护系统在国产数控重型机床中已逐渐得到推广与应用。

（3）GMC2120×50 型高速龙门式五面加工中心。该机床系齐二机床与北京机床研究所合作研制的高精度通用型机床。机床采用双立柱固定，工作台移动，横梁升降式龙门结构，具有高速、高精、高可靠性的特点。机床具有附件自动交换（AAC）和自动分度（AAI）、自动立卧式换刀（ATC），并具备故障智能诊断、自动化编程、加工过程自动监控等功能。

机床特点：

（1）高精度。机床采用了封闭的龙门式结构体，能长期保持稳定的精度。其主要大件采用铸铁结构，应用 FEM 分析技术在最佳位置配置加强筋，实现了高刚性和稳定的高精度加工；主轴采用滚柱式主轴轴承，增强了主轴的刚性；轴承润滑采用油气润滑，以控制润滑油消耗量和运行中发热；主轴配有循环冷却系统，提高轴承寿命，保持轴承精度，避免主轴热变形；工作台、滑座、横梁导轨采用高精度滚柱型直线导轨，为控制切削时的振动，在靠近切削点的 $Y$ 轴直线导轨上安装有阻尼装置；机床的刀具采用碟簧拉紧、液压松开的拉钉结构，镗铣头可将刀具自动拉紧在主轴上。

（2）高效率。采用强力型方滑枕，可进行 22kW 的强力切削；滑座、横梁可在任意位置上实行定位，滑枕可达到最佳伸长量；机床的附件头具有自动交换装置（AAC）与自动分度功能（AAI），可进行高效的五面体加工（分度角为 5°）；刀库（可选）具有立卧转换换刀技术（ATC），实现了主机镗铣头与直角附件头的自动换刀，自动化程度较高，机床加工效率高。

（3）高可靠性。依据显示主轴停机的时间可做暖机运行接入电源，用宏程序方便地进行暖机运行；通过主轴温度检测、运转时间累积功能，画面可显示出机床的异常情况和维护时间；以间歇供油的方式向各轴的导轨面提供清洁的润滑油，防止脏物进入；一旦发生故障，能通过自我诊断功能（在 LCD 画面上显示警报状态、各装置的限位开关、电磁阀状态）迅速查找到故障位置，维护便捷。

（4）智能化。具备故障智能诊断、自动化编程、加工过程自动监控等功能。

该机床可广泛用于带有复杂形状的中、大型机座类零件和中、大型箱体类零件以及各类中、大型基础件的粗精加工。尤其适用于国防、军工、航空航天、发电设备、能源交通、模具制造等行业的大型精密零件的加工。配备五面铣头可在一次装夹中完成对一个零件的五个不同表面进行钻孔、镗孔、切沟槽及平面的铣削加工；经一次装夹后可完成除安装面外其余多个面的加工（包括斜面、斜孔、曲面、零件型腔内部孔和平面的加工）。具有铣削、镗削、

钻削（钻扩铰）、攻螺纹等多种功能。

主要技术参数：工作台尺寸 2 000mm×5 000mm；T 形槽（尺寸×数量×间距）28mm×20 个×250mm；承重 30t；主轴端面至工作台距离 150～1 650mm；X、Y 轴移动速度 30 000mm/min，X/Y/Z 轴重复定位精度 0.008 mm；主轴最大转矩 560N·m；滑枕截面 350mm×350mm；数控系统为 FANUC 0i-F。

**2. 武重研制的新产品**

（1）ZK5580 型高效数控龙门移动式多孔钻床。该机床用于核电蒸汽发生器孔板、列管式换热器、压力容器、锅炉、冷凝器、中央空调、蒸发器、海水淡化等行业的管板加工。机床特点：机床采用龙门移动、工作台固定的形式；机床龙门框架的横梁上配置有多个溜板，每个溜板上配有一个方滑枕式结构铣钻头。方滑枕式铣钻头、钻头可在溜板上做上下垂直运动，具有铣孔功能，刚性好，可实现钻削头的自动连续大孔径加工，一次加工成形完成大孔径孔的加工，无需二次扩孔；滑枕采用 QT600-3 球墨铸铁并经时效处理，滑枕式铣钻头采用了 SIEMENS 交流主轴电动机，经主变速箱自动换挡，实现高、低两挡速度，提高了主轴转速范围。机床具有刚性高、精度高、工作台承重大、功率高的特性，具有多轴同时加工功能，实现了各轴同步运行、互不干涉，加工效率高。

导轨形式：X（X1）轴为床身导轨采用两条重载滚柱直线导轨；Y 轴：横梁 - 溜板导轨采用聚四氟乙烯软带滑动导轨；Z 轴：滑枕 - 溜板导轨采用聚四氟乙烯软带滑动导轨。进给驱动装置及控制：X（X1）轴为由交流伺服电动机通过齿轮箱驱动消除间隙的双齿轮齿条机构使龙门移动平稳，采用德国 HEIDENHAIN 光栅尺，闭环控制保证龙门的运动精度；Y 轴为由交流伺服电动机通过齿轮箱驱动消除间隙的双齿轮齿条机构，驱动溜板沿横梁导轨左右运动。采用德国 HEIDENHAIN 光栅尺，闭环控制；Z 轴：每个主轴均由一套带制动器的交流伺服电动机通过齿轮箱和滚珠丝杠螺母副，带动滑枕沿溜板导轨上、下运动，采用德国 HEIDENHAIN 光栅尺，闭环控制。

主要技术参数：工作台尺寸 4 000mm×6 000mm；立柱间距 5 300mm；工作台单位面积载重 5 t/m²；钻头主轴端面至工作台面最大距离 1 000mm；单根钻轴主电动机功率 37kW；单根钻轴主轴转矩 1200 N·m；钻轴转速范围（无级调速）5～3 500 r/min；单根钻轴滑枕断面尺寸 420mm×420mm；最大钻孔直径 80mm（U 钻加工）；龙门（X 轴）、钻头（Y1、Y2 轴）进给速度 0～10 000 /min；滑枕（Z1、Z2 轴）进给速度 0～5 000 mm/min；加工孔精度 IT7；加工孔表面粗糙度 Ra1.6μm；钻轴 2 个；钻孔工作范围 4 000mm×6 000mm；钻轴轴向行程 750mm；钻孔直径 5～80mm（u 钻）；X、Y、Z 轴定位精度（P10000）0.025mm；X、Y、Z 轴重复定位精度（Ps）0.015mm；X、Y/Z 轴最大反向间隙 0.01mm；X、Y、Z 轴最小分辨率 0.001m。

（2）CHX5925 型数控立式车铣复合中心。该机床是针对船舶领域研制的一款高精度多功能立式车铣复合加工机床，主要用于船用燃气轮机机匣内外表面车削、铣削、镗孔、钻孔、攻螺纹以及船用武器壳体、整流罩等零件内外型面的车削及铣削。机床特点：机床设置有 X、Y、Z、W 四个数控直线轴和 C 工作台数控回转轴，用户可根据需要选配 B 附件数控回转轴，主机可实现四轴联动；配置数控铣头附件即可实现五轴联动加工。

主要技术参数：最大车削回转直径 2 500mm；车削直径 2 500mm；车削长度 2 000mm；X、Y、Z、W 轴行程分别为 3 150mm、2 000mm、1 250mm、800mm；X、Y、Z、W 轴快移速度 11 000mm/min；卡盘尺寸 φ2 000mm；主轴转速 150r/min；主电动机功率 35kW；铣主轴转速 2 000r/min；铣主轴电动机功率 30kW；铣主轴转矩 1 000N·m；刀柄形式 50 DIN69871/DIN69872；刀库形式/刀位数量：盘式 /19 把；换刀时间（T-T）40s；加工精度 IT6；表面粗糙度 Ra 1.6μm；定位精度 0.015mm（VDI/DGQ3441）；重复定位精度 0.008mm；五轴四联动控制。

（3）XHGW2420×40 型定梁高速龙门镗铣加工中心。该机床系高速、高精、高动态响应、高刚度、高效的加工设备。主要特点：结构采用龙门布局，X 轴采用高精度高刚性、重载滚柱直线导轨，Y、Z 轴导轨采用软带滑动导轨或重载滚柱直线导轨。X、Y、Z 轴采用预载滚珠丝杠驱动。X、Y、Z 进给轴可选配 HEIDENHAIN 光栅尺，实现检测闭环控制。

机床右立柱处配置一个附件头头库，用可控机床围板门将头库与机床加工区域隔离开，防止了加工飞屑和刀具冷却液的污染；在原有定梁龙门镗铣加工中心的基础上，增加了自动取用附件头的功能，减少了附件头的安装、调试时间，提升了加工效率。机床具有刀具内外冷却、自动刀库、机内对刀、工件测量、数控摆角头等选配功能。机床可广泛用于机械制造行业中各种大中型基础件、汽车零部件、飞机结构件及现代大型模具、复杂零件的粗精加工，可对各种钢铁和有色金属零件的平面、孔系、斜面、斜孔、曲面及零件型腔内部的孔和窄小空间内的平面进行加工；在一次装夹下可完成零件的内外五个面的铣、镗、钻、铰、攻螺纹等工序的加工，可实现轮廓铣削。

主要技术参数：工作台尺寸 2 000mm×4 000mm；工作台承重 4t/m；滑枕行程 1 250mm；主轴至工作台最大距离 1 500mm；主轴最大转矩 1 293N·m；主轴转速范围 5～4 000r/min；主电动机功率 37kW；工作台最大进给速度 15 000mm/min。

（4）WL2200 型数控重型卧式车床（加工中心）。该机床采用了模块化设计，系高转速、高精度、高复合化、高效加工机床。机床特点：设置有四个附件库，可实现车削刀架、十二工位动力转塔刀架、砂轮磨削刀架、深孔镗刀架的全自动交换，机床除具有普通数控重型卧式车床的基本功能外，还可进行锥面、曲面、台阶面、槽和螺纹的自动加工；通过配置不同的附件，可进行铣削、磨削、大直径深孔镗、小直径深孔钻的加工。适用于能源、交通、重机制造等行业对发电机转子、风电主轴、船舶舵轴、轧辊等大型零件的加工。

机床主要技术参数：最大回转直径 2 500mm；最大加工长度 5 000/10 000mm（共轨）；顶尖间最大工件重量 40t；过刀架最大加工直径 2 200mm；花盘直径 2 500mm；主电机功率 81kW；刀架切削力 70kN；花盘直径（外卡/内撑）320 ～ 2 200mm/600 ～ 2 200mm；主轴转速（无极）0.6 ～ 160r/min；主轴转矩 65kN•m；主轴轴向窜动 0.01mm；径向圆跳动 0.008mm；尾座主轴径向圆跳动 0.01mm；定位精度（X、Z）0.016mm/1 000mm、0.025mm/1 000mm、0.05mm/全长；重复定位精度（X、Z）0.01mm、0.015mm；反向间隙（X/Z）0.01mm；加工圆度 0.01mm；加工工件圆柱度 0.02mm/1 000mm、0.08mm/全长；加工端面平面度 ≤ 0.02 mm/300mm；加工表面粗糙度 $Ra$ 1.6μm（端面和圆柱面），$Ra$ 3.2μm（圆弧面）；控制轴/联动轴数：3/3。

DL 系列机床，主轴箱径向圆跳动可达到 6μm，具有铣进给和分度功能主轴箱、数控铣削刀架、磨削刀架、镗孔车端面刀架、大直径深孔镗系统、小直径深孔钻系统，从结构、规格、性能、精度上达到和接近当代国际先进水平。

3. 齐重研制的新产品

（1）HDFVT400×8/40P-MC 双柱定梁立式车削加工中心。该机是针对风电行业所研制的高速、高精、以车代磨、硬车精加工的高效加工机床。机床特点：工作台闭式全滚动导轨、高速、高稳定性、高精度保持性、免维护等特点；刀架采用闭式静压导轨，实现高速、高精度、大切削力及微量进给；配置 8 工位刀库，可自动更换刀具；配有雷尼绍工件测量及刀具测量装置。采用 CBN 刀具实现圆弧差补，实现桃形沟的硬车加工，曲率半径公差达到 ±0.08mm，接触角 ±1°，沟心距公差 ±0.02mm。表面粗糙度优于 $Ra$ 0.4μm。在线测量技术、视频监控技术、计算机技术及智能化技术应用在重型机床上，加工效率为传统产品的 3 倍。主要适用于用高速钢刀具、硬质合金刀具、陶瓷刀具以及各种性能刀具对黑色金属、有色金属及部分非金属零件的粗精加工。可对零件进行内外圆柱面、圆锥面、端面、切槽、公英制螺纹、回转曲面的精车削加工，尤其适用于大型风电轴承桃形沟的以车代磨的硬车精加工。

主要技术参数：回转直径 4 000mm；车削直径 4 000 mm；车削高度 800mm；X、U、Z（W）轴行程 2 235mm、2 820mm、1 250mm；快移速度（X、Z、U、W 轴）10 000mm/min；卡盘尺寸 φ3 600mm；主轴转速 100r/min；主电动机功率 75kW；表面粗糙度 $Ra$ 0.8μm；定位精度（X、Z）0.009mm；重复定位精度（X、Z）0.005mm。

（2）SVT160X10/8P-MC 型单柱立式车削加工中心。该机床主要适用于国防军工、航空航天、船舶、汽车等

行业回转类零件的高精、高速的精加工。机床特点：工作台采用滚动导轨轴向支承，径向采用高精度双列圆柱滚子轴承定心；X、Z 轴采用减磨导轨副，进给采用直联驱动；主传动为 1PH8 交流主动电驱动加两挡变速，配备滑枕内镶主轴式八工位车削刀库，可实现高精度自动换刀。

主要技术参数：最大车削直径 1 600mm；加工高度 1 000mm；承重 8t；工作台转速范围 3.15 ～ 400r/min；刀架滑枕截面尺寸 220mm×220mm；主电动机功率 51kW；X、Z 轴快移速度 10m/min。

（3）HTIIPM250×90/32L-NC 型数控重型卧式铣车床。该机具有主体结构强度好，结构简单、机床动静刚度高及高可靠性的特点。机床特点：床身采用高强度低应力的铸件整体三导轨结构，床身导轨宽，切削受力状态好；采用德国 D 系列主轴箱，为双层壁降噪防振主轴箱体；主轴为最佳跨距支承的穿轴式结构，主轴轴承采用 NSK—P4 级高精度滚动轴承，尾座采用稳定的整体结构；刀架纵横向进给采用滚珠丝杠结构；导轨采用软带组合的减磨导轨副；为便于长轴类零件的加工，配备有辅助支撑开式中心架；同国内大多数厂家的卧式车床设计不同，在机床走台的左右两侧设置了楼梯，并在刀架的前端设置有两扇玻璃自动门，更具人性化的安全防护设计，极大地提高了机床防护安全性能。

主要技术参数：最大回转直径 2 500mm；过刀架直径 2 250mm；最大工件重量 32t；花盘直径 2 500mm；花盘转矩 64kN•m；主轴转速 0.8 ～ 160r/min；刀架快速移动速度（X、Z）4 000mm/min；主电动机功率 75kW。机床主要适用于海洋风电、军工、航空航天等机械行业对大型轴类、盘类零件的车削加工。可进行外圆、端面、螺纹、切断、切槽工序加工，尤其适合高速、高精的车削加工。

4. 上重开发的新产品

上海重型机器厂有限公司在引进德国 Wohlenberg 公司 PT 系列数控卧式车床的基础上，结合国内市场的需求，自主研制出高性能、高精度 T1-T4 系列数控卧式车床新品。主要技术参数：床身上最大回转直径 1 250 ～ 3 500mm，两顶尖间最大回转直径 900 ～ 3 000mm，主轴转速 1 ～ 450r/min，主轴径向圆跳动 0.005mm，主轴轴向窜动 0.005mm，加工工件圆度 0.005mm，加工精度在国内同类产品中处于领先地位。

目前，数控重型机床的自动化程度，因重型机床加工工件的特性，虽暂不能全部实现自动上下料，但可在整机的智能化程度和生产线上（如武重为太原重工集团量身定制的由 7 台不同的数控卧式车床组成的风机轴生产线、齐二机床首套服务于风电领域的 Q2-FMS-001 风电机架智能柔性线），以及在机床的高复合化、自动换附件、刀具管理及刀具自动交换、在线自动检测、自我感知、自适应补偿、运行状态监测等诸多功能方面得到体现，宗旨是尽量

减少人工参与程度。随着高品质的国产功能部件品种的增多和产品技术的不断发展，国产重型机床的自动化水平正逐步得到普遍提高。产品的发展向五轴联动、高速、高精、复合化、自动化、网络智能化、绿色环保等价值链的高端延伸与发展，并迈出了坚实的一步。

### 三、专用机床、自动化生产线成为新的亮点

随着我国国民经济发展和市场的变化，重点行业领域产业的转型升级，对重型机床的需求结构、产品的细分提出了更多需求，要求产品具有更多的个性化、专用、高自动化、高效的特性。

#### 1. 铁路专用机床

近年来，伴随着国内客、货运输量的激增，铁路新线、复线的大量修建，尤其是近几年高铁建设里程的快速增长，先进机车和客货车辆增长迅速，随之而来的是轮对生产量和维修量大幅增加。

青海华鼎重型机床有限责任公司积极应对市场的发展需求变化，并瞄准国际先进技术的发展趋势，加大了对铁路专用机床市场的拓展和新产品开发，近年来屡有铁路专用机床新品问世。2016年研制出 MCK8011 数控摩擦传动车轮车床、GYK8130 数控车轴滚压机床，并首次亮相于第十五届中国国际机床展。同时推出了新品 FCMK8311 型轮对轴颈车磨复合高效加工机床。

MCK8011 数控摩擦传动车轮车床，采用两轴联动（$X$、$Z$ 轴）的主传动为摩擦传动的数控车轮车床，填补了国内空白。机床特点：采用门式贯通对称布置，由电动机经减速箱驱动主轴摩擦轮传动，工件由左右摩擦轮驱动，左右刀架置于机床横梁上，机床具有工件纵横向自动定位、轮对自动滚入滚出功能；机床配有碎屑、排屑装置、摩擦轮防打滑装置、排烟除尘装置、整体外防护装置，具有安全保护及防误操作、故障自动诊断及报警显示功能。机床适合于 CRH 系列各型动车组，车辆轮对落轮可不分解制动盘及齿轮箱，轮对具有轴载、轮载制动盘，在不退卸轴承、不分解轴箱（但轴箱盖可打开）的情况下，可对轮对车轮的踏面外形加工及车轮内外侧面、轴盘（内／外侧面）进行车削加工和修理加工。

机床主要技术参数：轨距 1 435mm；加工踏面直径 600 ～ 1 100mm；加工制动盘直径 350 ～ 680mm（走刀行程 150mm）；轮对轴长 2 000 ～ 2 610mm；轮箍宽度 100 ～ 150mm；承重 3t；主轴在 5 ～ 375r/min 转速范围实现无级变速；刀架快移速度（$X$、$Z$ 轴）6 000mm/min。

GYK8130 型数控车轴滚压专用机床特点：床身为整体两导轨布局，床身中间设有使刀架作纵向（$Z$ 轴）运动的驱动机构，滚珠丝杠支架体上安装交流伺服电动机。电动机通过减速器把动力传给滚珠丝杠，滚珠丝杠通过把合在刀架下方的支架体上的螺母支架带动刀架大拖板作纵向移动；主传动（主轴系统）采用了超同步主轴电动机，通过主轴驱动器实现主轴无级变速，刀架由西门子 1FK7 交

流伺服电动机驱动，交流伺服电动机与西门子 SINAMICS S120 进给装置配套可获得宽调速范围，满足工件加工要求；滚压刀架上的滚压头具有 $B$ 轴功能，可旋转 ±35°；尾座采用活顶尖结构，顶尖直接装入套筒，套筒可通过液压缸控制伸出和缩回。

主要技术参数：最大滚压直径 300mm；最大加工长度 2 800mm；主轴最大转矩 297.5N·m；顶尖角度 60°；顶尖间最大工件重量 1t；主轴转速范围 10 ～ 400r/min；最大滚压力（$B$ 轴 ±35° 位时）20kN；滚压力 1 ～ 50kN；最大滚压力（$B$ 轴 0 位时）50kN；主轴顶尖锥孔莫氏 6 号；纵向（$Z$ 轴）快速移动速度 6 000mm/min；纵向进给速度级数：无级。主要适用于动车车轴以及其他铁路机车车辆车轴类零件的外圆、圆弧表面与轴身部分的滚压加工。

FCMK8311 型轮对轴颈车磨复合加工机床是一款车、磨高效专用复合加工机床，主要适用于铁路客、货车滚动轴承轮对轴颈的加工。

机床特点：采用门式贯通对称布置。床身为安装基础，左右摩擦轮装置、左右立柱、左右摩擦轮夹紧装置安装于床身左右两侧，左右数控刀架置于机床横梁，测量装置安装于刀架上；主传动采用摩擦传动，左右摩擦轮同时驱动轮对，驱动位置为轮缘；机床左右刀架的纵、横向运动由交流伺服电动机驱动，可实现位置半闭环控制，完成轮对的轮缘、踏面的加工。制动盘加工装置安装在刀板上靠近机床中心线一端；机床配置的齿轮箱定位装置可使机床在轮对齿轮箱未拆卸的情况下，对轮对及制动盘进行切削；数控刀架配有自动对刀测量装置，能自动完成加工刀具在纵、横方向上的定位，工作效率和自动化程度高；机床数控系统具有车轮轮廓曲线的编程、加工、存储、调用及显示功能。具有安全保护及防误操作、故障自动诊断及报警显示功能；机床刀架配置专用刀具，在轮形切削中可实现良好的加工效果和较低的成本费用；机床配有碎屑、排屑装置（选配）、摩擦轮防打滑装置、排烟除尘装置（选配）；具有轮对自动滚入和滚出功能，即轮对从机床的前端进入机床，加工完毕后从后部移出机床；也可以从机床前端进出轮对。

机床主要技术参数：轮对加工直径（踏面）740 ～ 1 050mm；加工轴颈 98 ～ 180mm；轮对轴长 2 050 ～ 2 500mm；顶尖间最大工件重量 1 500kg；顶尖角度 60°；砂轮尺寸 500mm×50mm×203mm（45m/s）；主轴无级调速；主轴转速 15 ～ 300r/min；圆度 0.008mm；轴颈表面粗糙度 $Ra$0.8 μm；轴颈圆弧滚压后的表面粗糙度 $Ra$0.8 μm。

#### 2. 其他领域专用机床、生产线

齐重研制的专用机床 Q1-190 新型数控立式专用车镗床，用于加工水电设备中的座环、地铁盾构机、造纸设备的烘缸、矿山设备的壳体等大型、超重的典型零件。机床特征：立柱位于工作台上，通过基座板与工作台连接，在

立柱上设置一刀架,水平、垂直运动均由交流伺服电动机驱动,刀架在立柱导轨上做升降运动,滑枕在刀架内做水平进给运动。立柱及刀架可以整体吊装移动。该机床在加工运行时,工件不动,立柱及刀架随工作台旋转,完成对超大型零件内孔进行数控镗削和对外圆数控车削:在镗削内孔时,立柱安装在工作台上,随工作台转动,工件固定于地面上不动;车削外圆时,立柱固定在地基上,工件放在工作台上随工作台转动。

由于工件装夹于地基平台上,因此,承载能力和工件外径取决于安装平台,而不取决于机床的工作台。机床在加工超大内孔零件时不会受到零件的最大直径、最大重量的限制,同时一次装夹可完成通切,加工效率高。机床镗削内孔最大直径可达12.5m,最大镗削高度4.5m,有效地解决了一般设备无法满足的对超大、超重的大内孔和回转类零件的加工要求。机床性价比较高,价格仅为大型单双立式车床价格的1/3。

机床主要技术参数:工作台直径7 500mm;最大镗削内孔直径12 500mm;最小镗削内孔直径4 500mm;最大加工高度4 500mm;刀架最大切削力40kN;工作台最大转矩640kN·m;工作台转速(直流机械两挡)0.16～16r/min;进给量级数:无级;刀架进给速度0.1～1 000mm/min;刀架垂直行程4 550mm;刀杆截面尺寸40mm×40mm;刀架滑枕截面尺寸320mm×320mm;滑枕行程1 200mm。

齐二机床研制的专用机床TL4S-2500-MB型大型多工位压力机自动化线,为一款专用于汽车覆盖件冲压加工的生产线,具有生产效率高,高自动化,各项检测环节安全可靠,高速化、复合化、制件质量高且稳定等特点。

生产线主要技术参数:公称压力25 000kN;公称压力行程13mm;滑块行程≥1 000mm;滑块行程次数15～25次/min;工位数5～6;定位精度±0.5mm;主电动机功率450kW;生产节拍:15～25件/min。

齐二机床生产的CXTK53125x75/250型数控多功能单柱移动立式专用机床,针对水电行业的大型水电阀门阀体零件的结构和加工工艺特点,可完成对阀门阀体所有工序的加工,是一台典型的高效率加工专用设备。

机床主要技术参数:最大加工工件直径12 500mm;最大加工工件高度7 500 mm;最大加工工件重量250t;工作台直径8 000mm;垂直刀架至中心最大车削直径8 000mm;工作台转速级数:无级;转速0.16～16r/min;铣削转速0.001～1r/min;工作台最大转矩640kN·m;镗轴直径200mm;铣轴端部直径320mm;滑枕截面尺寸510mm×540mm;铣轴额定转矩6 000N·m;铣轴额定最大转矩7 500N·m;镗轴行程1400mm;滑枕行程1 600mm;镗轴滑枕总行程3 000mm;X、Y定位精度0.03 mm;X、Y重复定位精度0.015 mm;C轴回转工作台定位精度

±8″;C轴回转工作台重复定位精度±5″。

〔撰稿人:中国机床工具工业协会重型机床分会徐宁安、彭鄂〕

# 特种加工机床

近年来,在国家数控机床重大专项、国家"863计划"项目等重大科研项目的支撑下,我国特种加工机床行业坚持创新、持续努力,从前沿技术的探索、加工机理的研究、关键核心技术的突破到包括高效低损耗及微精脉冲电源、高精度主机及功能部件、智能控制、多轴数控系统等部件在内的装备性能质量的提升,取得了不俗的成绩,大大增强了产品的市场竞争力。

航空航天工业的发动机零件材料特殊、结构复杂的特点使特种加工找到了用武之地,在对由钛合金、钛铝合金、高温耐热合金、碳化硅基复合材料等制成的复杂曲面结构零件(如叶轮、叶片、机匣、喷油嘴等)上进行小孔、深孔、窄槽等加工中发挥了不可或缺的作用。

苏州电加工机床研究所有限公司推出的DK7140五轴联动精密电火花成形机床可实现X、Y、Z、A、C五轴联动,可对带冠整体涡轮盘扭曲叶形及其他复杂型面进行加工,实现对高温耐热合金、钛合金等材料进行高效稳定加工,最佳表面粗糙度Ra0.1～0.2 μm,在我国航天航空发动机制造企业得到应用。北京市电加工研究所、北京迪蒙数控技术有限公司生产的A30精密数控电火花成形机床,采用有限元技术分析设计,其安全方面全面贯彻国家安全标准,精度高于国家标准,曾获得行业的"达标认定优等产品"证书。这两家单位对复杂型面结构、难加工材料的电火花加工进行了研究,其产品解决了大扭曲整体叶轮电火花加工问题,为航天、航空相关重点企业解决了带叶冠整体涡轮盘、发动机整体闭式叶轮等加工难题。北京迪蒙卡特机电设备有限公司的CTM550-ABC机床,搭载了二维精密转台、六工位工具电极库,扩大了机床的应用范围,并具有多轴联动及在线监测功能,可实现空间任意角度的点位、沟槽及复杂曲面的加工。北京安德建奇数字设备股份有限公司的AF1300四轴全功能数控电火花成形机床,X、Y、Z、C四轴都可伺服加工,配备4工位电极自动交换装置,配合C轴的旋转功能,能实现任意方向的圆形和方形平动,可进行扩孔加工及球形等三维平动加工。可提供铜、石墨加工高温耐热合金,铜加工硬质合金及铝、石墨加工钛合金等加工工艺,最佳表面粗糙度Ra0.1 μm,可应用于航空航天工业中相关零件的加工。

苏州电加工机床研究所有限公司的 SE-GK020 七轴数控电火花高速小孔加工机床，

配置 $X$、$Y$、$Z$、$W$、$S$、$C$、$B$ 7 个数控轴，主要用于航空航天发动机叶片涡轮外环、火焰筒的微小群孔加工。机床主要参数：夹持电极直径 0.25 ~ 3.0mm；工作台尺寸 250mm；$X$、$Y$、$Z$ 轴行程 500mm、400mm、350mm；伺服轴（$S$ 轴）行程 400mm；$C$ 轴转动角度 360°；$B$ 轴摆动角度 ±90°。机床采用全封闭式结构，外形美观、安全，具有穿透深度及入 / 出口智能适应控制，电极随动分中扶持，能加工高温合金、钛合金、不锈钢、硬质合金、淬火钢等各种难加工材料，自动换加工孔位，自动修整电极，自动检测加工零位，自动换加工规准等功能。该机可在线自动检测工件形位，根据测得数据，自动对加工孔位进行补偏，有效提高工件孔加工的整体质量。此外，机床还具有加工扇形孔和腰形孔的电火花铣削功能，采用简单圆电极，用数控铣的方式，结合加工过程中对电极实施损耗在线补偿，实现腰形孔和扇形孔加工。

北京迪蒙卡特机床有限公司推出的 MD6 电火花小孔加工机床，专用于航空发动机叶片上三维分布的大批量、多种类小孔加工，配备 4 个数控直线轴、2 个数控旋转轴、12 工位自动电极库、三维在线自动检测系统，能在线自动检测工件形位，并可实现对加工孔位的自动补偏。

单向走丝电火花线切割机床是电加工机床中技术含量最大、价值最高，是别的加工技术最难以替代、最具市场前景的高端电加工装备。国内企业这类产品的性能水平与国外知名企业存在着较大的差距，但近年来，在国家重大专项的支持下，电加工行业企业通过借鉴学习，持续创新研发，也取得了可喜的成绩。苏州三光科技股份有限公司作为行业领头羊，在已有的自主技术基础上，学习国外先进技术经验，打造出了具有完全中国技术的单向走丝电火花线切割机床，研制生产了 LA500A 型精密数控浸水式慢走丝线切割机。主要参数：工作台尺寸 500mm×35mm，最大切割厚度 260mm，最大切割速度 ≥ 200mm²/min，最大切割锥度 ±3°/50mm，表面粗糙度 $Ra$ ≤ 0.2μm，切割精度 ≤ ±2μm。该机床突破了自动穿丝、脉冲电源、切割精度、表面质量等核心技术瓶颈，在加工精度、表面粗糙度、交变节能电源、拐角控制及数控系统的整体性能等方面有了明显提升。配置的绿色超低电能消耗脉冲电源（已授权实用新型专利）最大节能 50%，有效提高了加工表面质量；$X$、$Y$ 轴为全闭环控制，提高了机床的动静态精度和加工精度；自动穿丝技术（穿丝成功率 ≥ 95%，已授权发明专利）使机床的自动化程度和加工效率上了一个新台阶；专门开发的具有智能控制策略的图形化的专用控制系统软件，极大地方便了用户的操作和智能化控制程度；自适应、自反馈、智能控制的五轴四联动数控系统以及学习型智能工艺数据库技术在国内处于领先水平。该机床已进入国产高端单向走丝电火花线切割机床产品行列，在国

营九三九厂、上海交大、海尔等军工企业、大专院校等单位得到了很好的应用。

北京安德建奇数字设备股份有限公司推出的 AE1100 大型单向走丝线切割机床，是由北京科学技术委员会资助的科技项目成果，是国内第一台大规格机床，机床 $X$、$Y$、$Z$ 轴行程为 1 100mm、700mm、350mm，加工表面粗糙度最佳达到 $Ra$0.3μm，最大切割效率为 250mm²/min，可以满足大型汽车模具的高精度加工。

往复走丝电火花线切割机床是我国独有的。近年来，该类机床在脉冲电源、数控系统、运丝系统、工作液系统等关键技术上有了全面、综合提升，在此基础上实施的多次切割技术也使加工性能得到了显著提高，加工精度从原来的 ±（0.02 ~ 0.03）mm，提升到 ±0.01mm，表面粗糙度从 $Ra$2 ~ 3μm 降低到 $Ra$0.8 ~ 1μm，最高切割效率从 60 ~ 80mm²/min，提升到 150 ~ 200mm²/min，其技术性能的提升是电加工行业主导产品转型升级的重大成果，一方面能更好地满足用户的要求，同时为这类机床的发展开拓了更宽阔的前景，极大地增加了它的生命力。

往复走丝电火花线切割机床的技术进步具体体现在以下几个方面：

（1）主机采用封闭液槽结构，增强了机床的环保性能，机床整体外观形象得到很大提高。

（2）重视产品外观造型及色彩设计，机床的外观与色调有较大改进。如北京凝华科技有限公司的 NH400 中走丝线切割机床外观已突破过去传统线切割机床的外观造型，江苏冬庆数控机床有限公司、四川深扬数控机械有限公司、苏州市宝玛数控设备有限公司等生产的中走丝线切割机床外观色彩较协调，采用了目前流行的机床色调。

（3）主机与电柜一体式构建，节省了机床占地面积，如泰州市江洲数控机床制造有限公司、江苏三星机械制造有限公司、北京凝华科技有限公司等生产的部分型号中走丝电火花线切割机床都采用了一体式结构。

（4）加工速度性能指标进一步提高，大部分中走丝线切割机床的最大加工效率已超过 200mm²/min 以上，部分产品的最大加工效率已超过 300mm²/min，最佳表面粗糙度一般为 $Ra$0.8μm，个别企业产品达到 $Ra$0.6μm。加工速度、最佳表面粗糙度指标的提高有助于中走丝线切割机床市场的进一步扩展。

（5）具有稳定的多次切割功能，能达到更高加工精度与更好的表面质量，特别是连续切割多个零件，零件尺寸精度一致性误差控制在 0.005mm 以内，为批量化切割精密零件的客户提供了实用的设备。

（6）可实现大厚度、大锥度零件切割，加工 200mm 厚度零件的上、中、下尺寸精度的一致性能控制在 0.02mm 以内，以及对 60° 锥度零件实现多次切割加工，体现出中走丝线切割机床独有的、不可替代的优势。

（7）创新性的纵横切割功能。苏州电加工机床研究所有限公司研制的纵横走丝电火花线切割机床（往复走丝型），将一根电极丝设置成水平切割和垂直切割，$X$、$Y$、$Z$、$U$、$V$、$W$ 六轴数控，不翻转工件就能在垂直方向和水平方向分别切割各种复杂直纹型面（包括锥度、上下异形等），省去了工件翻转的工序及翻转过程的二次装调误差，对于一些较大的或难以形成二次定位基准、又需在两个方向进行切割的工件效果尤为明显。该技术产品不仅为我国首创，在国际上也未见相关报道。

随着 PCD、PCBN 刀具从简单的车刀、直刃铣刀、铰刀向高精度、复杂刃口方向快速发展，机械磨削难度加大，因此，电火花磨削加工在这些超硬刀具的加工方面获得了广泛应用。北京迪蒙特佳工模具技术有限公司展出的 BDM-902 磨床适合于加工以 PCD、PCBN 为代表的超硬刀具，机床稳定性好、精确度高、操控性好，不仅具备立轴自动运转、金刚石砂轮在线修整等先进功能，还可轻松实现精度 3μm 以内高档 PCD 活塞刀、铰刀的高效率加工，并确保刀具刃口表面粗糙度 $Ra \leqslant 0.05\mu m$。

北京凝华科技有限公司生产的 MD25i 型磨刀机是为 PCD 超硬导电材料刀具的加工和重磨设计制造的专用高精度、高效、数控化电火花刀磨机床。开发的高效等能量脉冲电源，配合放电状态自动检测、齿间距自动检测分度、在线精车电极轮等功能，加上微米级闭环控制，达到了生产效率高、尺寸精度好、表面粗糙度值小的优质加工效果，且可一人操作多机。该公司的 MF301 双侧面刃磨机床具有八轴数控系统，专用于 PCD 超硬导电材料锯片的电火花磨削加工。

北京机床所精密机电公司推出的 AG400 型磨床配备了针对 PCD 加工的高效率、低表面粗糙度值的专用电源及刀具刃磨专用软件，具有盘类刀具自动测量定位、自动补偿和自动加工等功能。

"十二五"期间，我国的激光加工技术得到了快速发展，激光加工设备在制造领域获得了很好的普及应用，其中激光切割和激光焊接设备在市场产品中占有很大的比重，据统计，截至 2015 年年底，激光产业链产值 800 多亿元，包括激光切割、打标和焊接在内的激光加工装备产业就达到 350 亿元，占据 67% 的市场份额，其中激光切割机实现销售约 3 000 台，从中功率到大功率、从二维到三维切割，从小幅面到大幅面切割，正形成系列化的激光切割产品。

随着光纤激光器在工业加工领域的应用范围不断扩展，对激光器的功率、光束质量等性能参数的要求也越来越高，提升输出功率是光纤激光未来主要的发展方向之一。高功率激光器可广泛应用于金属加工领域的切割和焊接，例如航空航天、高铁、造船、电力电气、机械制造、汽车及其零部件等，逐步替代传统的机械加工设备。

近年来，我国的运载工具正向高速、安全、轻量化方向发展并取得了很大进展，但作为构成运载工具主体的大尺寸复杂曲面廓形钣金部件的加工成为一个难题。大族激光科技产业集团股份有限公司研制的三维五轴联动激光加工系统可以解决这类难题。该系统融合了高效能的激光技术及高速高精度自动化机电技术，集激光切割、焊接、3D 打印功能，解决了高速高精度无限旋转多轴联动激光加工头、多路水气密封、多路电刷馈电、抗电磁干扰、空心电动机轻量化以及高输出功率等关键技术，打破了德国、意大利、日本等极少数国家的垄断，被视为高功率激光加工的"皇冠上的明珠"。

大族激光智能装备集团推出的 HF 高速智能光纤激光切割机，其 $X$、$Y$ 轴最大加速度达 2.8$g$，$X$、$Y$ 轴最大定位速度 200m/min，可配 2kW、2.5kW、3kW、4kW、6kW、8kW 乃至 12kW 超高功率光纤激光器，能量密度高、切割速度快，激光切割切口细窄，切割零件尺寸精度高、热影响区小、端面光洁美观，可加工任意图形，而且切割碳钢、不锈钢和铝合金的速度更快，还可切割纯铝、黄铜、纯铜等高反射有色金属，切割 1mm 厚不锈钢速度可达 60m/min。除拥有自动寻边、自动跟随、断点返回、断电返回、蛙跳切割、飞行切割、变焦切割、覆膜切割、尖角切割、特殊小孔切割、高压空气切割等工艺技术外，还具有转角转降冲切割控制切割、PFC 收刀技术、铝合金无毛刺切割、厚板快速穿孔等工艺技术，设备可 24h 连续运转，不论是在切割速度，还是在切割厚度及可靠性等方面，均实现了前所未有的突破。

江苏金方圆数控机床有限公司的 TFC3015 激光切割机配置的碟片式（Disk Laser）光纤激光器，运用碟片式晶体及新结构新机理研发的全球最先进的固体激光器，从根本上改善了传统固体激光器的"热透镜"效应，实现了固体激光器高平均功率、高峰值功率、高效率、高光束质量的完美结合，其最大定位速度达到 169m/min，代表了国内激光切割机的最高水平。

2015 年 2 月，工业和信息化部、发展改革委、财政部共同研究制定并发布了《国家增材制造产业发展推进计划（2015—2016 年）》。通过为期 2 年的推进计划，增材制造机床的企业（特别是国内企业）数量有很大增加，增材制造机床（特别是金属材料增材制造机床）的数量也开始增加，质量有了明显提高，许多装备还形成了系列化，且能按用户的要求进行定制。中科院南京先进激光技术研究院和南京中煜煜宸激光技术有限公司推出了 LDM 系列激光选区熔化／烧结增材制造机床，以金属粉末为原料，通过高能激光逐层熔化沉积，直接从零件数字化模型一步实现大型复杂整体高性能金属构件的"近净成形"。它们制造出的结构件综合力学性能优异、材料利用率高、加工余量小。这些设备在成形件的大型化方向上基本达到了先进国家设备的先进程度。

武汉华科三维科技有限公司开发的金属材料增材制造机床 HK M100 和 HK M250，利用较小功率的激光器直接熔化单质或合金金属粉末材料，逐层熔化沉积成形出任意复杂结构和接近100%致密度的金属零件，粉末材料利用率超过了90%，特别适合于钛合金、镍合金等贵重和难加工金属零部件的成形制造。

清华大学开发的电子束选区熔化增材制造机床，其电子束功率为4 kW，加速电压为0～70 kV，电子束流为0～60 mA，成形零件最大尺寸（长×宽×高）为200 mm×200 mm×200 mm，电子束斑定位精度为±0.2 mm，成形室工作最低真空度为＜1×10$^{-2}$ Pa。由于它属于真空制造，适用的金属材料有钛合金、铝合金、镍基合金、高强度钢及其他性能活泼的金属与合金等。

北京航空制造工程研究所开发了电子束熔丝沉积增材制造机床，其原理是利用电子束作为热源，熔化送进的金属丝材，按预定路径逐层堆积，并与前一层面形成冶金结合，直至形成致密的金属零件。其自制的ZD60-10A型电子束设备，由60 kV/10 kW电子枪、高压电源、真空系统、观察系统、三维工作台、含三轴对准装置的送丝系统、真空系统及综合控制系统组成。其最大加速电压为60 kV，最大电流250 mA，最大功率15 kW，空室尺寸为4 m×2 m×2 m。加工过程中，电子枪、送丝系统和三维工作台通过综合控制系统协调工作，达到了自动化操作的要求，保证熔积过程稳定进行。其熔积层的宽度为7.4 mm，层高为1.5 mm。该所制造出钛合金实体结构试样。《推进计划》中强调了必须加速发展这2种采用电子束作为热源的机床，可望2年内实现产品化并进入市场。

2016年是"十三五"的开局之年，特种加工行业除了上述的装备技术得到了进一步提升外，在机理研究和新方法探索方面也取得了可喜的成绩。哈尔滨工业大学发明了通过电容耦合进行多电极电火花加工的方法。还探索了在去离子水介质中采用阶梯轴电极对Be-Cu合金实现EDM和ECM加工。上海交通大学对高速电弧放电加工（BEAM）的工件表面质量问题进行研究得出结论，与电极负极性加工的表面相比，电极正极性加工的表面，其表面粗糙度值和热影响层厚度都明显减小。电极正极性加工的最好表面粗糙度能达到$Ra$9.22 μm，热影响层的最小厚度小于5 μm。上海交通大学提出了基于叠片电极的高速电弧放电加工方法，叠片电极由数个电极片堆叠而成，内部包含了若干弯曲的冲液槽，以此提供实现流体动力断弧的强力内冲液，用于加工大间隙闭式涡轮叶盘流道。中国石油大学发明了高效混合气中放电加工方法，采用高速空气流和工具旋转的方式促进排出加工过程中所产生的碎屑，通过电弧放电和电火花放电并联工作以获得较高的材料去除率和较好的表面质量，材料去除效率可以达到5 534mm$^3$/min。上海交通大学针对现有单机工作模式下的数控系统功能冗余、难以实现协作加工的问题，提出了基于编码器／播放器架构的电火花线切割加工数控系统，将数控系统的大部分计算任务集中于服务器端，而机床客户端仅执行少量任务，有利于电火花线切割加工机床与其他装备的分布式协作，实现车间级的自动化。深圳大学将聚焦离子束化学气相沉积法首次应用于三维微细／纳米电极的制作，通过电化学放电加工制作出了以非晶态铂为材料，直径10 μm、高28 μm的微细电极，证明了聚焦离子束化学气相沉积法在制作亚微米尺度电极上的优势。上海交通大学提出了一种双层电火花铣削加工策略，解决了在加工三维型腔时采用固定长度补偿方法会出现电极尖端呈锥形从而影响加工精度的问题，当加工深度为86 μm时，加工表面的均匀度可达到10 μm以内。

随着新技术的产业变革，特种加工行业不断深化对利用物理与化学效应以及多能场复合效应的研究，探索新的加工方法，创新发展其独有、特殊的加工制造性能，解决新一轮技术产业变革中不断涌现的传统加工方法难以解决或无法解决的制造难题，更加突出地发挥其不可或缺和不可替代的作用，不断增强其独有的竞争优势。目前特种加工技术已步入初级智能化阶段，更加深入、全面、高水平地实现智能化，不仅能明显提升其加工性能，而且能实现原来不能完成的加工制造目标，实现重大甚至颠覆性的创新。智能化是特种加工迈向高端、占据未来竞争制高点的必然选择和必由之路，是今后长时期的主攻方向。通过与其他加工技术和工艺方法的融合，与各种新技术的融合，与用户新需求的融合，使之内涵更丰富、生命力更旺盛，实现持续创新，更好地满足市场的需求，获得更强的竞争优势。绿色是国民经济和制造业可持续发展的必然要求，也是特种加工可持续发展的必然要求。特种加工要追求产品从设计、制造、使用、维护到报废整个生命周期中能源、资源利用率最高，有害排放物最小，对环境及人体的影响最低，同时也要为其他产业的绿色发展提供先进的技术及装备支撑。注重细节、追求极致，是特种加工技术及装备走向高端、跻身世界一流的根本途径，是提升产品品牌、争夺国际市场的根本保障。

〔撰稿人：中国机床工具工业协会特种加工机床分会卢智良〕

# 组合机床

组合机床及柔性自动线是集机电仪于一体和技术综合程度很高的高效自动化技术装备，符合我国现阶段提出的柔性制造和智能制造发展趋势。在高端装备制造领域占有重要地位，应当说机床的柔性制造技术是在组合机床行业较早的提出，十几年前就已经实施，并取得了良好的效果。

我国规模以上组合机床主机生产厂有 40 家左右，通用部件生产厂有 10 家左右，配套厂也有 10 家左右。在这一轮经济结构调整中，有些企业已经被淘汰。其中包括一些从事本行业 40 年左右，曾经是组合机床行业的骨干企业。事实上，发达国家的机床工具产业经过多轮调整，每轮下来企业数量都会减少，这也是市场经济规律。

近年来传统的组合机床订货逐年减少，柔性生产线和智能制造设备订货在逐渐增多，经过多年的技术创新，行业技术有了较快的发展。组合机床生产厂家开发制造了大量的先进柔性生产线。东风设备制造有限公司、大连机床集团有限责任公司（以下简称大连机床集团）、亿达日平机床有限公司、江苏高精机电装备公司、大连豪森设备制造有限公司等厂家自主研发的柔性、高效、高精度系列加工单元及柔性自动线已被世界多家汽车厂采用，标志着国产柔性加工自动线开始进入世界汽车制造装备的高端市场。

行业骨干企业坚持技术创新，积极组织力量，加快新产品研发，提高了行业的整体竞争实力，产品开发取得了丰硕成果。逐步形成企业自己的核心技术、核心产品、核心品牌，使企业的组合机床及其柔性自动线制造水平登上一个新台阶。

东风设备制造有限公司是生产专用机床及自动线、柔性加工设备及柔性生产线、设备智能管理系统、焊装设备、汽车零部件的技术密集型综合性企业，具有四十多年的设计制造专用机床的经验，是专机行业领军企业。该公司形成了集新产品研发、设计、工艺、制造和装配一体的全方位服务能力和综合配套能力，可为用户提供集成开发及整体交钥匙解决方案。公司持续提升产品服务能力和自身技术竞争力，努力把公司打造成我国倍受客户信赖、最具品牌竞争力、参与国际竞争、技术服务国内一流、有较强赢利能力和水平的汽车生产装备和汽车零部件供应商。

长安 H 系列发动机缸体四期项目是该公司 2016 年为重庆长安汽车股份有限公司提供的智能化集成柔性生产线。该项目采用鱼刺式建线模式，OEE 水平达到 90%，全线全自动，采用多关节机器人、桁架机械手、自动滚道等高效物流系统。融入绿色制造理念，采用上进上排式切削液集中处理系统、油雾集中收集系统、车间集中冷却系统等。采用数字化离线仿真设计，对机器人、桁架等自动物流及加工过程进行三维虚拟仿真，实现用户对物流、加工的实时可视化要求。通过零件信息管理、刀具智能管理、切削过程监控系统等技术，实现大数据自动采集与信息追溯，以真实、实时、可视的数据实现驱动管理。生产线采用微振动在线检测技术、主轴温度检测技术、热变形实时补偿等关键技术的应用，达到提高切削效率、提高加工精度、减少废品率、降低用户成本的目的。该生产线除了采用了以上诸多先进技术，还申请了 6 项专利，而且具有良好的性价比，在国内汽车动力总成制造行业处于领先水平，为客户创造了良好的经济效益。

大连机床集团是我国组合机床的排头兵企业。该公司的组合机床及自动线产品已广泛服务于我国的汽车及工程机械行业等领域。大连机床集团研发的机器人零件加工柔性制造生产线，处于国内领先水平。该生产线除能实现机器人零件加工外，经过改进设计可广泛应用于汽车行业及其他行业箱体类零件的大批量柔性自动化加工，如汽车发动机缸体、缸盖、变速器体等。

该生产线为工业机器人加工自动线，总线能够实现零件包括粗、精加工在内的全部加工内容，高精度、高效率、高柔性，智能化与自动控制相结合。

该生产线机械加工设备采用大连机床集团全新设计制造的高速、精密卧式加工中心，柔性、自动化、智能化控制、模块化程度高。

工件输送采用桁架机械手自动上下料，桁架机械手 $X$ 轴移动速度达到 100m/min，加速度 1.5m/s²，$Z$ 轴移动速度达到 60m/min，加速度 1.5m/s²。也可设计应用动力滚道或滚道和桁架机械手相结合的方式。

生产线生产节拍 ≤ 2.1min，工序能力指数 CPK 值 ≥ 1.33，智能化集成控制，整体技术指标达到国内先进水平。

所采用的卧式加工中心是大连机床集团依托辽宁省科技创新重大专项最新研发的高档进线式卧式加工中心，机床采用工作台竖直移动式双立柱结构，上料高度适应性强、排屑方便，模块化程度高，主轴采用电主轴，转台采用力矩电动机驱动，机床结构紧凑、主要基础结构件采用钢板焊接，在保证高强度轻量化的条件下，还具有高速、高精度的特点，可广泛适用于军工、航空航天、汽车、模具、机械制造等行业的中小型板类、盘类、箱体类、壳体类等零件的加工，尤其适合于汽车、工业机器人等行业的大批量加工生产线上使用。

机床的显著特点为：

（1）高精度。机床主轴、转台、十字滑台等运动发热部件均采用冷却水进行温度控制，并对机床四轴采用光栅尺进行闭环控制技术，提高了机床加工精度。机床定位精度 0.008mm，重复定位精度 0.004mm。

（2）高速度。机床采用电主轴结构，主轴最高转速 15 000r/min（HSK-A63），$X$、$Y$、$Z$ 三个坐标轴采用高刚性滚柱直线导轨，快移速度可达 90m/min。

（3）高刚性。机床主要部件采用钢板焊接件，采用低应力加工技术。在机床设计过程中通过有限元分析技术，对机床整体机构及部件进行优化设计，使结构更加合理，确保机床的高刚性。

（4）模块化。通过采用模块化设计，一个规格机床可产生多个品种，如单主轴单工位、双主轴双工位、带 $B$ 轴转台、带 $A$ 轴转台、带 $A$、$B$ 轴转台（五轴）5 种机床，并且还可根据零件加工需要扩展。

（5）加工范围大。$X$、$Y$、$Z$ 轴行程分别为 800mm、900mm、805mm。

（6）电主轴、转台力矩电动机、Y轴驱动电动机、关键基础件采用大功率水冷机实时控制温升，稳定机床精度。

（7）配备高速大转矩直驱回转工作台。

（8）自锁式刀具快速交换技术，切对切换刀时间4.2s。

（9）顶置圆盘刀库，机床结构紧凑，模块化程度高，适于组成高效柔性生产线。

（10）高速加工，三坐标轴快速移动速度90m/min、75m/min、80m/min，加速度达10m/s²，主轴最高转速15 000r/min，切对切换刀时间4.2s。

工件自左向右输送，主要加工内容为前后端面铣削及孔系加工、顶（底）面精度孔系加工、顶（底）面螺纹孔系加工。

桁架机械手X、Z轴定位、机械手夹紧、松开、有无料等均由无触点开关可靠发令，安全性高。

夹具除夹紧、松开动作外，附加工件抬起、落下、推靠等动作，能够适应不同的定位要求。

主机配备A轴或B轴转台，可四轴联动，配备德国进口电主轴，顶置圆盘刀库节省横向连线空间，主机整体结构、刀柄清洗装置、自锁式刀具快速交换装置等已获得国家专利。

数控系统采用西门子840D SL，总线集成控制，保证桁架机械手动作与主机协调一致，互锁关系明确、安全。

单机自带高压、低压水箱，供水、排屑一体化处理，冷却水循环使用，绿色环保。

2015年5月国务院出台的《中国制造2025》是制造业的纲领性文件，从而加快了我国从制造大国转向制造强国的前进步伐。这是动员全社会力量建设制造强国的总体战略，是以"创新驱动、质量为先、绿色发展、结构优化、人才为本"为基本方针的战略对策和行动计划。组合机床行业要充分发挥多年从事非标设备生产的特点，根据不同行业、不同被加工零件的个性化要求，开发针对性非常强的新产品，而且要快速设计、快速制造、快速试验、快速投放市场，抢得先机。新产品的开发设计坚持和采用模块化、通用化、标准化。产品开发要体现出高精、高效、复合、成套、集成、安全、环保的特点。大力发展柔性自动线，重点发展柔性制造、智能制造。努力实现组合机床行业的产品转型升级，掌握核心技术，推动企业的发展与进步。

〔撰稿人：中国机床工具工业协会组合机床分会刘庆乐〕

# 锯 床

"十三五"期间，我国经济发展全面进入了创新驱动、转型升级的新阶段，重点是实现经济增长方式的转变。我国装备制造业通过将传统制造技术与信息技术的集成和融合，提升国产装备的数字化和智能化水平，迈向中高端，实现从"制造大国"向"智造强国"的伟大变革。

2016年是"十三五"规划的起步之年，锯床行业各主要生产企业在新一轮科技革命和产业变革的重大变化的行业发展环境下，加快产业结构调整和新产品的创新升级，研制开发以智能化为核心，提升机床可靠性和精度保持性为重点的中高端数控锯切机床；积极发展个性化专机定制服务；实现由提供单一锯切装备产品向提供整体解决方案和制造物联，以及机器人、工业大数据进入智能锯切生产线转变。

## 一、新型金属圆锯床

浙江晨龙锯床股份有限公司研发制造的HY-230NC是新一代高效率高精度的数控圆锯床，具有完全自主知识产权和多项国家专利技术，已经完全达到国内外同类产品的先进水平。机床系统软件的开发环境为STEP7 Profession，用模块式结构程序方式编程，既可增强程序的可读性，方便调试和维护工作，又能使数据库结构统一，方便WinCC confort and Adranced组态时变量标签的统一编制和设备状态的统一显示。可实现整机的手动、自动控制等基本功能。机床控制系统有起动提示、状态显示、故障报警及自动停机等功能，减少故障排除时间。并通过触摸屏显示故障详细内容，如变频器、交流伺服故障等信息。机床控制系统还兼容Profinet工业以太网通信技术，能实时远程监控机床运行状态。

机床的磁粉制动机构消除了锯刀箱齿侧间隙。机床采用φ750mmTCT碳化钨圆锯片，最大锯削规格φ230mm。能够适应高强度、高硬度的金属材料（强度δ≤1 600MPa）的重载锯切。锯切生产率（45钢）可达850cm/min，是普通带锯床效率的8～10倍；普通高速钢（HSS）锯片圆锯床效率的8倍。锯削端面表面粗糙度Ra≤25μm，工件端表面垂直度偏差≤0.3°，且端面无毛刺。广泛应用于轴承制造、汽车零部件、精密锻造等高精度、大批量锯削备料领域，充分体现了高端数控锯切装备的"柔性"和"智能"化特征。

浙江金卫特机床有限公司通过加强与国际知名机床与刀具制造商的技术交流合作，将原CNCT系列的数控圆锯床提质升级，CNCS系列全新产品采用了整体式铸铁床身和新型直线导轨，增强了机床的刚性、承载能力和抗振性，有效地延长了刀具的使用寿命和周期；采用新型锯片主轴组和零齿轮间隙设计，保持了刀具切削力的稳定和良好的加工质量；机床锯刀箱由绕枢轴摆动进给改变为沿水平方向进给，更稳定的锯削极大地提高了工件的锯削精度（垂直度0.05mm、等厚度0.15mm、表面粗糙度Ra3.2μm）；材料传输系统采用无尾料零长度设计和材料轨道式提升偏摆装置，提高送料精度（0.02mm）与降低材料消耗；选用

TCT 重型硬质合金专用圆锯片，每节拍进给量为原轻型圆锯片的 2 倍，锯削效率达到每节拍 4～20s（45 钢），并取得了圆锯床对高温合金、镍基合金、钛合金、不锈钢等难以锯切材质锯切的新突破；新数控系统大幅提高了信号传输速度、准确性及高效性，程序设计也增强了整机全监控、报警纠偏和环境安全化的功能。

**二、重型金属带锯床及个性化数控带锯床**

带锯床金属切割是一种节能节材新技术和新型锯削加工工艺。新的技术发展趋势是：①机床的大型化和超重型化，为国家重大建设项目和工程提供特大型铸锻钢件的大重型锯切装备。②研制为用户定制服务的个性化、智能化数控带锯床。

浙江晨龙锯床股份有限公司最新成功研制的超重型龙门卧式带锯床 G42300 是目前国内锯切规格最大的超重型金属锯床，最大锯切直径 3 200mm，将我国常规大型金属带锯床最大锯切直径由 1 000～2 000mm 提升到 3 000mm 以上，同时锯削能力超越国外最大锯切直径 2 700mm 的重型带锯床，创造了世界之最。

机床主机总重 50t，工作台承载工件能力 350t，机床使用 80～120mm 宽体硬质合金带锯条，机床首次采用三轮结构的锯条驱动系统，采用双液压同步驱动锯削。

机床采用全数控系统主控单元包括带锯条变频调速、锯削自动进给、带锯条自动装卸夹压、工件输送及机床锯切偏差自动检测与报警等功能与监测单元。

G5270 型高速立式带锯床，是铝合金铸锭头尾锯切和定尺锯切的成套设备。锯切最大铝锭工件规格（长×宽×厚）为 7 200mm×2 700mm×800 mm。

该机床的技术提升体现在带锯条锯切铝合金材料由原锯削速度 1 000～2 000m/min 提高到最大 3 500m/min；锯切进给速度 50～1 500mm/min，高速锯削极大地提高了机床的生产效率和工件精度及锯断面品质。机床额定最大负荷生产效率试验 ≥2 700cm²/min；锯切工件端面垂直度 ≤0.15/100mm，锯切工件端面直线度 ≤0.30/500mm，锯切工件截面表面粗糙度 $Ra$ ≤50μm，铝锭锯切送料自动定长精度 ≤1mm。成套机组配置坯料储存系统和坯料运输系统；料头料尾处理装置、坯料伺服定尺机构、锯切夹紧装置；机组采用自动喷雾冷却，经雾化的专用植物基冷却液直接喷射到锯齿上，喷雾油消耗量 ≤10 mL/min；采用高精度视觉识别定尺机构，精确定位锯切位置。

G5170 高速立式带锯床是为加工汽车发动机缸体毛坯冒口专门开发的高速高效铝合金缸体精整设备。设备可替代原来使用的铣削加工工艺。

该机床锯条采用 41mm 宽硬质合金带锯条，驱动功率 22kW；带锯条锯削速度最大可达 3 000m/min；锯切进给速度 50～1 500mm/min。机床材料与工件传输系统智能化，机床无需任何夹紧工装夹具和人工取放坯料。机床系统配置有库卡公司机器人直接抓取坯料，自动定位锯切铝合金

缸体的所有冒口，抓取重量 80kg，工作半径 1 500mm。机床采用西门子控制系列，控制系统还兼容 Profinet 工业以太网通信技术，能实时远程监控机床运行状态。

〔撰稿人：中国机床工具工业协会锯床分会邓方〕

# 精密机床

精密机床是现代制造业的高端关键设备，随着汽车、航空航天、模具产业的发展，对精密机床的需求不断增长。航空航天领域、飞行器控制设备中的精密机械零件，飞行器发动机关键零件、汽车发动机，船舶、发电设备、模具等行业的关键零件加工精度要求越来越高，要求进一步提高精密机床的性能水平。

国内精密机床行业企业根据市场需求，对标国际同类先进产品和技术的发展，开展精密设计技术、制造技术、试验验证技术、可靠性技术等研究；研制高精密、高可靠的精密机床产品；集成自动化、信息化、智能化等技术，推进基于精密机床的柔性智能生产线的发展。

**一、潜心研究，推动精密技术的发展**

开展精密机床分析及设计技术研究。进行了精密机床整机虚拟样机构建、整机运动学和动力学仿真分析、整机及功能部件精度和性能一体化设计方法研究。整机设计验证技术方面，针对精密卧式加工中心采用基于数字化虚拟设计原理的机床系统设计分析与实时动态分析检测相结合的模式，进行数字化建模、虚拟样机建模、运动和动力学分析仿真，初步建立了一套从仿真分析到实验分析再到仿真优化的优化设计方法。

开展精密机床制造技术的研究。经过超精加工的精密轴系的回转精度控制在 1μm 以内；精密机床导轨安装基面采用特殊的精密手工刮研技术，确保导轨具有极高的直线度和接触刚性，并利用精密检测和补偿技术，使直线轴重复定位精度最高可以达到 1μm 以内；用于机床的精密转台采用了特殊工艺制造的精密蜗轮或精密端齿盘和装配技术，其回转分度精度 4″，重复分度精度 2″。

开展关键功能部件的动静热性能试验技术研究。对精密电主轴进行静刚度、动态精度和热变形等进行试验研究；对加工中心机床关键结构件和传动件的热特性进行试验研究，通过风幕隔热试验，有效地降低了机床的热变形；减少了主轴电动机发热对机床立柱的热变形影响，使机床的热稳定性得到较大的提高；对精密机床主要功能部件的技术性能有了比较全面的了解，掌握了试验方法、积累了经

验和重要的基础数据。

深入开展精密卧式加工中心可靠性技术研究，将可靠性融入精密卧式加工中心设计阶段，进行可靠性设计技术研究；进行加工、装配故障主动消除技术研究，达到对故障进行主动消除的目的；通过2 000h模拟实际工况试验，对试验数据整合分析，再应用到设计、加工、装配等各个环节的技术研究中，实现从设计到加工、装配到实际应用的提高精密卧式加工中心主机及关键功能部件可靠性不断提高的总体目标，实现精密卧式加工中心可靠性指标MTBF（机床平均无故障时间）从2009年的超过300h，提升到2010年的1 000h，并在2016年成功突破2 000h。

**二、研制高精密、高可靠的精密机床产品**

四川普什宁江机床有限公司一直以"精密、高效、成套、智能化"作为技术和产品的发展方向，而"精密"更是该公司技术和产品最显著的特色。2016年，紧跟国际先进技术，坚定不移推进新品研发。结合2013年度国家重大专项课题的实施，已研制出直线轴定位精度0.003mm、重复定位精度0.001mm的精密卧式加工中心；成功研制了新一代工作台宽度800mm的精密卧式五轴加工中心THM6380V，其技术指标达到：直线轴（X、Y、Z轴）双向定位精度＜0.006mm、单向重复定位精度＜0.003mm，快进移动速度（X、Y、Z轴）40m/min，主轴转速可达12 000r/min。

THM6380V精密卧式五轴加工中心机床床身、立柱、滑座均采用高质量铸铁，立柱采用整体框式结构，床身采用T形整体结构（X向为阶梯形结构）；运用人机工程学，采用独特的防护门设计及手动脉冲发生器，X、Y、Z轴进给机构采用伺服电动机、直线滚动导轨副和精密级滚珠丝杠副，并采用集中定时润滑。成功突破了适应汽车、航天、航空等行业加工的高速电主轴技术；满足了这些行业复杂零件刀具工作更换频繁的伺服刀库及伺服控制托板交换技术。

北京机床研究所研制的μ/800H卧式加工中心，工作台尺寸800mm×800mm，X、Y、Z轴快速移动速度40m/min，主轴最高转速8 000r/min（12 000r/min可选），直线轴定位精度/重复定位精度0.004mm、0.002mm，B轴分度定位精度6″、重复分度定位精度3″。采用优质高刚度基础铸件，三点主支承加多点辅助支承设计，龙门框架式立柱，高刚度总体等，结构具有高刚性、高精度、高效率的特点，有多种组合模块可以满足用户的多种需求。适合于加工箱体类、板类零件；单机可用于多品种小批量生产，也可以根据用户需要联入。

沈机集团昆明机床有限公司研制的KHC80μ双工位高精度卧式加工中心，机床结构具有响应速度快、传动精度高、稳定性强等特点，特别适合于箱体零件、盘件、杂件及模具等复杂零件的加工，是航天、航空、军工、汽车、环保、模具、船用壳体、通用机械、机床等机械制造业的

理想加工设备。

高精度、高效率、干切削及多轴控制是小模数数控卧式滚齿机技术及产品发展趋势。2016年，国内企业根据用户的实际生产需求及国外先进产品具有的应用功能，进行了产品应用功能的扩展开发和验证研究，进一步扩展开发产品应用功能，进行了滚齿加工微量窜刀功能开发、验证及应用；进行了切向切削蜗轮数学模型的研究等，使得精密滚齿机性能参数取得较大提升。

四川普什宁江机床有限公司新研制的YK3603数控卧式滚齿机床采用机电一体化布局，配置FANUC 0iMF数控系统，八轴四联动；刀具主轴最高转速15 000r/min，工件主轴最高转速1 500r/min；使用高精度滚刀加工（钢件$m \leqslant 0.5$mm，铜件$m \leqslant 0.8$mm）时，零件精度可达5级（GB/T10095-2008），齿面表面粗糙度$Ra$可达0.8～1.6 μm；当高效率、大批量加工零件时，加工精度可稳定在5～6级（GB/T10095—2008），齿面粗糙度$Ra$可达1.6～3.2 μm。机床采用了该公司核心技术制造的滑动导轨，采用全刮削方式；支持双刀去毛刺功能，能实现跨零件反向去毛刺功能；配备电子齿轮箱，加工编程采用会话式编程系统；可连接自动上料部件；可实现齿数3～999齿、螺旋角-30°～30°各类齿轮的加工。该机床主要应用于小型医疗设备、小型减速机、钟表、无人机、仪器仪表、微型电动机、微型雕刻机、航模、办公机械、玩具及电动工具等行业的钢件模数$m \leqslant 0.5$mm，铜件模数$m \leqslant 0.8$mm的直齿圆柱齿轮、锥齿轮、花键、链轮、端面齿轮、锥齿轮、蜗轮、蜗杆类零件的加工。

随着汽车、电器、无人机上小型减速机、仪器仪表、医疗器械、航模等行业的高速发展以及铝合金等新材料的应用，对小型精密数控车床加工的高速化、高精度化、功能复合化、智能化、高可靠性等性能要求越来越高。2016年，对小型精密数控车床整机设计验证技术、精密动静压主轴轴承研制技术、整机动力学优化、数控直驱转台设计制造技术及动平衡在线检测技术等的研究迅速发展，确保了小型精密数控车床结构紧凑、高速、运转平稳、振动低、噪声小，具备极佳的精度和切削性能。

四川普什宁江有限公司自主研制的CK1104VI数控纵切自动车床采用FANUC 0i-TD双通道数控系统，八轴四联动，主轴、副主轴均采用FANUC内置主轴电动机；最大加工棒料直径4mm，主轴最高转速16 000r/min，全部轴重复定位精度0.002mm，主轴装推套定位孔的径向圆跳动0.004mm。机床采用棒料进行连续上、下料的自动循环加工，可完成车外圆、正面钻孔、正面攻螺纹、正面镗孔、车螺纹、割槽、横钻孔、铣方、铣槽、径向攻螺纹、切断、背面车削、背面钻孔、背面镗孔、背面攻螺纹等工序；可配置专用附件如滚齿附件，可实现极小模数齿轮的一次成形加工，特别适用于小零件的高精密加工。

浙江金火机床有限公司研制的CKG0625Z是一款小型

精密、高速、高刚性、平床身线轨数控车床。高质量密烘铸铁球轴承；*X*向大行程换刀快速准确；高质量密烘铸铁铸造整体结构床身底座，横截面积大，使整机刚性大大提高，导轨跨距大，使切削过程更加稳定。主轴结构采用前三后二配对高精密角接触球轴承，保证主轴的高刚性和持久的精度保持。新颖的排刀式刀架使重复换刀误差最小，*X*向大行程扩大了刀具安装范围，换刀快速准确。主轴采用高性能伺服主电动机驱动；纵、横向驱动采用高性能交流伺服电动机，定位精度高，动作灵活可靠；采用自动集中润滑装置，润滑充分可靠，确保高速进给。该机床的水箱铁屑箱放置在机床底座右侧，排屑方便且不会削弱床身底座的刚性，水箱和铁屑箱分开后，方便分离切削液及铁屑，便于清理铁屑。工件采用独特的气动夹紧机构，夹紧方便可靠。

**三、推进基于精密机床的柔性智能生产线的发展**

精密机床产品和技术的发展，一方面是精密机床本身在精度水平、精度保持性、可靠性等方面技术的突破和产品的研制，另一方面是为适应自动化、柔性化、智能化的发展要求，集成实现基于精密机床的柔性制造系统成套装备的研制，完成从单机到成套集成系统的跨越。

当前全球制造业发展模式正在发生深刻变革，国内制造业实现自动化、网络化和智能化的高度集成成为必然发展趋势。具备高柔性、自动化、智能化的基于精密卧式加工中心的柔性制造系统作为国内制造业智能制造新模式中重要的一种加工模式，是制造业智能制造提升的保证和基础，促进加工制造业改变传统加工模式、转型升级。

四川普什宁江机床有限公司成功研制的基于精密卧式加工中心的柔性制造系统系列产品，由多台精密机床（可集成精密卧式加工中心、立式加工中心及其他等）、自动物流传输线、多工位托板库、总控台及其他辅助设施等组成。柔性制造系统内各加工设备、自动物流传输线可单独运行，系统可实现停机不停线，在工件一次装夹后，可进行多品种零件、多种工艺路线的变批量、自动化混流加工，可实现 24h 无人化加工，实际应用于国内汽车、工程机械、能源、军工等各个领域汽车变速器壳体、泵体、高压大流量阀体等典型零件的柔性、自动、智能化加工。

基于精密卧式加工中心的柔性制造系统作为先进制造技术的重要组成部分，可进行多种零件、多种工艺路线的混流加工，实现无人看管运转，适用于多品种、变批量的零件加工，具有向无人化车间、工厂自动化发展的趋势，将改变我国装备制造企业目前仍处于单机、离散方式的使用状态，过分依赖人的参与，解决普遍存在的辅助时间长、加工效率低、产品质量与品质难以保证等问题，支撑我国装备制造企业从传统工业化向现代产业化转型。

〔撰稿人：中国机床工具工业协会小型机床分会王珏、陈芳圆〕

# 金属成形机床

近年来，金属成形机床进入快速发展时期。机械压力机在高速、精密、伺服、多连杆等技术发展方向上呈百花齐放之势，液压机则在充液拉深、热冲压、大型等温锻、汽车纵梁、汽车内饰、船板成形等不同的专业应用领域深耕细作，而以激光加工机床、工业机器人和工业自动化等为代表的新兴、智能、自动化技术装备则迅猛发展，表现抢眼，体现了转型升级大形势下市场的热点装备及其发展动向。总体来说，金属成形机床呈现出以数字化制造与解决方案为升级换代的主流，智能技术成为产业进步大趋势，高效与自动化显示出市场新空间，专业化的特点愈加突出等发展动向与特点。

1. 数控激光切割机

目前，光纤激光切割机已成为市场主流和主力机型。光纤激光切割机具有割缝细、热影响区小、切割质量好等优点，已快速普及成为一种常用的工艺方法，并在很多领域取得广泛应用。其比数控火焰切割机具有更高的下料精度和切割断面质量，比数控转塔冲床省去了高昂的模具费用。从而获得快速发展。另一方面，万瓦级激光切割机的面世，标志着国内激光切割机正式进入万瓦级时代。

目前，激光切割机呈现出以下特点：

（1）高功率化。随着激光器成本的下降，目前激光切割机主流功率需求已提升至 6kW 左右。这也直接带动了万瓦级激光切割机的出现。万瓦级激光切割机的出现是国内切割机市场发展中的一个标志性事件。此前，万瓦级激光切割机已在汉诺威展览会等国外大型机床展览会中出现，而国内展品功率基本都在 6kW 以下。如两年前的 CIMT2015 展览会，其激光切割机展品功率主要为 2kW、3kW、4kW。由此可以看出高功率化趋势的快速进展。

高功率化的最大好处是加工能力的提高。比如，对于高功率的激光切割机来说，目前可实现切割碳钢厚度 30mm，不锈钢厚度 20mm。对此需要说明的是，以上切割厚度均以经济的、可实际用于生产为前提，是真正的能力数值，而非标称数值。

（2）高速化。随着激光切割机功率的提高，其加工速度也得到明显提高。目前，对于薄板切割来说切割速度普遍已达 100m/min 以上，小孔切割可达 500 孔/min，已远超数控冲床生产速度。其中，上海普睿玛智能科技有限公司的激光切割机定位速度达到 210m/min，而其正在研制生产的切割机定位速度可达 280m/min，技术指标处于领先水平。

（3）智能化水平进一步提高。其表现为：一是越来越多的切割机制造商采用开放式系统，适应了当今自动化、智能化的要求；二是单元化展品越来越多，如集成上下料系统、自动化料库等。

数控激光切割机在国内市场的应用可谓方兴未艾。目前，2kW以下的中小功率激光切割机年市场容量超过1万台，而2kW以上的高功率激光切割机年容量超过2000台。由于光纤激光切割机的快速普及，其无光路特性大大降低了激光切割机的准入门槛，造成大量资本涌入激光切割机市场，据估计，目前的激光切割机生产商已超过100家。蜂拥而上的资本使产品同质化进一步加重，一定程度上加剧了竞争，小功率激光切割机单台售价甚至已拉低至几十万元。显然，这对于整个行业的产品质量和技术水平的提高是非常不利的。另外，激光切割机的快速普及加快了数控转塔冲床的部分替代趋势，对数控转塔冲床的市场造成了一定程度的冲击。

从产品性能参数上看，目前多数产品的$X$、$Y$轴定位精度为$\pm0.03$mm/m，重复定位精度为$\pm0.02$mm/m。

济南铸造锻压机械研究所有限公司（以下简称济南铸锻所）生产的FL524i数控光纤激光切割机，快速定位速度145m/min，定位精度$\pm0.025$mm，重复定位精度$\pm0.015$mm，各项指标处于领先水平。该机可适配激光器功率1～6kW。具备全自动调焦技术，具有飞切、蛙跳、自动寻边等全自动激光加工功能。

湖北三环锻压设备有限公司（以下简称湖北三环）生产的phoenix光纤激光切割机，配备先进的自动化方案及LVD公司的Touch—L控制终端，具有超高的加工速度、优秀的切割质量、高效的自动交换工作台、先进集成的控制和驱动系统、直观的操作体验式系统及多种材料的加工能力。Touch—L采用19in触摸屏控制和图形化用户界面。结合工件设计和排样功能可以直接将图纸导入控制器，并在设备上完成切割应用和排样。使用者可以方便简单地添加余料切割线，更改引入线类型和位置，并根据需要添加微连接等。

扬力集团股份有限公司（以下简称扬力集团）生产的GL3015F型数控光纤激光切割机，采用整体式焊接机身，经有限元分析优化，毛坯退火处理，机加工后二次振动时效处理，保证了较好的刚性、稳定性和抗振性，精度持久稳定。运动部件以精密滚珠丝杠、直线导轨、高精度减速箱、齿轮齿条传动运行，速度快、定位精度高。电气柜、操作台与机身一体化设计，外观简洁优美。配有激光切割机专用CAD/CAM自动编程软件，操作方便。采用光纤激光器，光电转换效率高，切割速度快，具有免维护、使用成本低、功能强、稳定性高等优点。采用循环冷却水路，用于光纤激光器和切割头的冷却，冷却效果好。配有两套切割辅助气体供应系统，在切割不同的材料时，由数控系统控制切

换不同的气体，操作方便快捷。

江苏亚威机床股份有限公司生产的HLF-2262型大幅面光纤激光切割机，以其极低的运行成本、优异的稳定性、高质量的加工性能及强大的适应能力，满足了大幅面加工的需求。其加工范围为6200mm×2200mm，定位速度120m/min，$X$、$Y$轴最大合成速度170m/min，$X$、$Y$轴加速度1.5m/s$^2$，定位精度$\pm0.03$mm，重复定位精度$\pm0.02$mm，工作台最大载重3500kg。大幅面激光切割机可为客户节省更多上料时间，达到更大收益效果，具有很好的市场前景。

大族激光科技产业集团股份有限公司生产的G3015HF高速光纤激光切割机，$X$、$Y$轴定位精度$\pm0.03$mm，重复定位精度$\pm0.02$mm，最大定位速度200m/min，最大加速度2.5$g$。该机具有较好的定位速度和加速度表现，可大大提升加工效率。上海普睿玛智能科技有限公司生产的SLCF-C V/F悬臂光纤激光切割机最大定位速度达到210mm/min，指标处于领先位置。该机综合效能达到国际先进水平。苏州领创激光科技有限公司生产的Excalibur 4020激光切割机，$X$、$Y$轴定位精度$\pm0.03$mm，重复定位精度$\pm0.02$mm，$X$、$Y$单轴最大定位速度120m/min，$X$、$Y$联动最大定位速度170m/min，$X$、$Y$单轴最大加速度2$g$，$Z$轴最大加速度3$g$。适配激光器功率4～12kW。

另外，光纤激光切管机近年来应用不断扩大。和和集团生产的SLT-152FIBER光纤激光切管机，从自动备料架进料、材料长度测量、自动送料及倾转、激光切割及自动下料等，全自动运行，可高速切割圆形管、方形管、椭圆形管及各种异形管材，最大切管能力$\phi$152mm，最大管壁厚度6mm。

2.数控转塔冲床

尽管一定程度上受到激光切割机快速发展的影响，但数控转塔冲床仍然是金属成形机床中市场关注度较高的产品。目前，数控转塔冲床表现出以下发展动向：

（1）传统的液压动力冲床已被伺服冲床替代。近两年来，数控转塔冲床伺服驱动取代液压驱动的趋势已经十分明显，近年的大型机床展览会上采用液压动力头的冲床已难觅踪影。伺服技术的发展和不断完善对金属成形机床产生了重要影响，机械压力机、液压机、剪折机床等采用伺服驱动都已大行其道，伺服技术以其运动曲线可调、结构简单、节能环保等明显优势必将得到更大发展。

（2）传统的数控系统将逐渐被开放式数控系统替代。虽然传统的数控系统已实现了非常复杂的功能并达到了相当的精度，但因传统数控系统采用专用计算机系统，实现过程对用户是封闭的，并且其各个模块功能固定，各厂商的软硬件互不兼容，用户无法对系统进行重新定义和扩展，系统与外部缺乏有效通信功能，增加了用户的投资风险和成本。而开放式数控系统开放柔性高、成本低、升级扩展容易、投资风险性小，可以引入最新的PC软硬件技术，

迎合了当下自动化单元、自动化生产线等的升级需求。从这个角度来说，开放式数控系统代表了数控技术的发展方向。在伺服技术已成主流应用的情况下，开放式数控系统必将成为冲床的增值部分。从这个意义上说，采用开放式数控系统的转塔冲床无疑处于更加有利的位置。

（3）伺服主机＋上下料单元组成的自动化解决方案成为工业4.0大潮下数控转塔冲床的热点。该自动化解决方案基于全伺服主机，基于开放式系统和模块化设计，配合手持终端，实现全自动加工生产。可全面跟踪整个加工过程，实时监控设备工作状态。该解决方案也是当前自动化生产技术发展的具体体现，迎合了工业4.0的升级发展需求。

（4）激光切割机与数控转塔冲床各具优势，二者不会相互取代，但转塔冲床的市场份额受到一定影响。近些年，数控激光切割机发展势头迅猛，尤其是光纤技术的快速崛起，进一步拉低了激光切割机的准入门槛。在此情况下，在二者功能重叠的冲裁、切割部分，转塔冲床市场在一定程度上受到影响。但是，转塔冲床特有的成形功能，却是激光切割机的短板，二者各有优势。而且，随着冲床上下料单元技术的发展，转塔冲床更易搭建全自动生产线，这是转塔冲床持续发展的动力。

从产品参数上看，目前转塔冲床可普遍实现1mm步距800次/min、25mm步距500次/min以上的能力，加工精度普遍可达±0.1mm，最大移动速度一般可达100m/min。

从产品特色上看，济南铸锻所生产的SPE21250数控伺服转塔冲床，湖北三环生产的LVD Strippit PX-1530数控转塔冲床柔性复合加工系统等，是近年来比较有特色的产品。

济南铸锻所生产的SPE21250型数控伺服转塔冲床，采用Servo V.R.变连杆高速冲压专利技术，刻印速度达1 800次/min、10mm冲程、1mm步距时冲次可达1 000次/min，最大送料速度达100m/min，加工精度±0.1mm。主要技术指标居国内领先、国际先进水平。

湖北三环生产的LVD Strippit PX-1530数控转塔冲床柔性加工系统，兼具冲裁、成形、折弯和攻螺纹功能。该机在柔性加工方面颇具功力，甚至复杂的三维工件也能加工，所有刀具均可旋转360°。最多可装备200套模具，任何一副模具均可在薄板任意位置、以任何角度加工，且能够加工75mm的折弯翻边。该机主要特点有：20个可分度的模具工位，可采用5或10个工位的可分度多子模，可兼容T形模具，三个完全可编程和重复定位的工件夹钳，节能系统使耗电量降至最低，智能夹钳确保将可能的冲裁死区降至最小，"智能冲裁行程控制"可自动优化滑块行程，可编程工件落料槽，TOUCH-P集成控制器操作直观、简单易用。

江苏金方圆数控机床有限公司（以下简称金方圆）

生产的MT300E伺服数控转塔冲床＋ASM紧凑型冲床同侧上下料单元，其冲床1mm步距、4mm冲程时冲压频次为1 000次/min，25mm步距、4mm冲程时冲压频次为X轴500次/min、Y轴400次/min，孔距精度（Hole Accuracy）±0.1mm；ASM紧凑型冲床同侧上下料单元采用模块化设计，方便冲床的自动化升级需求。该加工单元为全伺服电动机驱动，手持终端，订单式管理，加工过程全面跟踪，可实现全自动化加工。可实时监控工作状态，全面掌握设备信息，便于维护保养。

3. 数控折弯机/折弯单元

近年来，工业4.0风起云涌，自动化生产需求旺盛，数控折弯机及其成形单元也不断得到新的发展。从近年发展来看，表现出以下几个发展动向：

（1）折弯单元、折弯加工中心得到新的发展，有百花齐放之势；产品加工速度更快，已实现全自动无人值守加工生产。

（2）新技术不断得到应用和发展。包括伺服技术，油电混合、电液伺服驱动技术，全自动挠度补偿系统，全自动在线角度测量补偿系统，全自动板厚检测系统等。新技术的应用使现有的折弯机如虎添翼，速度更快，精度更高。可以说，现代化的折弯单元与以前相比已不可同日而语。

（3）控制系统的作用凸显，控制系统的优劣将成为未来产品竞争的关键所在。其中，成形专家系统配合大屏幕触摸应用将成为标配，而在线实时测量校正系统将成为增值部分和不可或缺的卖点。再者，在工业4.0的背景下，互联制造解决方案已从概念变成了具体的产品，先行者必将占据互联制造的制高点。简单来说，工业4.0的发展已日新月异，已从蓝图变成了现实的产品，企业当奋起直追。

金方圆生产的HPE混合动力折弯机自动化单元，采用T-3500数控系统，柱塞泵与伺服电动机结合的控制系统，显著提高滑块速度，效率可提高20%；泵控取代阀控，可节能30%；通过伺服电动机精确控制油量，提高滑块定位精度；伺服电动机在不需要流量或压力时可停止工作，降低噪声；配合自动化机器人进行折弯加工，更加方便快捷，降低劳动强度。

扬州恒佳机械有限公司研制的板料自动化折弯单元，具有多项技术突破和创新。其主要由数控折弯机、视觉定位系统、取料站、出料站、上下料机械手和折弯机器人等组成，能完成自动上料、定位、折弯、卸料等工序。

湖北三环生产的PPEB170/30-EFL高精度数控折弯机，配置工业用红外线19in触摸屏，嵌入式Win 7数控折弯专家系统Cadman-Touch和获专利技术的Easy-Form在线角度检测系统进行在线检测和校正。此外，该机可采用2D、3D彩色图形模拟零部件加工；工作台整体楔块式机械挠度补偿机构，补偿点多，使用寿命长（V轴）；上模采用WILA式夹紧；采用Turbo大排量变量泵，高速、节能。

高精度全铝型材式6轴（$X1$、$X2$、$R1$、$R2$、$Z1$、$Z2$）后挡料，结构牢靠，运行速度快；全数控板料托扶装置在折弯全程自动托扶板料，提高工件精度，降低劳动强度；箱式整体防护罩，安全防护等级高。

泰安华鲁锻压机床有限公司生产的WS67K—2000/8000数控折弯机，主要应用于汽车、工程机械、军工等领域的高强度钢板的折弯加工。该机自带行车，方便上料；自动推（送）料，高强度钢板折弯；机床采用电液伺服同步技术，闭环控制滑块运动实现折弯。模具采用滚柱式下模，折弯件无压痕。自动送料、推料，自动化程度高，减轻劳动强度，精度高，生产效率高。其主要技术参数：公称力20 000kN，折弯长度8 000mm，滑块行程600mm，最大开启高度1 250 mm，喉口深度1 000mm，快进速度60mm/s，工作进给速度7mm/s，返程速度60mm/s，后挡料行程（$X1$、$X2$）1 200mm。

天水锻压机床集团有限公司（以下简称天水锻压）生产的Q34Y—110多功能联合冲剪机，采用单滑块结构，单缸驱动，具有六个标准工位；可实现冲孔、折弯、圆钢／方钢剪切；扁钢剪切、角钢剪切、开槽／切角；还可实现槽钢剪切、圆管切角、弯管等功能。具有快速换模功能，自动压料功能，以及连锁、保护功能。该机制件精度高，操作简便、高效、灵活，使用安全。

天水锻压生产的GDJOR—50钣金加工专用机器人，可与剪、折、冲或其他设备构成柔性加工生产线，实现全过程自动化生产；确定跟随折弯轨迹，折弯效果接近人手手臂；支持多夹具生产模式，适应不同加工需求；专为钣金加工工艺开发的机器人控制系统，触摸式操作，界面简单友好，支持用户各种定制化服务；高刚度，高精度，大负载，工作空间大，适应各类大型复杂工件的加工；高速度，高效率，可24h全天候工作；高安全性，配有多种安全装置及检测手段，保证操作安全。

4. 数控精密机械压力机

数控精密机械压力机近年来取得可喜进展。以济南二机床集团有限公司（以下简称济南二机）产品为代表的大型汽车冲压生产线成为国产优秀代表，扬州锻压机床股份有限公司（以下简称扬州锻压）、徐州锻压机床厂集团有限公司（以下简称徐州锻压）、江苏扬力集团有限公司、宁波精达成形装备股份有限公司等在多工位压力机、伺服压力机、高速压力机等领域不断提高和发展。可以说，机械压力机正处于近年来发展进步最快的时期。

济南二机生产的大型汽车冲压生产线不断得到发展。其高速拆垛系统、码件装框系统等自动化产品实现市场突破，在为用户提供整体解决方案方面打下了坚实的基础。同时，济南二机融各家之长，形成自己的技术优势，掌握了大型冲压设备的伺服技术、连续同步控制、一键恢复等关键核心技术，实现了与国际先进水平的同步发展。

大型冲压生产线一般由4～6台冲压设备主机和自动化送料系统组成。过去冲压生产线的送料系统一直选配国外专业品牌。如今，济南二机攻克了40多项关键核心技术，研制成功了具有自主知识产权的新型自动化送料系统，实现了从线首、主机到线尾的完全自主研发，并且冲压节拍从每分钟15次提升到18次，效率提高了20%，可以满足汽车钢板、高强板、铝板、拼接板的冲压，适应汽车轻量化的发展需求。"大型伺服压力机及伺服冲压生产线关键技术与装备"项目荣获2017年度中国机械工业科学技术奖一等奖。

在智能制造方面，济南二机也走在了前列。济南二机结合生产经营实际，在ERP应用基础上，建立了智能制造车间，集成PLM、ERP、DNC等系统，打通产品全生命周期的数据链，实现了设计、工艺、生产、制造一体化协同应用，机床操作者刷卡登录系统，接受工作任务，浏览电子图样、工艺，完成加工任务后进行自检、报工；车间电子目视板实时展示车间生产状况，实现电子化、流程化、透明化、无纸化应用，在多品种、单件小批量、离散型企业中处于国内领先水平。

在智能制造核心支撑软件方面，智能冲压设备及自动化送料系统涵盖轨迹规划、运动仿真、节拍优化、同步控制、运行维护5个方面的核心技术，同时可提供2D/3D环境下的开发平台，实现虚拟仿真与实际运行的精准协同，提升整线生产效率与运行可靠性，设备一键恢复系统可实现故障停机后自动恢复到整线生产的初始状态。

服务于智能制造车间的互联网应用，搭建了设备远程诊断网络平台，兼容PC以及移动终端，实现了整线设备运行状态采集、数据分析及自诊断、在线故障诊断、设备运行维护保养提示以及操作指导等数字化应用。

扬州锻压生产的YS4L-2500型闭式四点多连杆多工位压力机，是专为汽车行业开发的大型多工位压力机，采用舒勒公司最新的闭式四点多连杆（六连杆）结构，分体式框架焊接机身，高刚性设计，抗偏载能力强，滑块为八面导向结构，超长导向，精度保持性好。多连杆结构使冲压行程曲线更加优异，特别适用于多工位拉伸工艺。

该机公称力250 000kN，冲压行程914mm，公称力行程12.7mm，行程次数8～25次/min，最大装模高度1 395mm，前后双移式工作台，台面尺寸（左右×前后）6 100mm×2 750mm可定制，侧面开口3 600mm可定制。可搭配片料拆垛机、机械手、成品零件输送带等周边设备，组成多工位冲压生产线。该冲压生产线主要应用于汽车零部件的多工位冲压生产，生产线自动化程度高。

该机生产效率高，生产线冲压效率可达10～25个/min；换模时间短，配前后双移动式工作台，换模时间一般为10min左右，而传统换模需要半天到一天时间；产品品质提升，人工送料的产品定位误差大，机械手自动送料精度高，故产品品质提升，替代传统的多台压力机连线冲压模式，可节约人工。在多机连线冲压模式下，每台机床配备 1 名操作人员，而整线则需要 6～10 人甚至更多。而采用多工位冲压生产线仅需要 1～2 名操作人员即可。

扬州锻压生产的 YM 系列闭式双点、分体式、双肘杆精密机械压力机，采用加强型框架式高刚性机身和滑块，机床刚性指标 1/20 000，特殊要求可定制；双肘杆结构，可获得优于普通曲柄连杆机构压力机的行程曲线；成形工艺时，冲头速度低且匀速；模具在拉伸工作区间内受到冲击力小，噪声小，使用寿命大大提高；满负荷工作区域长，适合深拉延工艺工作；回程速度快；每个驱动元件负载较低，因此加速和制动的惯量低，大大节约了能源；机床做功时间长，同样的冲压工艺，不需要提高冲床吨位。该机床可用于中厚板、高强板零件的连续模冲压，生产精度要求较高的制品。

扬州锻压生产的 YSH-400/300/200 数控高速精密冲压生产线，采用四柱式分体铸造机身，三点直排传动结构，11 点高刚性导向，冲次 600 次/min，整机性能达到国际先进水平；广泛应用于新能源汽车高效电动机、高性能压缩机等产品定转子的多排叠进模高速精密冲压。

徐州锻压生产的 DPS4H-600E 智能闭式四点伺服多连杆压力机，机身采用高强度、高刚度设计，刚度值为 1/10 000，满足超强钢成形；主传动采用伺服电动机驱动螺杆+肘杆机构，满足各种冷、热成形工艺；运行过程采用位置控制+转矩控制，采用吨位仪+磁栅尺监控，控制可靠；采用伺服直驱技术，配备能源回收系统，节能达 30% 左右；各铰接点采用重载滑动轴承，承载能力大，变形小，动态精度高；滑块位置测量方式采用电子式，气压自动调整，适合自动化生产线快速换模需求；平衡缸可实现触摸屏手动、自动调整压力，与滑块调节电动机联锁，适合自动化生产线快速换模需求；拉伸气垫为多气垫结构，可实现四角压力、行程任意调节，满足各种工艺需求；电气采用奥地利 Sigmatek 控制系统，采用总线技术，实现可靠控制，具有远程诊断、ERP 数据交换及自动化控制集成功能。该系列伺服压力机可满足汽车 A（B）柱、防撞梁、保险杠、航空航天装备、轨道交通装备、海洋工程装备等领域高强度钢、超高强度钢冷、热成形需求。

该智能闭式伺服多连杆压力机具备如下优势：①超大工作行程，并可在行程范围内任意位置停止和返回，满足超高强度钢热成形、冷冲压的深拉延工艺。②超大工作台面，方便实现双点和四点结构，抗偏载能力强，是大型模具冲压、连续模冲压的最佳选择。③超高成形精度，下死点精度动态智能补偿，工作区域重复定位精度 ±0.01mm，制品精度高，模具寿命长。④超高工作效率，与传统机械压力机相比，机械零部件更少，传动效率更高、易维护，适合于机器人、机械手等自动化连线。⑤超低生产能耗，专利传动机构超大增力比，配置低功率伺服电动机，经高效优化转动惯量，实现 5～10 倍增大冲压力输出，能耗低，性价比高。⑥多电动机同步技术，实现多电动机传动，减

少了电动机规格，易于实现伺服电动机和驱动器系列化和量产，提高可靠性和性价比。⑦高端集成智能控制系统，可实现远程诊断、ERP 数据交换及自动化控制集成功能。

徐州锻压生产的 JH71-1600Y 数控闭式多工位精密压力机，机身采用高强度、高刚度设计，刚度值为 1/10 000，满足高强度钢成形需求，特别适合具有拉延要求的成形需求；机身开口大，可满足开卷、校平、送料和三次元自动生产线双料（卷料、板料）送料要求；主传动采用大行程、偏载设计的偏心轮结构，具有左右承载不同负荷的多工位成形工艺；滑块位置测量方式采用电子式，适宜自动化生产线快速换模需求；平衡缸可实现触摸屏手动、自动调整压力，与滑块调节电动机联锁，适合自动化生产线快速换模需求；拉延气垫为伺服多缸气垫，每个气垫行程、压力均可单独调节，满足各种工艺需求；自移式上模夹紧器，与平衡缸、气垫、气源气压自动调节相结合，实现快速换模；电气控制采用总线技术，具有远程诊断、ERP 数据交换及自动化控制集成功能。该系列多工位压力机满足汽车、高铁、轨道交通、农机等高强度钢单机一模单件和一模双件成形需求。

该数控闭式多工位精密压力机的优势：①机身开口大，可满足卷料和板料两种材料自动生产线，节省安装空间。②行程大，行程媲美液压机，与三次元自动化生产线完美结合，可满足各种零件深拉延工艺。③超大工作台面，方便实现双点和四点结构，是大型模具冲压、多工位连续模冲压的最佳选择。④成形精度高，左右强度、刚度不同，抗偏载能力强，拉延零件精度高，模具寿命长。⑤工作效率高，与传统机械压力机相比，行程次数高，与三次元自动化生产线结合，生产节拍快。⑥集成智能控制系统，可实现远程诊断、ERP 数据交换及自动化控制集成功能。

徐州锻压生产的 JK36-800Y 数控闭式双点高速精密压力机，机身采用高强度、高刚度设计，刚度值为 1/10 000，特别适合高强度钢材料成形；工作行程次数比常规压力机高 3～5 倍，特别适合新能源电动机自动生产线成形要求；滑块位置测量方式采用电子式，气压自动调整，适合自动化生产线快速换模需求；平衡缸可实现触摸屏手动、自动调整压力，与滑块调节电动机联锁，适合自动化生产线快速换模需求；压力机轴左右安装，工作台板、滑块尺寸大，可满足级进模等多工序工艺生产；电气控制采用总线技术，具有远程诊断、ERP 数据交换及自动化控制集成功能。

该数控闭式双点高速精密压力机机身开口大、强度高，与开卷、校平、送料及三次元自动化生产线完美结合，可满足各种板料宽度需求；超大工作台面，抗偏载能力强，是大型模具冲压、多工位连续模冲压的最佳选择；成形精度高，特别适应新能源电动机定转子冲压需求；工作效率高，与传统机械压力机相比，行程次数高，与自动化生产线结合，生产节拍快；集成智能控制系统，可实现远程诊断、

ERP数据交换及自动化控制集成功能。满足大数据、物联网，智能生产。

徐州锻压生产的JL75G-60数控高速压力机，采用高速压力机立柱结构，具有减振、节能功能；主传动采用菱形多连杆驱动，既省力，又增加稳定性；高速肘杆压力机下死点动态调整机构，具备下死点数控动态补偿功能；采用多连杆驱动机构装配平台及工装（专有技术），生产效率高；采用六圆导柱导向结构，偏载能力强；采用液压式上梁提升机构，满足动态装模高度调整，电气系统总线控制，具有远程诊断、ERP数据交换及自动化控制集成功能。

该数控高速压力机特点：①静态几何精度超精密，下死点动态重复精度高，制件精度高。②超高成形精度：下死点精度动态补偿，工作区域重复定位精度±0.01mm，可满足引线框架、微电子、微电动机、铝箔、铜箔等超薄材料成形；模具寿命长。③集成智能控制系统，可实现远程诊断。ERP数据交换及自动化控制集成功能。满足大数据、物联网，智能生产。④超高工作效率，压力机行程次数高，与自动化连线，生产效率高。

宁波精达成形装备股份有限公司的MCP300L4型3 000kN宽台面双驱四点超精密高速压力机，是为满足空调压缩机电动机铁芯制作需求而研制的。制冷空调压缩机电动机铁芯精度要求高，为提高制冷空调压缩机能效，硅钢片厚度从0.5mm降到0.35mm，并有继续减薄的趋势。材料变薄，凹凸模间隙减少，要求模具和压力机的精度更高。为提高生产效率、节约原材料，出现了能同时冲制3～4列压缩机电动机硅钢片的模具，其外形更长。但由于国产高速压力机在台面宽度、精度、可靠性等方面与进口设备相比存在较大差距，目前国内制冷空调压缩机电动机铁芯制造领域几乎是清一色的进口设备，且价格高昂，因此，迫切期待宽台面、超精密高速压力机的自主研发。

该机采用主轴双边驱动、滑块单排四点施力结构，实现了超宽滑块的轻量化、高刚度；采用蜗轮螺套式滑块封闭高度调整机构，结构简单，调整方便，调整范围大，调整精度高，调整误差小，并具有液压过载保护功能；采用八棱柱体导向副，保证了滑块导向的高精度；采用下死点精度多点检测，提高了滑块下死点重复精度；采用多点温度监测与控制、动态监测与故障诊断，提高了系统的可靠性和安全性。

该机主要技术参数：公称力3 000kN；行程次数150～400次/min，滑块行程30mm；封闭高度调整量100mm，最小封闭高度时滑块提升量150 mm；工作台面尺寸2 700mm×1 000mm；滑块刚度1/30 000；滑块行程对工作台面板垂直度左右方向0.006mm，前后方向0.003mm；联接部位总间隙0.11mm；滑块下死点动态重复精度±0.005mm；数控系统禾川HCA8-64X64YT-A；机床净重85 000kg。

在伺服压力机领域，中兴西田数控科技有限公司（以下简称中兴西田）是近年来快速发展的一家伺服压力机专业研制生产企业。伺服压力机在钣金冲压中应用较早、较多，冷温热精锻尚未形成气候。但最近几年，从冷挤压、板材锻压、复合冲压到温锻、热模锻及热成形等领域，开始逐步推进使用伺服冷温热精锻压力机，而且效果非常显著。

从伺服压力机应用现状上看，近几年也有几个厂家制造出来几条伺服生产线，但是低速高转矩伺服电动机和控制系统核心技术仍掌握在德国和日本少数几家公司手里，并且在我国售价高昂，而国内厂家的技术开发滞后，尚没有突破欧美日的技术壁垒，只能依赖进口。因而，必须突破低速、大转矩、高过载伺服电动机设计及生产技术壁垒，突破大功率伺服电动机专用伺服驱动器及伺服压力机控制系统为国外垄断的壁垒，大力发展我国自主的低速、大转矩、高过载伺服电动机核心技术及其驱动和控制技术。

中兴西田为此进行了深入开发研究，组织了大功率、低速、大转矩伺服电动机开发设计的关键技术研究，实现了大转矩伺服电动机开发系列化，低速大转矩伺服电动机最大转矩可达56 000N·m；组织了伺服驱动器的研究开发；突破了伺服压力机的控制技术，完全实现了速度、位置、转矩的全闭环控制。在此基础上，中兴西田开发了多种伺服压力机，电动机及驱动器全部采用国产品牌（CBT），企业获得了良好的经济效益和社会效益。

5.数控液压机

经过多年的不断发展，目前我国的数控液压机技术和装备水平也有了长足进步。当前的液压机装备及技术具有以下发展动向：

（1）高速、高精已从口号变成现实，自动化生产线已屡见不鲜，可靠性已有根本改变，中外技术的差距在进一步缩小。如合肥合锻智能制造股份有限公司（以下简称合锻智能）生产的热冲压成形液压机，快降速度≥1m/s，工作速度达300mm/s，回程速度700～800mm/s。高速液压缸、压边缸行程可调、压边力和拉延力自动调节、单双动自由切换、通过比例压力控制技术对压边力—位移曲线拟合技术、压机故障诊断和总线技术等的应用，使液压机的技术性能以及安全性有了明显升级。而成熟的液压机及电气控制系统、与国外最新技术同步的非焊法兰管路系统等的应用，则保证了液压系统的密封可靠。

（2）各门类及专用液压机呈百花齐放态势，极大扩充了国产液压机的应用空间。曾几何时，国产液压机在专用液压机方面长期处于弱势地位，但近些年来这种状况已有了明显转变，国产专用液压机正处在最好的发展时期。如合锻智能生产的高强度热冲压成套液压机、大型汽车覆盖件自动冲压生产线、不锈钢冷／热压封头成形液压机、内高压成形液压机、精密模锻液压机、大型等温锻造液压机等，天津市天锻压力机有限公司生产的汽车纵梁液压机、汽车内饰液压机、模具研配液压机、玻璃钢制品液压机、粉末制品液压机、环锻／自由锻／模锻等锻造液压机、封头压制液压机、船板压制液压机、金属挤压液压机等。

（3）伺服技术的应用使液压机如虎添翼。伺服技术在液压机上的应用成为液压机发展的一个方向。通过伺服电动机直接驱动液压泵实现对滑块的驱动，速度转换平稳，无传统液压机的振动、冲击。与普通液压机比较可节电2%～6%，可节省50%的液压油，可降低噪声20dB以上。而且使传统液压机的液压系统得到简化，取消了压力控制、速度控制等液压回路，维修保养方便。采用伺服技术后，压力机滑块运动曲线可任意设定，方便多机连线、与机械手的配合等。

合锻智能生产的HSHP型高速液压机是高档数控机床与基础制造装备国家科技重大专项"超高强度汽车结构件热冲压技术和装备生产线"的主机产品。产品出口澳大利亚、韩国等国家。核心自主知识产权——"一种高速液压机"获得安徽省"发明专利金奖""2016年度中国专利优秀奖"。

该机主要技术参数：公称力8 000kN，回程力8 000kN，滑块行程1 500mm，滑块台面尺寸3 200mm×1 800mm，空程运行速度达到800mm/s以上，压制速度＞110 mm/s，单件生产时间缩短至6s／件，主功率约400kW。

通过热成形技术制造具有优异力学性能的超高强度汽车结构件是实现汽车轻量化所必不可少的新技术。它是同时实现车体轻量化和提高碰撞安全性的最好途径。该机热冲压加工工艺具有超高强度、高硬度、轻量化、几乎无回弹等诸多优点，生产效率高，产品控制精度高。

合锻智能生产的HHP24-15000t双动冲液拉深液压机是高档数控机床与基础制造装备科技重大专项"航天大型复杂薄壁构件充液拉深装备与工艺研究"的主机产品。产品通过主机结构刚度优化设计、数字化样机、大流量电液一体化液压控制、大型液压机安全防护及控制等关键技术的开发，研制出了世界最大的15 000t双动柔性拉深液压机，其压力精度、位置精度、基于位置跟随的滑块运动控制精度等在同类重型液压机中达到国际领先水平。促进了充液拉延装备的快速发展，提高了我国航天产品和国防武器领域的大型整体薄壁构件的整体制造能力，满足了大型航天钣金零件的精确、高可靠性制造要求，满足新型号运载火箭、飞行器、战略武器装备的性能要求，对打破国外技术封锁、提高国家技术竞争力具有重要意义。

合锻智能生产的YH29-30000kN汽车大梁成形液压机是全新的汽车大梁产品自动化、智能化生产单元，其结构形式与工作模式属全新开发设计。通过采用变频调速控制技术、可调整体导轨技术、滑块双点自动平衡技术、反拉伸垫自动同步技术等，实现汽车大梁的整体弯曲成形，显著提高汽车大梁产品的成形质量和强度，通过合理优化生产工艺改善了工作环境。随着国家在节能环保方面的要求趋严，汽车大梁成形设备为大中型货车的轻量化提供了相应技术基础。产品填补了国内在此领域的空白。

合锻智能生产的YH96型汽车内饰件智能生产线主要用于汽车内饰件的压制成形，具有自动化水平高、压制精度高等优点，是目前国内环保、自动化、高效率的全自动汽车内饰件生产线。该生产线由六自由度智能机器人、伺服送料工作站、多功能抽真空手臂及两台高速热成形液压机组成，并配有自动上、下料机构。可实现不同材质不规则纤维材料的多层复合热成形工艺。该机主要适用于航空、轨道交通等领域，也适用于纺织、化工等领域的复合材料热成形工艺。该系列产品采用框架式或四柱式结构，可以根据工艺需求，配置油加热系统、蒸汽系统、抽气装置以及左右安全门和前后自动升降门。采用比例伺服系统，快降速度快，压制中可设置排气位置、预压压力、压制力等参数，同时也可设置远程诊断功能，整体技术水平达到国际先进。该机出口欧盟各成员国，占领了国际高端市场。

重庆江东机械有限责任公司生产的16 000kN四工位压力机，主要适用于金属轴类零件的冷挤压、温锻成形工艺，并预留送料机械手、机器人控制接口，可实现设备与送料机械手、机器人联动，提高设备生产效率。

该机具有独立的液压系统和电气系统，并采用按钮集中控制，电气控制采用PLC结合彩色触摸屏。压力机的工作压力及工作行程采用压力传感器和位移传感器检测，均可在触摸屏上根据工艺要求进行调整，可实现定压和定程压制。

该机采用整体框架式结构，采用优质钢板焊接而成，机身经有限元分析以保证压力机架强度和刚性。在机身上梁内安装有主液压缸，主液压缸活塞杆与滑块相连，依靠机身上的四角八面做上下往复压制运动。机身顶部装有安全维修平台及充液装置，四周有安全防护栏，外形美观。顶部周边设有挡油环，防止机器安装和维修时的油液下流，保持场地清洁。在工作台内装有四工位的顶出机构用于压制时的顶料或脱模，顶出机构采用六面导向，抗偏载能力强，上端安装有一定间距的四个工位的顶出杆，下面与两只活塞缸相连，做上下顶出、退回运动。由于工作环境恶劣，顶出位移采用位移传感器控制。

该机主要技术参数：公称力16 000kN；滑块回程力1 600kN；滑块打料力600kN（单工位30t，四工位60t）；顶出力1 600kN；滑块最大行程1 000mm；滑块打料行程120mm；顶出行程350mm；滑块快下速度400mm/s；滑块压制速度36～56mm/s；滑块退回速度450mm/s；工作台有效尺寸（左右×前后）1 650mm×1 350mm；工位数4个；允许偏载1 200kN·m。

天津市天锻压力机有限公司生产的THP11D-16000 160MN超塑性等温锻造智能化压制中心技术参数：公称力40～200MN（可调）；滑块行程1 600mm；可拉延零件投影尺寸800mm×1 600mm；滑块模锻速度1～10mm/s、0.5～1mm/s；滑块等温锻速度0.1～0.5mm/s、

0.01～0.1mm/s、0.005～0.01mm/s；滑块调平精度≤0.1mm/m；工作台尺寸4 000mm×6 000mm、4 000mm×4 000mm；下顶出缸工作速度0.2～25mm/s；滑块速度控制精度0.005mm/s。

该机能够实现大型铝合金、钛合金、高温合金、难变形合金等轻金属材料制件的自主制造，可满足我国航空、航天、核电、超临界和联合循环发电、海上平台等领域急需的外形最大投影面积5～6m²、净投影面积2.8～3m²的核心大型整体钛合金锻件的等温超塑成形锻件的工艺要求，总体技术达到国际先进水平，填补国家空白。

天津市天锻压力机有限公司研制了RS-THP63-800A+5000汽车轻量化管式充液成形生产线。其中50 000kN终成形管式充液成形设备主要参数：公称力50 000kN；长行程液压缸行程1 100mm；最大开口高度2 100mm；工作台尺寸（左右）3 200mm×3 000mm；长行程液压缸公称力10 000kN；滑块空程下行速度400mm/s；滑块慢下工作速度5～15mm/s；滑块空程回程速度350mm/s。8 000kN预成形管式充液成形设备主要参数：公称力8 000kN；滑块行程1 400mm；最大开口高度2 000mm；工作台尺寸（左右）3 000mm×2 200mm；滑块空程下行速度250mm/s；滑块慢下工作速度10～20mm/s；滑块空程回程速度200mm/s。

该产品将先进的充液成形技术应用于汽车零件的制造，开发了用于汽车轻量化管式零件充液成形数控装备及工艺，以取代现有工艺，设备可达到国际先进水平，且制件成本只有进口件的1/5，填补国内在该领域的空白。

天津市天锻压力机有限公司生产的RS-YT27-1400A+1200BB×2履带板成形在线检测与远程诊断智能化生产线，主机由两台1400t液压机组成，是我国首条集智能检测、筛选及远程诊断于一体的全自动化履带板冲压制造生产线，用于国内外履带车辆所急需的多工序履带板的冲压成形，对其冲压成形制件具有全自动上料、输送、切断、冲孔、智能检测及筛选、出废料、远程诊断等工艺，填补了国内履带板冲压成形液压机成套（成线）全自动化、智能化技术的空白。

6.结语

（1）数字化制造与解决方案风起云涌，实现路径趋于清晰和完善，必将成为市场竞争的关键因素。锻压机床的升级发展可谓日新月异，我们欣喜地看到，部分产品出现新的突破。对于数控激光切割机来说，光纤激光切割机已快速完成对传统激光切割机的替代，而万瓦级激光切割机的出现在国内市场是一个标志性事件，代表国内激光切割机市场正式进入万瓦级应用时代。此外，开放式数控系统的应用迎合了工业4.0的大潮，为数控激光切割机自动化生产线的配置及未来升级带来了更大的可能性和便利性。同样，对于数控转塔冲床来说，尽管其市场受到快速发展的光纤激光切割机的影响，但其仍

然具有旺盛的需求，尤其是伺服主机＋上下料单元组成的自动化解决方案，成为数控转塔冲床热点。该自动化解决方案基于全伺服主机，基于开放式系统和模块化设计，配合手持终端，实现全自动加工生产。该解决方案也是数控转塔冲床市场应用的优势所在。从折弯机及折弯加工单元来看，伺服技术、后挡料技术、在线测量技术、在线补偿技术，以及折弯单元、自动化折弯成形中心、配有机器人的折弯自动化生产线等，代表了当前折弯机技术发展和应用的走向，未来折弯单元、折弯加工中心将得到更多应用。总的来说，速度更快、精度更高、可靠性更好正在变成现实，而伺服技术的应用使绿色环保有了可靠的技术保证，同时，单元化、成形中心、FMS、自动化生产线、机器人应用呈风起云涌之势，距离应用井喷已经不远。一言以蔽之，数字化制造与解决方案已成趋势，率先切入并完善者就会在市场上处于有利位置。

（2）在工业4.0大潮下，一些先进厂商已经率先提出了智能互联解决方案。如通快（中国）有限公司研制的互联制造TruConnect，其内容包含最新独家的互联技术、智能设备、互联服务等概念，包括了自动化、智能化的硬件解决方案及数字化的软件解决方案；AMADA公司以智能化工厂为主题，提出IoT"V-Factory"理念，将工业4.0代入钣金工程，通过将工程相关联来实现生产可视化、工厂连续运转等目标，进而提出生产加工的未来模式；舒勒公司通过建立完善的售后服务APP系统，表达其对智能冲压车间的最新理念的思考。该APP可通过生产现场图片、视频等的资料反馈，快速确定问题所在，迅速为客户给出解决方案。可以想见，智能设备、互联技术理念将快速得到进一步强化和发展。对此，国内厂商需引起高度重视，迎头赶上。

〔撰稿人：中国机床工具工业协会锻压机械分会徐刚〕

# 功能部件及机床附件

## 一、主轴

2016年主轴行业重点联系企业共获授权专利40余项，主要技术进步体现在：①高可靠性。②高输出特性。③高智能性。④高环保性。⑤主轴轴承高刚性与高速性的和谐统一。⑥主轴刀具及电气的接口标准化程度高。⑦模块化设计。⑧主轴寿命长、免维护。产品研发速度逐年加快，研发水平日益提高，部分产品已打入国际市场，可与国外主流主轴生产厂进行竞争。

1. 上海原创精密机床主轴有限公司

该公司通过实施"高档数控机床与基础制造装备"科技重大专项中"精密动静压主轴设计制造技术"课题，内置式永磁同步动静压电主轴DmN值达到10万mm·r/min以上，径向运动精度<0.000 5mm，轴向运动精度<0.001mm，加工零件圆度<0.000 3mm，推广产品已形成量产。

在静压导轨研究制造方面，开发了H320、H520系列静压导轨，直线度达到0.3μm/m，为国产高精度机床及检测设备提供了整体解决方案。

2. 洛阳轴研科技股份有限公司

该公司调整产品结构，以磨削用电主轴、光伏主轴、特种电主轴为主要研发方向，坚持产品质量性能提升为工作主线，安排了实施期限为一年的电主轴产品质量提升工作。全年共申报专利15项，获授权专利6项。申报专利中包括发明专利5项，实用新型专利10项，主要覆盖产品设计、外观、功能实现、加工工艺特殊性等知识产权的保护。

磨削用电主轴产品以国内轴承行业日益提高的加工效率需求为考量方向，以德国GMN公司高性能磨削主轴为对标产品，着力研发转速12 000～120 000r/min，功率与GMN产品相当的新一代高功率、高刚性磨削电主轴系列产品。除砂轮主轴产品以外，着力提升为轴承专用磨床行业提供全套主轴的整体解决方案，提升并研发了永磁同步床头主轴系列和高刚性高功率砂轮修整器主轴产品。

光伏主轴产品以光伏行业线锯机主轴需求为导向，开发了替代日系机床的光伏线锯机主轴产品，主轴转速2 500r/min，具有频繁换向、高刚性、高可靠性等特点。产品性能达到了日系原装机床配套主轴的水平，为国内光伏切片领域提供了高性价比的进口替代解决方案。

特种电主轴产品主要以铜管拉碾、高速离心、特种高速旋转试验等领域为覆盖范围，在原有产品系列的基础上，着力提升产品的质量、可靠性、输出性能，产品的性能相较原有产品刚性、功率均提高了20%以上，为相关行业的发展做出了贡献。

3. 广州昊志机电股份有限公司

该公司2016年在深交所创业板上市，股票代码300503，公司发展迈向新的阶段。同年荣获"广州开发区博士后创新中心"奖，并成为"国家强基工程项目超精密静压电主轴实施单位"。2016年度申请专利共52件，其中发明专利28件，实用新型专利24件；2016年共获得授权专利27件，其中发明专利11件，实用新型专利15件，外观设计专利1件。

该公司生产的180 000～200 000r/min高速气浮电主轴、60 000r/min滚珠电主轴、DGZ-40C滚珠电主轴2012年被广东省科学技术厅认定为"广东省高新技术产品"。

60 000r/min滚珠高速动力头电主轴、DGZ-60M球轴承高速电主轴2014年被广东省高新技术企业协会认定为"广东省高新技术产品"。

60 000 r/min滚珠高速电主轴研究与开发项目荣获2016年广东省科学技术进步奖二等奖。

广州昊志机电股份有限公司现有主要应用领域内产品品种齐全，性能优异。目前该公司的主轴产品已涵盖PCB钻孔机电主轴、PCB成形机电主轴、数控雕铣机（包括玻璃雕铣机电主轴和金属雕铣机电主轴等）、钻攻中心主轴、加工中心电主轴等多个系列。在主要细分领域亦推出了多个型号产品，以满足客户的差异化需求。面向中高端市场，主要产品的综合性能达到国内领先水平，部分产品可与国际领先品牌竞争。在追求产品性能领先的同时，得益于国内制造业的人力成本优势及公司良好的成本控制能力，相对于国外竞争对手，公司产品性能优异、价格更具竞争力，且提供的保固寿命更长、售后服务更优、后续维护成本更低，具有较明显的性价比优势。

广州昊志机电股份有限公司的产品储备丰富。凭借强大的研发实力和深厚的经验积累，公司持续进行产品升级改型，提升产品性能、保持产品领先优势的基础上，紧跟市场趋势，进行新产品开发和储备，不断拓宽产品应用领域，培育新的利润增长点。目前，公司储备及正在研发的产品包括木工电主轴、车床主轴、直线电动机、机器人减速器等。

4. 无锡博华机电有限公司

该公司多年来致力于高速精密主轴的研发和制造，产品广泛应用于模具加工、精密雕刻、加工中心、轴承磨削、数控车床等机床行业。主要产品有：精密雕铣机电主轴、加工中心电主轴、数控钻攻中心电主轴、精密高光机电主轴、精密大转矩同步电主轴、DDR直驱转台等。

为了有效地对产品质量提高和控制，公司引进了瑞士、中国台湾产的精密磨床10台，并购置了蔡司三坐标测量仪、马尔测长仪、泰勒圆度仪等高精度检测设备，并拥有电主轴功率—转矩检测工作台、激光回转精度测试仪及振动分析仪。

无锡博华机电有限公司以"精神、精诚、精湛、雅达、博达、畅达"为企业理念，以"技术引领市场、质量赢取市场、服务完善市场"为经营宗旨，以"高转速、高出力、高刚性、高精度、高可靠性"为产品目标，为我国机床行业提供优质的功能部件产品。

5. 主轴功能部件行业技术发展重点

（1）以汽车产业为代表的需求特性。首先是由数控机床组成的柔性生产线及成套设备将成为重点之一。这些生产线的特点：一是高速，主轴转速一般为8 000～12 000r/min，进给速度高，一般为60～80m/min，换刀快，一般为1～2s；二是可靠性高，MTBF一般为2 000h以上；三是成套性好，这些柔性线不但要求配备好的夹具、刀具，还要配备好的工艺软件和控制软件；四是精度高，产品加工的一致性好。

（2）以重点大装备为代表的需求特性。以航空、航天、发电、船舶、冶金、重型机器为代表的高精尖、大型专用设备成为第二方面需求的重点。这些设备往往单价较高，要求特殊，难度较大。但从全国需求总量来看，具有很大的优势，占机床市场的1/3以上。特别是在数控龙门铣、数控落地镗、大型五面加工设备的需求量较大，而我国的生产能力又不能适应这一突然增长的需求。

（3）以模具、兵器等产品加工为代表的需求特性。以模具、兵器等产品加工为代表的多坐标、高精度、复杂形面的加工设备是第三个需求重点。这些设备主要是四坐标联动以上的加工中心、车削中心、仿形铣、成形磨等。

（4）以满足特种试验或特殊行业专机用电主轴为代表的需求特性。例如太阳能行业、高铁无砟轨道板磨削、高速离心机、内螺纹铜管加工行业、石油行业干式密封件试验、军工特种试验、轴承试验机等，这些应用场合需求特殊，要求较高的主轴研发、设计、制造能力，单台设备价值高，附加值丰厚，是一个新技术不断涌现，市场潜力巨大的应用领域。

〔本部分撰稿人：中国机床工具工业协会主轴功能部件专业委员会于永军〕

**二、滚动功能部件**

**1. 基础研究取得突破**

在滚动接触刚度及滚动体接触特性研究、高速滚珠丝杠副摩擦磨损研究、结构优化及加工技术研究、滚动功能部件降噪降温润滑技术研究、原材料及热处理制造技术研究、动态性能测试技术研究和磨削工艺优化技术研究等新技术研究方面均取得突破。

**2. 形成了高速、精密、重装系列化产品批量生产能力**

陕西汉江机床有限公司开发的端面反向高速滚珠丝杠副、空心强制冷却精密滚珠丝杠副、重载滚珠丝杠副及滚柱直线导轨副等产品均已形成系列化，山东博特精工股份有限公司的 K、KD 系列端塞式高速精密滚珠丝杠副以及 LZG35-65 系列滚柱直线导轨副，南京工艺装备制造有限公司的端块式高速精密滚珠丝杠副、低噪声滚珠丝杠副、空心高速高精滚珠丝杠副及精密滚动导轨副等系列产品都实现了批量生产。

**3. 产品性能得到较大提升**

陕西汉江机床有限公司端面反向结构滚珠丝杠副运行速度可达到 60m/min，$Dn$ 值可达到 15 万 mm·r/min，在相同工作条件下，噪声比普通结构降低 3dB 以上；GQ160×40 重载滚珠丝杠副钢球直径达到 30mm，额定动载荷 2 020kN，额定静载荷 8 790kN，是目前国内及国外承载能力、使用钢球直径最大的滚珠丝杠副；可批量生产精度等级为 P1 级的精密滚珠丝杠副，精度指标达到了国外先进产品技术水平；精密滚动直线导轨副运行速度为 72m/min 时，噪声为 71.2dB。

山东博特精工股份有限公司生产的 K、KD 系列端塞式高速精密滚珠丝杠副产品，公称直径 25～80mm，精度达 P2～P3 级，部分可达到 P1 级，运行速度可达 60m/min 以上，$Dn$ 值 12 万 mm·r/min 以上；LZG35-65 系列滚柱直线导轨副，产品精度 1～3 级，噪声不大于 72dB（运动速度 90m/min）。

南京工艺装备制造有限公司的高速精密滚珠丝杠副可实现 60m/min 速度运行时噪声为 70dB，比其他同规格产品噪声下降 4～6dB；生产的精密滚动导轨副，其高速反向循环系统经过多轮优化设计，可实现 60m/min 速度运行时噪声为 67dB，比其他同规格产品噪声下降 3～5dB。

广东高新凯特精密机械股份有限公司开发的阻尼器、钳制器具有阻尼抗振、精密定位、安全的特性。

**4. 国产化配套取得进展**

陕西汉江机床有限公司通过对滚动功能部件加工装备、工艺技术水平升级，重载滚珠丝杠副及精密滚珠丝杠副等产品全面替代了进口，并在宝鸡机床集团、重庆机床集团、天水星火机床、青海一机床、青海华鼎机床、济南二机床、武汉重型机床等国内知名机床制造企业生产的中高档机床上批量应用。为宝鸡机床集团 VMC85、VMV650H、VMC1060H 系列加工中心研制的 GQ40×16 端面结构滚珠丝杠副，精度等级达到 P2 级以上，运行速度达到了 36m/min 以上，现已批量使用；研制的精密滚珠丝杠副在重庆机床集团 YD31、YD36、YS31 系列滚齿机和秦川机床 YK31、YK71、YK72、YK73、YK76 系列数控滚齿机及磨齿机上批量应用，性能及精度指标满足了配套要求。该公司生产的滚动功能部件除在上述中高档机床上应用外，还为青海华鼎机床和天水星火机床的 CK80、CK61 系列重型数控车床，安阳鑫盛机床的 AD15、AD25、AD35 系列全功能数控车床连续配套多年。国内知名机床制造企业批量应用国产滚动功能部件，标志着国产滚动功能部件国产化配套取得了突破性进展。

南京工艺装备制造有限公司先后与沈阳机床集团、普什宁江机床、重庆机床集团、青海一机床等国内知名机床厂进行合作，开展高性能滚动功能部件在高档数控机床的应用验证技术研究，通过加强与用户的合作，确保项目效果。

南京工艺装备制造有限公司开发的 5020 中空双重强冷高刚性变位预紧型高速精密滚珠丝杠副（精度等级 P1 级），已配套于普什宁江机床 THM6380 精密卧式加工中心，各轴快移速度 40m/min，定位精度达到 0.004mm，重复定位精度达到 0.002mm，实现了国产滚动功能部件首次为高档数控机床配套，填补了国内空白，成功替代进口；5020 端块结构高速精密滚珠丝杠副（精度等级 P2 级）及 55 滚柱重载导轨副也成功配套于宁江机床 TH6380 精密卧式加工中心，各轴快移速度 40m/min。开发的 35 高速低噪声滚动直线导轨副为江苏亚威、无锡金球等用户的数控高速转塔冲床（X 轴）成功进行配套，经检测 X 轴平面精度

0.02mm/全长，X轴立面精度0.014mm/全长，精度与日本THK公司产品精度相当；满足最高移动速度70m/min的运行要求，在最高速度时测试噪声不超过76dB，总体技术水平接近日本THK公司同规格产品。开发的6314重载滚珠丝杠副，精度等级P2级，承载圈数10圈，已成功为江苏亚威PBE-30/1250数控伺服冲压机进行配套，经测试，定位精度0.005mm，噪声为72.2dB左右。开发的32规格P2级精密滚珠丝杠副及55重载滚柱导轨副为宁江机床YK6308和YK3610-Ⅳ数控精密卧式滚齿机进行批量配套55台（套），完全替代进口。

南京工艺装备制造有限公司研制的新产品在2011—2016年期间为沈阳机床680台VMC850高速精密立式加工中心提供产品配套，其中，滚珠丝杠副配套2040套、滚动导轨副配套4080套。这标志着国产中高档数控机床批量应用国产滚动功能部件数量明显上升，形成国产中高档数控机床应用示范。

〔本部分撰稿人：中国机床工具工业协会滚动功能部件分会田茂林〕

### 三、机床附件

2016年，机械工业经济运行继续在低位徘徊，行业市场形势依然十分严峻。机床附件行业企业规模普遍较小，市场竞争能力较弱。附件产品种类繁杂，主要有各类卡盘、转台、分度头、刀架、中心架、刀杆、夹头顶尖、平口钳、过滤排屑和防护装置、制冷净化装置等。行业企业面对各种困难，立足自身优势，对产品进行结构调整、转型升级，推动企业技术进步，产品可靠性、精度保持性和综合性能等方面均有进步。产品基本满足国内市场需求，部分产品在技术上已经达到国际水平，可配套欧美发达国家机床产品。下面从几个方面来概述机床附件行业技术发展和进步情况。

1. 新产品开发及技术水平进步

（1）产品增加品种和规格情况。烟台环球机床装备股份有限公司2016年完成4种刀架新产品和15种数控转台新产品设计开发。在进一步提高现有产品可靠性的基础上，着力推进液压刀架产品的试制与完善，经过数次的优化改进，现已基本完成AK34数控卧式液压刀架80与100两种规格的试制工作，转位调速、不平衡力矩的承载能力都有不同程度的提高。TK14630C数控可倾回转工作台，回转速度和精度指标达到中国台湾同类产品的水平；TK131000E-SY1转台采用全新结构的主轴设计，如配合尾座使用，可承载15t的重量。TK55320立式液压转台适用于立式加工中心的等分分度加工，具有精度高、刚性好、精度保持性好等特点。与哈量集团及重庆理工大学共同完成了TX13320、TX13400旁置式数显转台的调试，验证了标定装置的精度，使标定后的TX13320、TX13400旁置式数显转台的精度控制在10s以内，提高了机械转台的精度。

江苏宏达数控科技股份有限公司2016年成功研发了新产品HAK37系列数控直驱转塔刀架，并实现产业化生产销售。该产品2015年通过机械工业联合会组织的专家鉴定，鉴定结果：HAK37系列产品技术达到国际先进水平。目前，该产品已经实现系列化，中心高有63mm、80mm、100mm三种，同时实现批量生产销售。该产品主要应用于高档次数控车床，夹持多种切削刀具实现自动转位切削工件，是高档次数控机床关键功能部件。该产品的成功研发并实现产业化，打破了国外高档次数控刀架对我国的垄断，实现取代进口产品目的。同时，由于该产品具有高性价比，将取代目前国内伺服刀架、液压刀架、电动刀架等中高档次产品，在数控转塔刀架行业是一次重大改革，具有很大意义，对我国高档次数控车床的国产化、快速发展具有深远的影响，同时具有很大的市场潜力和经济效益。该产品目前配套了国内多家数控机床主机生产企业，得到了一致好评。

常州新墅机床数控设备有限公司新增了SLT80A伺服转塔及两种规格的SLTD80A伺服轴向动力数控刀塔。此新产品是与国际先进技术合作，以刀塔模块化设计为理念统一规划设计的新产品。

呼和浩特众环（集团）有限责任公司生产的K11、K72系列手动卡盘产品规格已经分别达到2 000mm、2 500mm尺寸。常规动力卡盘规格也达到了1 600mm，液压缸尺寸也达到了350mm。

瓦房店永川机床附件有限公司设计开发和批量生产的数控车床附件产品有管子卡盘、动力卡盘、回转液压缸、数控转塔刀架，这些产品全部是为数控车床配套使用，还可以用于普通车床机电一体化改造。

曲阜市崇德精密机械有限公司成功研发出了适合国内外市场需求的高精密、高精度、高转速弹簧夹头、刀柄等数控刀具，主要产品有高精度ER夹头（5μm/8μm）、CSK高速机夹头（5μm）、EOC（OZ）夹头（10μm）、C直柄夹头（10μm）及BT/DIN69871（SK）/CAT、HSK等锥度的高速\高精度数控刀柄、刀盘等产品。达到国际先进水平，填补了国内空白，结束了中国机床附件行业5μmER夹头依靠进口的历史，赢得了国内外广大客户的高度赞誉。

山东方正机床工具有限公司2016年新增产品有数控刀柄BT40—VER—L（微调刀柄系列）、BT50—SLN—L（螺旋式强力刀柄）、BT30—SLC—L（后拉式刀柄）。

莱州金丰制钳有限公司新增强力平口钳，规格有QY150、QY320、QY400。

宝鸡雷博精密工业有限责任公司2016年根据机床行业的发展新方向，陆续开发脉冲式高效除尘器、大规格静电空气净化器及高速、超高速电动机水冷却机等新产品，并配套海天精工、汉川机床、昆明机床、北京一机床、宝鸡机床、重庆机床、上海机床、沈阳机床等机床厂家的国家科技重大专项项目。产品可靠性、精度、稳定性等均达到设计要求及机床使用要求，并接近或达到国际同类产品水平。脉冲式高效除尘器采用高效紧凑型过滤系统，通过特殊迷宫式结构通道，达到高效率的粉尘颗粒的捕集与过滤，最高可达到≤0.3nm颗粒度，≤0.5mg/m³含尘量。采用脉冲式自动反吹清灰系统，可定时自动清理积灰。采用高效铝合金风轮及F级高效铝合金电动机，吸尘效果显著，使用性能稳定。达到进口产品性能要求，成本仅为进口产品的30%～40%。高速电动机水冷却机采用高效散热器，温度多点采集技术，PID温度控制，水温控制精度可达0.5～1℃，对电主轴、力矩电动机、直线电动机的冷却效果明显、温度稳定可靠。换热器、循环水泵、水箱、接头、管路等采用不锈钢材质，保证水质。目前，该产品已经大量应用于西门子、力士乐、菲迪亚、舍弗勒、英纳等公司的电动机冷却，逐步替代同类进口产品。

三河同飞制冷股份有限公司新增变频系列冷水机，有1.5kW、2.5kW、3.5kW、5.0kW、7.0kW五个规格，基本覆盖了高端伺服电动机、高速电主轴的应用。变频冷水机在控制精度和能耗上达到了欧美日同类产品的技术水平，在高精度数控机床的电主轴、伺服电动机、激光器的冷却方面全面替代进口产品。日系的dakin、KANTO SEIKIORINO和欧洲KHL、RIEDEL等公司在国内的市场份额正在逐步减少。

（2）产品可靠性、精度保持性及综合性能提升情况。烟台环球机床装备股份有限公司和常州新墅机床数控设备有限公司等企业对刀架和转台类产品进行可靠性数据收集及分析，将易发故障模式及结构进行深度剖析，在新产品设计时规避了此类故障结构。通过与老产品进行可靠性运转测试对比，新产品的可靠性大幅度提升。

对影响精度的关键零件在材料、热处理工艺、加工工艺上进行综合对比试验，同时对加工、检测工装进行改进，使得产品精度在一致性上得到保证。

通过进行大量试验、试验结果分析及结构改进的研究，掌握了刀架和转台类产品各关键环节的基础理论研究及可靠性保障技术。掌握了关键零件性能及精度保障技术，开发了关键加工设备、关键零件加工专用工装。从研发到制造、装配、检验各环节均掌握了核心技术，在可靠性研究方面也积累了丰富的经验，为后续开发新产品奠定了坚实的技术理论基础。通过对模块化、快速化开发的研究，有效提升了产品的可靠性指标，使产品的市场竞争力可以大幅度提高。

三河同飞制冷股份有限公司变频冷水机控制精度由传统的±1K提高到±0.1K，可保证高精度机床的精度要求。此外，变频冷水机能耗比传统冷水机降低20%，顺应节能环保的大趋势。

（3）产品加工、装配等制造环节工艺技术水平、设备水平、试验检测水平提升情况。烟台环球机床装备股份

有限公司在工艺试验方面下功夫，取得较好成绩。通过对刀架密封结构的改善，经过近600h模拟工况喷淋实验，密封效果显著提升，从而有望全面提高数控刀架密封性能。经过对TK13250E滚刀的加工试验，在耐用度、加工蜗轮齿面表面粗糙度和加工精度方面均有提高。TK13250E滚刀每次开刃加工数量由原来的15件提升至100件，加工蜗轮齿面的表面粗糙度提高一级左右，间接提升了蜗轮的耐磨性。通过改进蜗杆套结构和提高磨齿质量等七个方面的研究试验，使转台噪声有明显改善。

常州新墅机床数控设备有限公司制定新产品关键零件高效稳定性加工工艺规范及检测工艺规范，并为实现新工艺配置专用的加工设备及专用工装，实现产品批量化生产条件。规划高效的装配工装器具及装配作业生产线，同时制定装配工艺规范文件，既减轻了作业人员的劳动强度，又可在装配环节对可靠性进一步提升。

呼和浩特众环（集团）有限责任公司为了提高新产品（动力卡盘及配套的油气缸、数控刀库）的质量，引进了数控化专机及综合性能检测设备。在线测量、在线修整等手段的采用，以及综合试验机的引进极大地保证了产品的性能检测能力。

2. 新产品特点及技术亮点

烟台环球机床装备股份有限公司和常州新墅机床数控设备有限公司通过可靠性试验，对刀架产品从外形至内部进行完善及改进，规避影响可靠性的薄弱环节，对其他品牌刀架的结构特点进行分析，并结合本企业的生产特点及工艺结构进行提高可靠性的结构改进。刀架新产品采用模块化结构设计，快速开发性程度高。主要外购件标准化统一规格设计，降低采购成本及管理成本。产品精度及质量一致性高，有效提升可靠性指标。

江苏宏达数控科技股份有限公司刀架新产品采用直驱电动机直接驱动刀盘转位、初定位，高精度三齿盘啮合，精确定位，高强度液压锁紧的工作原理。产品创新点：①该产品由于采取直驱技术，刀架不需要传动部件，因此，刀架内部零件大幅度减少，这是刀架内部结构改革的重大突破。由于内部结构的特点，其可靠性、稳定性得到明显提高，机械故障率至少可以降低50%以上。②定位齿盘是决定刀架精度的最重要零件，因此，在设计研发中，创新设计定位齿盘的结构，在动、定齿盘之间设计成滚动摩擦形式，同时创新设计自润滑结构，一方面降低摩擦因数，增加使用寿命，另外实现刀架高速转位换刀。刀架的理论转速是100r/min，45°相邻刀位换刀时间只需0.21s，实际相邻刀位转位换刀时间不大于0.24s。③研发设计了智能控制方式，借助互联网平台，可以实现对刀架的实时、远程控制，根据实际工况调整参数、了解刀架实际运行状态，实现故障预警等。

曲阜市崇德精密机械有限公司新产品高速/高精度数控刀柄采用梯形螺纹代替三角形螺纹，夹持刀具后综合精

度及稳定性得到很大的提升，同时梯形螺纹数控刀柄产生的夹紧力也成倍增加，刀具使用寿命大幅度延长，加工工件表面质量得到保证。

研制成功高速、高精度涡轮蜗杆结构的钻夹头刀柄。这种刀柄自锁性能强，安全性能高、精度更稳定。卡爪镀钛，刀柄整体防锈涂层处理，耐磨性提高、使用寿命更长。刀柄的一体式设计动平衡可达到 G2.5-18000r/min。检验夹持三种不同柄径的刀具，径跳动均在 0.003mm 内。

无需螺母夹紧的后拉式高精度筒夹刀柄，夹持刀具综合精度在 0.005mm 以内，动平衡可达 G2.5-30 000r/min，更换变径筒夹可快速更换夹持的刀具。后拉式筒夹刀柄正逐步替代烧结数控刀柄。既解决了工件加工中干涉的问题，又为客户降低了生产成本。

山东方正机床工具有限公司新增产品在加工生产过程中不但具有大切削工作状态，更具有精细工作状态，如：微调攻螺纹产品，在精细小型螺纹锥的工作状态下不但具有稳定性、自定中心良好性，在工作中退丝锥时更具有自动调节功能，使得延长了丝锥的使用寿命提高了功效。新产品技术亮点是：强力刀柄内孔弹力槽采用了内螺旋式槽，攻螺纹刀柄采用了精细微调装置。

三河同飞制冷股份有限公司变频冷水机采用钣金三层柜式结构，在确保产品工艺流畅的同时保证了电气箱的防尘密封。同时保温水箱有传统不锈钢焊接结构改为增强 ABS 注塑结构，提高了可靠性和生产效率。在高精度变频冷水机的研发方面首创了变频和热气旁通结合的技术，解决了在低温低负载段控制精度超调的技术难题。

变频冷水机实现了直流变频技术和人工智能 PID 技术的完美融合，控制精度由传统的 ±1K 提升到了 ±0.1K，达到国际先进水平。采用了永磁压缩机电动机和高效变频控制器，其运行能耗比传统制冷机降低 20% 左右。

3. 专利及获奖情况

烟台环球机床装备股份有限公司根据省厅发布的"关于重大专项办开展验收等工作的通知"要求，提交的"大型、重载数控回转工作台"2012 年自主创新成果转化重大专项项目顺利通过验收。与山东东仪光电仪器有限公司、烟台东方分析仪器有限公司、山东大学、山东省机械设计研究院、山东理工大学联合申报了制造业创新中心。公司共有有效授权专利 45 项，其中发明专利 6 项（2016 年新增 4 项），实用新型专利 38 项（2016 年新增 3 项），外观设计专利 1 项。公司承担的实施期为 2014 年 1 月 1 日至 2016 年 12 月 31 日的"高档数控机床用数控刀架关键技术研发及产业化"烟台市科技计划项目已完成项目验收工作。

常州新墅机床数控设备有限公司有 1 项发明专利和 1 项实用新型专利获得授权。获得"常州市创新创业大赛三等奖"，在研一项国家科技重大专项——"数控机床可靠性快速试验技术研究与应用"。

江苏宏达数控科技股份有限公司取得国家专利局授权专利 5 项，其中发明专利 2 项，实用新型专利 3 项；取得国家版权局授权的软件著作权 1 项。取得科技部科技型中小企业技术创新基金项目立项；取得江苏省科技厅重点研发计划项目立项；取得江苏省首台（套）重大产品认定；取得江苏省高新技术产品认定。

宝鸡雷博精密工业有限责任公司 2016 获得 4 项实用新型专利授权。

三河同飞制冷股份有限公司 2016 年承担河北省数控装备减速器高速主轴专用润滑冷却技术成果转化专项任务，获得授权实用新型专利 22 项。

〔本部分撰稿人：中国机床工具工业协会机床附件分会张越东、王兴麟〕

# 数 控 装 置

## 一、数控系统

1. 高档数控系统

（1）高档数控系统可实现多轴联动（五轴或者五轴以上）、多通道控制、支持全闭环反馈控制、系统分辨率达到亚微米或纳米级、主轴转速可达到 10 000r/min 以上，快移速度可达到 40m/min 以上，进给加速度可达 $1g$ 以上、定位精度可达到为 0.01 ～ 0.001mm。除具有人机对话、通信、联网、监控等功能外，还具有专用高级编程软件，可进行多维曲面加工、复合加工、热变形补偿，主要与多轴、多通道、高速、高精、柔性、复合加工的高档、大／重型数控机床和数控成套设备配套，主要用于航空航天、军工、通信、汽车、船舶等重要、关键零件的加工。可以配置交流伺服进给电动机驱动和交流伺服主轴电动机。国内主要高档型数控系统产品有华中 HNC-848、大连光洋 GNC61、沈阳高精蓝天数控 LT-GJ400/C、广州数控 25i 等产品。

武汉华中数控股份有限公司（以下简称华中数控）研制的华中 HNC-848 高档数控系统在功能、性能、可靠性方面都有了比较大的提升，许多特殊功能是通过 04 专项的实施得以从无到有，同时匹配第三方电动机、编码器、光栅尺的能力也得到了进一步的拓展。公司为沈飞改造的辛辛那提 LANCE2000 加工中心，机床的定位精度达到 5μm，达到机床出厂时的精度指标，NAS 试件的试切结果也验证了机床能够达到加工精度要求，填补了国产高档数控系统在航空关键零部件制造的应用空白；为沈飞改造的双龙门五坐标铣床，实现了五轴联动和双通道控制功能；华中数控与大连机床集团合作，已经为上海航天技术研究院提供了四台高档数控机床，全部配置华中8型全数字高档数控系统。其中，DLH-20高速车削中心的特点是高速、高精度、高刚性，配置双轴闭环光栅尺，切削进给速度60m/min；VDBS-50高速立式加工中心重复定位精度达到0.004mm，用户评价该机床在功能、性能、可靠性等方面，接近国际先进水平，实现了国产高档数控系统在航天领域的突破。

华中数控新推出了自动化产品，开发了通用的可编程运动控制器HZPMC，已在专用数控系统如剪板机、折弯机数控系统及自动生产线总控方向初步应用，在泉州与福建培新机械制造实业有限公司合作开发了全伺服成人纸尿裤生产线，实现了一个数字控制器带动全部伺服电动机作同步运动，该项目产品的自动化程度高，生产效率高。

广州数控设备有限公司（以下简称广州数控）立足于智能制造装备领域，重点研究中高档数控系统、伺服驱动及电动机、工业机器人等产品及关键功能部件，以"数控系统及工业机器人技术国家地方联合工程研究中心"为依托，通过持续的技术研究和设备更新，保持一流的技术研究水平，为国产数控系统及工业机器人行业的产业化提供有力的保障和支撑。其新一代GSK 25i数控系统，新一代CNC控制器总线控制、高速高精、绝对式编码器功能强大，操作方便，适用于3～5轴联动的多功能加工中心、镗、铣、钻等类型的机床。8轴5联动，拥有五轴刀具中心点控制（RTCP）、倾斜面（3+2定位）加工、五轴手动进给等五轴控制功能，支持进给轴同步、PLC轴控制。采用GSK-Link工业以太网总线，高速高精伺服单元、高分辨率绝对式编码器伺服电动机；具备高速高精加工功能，可用于模具类曲面加工、网络远程监控、远程诊断、网络DNC功能。已为北京机电院机床公司、沈阳机床集团、宝鸡机床集团等机床厂家的机床配套。

大连光洋科技集团有限公司（以下简称大连光洋）承担了2009年度"光纤总线开放式全数字高档数控装置"和2012年度"高可靠性光纤总线开放式高档数控系统、精密测量系统、伺服装置和电动机技术及产品成套系统工程"课题，在04专项的支持下，从2004年研发第一代国产数控系统GT200，到2010年推出专项成果GNC60、2012年推出日臻成熟的专项成果CNC61，再到2016年推出升级版的CNC62，历经十余年的努力，大连光洋GNC系列光纤总线开放式高档数控系统相继攻克了数控系统软硬件平台、双总线和GLINK总线技术、实时内核、五轴联动、多轴同步等一批高档数控系统关键技术，奠定了GNC系列高档数控系统在国内的领先地位，2016年GNC系列高档数控系统在国产五轴高档数控机床上的配套数量在国内领先。

为了丰富产品功能，2016年GNC系列高档数控系统完善了程序段样条拟合、加速度前馈等功能，并扩展了数控系统的数据交互功能，便于协同其他数控系统和机器人

组成生产线。开展了数控系统伺服驱动频响分析、机械特性分析、陷波滤波器应用、高速高精电流环、速度环、位置环控制技术等技术的研发和改进工作。此外，进一步扩展数控系统功能，以GNC62数控系统为基础，研究开发的电动汽车的控制系统，实现对汽车的4个驱动电动机和4个转向电动机进行同步控制，并可根据路况实现4驱4换向、前轮驱动及后轮驱动等驾驶模式。

在精密传感技术方面，公司开展了激光干涉尺、无线工件测头、对刀仪、磁感应编码器等精密传感技术的研发工作，其中开发的直线位置测量激光干涉尺，用于机床的全闭环控制，实现了数十吨重龙门工作台 $0.5\,\mu m/1000mm$ 的精确运动及 $0.1\,\mu m$ 的运动灵敏度，超过传统精密机床精度一个数量级。该技术现已通过中国计量科学研究院的检测，其精度甚至超过英国雷尼绍激光干涉尺的水平。大连光洋与雷尼绍激光尺性能比较见表1。

**表1　大连光洋与雷尼绍激光尺性能比较**

| 项目 | 大连光洋激光尺 GDLE-10 | 雷尼绍激光尺 HS20 |
|---|---|---|
| 性能参数 | | |
| 激光频率稳定度（ppm） | ±0.05 | ±0.05 |
| 线性定精度（μm/m） | -0.05～0.2（国家计量院检查结果） | ±0.5（±0.5） |
| 分辨率（nm） | 1 | 1 |
| 测量速度（m/s） | 4 | 4 |
| 测量距离（m） | 标准型30，增强型60环境补偿传感器参数 | 标准型30，增强型60环境补偿传感器参数 |
| 环境温度测量精度（℃） | ±0.1 | ±0.2 |
| 材料温度测量精度（℃） | ±0.1 | ±0.1 |
| 大气压力测量精度（Pa） | ±100 | ±100 |
| 大气湿度测量精度（%） | ±5 | ±6 |
| 工作条件 | | |
| 工作温度（℃） | 0～50 | 0～50 |
| 工作压力（kPa） | 60～120 | 65～115 |
| 工作湿度（%） | 0～95，非冷凝 | 0～95，非冷凝 |
| 光学参数 | | |
| 激光功率（mW） | 1 | 1 |
| 激光对准范围（°） | ±2 | ±2 |
| 出射光斑直径（mm） | ≈6 | ≈6 |
| 其他参数 | | |
| 激光稳定时间（min） | ≈6 | ≈6 |

沈阳高精数控技术有限公司（以下简称沈阳高精）的GJ430全数字总线式高档数控装置，采用模块化、开

放式体系结构，支持 SSB3、MECHATROLINK Ⅱ、Ⅲ 及 EtherCAT 总线式全数字伺服驱动单元和绝对值式伺服电动机，支持增量式、绝对式和距离码光栅尺全闭环输入，支持 SSB3 总线式远程 I/O 单元，支持 USB、以太网等程序扩展和数据交换功能。支持多轴多通道控制，最大支持 4 通道 36 个进给轴控制功能，可实现多个程序的同时加工；每通道最多 4 个主轴控制，任一主轴适配伺服主轴均可实现主轴定位、C 轴快速切换、刚性攻螺纹；支持 5 轴 RTCP 功能；可实现各种内置复合加工循环，只需一次装夹即可完成工件车铣复合加工工艺；支持龙门轴同步、公用轴释放及获得、动态建立轴耦合及解除耦合及通道间协同控制功能；最大支持 512 个点的双向螺距误差补偿功能；支持双主轴双刀架的随机换刀功能。

GJ430 具有多通道控制、五轴加工、高速高精度、车铣复合、同步控制等高档数控系统的功能，主要配套于高速、高精、多轴、多通道的立式、卧式加工中心，车铣复合机床，5 轴龙门机床等，目前已批量应用于航空领域的飞机结构件、机载设备以及发动机加工控制。

（2）普及经济型数控系统。普及经济型数控系统可实现在两轴、三轴或者四轴联动、真正实现半闭环反馈控制、系统分辨率达到 1μm、主轴转速最高可达到 10 000r/min，快移速度最高可达到 24～40m/min、定位精度可达到 0.03～0.005mm，具有人机对话、通信、联网、监控等功能，主要与数控铣、全功能车、车削中心、立/卧式加工中心配套。可以配置交流伺服进给电动机驱动和交流伺服主轴电动机。国内典型的普及型数控系统产品有华中数控 HNC-818 型数控系统。

华中数控根据 3C 市场的应用需求，围绕提升产品高速高精加工性能、稳定性、宜用性等方面对华中 8 型数控系统进行了产品改进；针对客户的个性化需求，在产品硬件方面进行了定制化设计，已获得客户的认可，现 HNC-818A 钻攻中心数控系统已正式批量应用于钻攻中心进行金属手机外壳加工。华中数控针对传统数控系统产品市场的发展趋势，新研发了经济型总线数控系统 HNC-808e 及经济型数控系统 HNC-808xp，已完成小批试制，正在客户处小批应用。同时针对高档数控系统市场的发展态势，全面提升了五轴数控系统的功能、性能及宜用性；为教育领域及汽车增压器叶轮加工方面提供了整体解决方案，实现了批量配套；与两个飞机制造企业紧密合作，开始在航空航天领域建立典型示范应用。

针对快速增长的工业机器人市场，华中数控新研制了机器人控制系统。该控制系统包含控制器、示教器、伺服驱动、I/O 模块四大部件。目前已完成该控制系统的研制，形成产品包，形成了配套的解决方案；产品已小批量应用于六关节机器人上，能够满足 3C 加工、冲压自动化生产线上下料的应用要求。

北京凯恩帝数控技术有限责任公司（以下简称凯恩帝）更新了第 2 代高速高精控制功能，该功能能够使在加工复杂工件的小线段组成的程序时刀具的起动和停止更加平稳，而且在运行过程中也可以使速度平稳的变化，加工质量与速度得到最大的提高，该技术达到国内领先水平。凯恩帝公司不断尝试开拓新的领域，K1000TT 双通道系统、磨床、KPC100 桁架机械手系统不断推出，丰富了公司产品线。2016 年，公司开始尝试向集成化领域迈进，研发的 PC 端监控软件利用网络接口可以最大监控 8 台凯恩帝的系统，可以在 PC 端进行程序、参数、刀补等数据的管理操作，可以查看各个界面状态，并可以进行相关操作。该技术的应用方便用户对生产线或多台系统进行集中化管理。

凯恩帝公司 K2000 系统配新版本软件推向市场，加工速度上限可以达到 60m/min，最多支持 3 个主轴，具有斜轴功能，PLC 轴最大支持 8 轴，配合光栅尺可以实现全闭环控制，编码器也支持到 23 位，支持 KSN 总线技术，最大可连接 12 个终端。最小进给量为 0.000 1mm。以 K1 为基础的经济型车床系统，功能和性能也同步提升，加工速度也得到极大优化，取得同行业领先水平，获得客户一致认可。

大连大森数控技术发展中心有限公司（以下简称大连大森）2016 年研究和开发了具有以车/铣代磨功能的智能化数控系统，实现高速纳米级插补技术、高分辨率电动机编码器检测技术、高动态响应伺服驱动器实时控制、全闭环高精度、轴承环硬车削、智能化的伺服在线自动调整功能，为我国的高档数控机床项目提供关了键系统和关键技术。

上海维宏电子科技股份有限公司以优质产品、优质服务赢得众多国内用户，通过不断持续加大研发力度，陆续推出性能更加先进、产品可靠性好的产品作为技术储备，确保企业的可持续发展；同时，对成熟产品、有市场销路的产品加快产业化进度，迅速做大做强。公司推出了自主知识产权的激光切割、水切割、郎达系列、伺服驱动器等新产品，并突破了五轴水切割的技术难点，取得了阶段性的成果。

山东山森数控技术有限公司根据机床市场的需求，先后开发了适用于日本发那科、大连大森、德国西门子、日本三菱数控系统的数控机床操作面板，可广泛应用于数控加工中心、数控铣床、数控车床、数控冲床等。该产品自投放市场以来得到广泛应用，且使用方便、质量可靠、外形美观，可节约用户成本。数控机床操作面板先后在沈阳机床、韩国斗山机床、济南第一机床厂、济南第三机床厂、大连机床、云南 CY、德州机床、北京一机、宝鸡机床、浙江凯达等 1 000 多家企业配套使用，在国内同行业中处于领先水平，产品市场占有率可达 70% 以上。

近年来，该公司又研制生产了数控系统、交流电动机电子制动器、行程挡铁、分线器模块、中间继电器模组、RS 型通信口、E 型通信口、安全门开关、数控机床专用电缆等数控产品，也在国内普遍使用。

**二、驱动系统、电动机**

华中数控最新研制了 HSV-120 模块式伺服驱动单元多规格系列产品，正在进行市场推广应用；新研制了 EtherCAT 总线式伺服驱动器产品，支持 EtherCAT、CAN、USB 等多种通信方式和多种反馈编码器，结构紧凑，体积小巧，目前产品已完成小批试制；新研制了总线式模块化小功率伺服驱动器，已实现小批量生产，并应用于华中数控六轴、四轴机器人上。

华中数控研发的 LDD 伺服电动机具有高精度、高动态、可靠耐用、免维护的特点，完美的最大转矩与惯量比，基于弱磁的高加速度转矩，可达到最高转速；高分辨率编码器、低转矩波动、高安装精度；高防护等级 IP65、抗振，得益于编码器的减振安装、三倍过载能力；无需维护，因为绝对值编码器没有电池。在实际加工过程中，最大进给速度可达 60m/min。

广州数控最新研发的高精高速伺服电动机，130SJTG、175SJTG 系列高精高速电动机额定转矩 4～38N·m，额定转速 3 000r/min 或 4 000r/min，最高转速 6 000r/min。电动机振动小（0.7mm/s 以下）、噪声低；转矩波动小（2% 以下），转速波动小（0.1% 以下）；过载能力强，三倍以上过载能力；相对转动惯量小，响应速度更高；适配 380V 电压等级驱动单元。

大连光洋研发了多种规格的伺服电动机、主轴电动机、力矩电动机、直线电动机，在供应科德数控股份有限公司研制的所有五轴数控机床，支撑其成为国内最大的国产五轴加工中心研制基地的同时，积极拓展国际市场，GTML0360WS-100 力矩电动机通过了德国 GROB 机床的测试，实现了对德国力矩电动机的替代。

沈阳高精的功能型伺服单元以专用的数字处理器（DSP）作为核心控制芯片，采用了先进的全数字电动机控制算法，完全以软件方式实现了电流环、速度环、位置环的闭环伺服控制，除具备通用伺服单元的快速响应和精密转速控制与定位控制功能外，还集成有高速逻辑控制功能，可实现多种特定控制工艺，从而简化许多自动化专用控制机械的电气设计，并提高可靠性。特别适合于点位控制，如：定长剪切、自动织袋机、全电动注塑机、丝网印刷机、装箱机、码垛机、自动铆钉机等；同时也适合于同步控制，如：包装机械、贴标机、飞剪机、绕线机等。与传统的工业自动化解决方案相比，该功能型伺服单元采用定制化人机界面，将由 PLC 完成的逻辑控制功能整合到功能型伺服单元内部，省去了外部 PLC，简化了系统连线，节省成本；逻辑控制指令的执行速度远高于 PLC 的指令执行速度，提高了控制系统的响应速度。

北京超同步伺服股份有限公司生产的伺服产品，得到国内外机械制造行业的普遍认可。在"十三五"期间，通过对智能装备、工业机器人、新能源汽车三大领域关键核心技术

的创新研发，将使"超同步"成为智能装备制造业的国际知名品牌。公司的全系列伺服电动机、直驱马达等产品，可实现与三菱、西门子、FANUC 等国际公司的数控系统任意配置。特别是以电主轴为代表的系列机床核心精密功能部件产品，已经完全具备取代进口的条件，并出口到欧洲、美国、马来西亚、韩国、印度、印尼、巴西等世界各地。

截至 2016 年年底，公司已研制成功运行多项新型产品，分别有五坐标立式加工中心、卧式车铣复合加工中心、立式车铣复合加工中心、卧式车床、卧式铣打机等，安装调整方便，高精度、高速度、高动态响应，高稳定性，适用于诸多应用领域。

北京凯恩帝数控技术有限责任公司的驱动器在主轴、伺服两大类继续扩大覆盖领域；主轴驱动功率最大达到 45kW；伺服类产品推出一带二经济型、通信加密型等优化产品。驱动产品完成了对行业领域 90% 以上的覆盖，整体配套能力进一步增强。主轴电动机取得技术上的突破，采用新材料新工艺的电动机转速可达到 10 000r/min，轴承预紧力可以动态调整，采用智能动平衡技术，免维护。产品已应用于雕铣机、3C 产品加工等领域。

上海美事科机电技术有限公司（以下简称上海美事科）最新研发的工业洗衣机—洗涤设备专用变频电动机是根据洗涤设备的特殊需要而设计生产的。它具有如下效果：一是提高洗涤效果；二是节能；三是降低噪声。

上海美事科生产的舞台吊杆制动电动机主要用于提供机械动力，全部采用优质的不锈钢等材料。

HS 系列高速电动机是上海美事科顺应当今高速设备技术的发展趋势，专门研制开发的一款高性能高转速的电动机，它超越以往传统设备对高速度的要求，专为高速高性能的切削设备提供动力驱动，如作为金属、塑料、木制材料的切削加工设备及物质筛分设备动力源等。它的体积小，外形美观，高速运转精度高，是一款品质优良、性价比极高的高速电动机。

DSM 系列伺服主轴电动机是上海美事科为满足中高端机床主轴单元的需求而开发的新的动力源。

IFA/B 系列变频主轴电动机是上海美事科结合诸多机床领域实际运行工况后进一步设计研发而成，根据使用场合分成低惯量 A 系列和强过载 B 系列两种规格，为数控机床及特殊的主轴驱动行业提供更优质的传动力。该电动机配合变频器后具有较宽的调速范围，低速性能、高速性能较普通变频专用电动机更优越，外形美观大方，是机床行业、主轴驱动行业理想的换代产品。合理的磁场设计、磁密分布，使电动机工作在更宽的频率范围内，运行更安静。

上海美事科还生产泛用型变频电动机。目前，变频电动机的调速与控制是当今世界范围内工农业各类机械设备、自动办公设备、民生电器设备所依赖的动力基础之一。"专用变频电动机＋变频器"的交流调速方式，正以其卓越的控制性和经济性在调速领域引导了一场取代传统调速

方式的更新换代的变革。

### 三、机器人

"十三五"期间，机器人产品和技术得到很大的发展。华中数控新研制了冲压五轴机器人、六轴（关节）机器人，其中六轴（关节）机器人在3C行业实现了批量配套应用，特别是配备72台华中数控六轴机器人的智能制造示范车间，是国产六轴机器人中应用最多的，形成了很好的示范应用效应。该公司为3C钻工中心生产线配置的工业机器人作为公司市场发展重点业务，已取得阶段性成果，在广东东莞、江苏苏州等地建立示范点，并与许多用户达成合作意向。

华中数控推出配置8型智能数控系统和机器人的钻攻中心生产线，呈现自动化智能工厂的生产运行状态，充分体现了智能制造时代"将物流、信息流和加工流互联互通在一起构成完整工序加工的解决方案"这一重要技术趋势，并充分利用各种平台展示最新创新成果，广泛与企业开展合作，细致了解用户需求。

华中数控与海尔集团进行合作，为其提供洗衣机法兰自动上下料、钣金冲压独立式机械手、洗碗机独立式机械手等成套装备。

广州数控在产品研发上已实现机器人产品的全系列、全自主研制，产品覆盖了3kg到400kg，自由度包括3～6个关节，应用功能包括搬运、机床上下料、焊接、码垛、涂胶、打磨抛光、切割、喷涂、分拣、装配等，涉及数控机床、五金机械、电子、家电、建材、食品、医药、物流等行业应用领域。

广州数控新一代"赤金龙"GSK RB10系列机器人，设计新颖，采用全新外观工业设计，具有中华传统文化特色的中国工业机器人外观形象，承载了公司数控系统产品一贯的高品质和高技术，功能全面，稳定性高，定制产品的重复定位精度可达±0.05mm，是国产机器人的代表性产品。

广州数控国产化工业机器人产品陆续销往广东、上海、江苏、浙江、重庆、河南、广西等地，还相继出口到越南、土耳其、智利等国家，至今累计销售约1200台（套）。

工业机器人包括机械本体及控制器、伺服驱动、伺服电动机、减速机等四大核心功能部件。广州数控在丰富的机床数控技术积累的基础上，延伸到工业机器人的研发，掌握了机器人控制器、伺服驱动、伺服电机的完全自主知识产权，已完成系列化的全自主开发。

在机器人的成本构成中，减速机占到机器人总成本的25%左右，机器人整机中余下的75%的成本是公司可自主控制的。目前，广州数控已自主研发出多个规格型号的精密减速机，并已在自己研发的工业机器人上测试应用，功能上接近国外同类产品。

性价比高和成本基本可控使广州数控工业机器人在满足应用需求的同时，非常适合对成本敏感的企业用户，具

有较好的市场竞争力。广州数控将以市场需求为导向，重点开发几款工业机器人，在功能和性能上接近国外同类品牌产品，且具有较好的性价比，与国外品牌直面较量。同时，加强工业机器人精密减速机的研发创新，特别是攻克加工工艺和加工设备的难题，使广州数控工业机器人完全国产化，技术和成本完全可控。

沈阳高精的机器人产品包括关节型通用机器人和桁架机器人两个系列。

LT-JRB06关节型通用机器人：6轴控制，具有外部轴；负载重量6kg，最大工作半径1 400mm。支持关节坐标、直角坐标、用户坐标、工具坐标等多坐标系，便于用户示教操作；运动精度高，灵活性好，结构紧凑，占地面积小，可连续作业，提升设备利用率，保障生产效率；可自定义用户软件操作面板与工艺，适用于机床上下料、搬运码垛、焊接、喷涂等领域。

TRB系列桁架机器人主要面向数控机床上下料应用，适于圆盘类、轴类、环类零件的短节拍、大批量自动化加工；具有2～5个自由度，负载重量5～200kg，重复定位精度0.08～0.5mm；竖梁可选多种驱动方式，结构紧凑轻便，运动速度100m/min；横梁采用钢制整体型材，提高刚性，运动速度120m/min；可完成零件的两个工序（或单一工序）的加工，组成一套机器人完成两台机床上下料的全自动生产线。机器人采用自主研发的专用桁架控制器，具有简单易用的操作界面和国际领先的总线数据传输形式，非PLC控制、降低干扰、定位更精确，响应速度快，可存储多种工件上下料程序，换产更便捷。

在刺绣机器人方面，大连大森以先进的数控技术为基础，结合气动原理、机械原理研发的刺绣机器人，并在此基础上开发了六头及十二头刺绣机器人。该产品为世界首创，将喂线、换线、断线后自动穿线完全智能化。采用一针多种颜色线的结构，大大节省了人力并提高了工作效率。最新研究的9#针穿线钩，可大幅提高绣品质量，使绣品更加精密。机器人刺绣机具有以下特点：精密集群软件、伺服电动机配套、精细的9#针、自动穿线、自动换线、断线率低、独有单针刺绣技术、低噪声低震动。

### 四、国产数控系统技术进展

在国家的支持下，结合市场需求，通过不断研发，国内数控系统企业在高性能数控装置、伺服驱动及主轴驱动等功能部件上掌握了一批国外一直对我们封锁的关键技术，如多轴联动、多过程控制、复杂曲线及曲面处理、二次开发平台等，产品开发和成果转化能力得到有效提高。国产高档数控系统已在总线、高速高精运动控制和插补、多轴联动等关键技术的研发中取得较明显的突破，系统样机研发已基本完成，部分关键技术指标已基本达到国际主流系统先进技术水平。

在技术与产品方面，掌握了数控系统的软硬件平台设计与批量生产技术，如基于国产CPU的硬件平台、基于

LINUX 的数控系统操作系统技术、数控系统现场总线技术等；在先进数控系统关键技术指标方面已经达到国际主流系统技术水平，例如多通道、8 轴联动、高速插补、5 坐标刀具补偿等；批量生产系列化全数字交流伺服驱动装置和高性能交流永磁同步伺服电动机、系列化全数字主轴伺服驱动装置和主轴电动机等，相关技术与产品形成专项标志性成果，并在多种数控机床上获得应用验证。

通过自主研发，华中数控、航天数控、沈阳高精、大连光洋、广州数控等企业先后开展了开放式数控系统体系结构和软硬件平台的研究，并在研制的开放式平台上派生了多种数控系统。在高档数控系统方面取得了突破，开发出了多通道、总线式高档数控装置产品、9 轴联动，可控 64 轴的高档数控系统，打破工业发达国家对我国的技术封锁和价格垄断。在满足国内市场需求的同时还具有批量出口能力。

总的来说，国产高档数控系统在性能、成套性、可靠性、批量生产稳定性和品牌等方面与国外先进水平还存在差距，突出表现在：目前国产数控系统的市场占有率与专项确定的目标尚有差距；部分数控系统与机床配套应用验证项目未达到机床考核指标要求（精度或速度），尚不能全面满足航空航天、汽车制造等专项应用领域的用户需求；数控系统全面控制功能与国际主流系统还有较大差距；伺服装置的性能还应提高，力矩电动机、直线电动机项目未全部验收；制造装备数字化、智能化的发展与行业的转型升级对国产数控系统提出了新的需求。这些问题通过专项的支持，可以进一步得以解决。

〔撰稿人：中国机床工具工业协会数控系统分会肖明〕

# 工 量 具

2016 年是我国"十三五"规划的开局之年。由于中央坚持供给侧结构性改革，坚持市场在配置生产力要素中的决定性作用，坚持推动相关领域的制度建设和创新，使得我国宏观经济增长的积极因素增多，需求状况改善，企业经营环境和效益状况以及对发展前景的预期得到不断改善。

在这样的宏观形势下，2016 年工具行业的销售形势，可以用"前抑后扬"四个字来形容。2016 年工具企业销售收入的同比降幅逐季收窄，到四季度由负转正，实现了久违的正增长。从全年看，市场形势止跌回稳、走向复苏的趋势十分明显。说明这几年政府为稳定经济采取的货币宽松和需求端扩张的政策取得了成效。2016 年全行业销售收入止跌回稳，实现了同比小幅增长，在经济运行好转的同时，行业企业基于过去几年在结构调整中取得的长足进步，

继续加强针对重点制造业的技术开发和新产品研发，推动在高端市场上的销售份额不断提高。近年来因传统低端标准刀具需求减少而大幅下降的销售收入，正在由于为现代制造业服务的高端刀具销售收入的增长而得到弥补。这充分说明广大工具企业这几年改革发展、结构调整的大方向是完全正确的。

## 一、精密切削刀具技术发展及新产品

2016 年，面对我国制造业对低端刀具需求大幅下降、对现代高效刀具的需求持续增加的市场变化，我国工具企业更加重视技术创新和技术投入，开发了大量"三高一专"高效刀具，以应对我国制造业对刀具需求结构发生的重大调整。

株洲钻石切削刀具股份有限公司（以下简称株洲钻石）开发出一系列新的切削刀具材料和几何槽形，构成了其全新构架的车刀系统。株洲钻石加工铸铁的刀具新材质 YB7305 采用了全新基体、超厚的细晶 $Al_2O_3$ 涂层加超细晶 TiCN 涂层和超平滑表面，在铸铁加工方面大大提升了加工能力。其技术特点是：全新细晶硬质合金基体配合优化的烧结工艺，黏结相和硬质相的优化搭配使基体具有更优异的耐磨性和抗冲击性；超厚的细晶 $Al_2O_3$ 涂层具有极其突出的高温性能和耐磨损能力，对于铸铁加工的切削速度具有十分明显的提升作用，适合铸铁材料的高速高效切削加工；涂层晶粒进一步细微化、均匀化，综合性能更加优异，大幅提高刀具寿命；表面平滑度提高一倍，降低黏结等异常损伤，确保稳定加工。此外，YB7305 特有的银色标识层具有良好的辨识度。

株洲钻石加工不锈钢类的新材质 YB9320 采用了原子重排技术、高韧性基体与 TiAlN 基纳米多层涂层以及先进的表面处理技术等多项新技术。通过原子重排技术，实现了不同涂层材料的长程有序排列，达到硬度和韧性的完美匹配，有效解决了多涂层界面的高温失稳问题，改善了涂层的高温性能；高韧性基体与 TiAlN 基纳米多层涂层运用独特的离子刻蚀技术，强化了刃口，并改善了涂层与基体之间的结合强度；先进的表面处理技术则可优化应力分布，使综合性能更佳。

除了材质，株洲钻石对各种加工对象的车刀片槽形也进行了更新，以更好地适应不同的加工材料和工艺的同时获得更高的效率和质量。新的刀片槽形包括钢件车削粗加工的 DR 槽形、中等加工的 DM 槽形和精加工的 DF 槽形；YB7305 材质用于铸铁连续加工的 TK 槽形和断续加工的 TC 槽形；YB9320 材质优化断屑的 ADF 槽形和主要应对加工细长件等易振动工况的 AHF 槽形。

2016 年，一批民营中小型刀具制造企业也纷纷加大技术研发投入，或针对具体加工难题，或针对典型工件，开发出制造业急需的多种新产品，提升了提供解决方案的能力。

国内拉削刀具知名企业嘉兴恒锋工具有限公司（以下简称恒锋工具）在 2016 年引进了最新技术的大型 PVD 涂层生产线，成为目前亚洲地区最大的涂层设备拥有者，可涂层的拉刀最大直径达 350mm、长度达 3 000mm。通过技

改，恒锋工具率先实现了大拉刀、长拉刀的表面涂层处理，显著提升了国产大拉刀的拉削效率，填补了国内、甚至亚洲地区的空白。

上海松德数控刀具制造有限公司开发了装有桥式镗头的减振镗刀，很好地解决了大直径深孔加工的振动难题。采用铝材料的镗刀桥显著减轻了镗头重量，因此也减轻了镗刀振动时的能量；在镗杆紧挨着联接镗头的部分，内部设置了减振器，其振芯可在减振器内阻尼橡胶和阻尼油的作用下迅速消耗加工振动的能量，从而达到减振效果。

数控刀具用微调刀座过去多由国外企业制造，近年来国内中小企业加快了微调刀座的进口替代。2016年无锡方寸工具有限公司（以下简称无锡方寸）开发了带刻度盘的微调刀夹，每一刻度代表半径方向0.005mm，直径方向的调节范围为0～0.7mm，可以用于制造直径大于28mm的镗刀。该微调刀夹具有自锁定设计，调节到位后不需另外锁紧，精密可靠。此外，这种刀座可正反两个方向调整精镗尺寸，给用户使用带来很大方便。

针对制动钳的多部位多道工序的加工，无锡方寸提出了较为完整和成熟的解决方案：主要切削点均采用可转位刀片，多数为ISO刀片以便于管理；复合刀具专为汽车制动钳行业特殊定制（例如卡档加工的切向密齿设计的三面刃专用刀具，满足汽车零部件企业高节拍、低成本的需求；刀片采用先进的材质，有多重槽形及圆角供选择），效率极高，大幅降低客户制造成本；精确的槽形型线啮合刀片（例如端面槽加工采用负型刀片与异型刀片组合，精确的端面槽形线啮合，保证了极高的加工效率），专属非标刀片制造，在实际切削中有良好的表现；不断优化的整套方案，充分的实施验证，提高效率，节约整个制造系统成本；满足世界顶级汽车零部件企业高效率的要求。

针对汽车涡轮壳的加工，无锡方寸开发了大量专用刀具。如加工难点之一的涡轮壳V带加工，其高镍材料对刀具寿命是很大的考验。无锡方寸采用特别的刀片设计、特殊的刃口处理和专用高效的涂层，形成了解决方案。

乘用车曲轴外铣加工对机床的精度和刀盘精度要求非常高：机床装上刀盘后，综合刀片误差、轴向和径向圆跳动要求0.03mm。该刀具以前基本被国外厂商垄断，百斯图工具有限公司（以下简称百斯图）经过多次尝试与工艺改进，成功开发出乘用车曲轴外铣刀盘，并已经完全具备曲轴相关切削刀盘的设计、生产、制造能力。百斯图开发的乘用车曲轴外铣刀盘直径为760mm，而铣削宽度不到15mm，刀盘大而薄，极易变形。由于接触面积较小，加之刀盘直径较大，铣削过程中有较强振动的趋势，适合高线速度、高进给、窄档宽的切削或高线速度、低进给、较宽档宽的切削（高线速度是为了减小每个切削刃的切削量从而降低每刃切削力）。该刀具可具备较高的线速度，通过排布较多刀片，从而实现较高进给，提高加工效率，适用于大批量生产及对效率要求较高的乘用车曲轴加工。

"术业有专攻"。锑玛（苏州）精密工具有限公司（以下简称锑玛工具）在复合加工方面加强研发，开发出多种复合加工的刀具方案。锑玛工具的钻孔—攻螺纹一体复合刀具钻孔轻松，攻螺纹快捷，螺纹与底孔同轴度高，高效复合加工，节约刀柄和换刀时间；一般采用外冷设计。适用于有色金属及其合金、铸铁材料（孔深≤2倍孔径）的钻孔和攻螺纹。另一款螺纹钻铣刀则集钻孔、孔口倒角、铣制螺纹为一体，功能复合，精密高效。其冷却方式独特，钻刃采用多孔分流，螺纹刃采用中心内冷或径向内冷；适用于铝合金和铸铁材料的浅通孔加工，常用于离合器和差速器壳体螺纹孔的高效切削。

针对贯穿孔（交叉孔）加工的两大难题：一是钻头在破口处容易崩刃甚至断刀，二是破口处容易产生毛刺。锑玛工具研发了专门针对贯穿孔加工的钻头。通过采用成形槽、大芯厚、高刚性、双棱边、特色主切削刃等多项技术，开发的破孔钻具有导向性能好、刀尖强度高、刃口锋利的特点，成功解决了贯穿孔（交叉孔）加工的两大难题。

随着"中国制造2015"的不断推进，工具行业企业也在努力把智能制造从概念变为现实行动，将信息化融入产品设计、制造和管理。2016年工具行业有多家企业开发了智能刀具柜，标志着一些工具行业企业已经从单纯提供刀具产品开始向用户提供刀具管理服务转型。智能刀具柜通常具有以下特点：一是无人值守，智能刀具柜可进行实时刀具消耗统计，可追溯、可统计、可分析，不间断，领料高效便捷，减少库管人员，提高生产效率；二是及时掌握刀具使用信息，工人无需奔波于车间和仓库之间，支持多种报警方式，提供实时消耗报表，可跟踪刀具的使用情况如人员、时间等；三是易学易用，库管人员只需简单的软件操作即可无差错完成工作，降低对人员的要求，便于实施刀具管理；四是定时提醒，全方位控制领料、定时换刀报警、缺料报警，降低库存量，提高周转率；五是完美成本控制，可视化输出当前工单制造成本、消耗成本和统计结果，完善成本控制；六是无误发料，避免漏发、错发刀具现象，减少浪费和过度配置，降低断料风险。

## 二、数字化量具量仪产品技术发展与新产品

2016年，量具量仪行业企业、有关高校以及科研院所都在相关产品研发方面不断投入，针对不同领域的先进精密测量技术与数字化量具量仪新产品的开发成果丰硕。

2016年，西安交大"基于物联网测量的质量控制系统"有了更多的实践、完善和提高，提出的"数值化检测与质量管理系统eQCs"以CAD驱动，是一个集产品检测工艺、检测过程、质量控制一体化的数字化解决方案。该系统全面整合企业产品检测及质量管理资源，实现产品检测工艺规划数字化、检测数据采集自动化、质量管理网络化，从而有效提升制造业的数字化和质量控制水平，代表了当前制造业数字化、物联网的最新发展方向。

齿轮测量技术和产品的发展是我国测量仪器小行业技

术发展的扛鼎之作。近年来开发出众多具有新颖测量功能的齿轮测量仪器。

为了满足市场对先进的三维齿轮测量技术的迫切需求，2016年哈尔滨量具刀具集团有限责任公司（以下简称哈量集团）自主研发设计完成了国内首个适配先进空间三维测头的LinksGear齿轮测量中心检测软件，并顺利完成了软件鉴定。LinksGear三维齿轮测量软件，采用基于NURBS理论的曲面重构技术、支持多种加工基准面的工件自动找正技术、运动程序代码的动态生成、坐标系复位功能、光栅尺激光校准、三维测头自动校准、测针库管理等多项创新技术。例如：利用复杂理论曲面的特征点实现空间曲面的NURBS重构，不仅实现曲面的误差计算算法的统一，也使测量方式更加灵活，如渐开线的测量可以按照两轴或三轴的电子展成法，也可以按照极坐标方式进行测量，这对超大齿轮的测量有非常重要的意义，还可利用NURBS曲面控制点实现曲面的扫描测量，测量效率得到了极大的提高。以弧齿锥齿轮为例，利用NURBS理论曲面重构、工件自动找正及运动程序代码的动态生成三项创新技术，实现了在弧齿锥齿轮上的形状连续扫描，测量单次的时间由原来的约20min缩短到4min，测量效率提高了5倍，由于修正了装夹误差，测量精度也提高了1个等级以上。该三维软件已通过高精度L65G型齿轮测量中心及L30A型齿轮测量中心产品验证，并可适配哈量集团3DS型、雷尼绍公司SP600型和SP80H型等多个型号的三维测头传感器，可对圆柱齿轮、直齿锥齿轮、弧齿锥齿轮、圆弧圆柱齿轮、摆线齿轮等14类工件进行测量及误差评定。三维齿轮测量技术在高精度CNC齿轮测量中心产品上的成功应用，填补了国内三维测量软件的空白。

2016年12月，哈量集团研发的"螺旋锥齿轮数字化集成制造成套装备"顺利通过黑龙江省工业和信息化委员会主持的省级鉴定。螺旋锥齿轮数字化集成制造成套装备主要包括数控螺旋锥齿轮铣齿机、装刀机、齿轮测量中心、刀盘以及数字化制造专家系统，该成套装备实现了由制齿加工到对研入库全部工艺过程。鉴定委员会一致认为：该成套装备为国内首创，具有自主知识产权，取得了显著的经济和社会效益，总体达到国际先进水平。

哈尔滨精达测量仪器有限公司开发的新一代齿轮双面啮合检查仪，在提高测量精度上有重大突破。借助于与标准齿轮同等级精度的共轭标定齿轮，预先测量出标准齿轮存在的误差；利用计算机控制及误差处理补偿方法，从测量结果中对该标准齿轮的偏差进行修正，从而准确地获得被测齿轮的径向综合偏差，消除了标准齿轮径向圆跳动对测量结果的影响。此项专利技术解决了行业至今为止在该类仪器上的发展瓶颈。

成都工具研究所有限公司在国家"高档数控机床与基础制造装备"重大科技专项的支持下，研制出6维测量系统样机。该样机由激光头、干涉镜组、6维测量头、无线

发射与接收装置、波长补偿器及电脑等构成。该样机可以同时测量机床水平轴的6维误差参数项目，或同时测量垂直轴的5维误差参数；能够快速同步测量机床多自由度误差，在三坐标数控机床上可以测量20项以上误差（包括三个坐标轴的长度、俯仰角和偏摆角、水平和竖直方向直线度等15个误差参数、两个水平轴的滚动角2个误差参数，以及三个坐标轴之间的3个垂直度误差参数）。该项目已通过国家测试验收。

清华大学精密测试技术及仪器国家重点实验室经过三十多年不懈研究，发现并创新开发了"激光器中的正交偏振现象及以其为基础的激光器和精密测量仪器"，部分研究成果曾荣获2项国家发明二等奖。在将科研成果转化为生产力的方针号召指引下，2016年成立了北京镭射科技有限公司，经清华大学授权成功开发出专利产品双频激光干涉仪、激光回馈干涉仪、相位延时测量仪、激光纳米测量尺及激光教学仪等高水平产品。国际首创的激光回馈干涉仪无需反射靶镜，借助工件反射/散射微弱光线/声波，即可实现高精度距离及振动测量。

航空航天工业的发展，尤其是近年我国航空发动机制造的发展，推动了相关测量技术与仪器装备需求的增长和发展。2016年中航工业北京航空精密机械研究所实现了用三坐标测量机对整体叶轮的现场测量，标志着该所已具备自行开发整体叶轮相应测量硬软件的成套能力和水平。

以"测量视觉自动化"作为企业专业方向的苏州天准科技股份有限公司，2016年推出了VMQ系列闪测影像仪以满足批量产品实现100%的质量和精度检测的需要。这类仪器可满足众多数控刀片、刀具制造厂的需求——快捷、精确、半自动化，一键完成复杂测量，同时具有很高的性价比。该仪器采用了400万像素的工业相机，双远心双视野光学镜头，视野范围（普及型）可达直径100mm，测量精度可达2μm，仪器分辨力可达0.1μm。

在量具方面，国内厂商积极进行升级换代，开发了不少新技术新产品。作为国内水平仪制造元老的青岛前哨精密机械有限责任公司与时俱进，紧跟互联网＋的发展步伐，推出了新一代无线传输电子水平仪，产品位居国内领先水平；桂林广陆数字测控股份有限公司等多家传统量具企业也相继开发出防水无线数显量具；青海量具刃具集团公司开发的2mm螺距电子外径千分尺，具有2mm螺距丝杠可实现快速测量、防护级别达到IP65、分辨力0.001mm、具有专利的恒定测力机构等特色，使青海量具刃具集团公司再次占据同类产品的国内制高点。

2016年，纵观工具行业，传统的老牌国有企业作为行业的中坚力量持续创新焕发生机，不断涌现并快速成长的中小规模民营企业的研发力量进一步增强，全行业的技术发展呈现出生机勃勃的景象。我们有理由相信，在实现"中国制造2025"宏大目标的征途中，工具行业将有更多作为。

〔撰稿人：中国机床工具工业协会工具分会胡红兵〕

# 磨料磨具

"十三五"期间，磨料磨具行业转型升级加速，中高端产品市场占有率扩大，国内企业在新品研发、绿色生产等方面持续发力，随着"中国制造2025"的深入开展，磨料磨具技术与产品有了较为明显的创新突破。

**一、创新研发持续加码，中高端产品市场占有率稳步提升**

近年来，磨料磨具行业随着制造业转型升级，产品的技术创新与质量水平都有了长足的进步，国内中高档磨料磨具需求量显著提升，市场呈现两极化态势，随着"十三五"进入攻坚阶段，磨料磨具企业研发热情高涨，部分高端产品打破了国外技术垄断，赢得了市场认可。

1.陶瓷微晶磨料及高效精密磨削系列磨具制备技术实现产业化

该技术的出现突破了陶瓷微晶磨料及磨具的制备关键工艺，实现专用系列化陶瓷微晶磨料及相关磨具的稳定工业化生产，打破了此类产品长期依靠进口的局面，以齿轮磨、强力磨、重负荷磨削等数控磨床配套系列精密磨削磨具作为主导产品，使该系列磨具的生产技术和应用水平、性能达到或超过国外同类产品的技术质量水平；同时在工艺上突破国外专利封锁，形成自主知识产权，填补国内空白，并形成年产陶瓷微晶磨料500t、陶瓷微晶磨料系列磨具1000t的生产能力，支持了数控机床、机械制造、军工制造、汽车制造、航空航天工业等多个行业的发展。完成陶瓷微晶磨料及系列磨具等四种产品的研发，成果达到国际先进水平。其与传统刚玉砂轮相比，精度提高2～3级，磨削效率提高3～5倍，表面粗糙度 $Ra$ 降低0.2～0.4μm。

四种磨料及磨具产品为：

（1）陶瓷微晶磨料F36、F46、F60、F80、F100、F120等6种规格产品。技术指标：显微硬度≥20.5GP，密度3.86～3.95g/cm³（氢气法），组成磨料的结晶体尺寸≤200nm，基本型F60#产品球磨韧性≥65%。

（2）齿轮磨砂轮。技术指标：砂轮规格400mm×100mm×203mm，工作线速度35m/s，砂轮静平衡优于国标规定值50%以上，砂轮硬度范围和组织均匀性均优于国标规定值50%以上，齿轮加工精度4～5级。

（3）强力磨砂轮。技术指标：砂轮规格有400mm×20mm×127mm、400mm×32mm×127mm、400mm×40mm×127mm三种，工作线速度50m/s，砂轮静平衡优于国标规定值50%以上，砂轮硬度范围和组织均匀性均优于国标规定值50%以上，切入量1～3mm，精度误差2～5μm。

（4）重负荷高速砂轮。技术指标：砂轮规格为610mm×75mm×203mm，工作线速度80m/s，砂轮静平衡优于国标规定值30%以上，砂轮工作负荷10kN以上，工件磨后无烧伤，磨削比达40以上。

2.蓝色单晶刚玉磨料广泛应用

单晶刚玉磨料磨具是普通磨料中的佼佼者。单晶刚玉是人造刚玉，它与其他刚玉相比有更广泛的用途。它比棕刚玉脆性好，锋利度高；比白刚玉韧性高，耐用性强；广泛应用于加工轴承钢、曲轴钢、工具钢、不锈钢、刃具、量具、铜及铜合金、铝及铝合金、钛合金、矾合金等硬质合金。蓝色单晶刚玉在今后用来替代低档次磨料是大势所趋，发展前景是可观的。蓝色单晶刚玉是普通磨料的高端产品，主要用于生产高档砂轮、砂带、砂纸，替代国外进口产品，应用于我国汽车工业、大飞机项目、大轮船项目中的螺旋桨磨削。蓝色单晶刚玉技术创新主要表现在：消污染、降能耗、高性能、易生产。消污染、降能耗是国家对磨料磨具行业的强制性要求。该产品在冶炼过程中不添加硫铁矿和煤炭，无烟尘污染；制粒过程不用水和硫化铁分解，无硫化氢气体产生；采用实打实破碎，无残渣遗留；能耗由原来生产每吨灰白单晶刚玉耗电近6 000kW·h降到目前的每吨综合耗电2 000kW·h。通过电熔铝氧粉生产出来的电熔刚玉，其独特细微碎裂的微晶体层叠结合，形成发育良好的刚玉晶体，硬度高，韧性好。在研磨过程中，可以不断创造出无数的切削刃面，磨削效能超过灰白单晶刚玉。产品在加工过程中不受时间影响，冶炼时间缩短了一半，便于提高产量。蓝色单晶刚玉的主要客户是国内重要的磨料磨具生产企业，目前已在国内主要树脂砂轮厂家、陶瓷砂轮厂家及砂带生产企业内广泛应用。

3.高比表面积碳化硼超精细微粉填补国内市场空白

高比表面积碳化硼超精细微粉填补国内市场空白，成为国防工程重要材料。该项目依托原有技术基础，以高纯、超细碳化硼微粉的制备为关键突破口，研究碳化硼陶瓷无压烧结工艺，解决碳化硼单相陶瓷的性能缺陷，降低产品的制造成本，拓展产品的应用领域。开发低成本的碳化硼耐磨材料、轻质结构材料等系列产品；在原有核用材料技术基础上，改进产品性能，细化和完善技术指标，拓宽核领域产品的应用市场；完善防护用特种碳化硼材料的批量生产工艺参数，降低制造成本，推广市场应用，替代进口产品，填补国内空白。在技术上保持国际上领先，促使我国从碳化硼原料生产大国转变为高端特种碳化硼陶瓷材料的制造强国。

粉体的主要指标包括细度与纯度。在细度上比表面积最高可达到近25m²/g（国内当前产品的比表面积不超过10m²/g），达到国外同等工艺最细的碳化硼粉水平。

在纯度控制方面，开发了游离碳、游离硼分离技术和铁含量控制技术，并开发了表面钝化技术，可以大大减缓表面水解和氧化的速度。纯度在原有基础上提高3%。该产品在质量性能上达到了国际先进水平，满足国内市场要求的同时，实现大批量出口，并已在国际市场上占有一定比例。

**4. 高端轴承超精加工用高性能超精油石系列产品投放市场**

轴承技术水平在很大程度上代表着一个国家的制造业技术水平，而超精加工的水平又是影响轴承技术水平的关键因素。攻克超精油石各组分的均匀分布制造技术、超精油石结合剂技术、超精油石均匀浸渗技术，提高超精油石的组织均匀性、强度及切削力，达到高效率超超精加工以及超精后轴承沟道粗糙度窄范围控制的要求，研制出系列超精油石产品，满足了轴承制造企业对高速、高效、高可靠性轴承高性能超精加工的要求。世界前八大轴承企业在中国的工厂，包括瑞典斯凯孚 SKF、日本恩斯克 NSK、德国舍弗勒 FAG、美国铁姆肯 Timken 等企业，其超精加工工序均采用进口泰利莱 Tyrolit、则武 Noritake、是村 Mizuho 超精油石产品；国内先进轴承制造企业，包括万向钱潮轴承有限公司、天马轴承股份有限公司、洛阳轴研科技股份有限公司等在高端轴承制造中也均采用进口超精油石产品。超精油石的研发成功，打破了国外超精油石制造企业对高端超精油石的市场垄断，现已在沈阳 NSK 精密轴承有限公司替代进口 MIZUHO、NORITAKE 超精油石产品，完成全部系列产品的批量试验验证并取得批量订货，下一步将推广到 NSK 在中国的其他工厂及其他世界前八大轴承企业的中国工厂。同时，该产品也促进了高端轴承超精加工用超精油石的国产化进程，助力国内轴承先进企业赶超世界轴承领先企业的制造水平。

**二、环保问题大大改善，绿色生产成为行业共识**

随着环保政策收紧，磨料磨具行业内对于环保问题的关注度显著增长，企业在绿色生产问题上达成共识，生产过程中的污染问题得到了有效遏制。

**1. 固结磨具用绿色高性能酚醛树脂市场占有率增加**

酚醛树脂是磨具生产过程中的关键辅料，直接影响到磨具质量。我国是酚醛树脂的生产和消费大国，酚醛树脂的研究从最初的合成原理的研究、工业化生产应用发展到现在的绿色化、精细化、高性能化和功能化的研究。减少砂轮生产过程中的废气源头，减少砂轮固化时产生的废气，从根本上实现砂轮生产绿色化是行业共识。该产品具有无尘、低醛、低酚、低氨的特点，大幅改善了生产现场的环境，从源头上大幅减少了砂轮生产过程中的废气产生，使生产现场的粉尘及毒性刺激性气体的释放得到有效的控制。目前，在国内磨具生产集中区域内绿色高性能酚醛树脂销售形势良好，有效减少了生产过程中的有害废弃物的排放。

**2. 冶炼倾倒炉全过程烟尘处理系统推广**

冶炼倾倒炉全过程烟尘处理系统推广解决了棕刚玉冶炼炉除尘系统存在的诸多问题。在磨料磨具行业的生产工艺中，刚玉冶炼倾倒炉是生产刚玉的关键设备，在生产过程中产生大量的高温烟气，不但浪费了大量的能源，同时污染了环境。随着国家对环保的要求越来越高，高品质除尘设备的需求量越来越大。该系统选用脉冲式滤筒除尘器，除尘器净化效率大于 99.6%，清灰方式设定为分室离线自动循环清灰，烟气进入除尘系统前采用多组旋风除尘器捕集火花并降低温度，控制系统采用在线监测粉尘浓度来控制变频器工作以达到节能目的。

目前，该系统在雅宝研磨材（贵州）有限公司 5 台冶炼炉，贵州三山磨料有限公司 4 台冶炼炉、山东鲁信高新技术产业有限公司（原四砂）3 台冶炼炉、白鸽森润磨料磨具有限公司（原白鸽集团）2 台冶炼炉已投入使用，除尘后烟尘排放浓度≤24mg/m³，无可见粉尘，烟气黑度 0 级，三项指标均达到环保排放标准《GB9078—1996 工业炉窑大气污染物排放标准》。整个系统操作控制相对简单，可长期稳定运行，除尘效果好，维护简单，占地面积小，运行费用低，特别是白鸽森润磨料磨具有限公司和贵州三山磨料有限公司已经实现全冶炼过程的自动化控制和无外泄烟尘，开创了国内刚玉冶炼除尘环保的新篇章。

〔撰稿人：中国机床工具工业协会磨料磨具分会夏舒〕

# 2016 年机床工具行业
# "中国机械工业科学技术奖"获奖情况分析

**一、申报情况**

2016 年，机床工具行业申报中国机械工业科学技术奖 30 项，比上年的 23 项增长 30%，但仍处于 2010 年以来的较低水平。2010—2016 年机床工具行业申报中国机械工业科学技术奖项目情况见表 1。

表1 2010—2016年机床工具行业申报
中国机械工业科学技术奖项目情况

| 年份 | 2010 | 2011 | 2012 | 2013 | 2014 | 2015 | 2016 |
|---|---|---|---|---|---|---|---|
| 申报数（项） | 50 | 49 | 41 | 30 | 50 | 23 | 30 |

2016年申报的30个项目呈现了以下两个特点：

（1）项目覆盖面广。包括了金切机床（磨床、深孔钻镗床、车床、齿轮机床、龙门镗铣床、非圆车床、复合机床、生产线、光整技术与装备）、特种加工机床（激光切割机、等离子切割机）、成形机床（精密压力机、半固态注射成形机、压铸机）、数控系统、功能部件（电主轴、回转台、安全光幕）、磨料磨具以及木工机床、皮革切割机等多个行业和多种技术。此外，还包括机床可靠性技术研究等基础研究项目。

（2）技术含量高。30个申报项目中属"高档数控机床与基础制造装备"科技重大专项的占9项，占比30%，其中还包括两项"十一五"期间国家科技重大专项标志性成果。属国家部委、国家重点实验室、省、市支持的有关科研项目也不在少数。

**二、获奖情况**

经机床工具专业评审组评审，并报中国机械工业科学技术奖评审委员会和中国机械工业科学技术奖管理委员会批准，2016年机床工具专业获奖15项，获奖比例50%，其中一等奖3项，二等奖5项，三等奖7项。

与历年获奖情况不同，2016年机床工具专业获奖比例虽不是历年最高，但高等级奖励的数目比例却是最高的，一等奖比例达20%，这与当前处于"高档数控机床与基础制造装备"国家科技重大专项收获期是直接相关的。

2010—2016年机床工具行业获中国机械工业科学技术奖情况见表2。

机床工具行业获中国机械工业科学技术奖情况见表3。

表2 2010—2016年机床工具行业获
中国机械工业科学技术奖情况

| 年份 | 获奖数（项） | 特等奖（项） | 一等奖（项） | 二等奖（项） | 三等奖（项） | 获奖比例（%） |
|---|---|---|---|---|---|---|
| 2010 | 29 | 0 | 3 | 6 | 20 | 58 |
| 2011 | 27 | 0 | 2 | 11 | 14 | 55 |
| 2012 | 21 | 0 | 3 | 7 | 11 | 51 |
| 2013 | 17 | 0 | 2 | 6 | 9 | 57 |
| 2014 | 25 | 1 | 2 | 10 | 12 | 50 |
| 2015 | 13 | 0 | 2 | 5 | 6 | 57 |
| 2016 | 15 | 0 | 3 | 5 | 7 | 50 |

表3 2016年机床工具行业申报中国机械工业科学技术奖情况

| 序号 | 获奖项目名称 | 项目完成单位 | 获奖等级 |
|---|---|---|---|
| 1 | 高性能数控系统关键技术及应用 | 华中科技大学、武汉华中数控股份有限公司、大连机床集团有限责任公司、中航工业沈阳飞机工业（集团）有限公司、上海航天设备制造总厂、四川普什宁江机床有限公司、宝鸡机床集团有限公司、东莞劲胜精密组件股份有限公司、武汉登奇机电技术有限公司、武汉华大新型电机科技股份有限公司 | 一等奖 |
| 2 | 面向新能源等行业的数控超重型桥式龙门五轴联动车铣复合系列机床 | 北京北一机床股份有限公司、北京工业大学 | 一等奖 |
| 3 | 高档数控机床可靠性工程关键技术及应用 | 重庆大学、国家机床质量监督检验中心、四川普什宁江机床有限公司 | 一等奖 |
| 4 | NJ-CH6140喷油器体柱面成形和螺纹滚压加工高精度复合数控车削中心 | 四川普什宁江机床有限公司 | 二等奖 |
| 5 | 大尺寸高硬特殊旋转曲面精密磨削新方法、新技术及其应用 | 上海交通大学、航天长征化学工程股份有限公司 | 二等奖 |
| 6 | HT630×120/120L－NC数控重型卧式车床 | 齐重数控装备股份有限公司 | 二等奖 |
| 7 | 内齿轮高效加工关键技术及装备 | 宜昌长机科技有限责任公司、湖北工业大学 | 二等奖 |
| 8 | ECK2150A数控活塞变椭圆车床 | 长沙一派数控股份有限公司 | 二等奖 |
| 9 | 带AB轴的高速五轴联动加工中心 | 沈阳机床（集团）有限责任公司 | 三等奖 |
| 10 | CLR0418超大幅面地轨式激光切割机 | 济南铸造锻压机械研究所有限公司 | 三等奖 |
| 11 | LED衬底加工用金刚石研磨液制造技术及应用 | 郑州磨料磨具磨削研究所有限公司 | 三等奖 |
| 12 | 大型数控高精动梁龙门加工中心技术与装备 | 苏州江源精密机械有限公司、苏州大学 | 三等奖 |
| 13 | UN650MGⅡ半固态镁合金注射成形机 | 广东伊之密精密机械股份有限公司 | 三等奖 |
| 14 | 木工数控铣磨复合加工机床关键技术研发及产业化 | 广东威德力机械实业股份有限公司 | 三等奖 |
| 15 | 高端拉削装备及智能生产线 | 浙江畅尔智能装备股份有限公司、杭州电子科技大学 | 三等奖 |

### 三、获奖项目分析

2016 年机床工具行业获中国机械工业科学技术奖情况表明，我国机床工具行业的技术进步和创新进取正在稳步持续推进，并具有以下特点：

（1）我国机床工具行业在超重型机床、高档数控系统、机床可靠性关键技术及应用等方面取得长足进步，均获得本年度的高等级奖励。

（2）我国机床工具行业在满足国民经济发展需求，以及为用户提供关键急需加工技术及装备方面，继续稳步取得进展。

（3）"高档数控机床与基础制造装备"科技重大专项是促进机床工具制造技术进步的重要动力，30 个评审项目中的 9 个重大专项有 7 项获奖，且均为高等级奖。

（4）从表 3 中可以看出，企校结合是推动机床工具技术进步的有效途径。

（5）获奖项目在行业上的分布并不平衡，金属切削机床仍占有较大的比例。

### 四、部分获奖项目介绍

1. 高性能数控系统关键技术及应用

该项目在"高档数控机床与基础制造装备"科技重大专项、国家科技支撑计划等国家相关重大科技计划的支持下，利用已有的技术成果积累，后发追赶，奋力拼搏，以西门子、发那科等国外先进数控系统为标杆，以市场为导向，产学研用紧密结合，围绕体系结构、现场总线、高速高精控制、五轴联动控制等核心问题以及系统"平台化、网络化、智能化"的技术需求，组织了近 700 人的研发创新团队，"统一部署、互相配合、各有侧重"，历经几代技术攻关，研发成功了系列化自主可控的华中 8 型高性能数控系统，实现了模拟、脉冲式数控系统到全数字总线式数控系统的跨越，满足了国家对高性能数控系统的重大战略需求和高档数控装备的产业发展需求。

该项目整体技术处于国际先进水平，在基于元动作的可靠性控制和可靠性快速试验方面处于国际领先水平。成果的主要技术创新点有：

（1）提出了"硬件可置换、软件跨平台"的全数字化高性能数控系统软硬件体系结构。研发了高速、高实时通信、高同步性的 NCUC2.0 现场总线，实现了数控系统内部设备全数字化通信。率先将云计算、工业互联网等技术成果与数控系统深度融合，实现了数控系统云服务平台和云计算结构数控系统，实现了数控系统外部全数字化互联。并以此为基础，研发了融合现代信息技术的开放式数控系统软硬件平台。

（2）针对数控机床五轴联动和多轴协同控制的难题，研发了高性能五轴联动的 RTCP、大圆插补和定向加工等核心功能，实现了五轴机床参数自动测量技术，覆盖了国外数控系统五轴功能指标；研发了车铣复合和双轴同步控制技术。打破国外封锁，满足了航空航天、武器装备、汽车及零部件等领域对复杂零件五轴高速高精加工的需求。

（3）攻克了高速高精运动控制算法难题，研发了基于纳米级的插补技术、面向高速、高精和高刚度的伺服驱动控制技术及高级误差补偿技术，提出了 G 代码质量评价与优化方法。实现了曲面零件的高速与高光镜面加工。

（4）首次提出了指令域数据分析方法，构建了数控机床工作过程的信息物理系统（CPS）模型，实现了基于指令域数据的数控加工工艺参数优化、机床健康评估、无传感器机床热变形补偿等智能化应用，率先形成了一种数控系统智能化应用的全新方法。

该项目发明专利授权 11 项、受理 6 项，软件著作权 11 项，形成国家标准 8 项、行业标准 2 项，获得奖励 1 项。

该项目取得了良好的社会与经济效益。成果在高速 / 精密车削中心、高速 / 精密立式加工中心、车铣复合机床、高速 / 精密卧式加工中心、六轴砂带磨等高档数控机床上实现了配套，满足国内高速、高精、高效、大型、重型、复合、生产线等高档数控装备的配套需求，在国民经济多个重点领域的多家重点企业得到了成功应用。目前累计销售高性能数控系统 6 万多台（套），销售伺服电动机 110 多万台。近三年新增销售收入 9.08 亿元、利税 4 000 多万元。项目成果完全改变了我国高档制造装备被国外垄断的局面。

2. 面向新能源等行业的数控超重型桥式龙门五轴联动车铣复合系列机床

该项目属"高档数控机床与基础制造装备"科技重大专项。项目成果包括三台通过宽度分别为 10m、9m、8m 的国内规格最大、分属双立柱龙门移动与不移动两个系列的超重型数控车铣复合机床，填补了国内空白，是"高档数控机床与基础制造装备"科技重大专项"十一五"期间的十大标志性成果。

该项成果在超大结构件模块化设计与拼装控制方法、大负载高速静压转台圆形油垫设计与制造技术、静压转台驱动系统消隙控制技术、多功能超长行程全包静压滑枕设计规范、大型结合面动态特征参数辨识方法、机床整机启停加减速控制优化方法等方面，形成了独特的技术优势。

该项成果的主要技术创新点有：

（1）提出了超重型数控龙门移动式机床模块化设计规范，通过理论分析与计算对基础件与部件的模块化规划，建立了两个结构的通借用关系及部件的关系准则，针对用户的多样化定制性需求，可提供定梁 / 动梁、龙门移动 / 不移动主结构配置不同的转台、滑枕等功能部件成套解决方案。

（2）攻克了超长横梁"分段加工—精加工结合面—连接—整体加工—预装配测量—导轨曲线加工"工艺技术，首次实现超长横梁的分段设计与制造，提出了横梁预起拱曲线优化设计与检测方法，并解决了超大型球磨铸铁结构件整体浇注难题。

（3）提出了静压支承系统设计规范，在静压转台、静压滑座、静压溜板以及全包静压滑枕等方面形成了成套专有技术，解决了超重型机床关键承载系统性能提升的瓶颈问题。静压导轨的圆形油垫技术系国内首次在10m超大型转台上应用，转台回转速度可达30r/min，最大线速度约1 000m/min。

（4）提出了基于子结构频响函数耦合方法的结合面特征参数辨识方法，首次实现了面向表面接触压强的大型结合面动静特性预测，突破了耦合结合面的整机建模与分析技术，整机建模效率提高了1倍以上，解决了重型数控机床整机高效建模的技术难题。

（5）首次提出了重型机床启停冲击动力学理论模型与测试方法，建立了床身到刀尖点的力与变形协调与传递方程，解析了启停冲击载荷下结构件变形、结合面、静压支承系统等多因素对重型龙门移动机床耦合作用机理，揭示了启停冲击载荷对超重型龙门机床加工精度影响规律，为超重型数控机床整体结构工程优化和动态性能提升提供了理论基础。

该项目取得了良好的社会与经济效益。截至到2016年1月底，企业在超重型数控龙门机床和重型车铣复合机床领域，实现销售15台，实现销售收入51 069万元，成为企业推动产业转型升级的新亮点。用户以电力设备行业为主，并扩及航天模具、船用螺旋桨等其他领域，其中2台还出口到韩国斗山重工，用于加工核电设备。

主要规格参数（以通过宽度10m产品为例）：

机床通过宽度：10 000mm；最大车削高度：7 500mm（动梁）；工作台宽度：9 000mm；工作台承重：25 000kg/m²；主轴功率：105kW；主轴最大转矩：9 500N·m；龙门纵向行程（$X$）：用户需求；主镗铣头水平行程（$Y$）：11 500mm；滑枕垂直行程（$Z$）：4 000mm；横梁垂直行程（$W$）：6 000mm（动梁）；转台直径：9 500mm；转台最大承重：250t；转台功率：250kW；转台最大转矩：850N·m；转台最高转速（车、铣）：30r/min、2r/min；$X$、$Y$、$Z$轴重复定位精度：0.015mm；转台重复定位精度：10″。

3.高档数控机床可靠性工程关键技术及应用

该项目属"高档数控机床与基础制造装备"科技重大专项。

该项目针对长期困扰我国的数控机床可靠性差的难题，突破传统思路和做法，在多项国家级课题的支持下，自主创新，突破可靠性工程多项关键技术，探索出一套全新的适合我国国情、软硬件结合、可操作性和可推广性强的可靠性工程顶层设计及可靠性工程实施管控体系和方法。

该项成果的主要技术创新点有：

（1）建立了可靠性工程顶层设计和全因素、全过程实施管控体系。针对企业缺乏实施可靠性工程总体思路、缺乏技术管理保障的体系难题，突破了管理和技术结合瓶颈，创造性提出"可靠性工程方法论"概念，建立了可靠性工程顶层设计和"8341工程"实施框架，制定了面向产品寿命周期的完整的可靠性管理体系和成套实施标准规范，可以将可靠性工作融入企业生产经营的各个环节，实现了全因素、全过程的全面管控，特别是建立的2项国家可靠性标准，为企业和政府部门评价产品可靠性提供了标准依据。

围绕此创新点，共建立了2项国家标准，11项企业标准，27个管理规范，完成50份可靠性研究报告，发表论文98篇，获自主知识产权7项，研究成果在多家机床企业得到应用，建立了完整的可靠性管理体系，实现了全因素、全过程的可靠性管控，对保障产品的可靠性起到很大作用。

（2）发明了基于"元动作"的精细化可靠性控制方法。针对传统可靠性方法概念不清、建模过程复杂、建模效率低下和难于实现精细化分析以及控制的难题，在分析元动作（保证机床运动的最小结构单元）对整机可靠性影响的基础上，发明了基于元动作的可靠性控制技术，可以在元动作层面进行可靠性的设计建模、分析、试验和精细化制造控制，将复杂的整机可靠性控制转化为相对简单的单元可靠性控制，该方法概念清晰、简单可行，为实现机床的精细化可靠性控制开辟了一个全新思路，实践证明可大幅提升产品可靠性。

围绕此创新点，共建立了1项企业标准，7个管理规范，完成16份可靠性研究报告，发表论文27篇。研究论文发表在国内外高水平期刊上，得到国外审稿专家的高度评价和大力推荐。

（3）发明了"基于失效征兆映射"的可靠性快速试验及评估技术。针对企业可靠性试验手段缺乏，无法快速发现早期故障，难于实现小样本可靠性快速评估的难题，发明了基于失效征兆映射的可靠性快速试验及评估技术，研究了加速试验机理和模型，建立了基于快速试验的早期故障主动消除体系，提出基于小样本数据的可靠性快速评估方法，研制多台（套）快速试验装置，面向机床企业建立了完整的可靠性试验体系，搭建了多台（套）多功能试验台架，不仅使企业具备了快速消除早期故障的手段，提高产品可靠性，快速试验技术还可以有效缩短产品研发周期。

围绕此创新点，共建立了6项企业标准，10个管理规范，完成17份可靠性研究报告。发表论文34篇，获自主知识产权6项。

该项成果取得了良好的社会和经济效益。经过9年的研究，成果首先在四川普什宁江机床有限公司得到示范应用，并从2012年开始在国内众多机床企业逐步得到推广应用，取得了覆盖企业广、覆盖产品广、覆盖人员广和覆盖环节广（设计、制造、试验、管理、运行等各个环节）的良好效果。实践证明，应用了此项成果的企业，在可靠性能力得到增长的同时，机床产品的可靠性也得到大幅提升，MTBF（平均无故障时间）普遍从300h提升到1 000h以上，部分企业的产品可靠性达到1 600h以上。项目成果对提升国产机床企业的信心也具有不可估量的作用。

4.NJ-CH6140喷油器体柱面成形和螺纹滚压加工高精度复合数控车削中心

该项目属"高档数控机床与基础制造装备"科技重大专项"电控共轨柴油喷射系统制造技术与关键装备的研发及应用"子课题。

该机床是针对我国电控高压共轨柴油喷射系统喷油器体加工难题而研发的高档数控机床，用于喷油器体粗（精）车外圆、内孔、端面，滚压（挤压）螺纹及铣扁等工序的复合加工。机床配有自动上下料机械手、专用工装托盘和自动传输装置，并可以和喷油器体其他加工设备连线，实现喷油器体的自动化连续加工。生产节拍 CT ≤ 550s（主机节拍 CT ≤ 500s），零件品种换型方便、快捷。

主机采用卧式45°斜床身结构；主副对置具有 C 轴功能的6 000r/min 电主轴；具有 X、Y、Z 轴的双刀架及12工位伺服动力刀架，两个 Y 轴采用直线电动机驱动，加速度1.5$g$，快速移动速度60m/min；主轴径向和轴向跳动0.001 5mm；主机直线轴均配置精密直线光栅尺，双向定位精度0.003mm，单向重复定位精度0.002mm。

该项成果的主要技术创新点有：

（1）螺纹滚压（挤压）应用技术。该机床对零件的小端外螺纹和大端外螺纹加工分别采用径向和轴向滚压（挤压）工艺，比传统滚压螺纹工艺具有更高的强度，加工节拍快且加工成本低。

（2）楔形 Y 轴结构。采用水平虚拟轴和45°方向的 X 轴插补出 Y 轴，有效提高了机床刚度。

（3）基于伺服电动机的动力刀架主轴控制功能。采用伺服电动机结合数控系统进行动力刀架主轴控制，实现主轴的无级变速。通过执行主轴分度指令和主轴选择指令，使各动力刀具主轴具有分度功能，既可以在主轴旋转中执行主轴分度，也可基于程序指令进行转位分度控制，当分度完成时结束 SV 旋转控制方式使主轴停止。

（4）在线干涉检查。机床为每个刀架设置了 X、Y 轴干涉区检测，为两个刀架之间设置了干涉区检测，还在路径间 Z 向设置了干涉区检测，确保机床安全正常运行。

该机床的研发成功为我国电控高压共轨柴油喷射系统喷油器体的连续高效高精加工提供了强力有效装备，是目前国内首例喷油器体自动化加工高档设备，打破了国内现行传统的将铣削、钻孔、铰孔、攻螺纹、镗孔与枪钻深孔分开加工的生产方式，整机技术水平先进，且与进口设备相比具有较大的价格优势。

该项成果具有良好的社会与经济效益。其优异的性能在加工企业得到了验证，大批量喷油器体已交用户进行使用，得到广泛好评。

〔撰稿人：中国机床工具工业协会周敏森〕

# 2016年机床工具行业标准化工作

2016年是我国"十三五"规划的开局之年，也是全面落实国务院关于标准化工作改革要求的重要一年。随着《深化标准化工作改革方案》《装备制造业标准化和质量提升规划》等标准化纲领性文件的实施，标准化领域的供给侧改革取得实质进展，标准的结构由过去的政府主导型为主向市场主导型为主的转变趋势已渐露端倪。在这一年中，机床工具行业各专业标准化技术委员会在国标委和工信部的指导下，在委员单位的支持和委员的参与下，积极有效地开展工作，努力发挥标准化服务和支撑作用，不断提高标准化工作的贡献率和有效性，圆满完成了标准制修订计划、推进国际标准化工作、完善标准体系建设、推动标准

的贯彻实施、为行业企业提供标准咨询服务等各项工作，为促进机床工具行业的发展做出了应有的贡献。

**一、标准制（修）订工作**

1.标准计划项目立项情况

2016年全行业十个专业标准化技术委员会中的八个标准化技术委员会根据产业发展需要和自主创新成果，申报了国家标准和行业标准计划项目建议书，批复列入标准制修订计划项目的共计132项，其中国家标准20项，机械行业标准112项。

2016年各专业标委会标准制（修）订计划项目立项情况见表1。

表1 2016年各专业标委会标准制（修）订计划项目立项情况

| 标委会名称 | 国家标准（项） | 行业标准（项） |
|---|---|---|
| 全国金属切削机床标准化技术委员会 | 2 | 65 |
| 全国量具量仪标准化技术委员会 | 0 | 0 |
| 全国木工机床与刀具标准化技术委员会 | 0 | 0 |
| 全国刀具标准化技术委员会 | 6 | 10 |
| 全国磨料磨具标准化技术委员会 | 4 | 10 |
| 全国特种加工机床标准化技术委员会 | 1 | 4 |
| 全国锻压机械标准化技术委员会 | 0 | 15 |
| 全国铸造机械标准化技术委员会 | 1 | 8 |
| 全国工业机械电气系统标准化技术委员会 | 3 | 0 |
| 全国机床数控系统标准化技术委员会 | 3 | 0 |
| 合计 | 20 | 112 |

2016年国家标准计划立项进行了改革，标准范围严格限定，主要是基础通用和方法标准以及采标项目，立项评审增加了现场答辩环节，由国家标准化管理委员会国家标准技术审评中心负责组织实施。从各标委会上报的国家标准立项审批结果看，国家标准计划项目范围大幅收窄，立项的条件和要求越来越严。国家标准中将会逐步缩减产品标准的立项项目。

2. 标准制（修）订项目完成情况

2016年全行业十大专业标准化技术委员会共计完成标准制（修）订计划项目254项，其中国家标准42项，机械行业标准212项，标准制（修）订计划项目总体完成情况比较好，进一步完善了机床工具行业标准体系的建设。

2016年各专业标委会标准制（修）订计划项目完成情况见表2。

表2 2016年各专业标委会标准制（修）订计划项目完成情况

| 标委会名称 | 国家标准（项） | 行业标准（项） |
|---|---|---|
| 全国金属切削机床标准化技术委员会 | 4 | 88 |
| 全国量具量仪标准化技术委员会 | 0 | 2 |
| 全国木工机床与刀具标准化技术委员会 | 0 | 10 |
| 全国刀具标准化技术委员会 | 3 | 15 |
| 全国磨料磨具标准化技术委员会 | 12 | 12 |
| 全国特种加工机床标准化技术委员会 | 1 | 6 |
| 全国锻压机械标准化技术委员会 | 13 | 41 |
| 全国铸造机械标准化技术委员会 | 1 | 8 |
| 全国工业机械电气系统标准化技术委员会 | 5 | 30 |
| 全国机床数控系统标准化技术委员会 | 3 | 0 |
| 合计 | 42 | 212 |

3. 现行标准和在研标准情况

截至2016年年底，机床工具行业现行有效标准共计2 535项，其中国家标准806项，行业标准1 729项。目前机床工具行业在研标准共计591项，其中国家标准109项，行业标准482项。各专业标委会现行有效标准数量和在研标准数量见表3。

表3 各专业标委会现行有效标准数量和在研标准数量

| 标委会名称 | 现行有效标准数量（项） | | 在研标准数量（项） | |
|---|---|---|---|---|
| | 国家标准 | 行业标准 | 国家标准 | 行业标准 |
| 全国金属切削机床标准化技术委员会 | 171 | 689 | 24 | 296 |
| 全国量具量仪标准化技术委员会 | 78 | 98 | 9 | 16 |
| 全国木工机床与刀具标准化技术委员会 | 64 | 121 | 5 | 11 |
| 全国刀具标准化技术委员会 | 246 | 145 | 8 | 15 |
| 全国磨料磨具标准化技术委员会 | 74 | 112 | 16 | 25 |
| 全国特种加工机床标准化技术委员会 | 30 | 45 | 1 | 6 |
| 全国锻压机械标准化技术委员会 | 47 | 278 | 29 | 90 |
| 全国铸造机械标准化技术委员会 | 35 | 181 | 1 | 8 |
| 全国工业机械电气系统标准化技术委员会 | 44 | 58 | 13 | 15 |
| 全国机床数控系统标准化技术委员会 | 17 | 2 | 3 | 0 |
| 合计 | 806 | 1 729 | 109 | 482 |

**二、积极推进国际标准化工作**

1. 做好对口国际标准转化及投票工作

在机床工具行业中，目前有5个全国性专业标委会（金切机床标委会、刀具标委会、磨料磨具标委会、工业机械电气系统标委会、木工机床标委会）具有国际标准投票资格，他们把积极开展对口国际标准化工作作为标委会的一项重要工作内容，标委会秘书处紧密跟踪对口国际标准的发展动向，做好有关国际标准文件的跟踪、收集和分析、转化，对收到的每一项国际标准认真审阅，广泛征求意见，按规定时间完成国际标准投票表决工作。一年来，这 5 个标委会秘书处共完成了 9 项国际标准转化工作和 70 项国际标准投票工作。各专业标委会开展国际标准化工作情况见表 4。

表 4　各专业标委会开展国际标准化工作情况

| 标委会名称 | 国际标准转化数量（项） | 国际标准投票数量（项） |
| --- | --- | --- |
| 全国金切机床标准化技术委员会 | 2 | 30 |
| 全国刀具标准化技术委员会 | 0 | 20 |
| 全国磨料磨具标准化技术委员会 | 7 | 8 |
| 全国工业机械电气系统标准化技术委员会 | 0 | 10 |
| 全国木工机床与刀具标准化技术委员会 | 0 | 2 |
| 合计 | 9 | 70 |

2. 实质性参与国际标准化活动情况

为了推动机床行业实质性参与国际标准化活动，提升我国在国际标准化活动中的影响力，一年来，与国际标准化组织开展对口工作的标委会积极组织行业有关专家参加相关国际标准化工作会议，及时跟进国际标准制修订情况。

工业机械电气系统标委会积极组织国内专家广泛参与 IEC/TC44 相关国际标准的制修订工作。2016 年，工业机械电气系统标委会秘书处成功组派了中国专家 3 次参加 IEC/TC44 相关工作组会议，分别为第 3 次 IEC/TC44/MT62061 工作组会议、第 80 次 IEC 大会及 IEC/TC44 2016 年度全体大会和中德智能制造及生产过程网络化大会各 1 次。在各次会议上，中方代表主动参与会议讨论，积极发表意见，增强了我国在国际标准化组织中的影响力。

金切机床标委会 2016 年 5 月组团出席了 ISO/TC39/SC2 "金属切削机床检验条件" 分技术委员会在斯图加特召开的第七十九次国际会议。来自美国、瑞士、英国、德国、意大利、法国、瑞典、日本、伊朗、俄罗斯、中国 11 个国家的约 30 名代表参加了此次会议。会议除讨论了 ISO/WD 230-7.2 "机床检验通则　第 7 部分：回转轴线几何精度"、ISO/WDR 230-11.4 "机床检验通则　第 11 部分：测量工具及其在机床几何精度检验中的应用"、ISO/WD 3070-2 "卧式镗铣床精度检验　第 2 部分：工作台固定立柱移动式机床"、ISO/WD16907 "机床几何误差的数字补偿" 等国际标准草案外，还重点讨论了我国提出的五轴联动加工中心 "S 试件工作精度检验" 国际标准草案 CD 稿。经过第七十九次国际会议技术讨论修改之后，该国际标准草案晋升为 DIS 投票阶段。本年度，金切机床标委会还参与了加工中心和镗铣床以及数控拉床国际标准的制定工作。

铸造机械标委会去年提交的 "申报 ISO 铸造机械标准技术委员会" 的议案在 2016 年 6 月 16—17 日于瑞士日内瓦召开的 ISO 技术管理局第六十六次会议上获得通过，技术委员会编号为 ISO/TC306，中国成为 ISO/TC306 的主席国和秘书国，秘书处设在济南铸造锻压机械研究所有限公司。这标志着我国铸造机械行业在组织开展相关领域国际标准化工作方面有重大进展，对紧密跟踪和先期介入国际标准的制修订工作，推动我国标准走出去，从而带动中国技术、装备、产品和服务走出去，扩大我国铸造设备的出口以及我国标准在国际标准化舞台上的影响和作用，掌握国际标准话语权，增强我国铸造机械在国际市场上的竞争力具有重要意义。

3. 我国机床行业主导制定的第一项国际标准正式颁布

2016 年 8 月 9 日，国际电工委员会（IEC）发布消息，由北京机床研究所牵头、全国工业机械电气系统标准化技术委员会（SAC/TC231）组织行业骨干企业制定的机床行业第一项国际标准——IEC /TS 60204-34：2016《Safety of machinery-Electrical equipment of machines -Part 34: Requirements for machine tools》正式颁布。这标志着机床行业第一项由我国主导制定的国际标准正式诞生，打破了一直以来由欧洲国家主导机床行业国际标准制定的局面。

IEC/TS 60204-34：2016 标准规定了 "机床的电气、电子、数控、可编程序电子设备及系统等的安全要求"，是机床行业核心的安全标准之一，直接关系着机床产品的安全和进出口贸易。

IEC/TS 60204-34：2016 的制定备受德国、日本、美国等国家的关注，美国、德国、西班牙、韩国、日本等国均派出多名专家参加标准制定工作组，从质疑到认可，该标准的完成经历了艰辛的历程。

**三、做好强制性标准整合精简和推荐性标准集中复审工作，为构建新型标准体系创造条件**

1. 强制性标准整合精简工作

按照国务院《强制性标准整合精简工作方案》的要求，对现行强制性国家标准、行业标准及制修订计划开展清理评估。通过整合精简，逐步解决现行强制性标准存在的交叉重复矛盾、超范围制定等问题，为构建结构合理、规模适度、内容科学的新型强制性国家标准体系奠定基础，实现 "一个市场、一条底线、一个标准"。

各标委会根据《方案》规定的工作目标和原则，对所归口管理的强制性标准开展了精简整合预评估工作，从标准的必要性、制定目的、核心内容、适用范围和适用性等几个方面对 94 项强制性国家标准和行业标准、16 项强制性国家标准制修订计划逐项进行了分析评估，提出了预评估结论建议。最终结论由国务院标准化协调推进部联席会议审定后形成强制性标准整合精简工作报告，由国家标准委对外发布结果。

2. 推荐性标准集中复审工作

开展推荐性标准集中复审工作是国务院《深化标准化工作改革方案》中确定的重要任务之一。通过复审要重点解决推荐性标准体系中存在的交叉、矛盾和滞后等问题，形成确认一批、修订一批、废止一批、转化一批的标准项目清单，进一步提升标准的协调性、配套性、科学性和适用性，推动推荐性标准向政府职责范围内的公益性标准过渡。

本次机床工具行业推荐性标准集中复审工作涉及2476项现行标准和667项在研计划，是有史以来标准复审量最大的一次，时间紧、任务重。各专业标委会都及时组织召开了推荐性标准集中复审工作会议，认真学习了《国家标准委关于印发〈推荐性标准集中复审工作方案〉的通知》和中国机械工业联合会《关于开展机械工业领域推荐性标准集中复审工作的通知》等文件，宣讲了国标委和工信部有关标准复审的培训材料，使标委会委员掌握集中复审工作的流程和要求。各标委会及所属分会分别对各自归口管理的推荐性标准进行了全面梳理、集中复审，复审过程中委员们对每项标准的技术内容进行了认真细致的审查，经讨论并形成一致意见，最终逐项给出了复审结论，圆满完成了推荐性标准集中复审工作。最终复审结论将由国家标准化管理委员会和工业和信息化部确定并公告。

**四、标准科研项目进展情况**

1. 成立数控机床互联通讯协议标准联盟，承担智能制造综合标准化专项工作

在"中国制造2025"战略的推进中，数控机床的智能化升级起着至关重要的基础性作用，要实现机床的智能化，首先要解决好数控机床之间的互联互通及保障信息安全前提下的信息协同共享。国外很早就高度关注数控机床的互联互通技术。MT-Connect协议与OPC UA协议在业内得到了广泛的应用。虽然国内在数控机床互联互通技术研究和应用方面已经起步，但各单位的研究工作目前还处于各自为政的状态，各种型号的数控机床和数控系统之间信息沟通不畅，给数控机床和相关装备的整体协调、优化及数据跟踪造成了困难，严重制约了我国数控机床产业向智能化转型升级。机床工具协会对此给予了高度关注，在2016年4月上海机床展会期间，组织召开了关于"智能制造相关数控机床通讯协议标准"研讨会，国内主要数控系统厂商及知名高校和协会主管领导出席了会议。通过交流大家一致认为：整合行业内优势企业、研究院所，强强联合，建立联盟，制定我国统一的数控机床互联互通协议标准，已经迫在眉睫。通过这次会议，机床行业企业对共建数控机床互联通讯协议标准联盟达成共识。

2016年5月17日，由中国机床工具工业协会牵头组织的"数控机床互联通讯协议标准联盟"成立大会在武汉华中数控股份有限公司召开。会议讨论和通过了联盟章程、协议、组织构架、工作计划，确认了联盟人事安排，首批14家联盟成员单位签约了联盟协议。联盟成员之间是一种"相互促进，合作共赢"的关系。机床协会站在行业共同利益的基础上积极推动联盟工作的进展。

联盟的建立为申报工信部组织的"2016年智能制造综合标准化与新模式应用"智能专项课题打下了基础，由华中数控牵头，组织联盟成员承担了"数控机床互联通讯协议标准与试验验证"智能专项课题的研究工作。该项目是针对国家对智能制造的迫切需求，以国际先进水平的数控机床互联互通协议为靶标，突破互联协议的参考模型、数据规范、接口规范、安全性和评价标准等关键技术，为"中国制造2025"的顺利实施提供技术支撑，促进中国制造业的智能化转型升级。目前，该课题要完成的标准项目正在紧张的研制过程中。

2. 承担标准化科研课题工作进展情况

2016年，全国工业机械电气系统标委会完成了国家科技重大专项子课题——《数控系统关键技术标准与综合性能检测体系研究》和《伺服驱动及电机测试技术规范及标准研究》的有关标准课题研究。根据课题任务书的有关规定，完成了数控基础通用标准、数控重要安全技术标准、开放式数控系统标准、伺服驱动及电动机测试技术、数控编程语言等关键技术标准的研究。此外，工业机械电气系统标委会秘书处组织申报并成功获批了国家智能制造专项《面向智能制造的数控装备互联互通及互操作标准及试验验证》，参与申报了国家重点研发计划项目《机械、电气等重要领域安全共性技术标准研究》，通过持续开展的标准化科研工作，不断提升本专业标准的技术水平。

全国金切机床标委会继续开展《高档数控机床、数控系统及功能部件关键技术标准与测试平台标准研究》国家重大专项课题的研究。通过该项目的实施，将搭建起高档数控机床、数控系统及功能部件关键技术的测试平台，制定90项金切机床行业标准，为促进行业技术进步、提升行业产品质量发挥重要作用。

全国机床数控系统标委会紧密跟踪04国家科技重大专项"高档数控机床与基础制造装备"中与本标委会负责领域相关的科研项目进展情况，并切实参与到项目课题中去，及时转化专项课题的科研成果，目前已形成9项标准。随着专项课题的开展，标委会还将适时推动成果转化，形成配套标准，推动行业稳健发展。

全国刀具标委会积极跟踪国家重大专项《复杂数控刀具创新能力平台建设》《汽车、航空航天和发电设备用高效精密数控刀具高可靠性设计制造与切削性能评价》《高性能刀具检测技术标准研究与测试平台建设》等项目的进展情况，结合项目涉及的近60项国家标准和行业标准，刀具标委会秘书处主动与重大专项承担负责单位联系、协调，确保项目中的标准制定工作顺利开展，2016年又完成了5项科研成果向标准的转化。

**五、加强标准宣贯力度，促进企业自主贯标**

标准的应用和实施是标准化工作的重要一环。标委会结合各自行业特点，在加强标准的宣贯力度，与行业

协会、质量监督机构密切合作，抓好标准的实施工作方面开展了各种形式的活动，进一步促进了行业企业的自主贯标行为。

特种加工机床标委会长期致力于推动特种加工机床标准的贯彻实施。随着产业的发展，国家对产品的质量和安全越来越重视，企业对标准的关注程度加大。2016年，特种加工机床标委会与中国机床工具工业协会特种加工机床分会合作继续开展"达标认定产品"活动。对行业内提出申请的8家企业11台机床进行了达标认定检测。被检机床包括数控电火花成形机床、数控单向走丝型电火花线切割机床和数控往复走丝型多次切割电火花线切割机床。检测结果显示：申检产品全部达标。这再次表明，电火花加工机床行业的标准实施达到了良好效果。开展"达标认定产品"活动，不但有力地推动了企业产品质量的提高，促进了企业的自主贯标，而且推动了企业创建品牌，促进了产品销售，提高了行业竞争力。

GB 5226.1—2008《机械电气安全 机械电气设备 第1部分：通用技术条件》和GB 28526—2012《机械电气安全 安全相关电气、电子和可编程电子控制系统的功能安全》是机械电气设备及系统行业的核心安全标准，技术内容丰富，贯标难度大，贯彻好这2项强制性标准对提高我国机电产品安全水平具有重要的意义。2016年度，工业机械电气系统标委会重点组织了这2项标准的宣贯工作，为行业企业提供了10余次标准技术咨询服务，推动了企业贯标的主动性，提高了工业机械电气系统标委会的行业影响力。

机床数控系统标委会针对GB/T 32245—2015《机床数控系统 可靠性测试与评定》国家标准的贯彻实施，已陆续在国内主要几家机床数控系统企业开展了应用，同时就标准条款的理解和应用中可能存在的问题等方面内容为主要几家数控系统企业的技术骨干提供了培训，本年度累计培训12人次。累计为企业提供标准化技术咨询服务2次。

为了行业企业更好地理解并执行标准，铸造机械标委会分别于2016年9月3日在广东东莞和9月10日在重庆举行了"2016（中国）热成形装备节能技术应用研讨会暨国家节能政策权威解读"会议，分标委会对JB/T 12554—2016《压铸机能耗测定方法》及已报批的《压铸机 能效等级及评定方法》两项节能标准进行了宣贯，对标准中的条款进行了详细的解读。两次宣贯会共有160多人次参加了会议，收到了良好的效果。

为了有效贯彻锻压机械国家标准及行业标准，锻压机械标委会秘书处在全国各地开展标准宣贯培训会议6次，培训人数210人，组织编辑出版标准宣贯材料2套。为政府、司法机关、企业、社会组织等提供标准化技术咨询服务130人次。为锻压机械行业生产和经营提供了技术支持。

量具量仪标委会秘书处结合量具量仪质检中心产品检测业务，为部分企业的产品检验提供技术咨询、帮助，指导其起草和完善企业的检验标准。秘书处充分利用成都工具检测所网站、专用E-mail等多种形式开展标准咨询工作。

刀具标委会通过网络、电话、信件等手段，做好标准咨询和资料服务工作，服务次数达100多次。刀具标委会秘书处与中国标准出版社共同编辑的《中国机械工业标准汇编》（刀具卷）[第三版]即将出版发行，刀具卷分四册，录入国家标准244项，行业标准145项。

木工机床与刀具标委会针对我国的竹木机械已发展多年，但一直没有相对应国家标准及行业标准的情况，标委会组织有关专家对近年来发展迅速的竹木机械标准需求情况进行了调研，为下一步研制相关标准收集了相应的数据和材料。利用这次调研机会，木工机床与刀具标委会还组织有关人员对浙江万利超硬材料有限公司等三家企业生产的木工硬质合金圆锯片进行了贯标测试。测试结果全部达到了GB/T 14388—2010《木工机床硬质合金圆锯片》、GB 18955—2003《木工刀具安全 铣刀 圆锯片》的标准要求。这项工作的开展对企业贯标是有力促进。

## 六、标委会组织管理及召开工作会议情况

### 1. 标委会的组织管理

2016年，工业机械电气系统标委会针对"中国制造2025"十大重点领域之一"高档数控机床与机器人"，依据智能制造相关基础共性技术和标准的需求，以及所涉及领域技术的发展，新增了两个常设标准制定工作组，分别是驱动与电机工作组（SAC/TC231/WG7）和工业机械智能云服务工作组（SAC/TC231/WG8），并特聘标委会副主任委员、哈尔滨工业大学徐殿国副校长为WG7首席专家，特聘标委会委员、北京易能立方科技有限公司总经理王健为WG8首席专家。同时，调整原WG1"开放式数控系统"标准制定工作组名称为"智能数控系统"标准制定工作组，特聘标委会副主任委员、沈阳高精数控智能技术股份有限公司总经理于东为该工作组首席专家。

金切机床标委会在标准计划分类管理、重点产品标准立项和制修订工作方面认真落实国家标准委"系统管理、重点突破、整体提升"的工作方针，根据"系统管理"的要求，重新修订了《全国金属切削机床标准化技术委员会秘书处工作实施细则》，加强了标准制修订全过程的管理。根据行业标准化管理工作需要，2016年金切机床标委会组建了"基础与配套技术"工作组，负责机床包装、涂漆、防锈、润滑等专业领域的标准化工作。

磨料磨具标委会加强了对程序规范性和文件编写质量的管理。对于程序规范性，由秘书处统一把控、组织各工作组按要求开展工作，包括统一工作进度、统一各阶段工作要求、统一各时间节点等；对于文件编写质量，秘书处加强了对各阶段文件的审核，今年的24项制修订计划，秘书处做到了对全部项目从草案到送审稿的全覆盖。上述措施有效保证了各项标准制修订工作的优质高效开展。

锻压机械标委会按照国家标准委的要求以及委员会章程规定，规范标委会工作，加强与各委员单位、行业企业、

科研机构、大学的联系与合作，吸引产、学、研、用各方面人才参与技术标准的研究，完成分技术委员会的换届工作。加强标准工作组的建设，新成立标准工作组2个，结合锻压机械行业特点，特别是锻压机械前沿领域的标准化组织建设，扩大了锻压机械标委会的业务覆盖面。

为了进一步加强全国专业标准化技术委员会的管理，2016年6月，国标委下发了《全国专业标准化技术委员会考核评估办法（试行）》，根据国标委的安排，特种加工机床标委会被列入首批专业标准化技术委员会考核评估单位。对此项工作，特种加工机床标委会秘书处给予高度重视。按照国标委要求，标委会对2013—2015年的工作进行了全面系统的梳理和考核评估。完成了《全国专业标准化技术委员会考核评估材料（SAC-TC161）》书面报告，并进行了自我评价。最终国标委技术评审中心给出的专家评审结论为Ⅱ级，与标委会自评意见完全一致。

按照《全国专业标准化技术委员会管理办法》的有关规定，今年有4个专业标准化技术委员会（全国量具量仪标准化技术委员会、全国工业机械电气系统标准化技术委员会、全国刀具标准化技术委员会、全国铸造机械标准化技术委员会）及下设分技术委员会，分别进行了委员调整工作，解聘了部分离职或不参与标委会活动的委员，增补了行业技术骨干为新的委员。优化了标委会委员结构，确保了标委会组织机构的健全，提高了标委会活力，保证了标委会工作正常有效的开展。

2. 标委会召开工作会议情况

2016年8月8—13日，全国机床数控系统标准化技术委员会2016年年会暨二届三次会议在乌鲁木齐举行。会议主要内容是：对3项国家标准送审稿进行审查；对归口管理的推荐性机械行业标准集中复审；讨论工信部智能制造综合标准化项目——数控机床互联通信协议标准草案（7项）；讨论国家质检公益项目标准草案（3项）；总结汇报2016年标委会工作和2017年工作计划。

全国金切机床标委会标准审查会暨年会于2016年12月在南京召开。会议总结了2016年标委会开展的各项工作，并对3项国家标准送审稿进行了审查。39名委员及委员代表参加了会议。与其他专业标委会相比较而言，金切机床标委会下设分会最多，每年要完成的标准制修订计划项目数量大，过去在标准复核环节上存在问题较多，导致标准上报时间不及时。根据这种情况，金切机床标委会秘书处采取集中会议复核模式，大大加快了这个环节的速度，确保了标准报批稿的协调统一，标准上报质量有很大提高。金切机床标委会及下设分技术委员会2016年共计召开26次工作会议，行之有效地开展了行业标准化活动。

2016年11月9—10日，全国量具量仪标委会在杭州市召开年会。会上，秘书处分别作了标委会2016年度工作报告；本专业领域"十三五"技术标准体系建设方案的编制；标准集中复审工作情况。委员们分别就2016年度

项目计划完成情况、"十三五"标准体系建设方案、标准立项要求及ISO标准拟转化项目等进行了热烈讨论，并达成一致意见。

全国磨料磨具标准化技术委员会于10月25—29日在西安市召开了六届四次工作会议，会议学习了《国家标准化体系建设发展规划（2016—2020年）》《装备制造业标准化和质量提升规划》《全国专业标准化技术委员会考核评估办法（试行）》《国家标准外文版管理办法》和《关于开展机械工业"十三五"技术标准体系建设方案编制工作的通知》五个重要文件；审议了秘书处所作的2016年度全国磨料磨具标准化技术委员会工作报告和财务收支情况报告；通报了前三季度机床工具行业和磨料磨具分行业的经济运行情况；审查通过了《超硬磨料 人造金刚石微粉》等12项国家标准和《固结磨具 外观、尺寸和形位公差检测方法》等12项行业标准制修订计划项目送审材料。

2016年，全国工业机械电气系统标委会积极开展各种形式的标准化活动，召开了多次行业会议。先后组织了两次GB 5226.1国家标准工作组会议，该标准是采标项目，是至关重要的机械电气设备安全通用标准，涉及各类工业机械设备的电气设备及控制系统的安全要求，会议对标准技术内容进行了反复斟酌和研讨；召开了秘书处工作会议，对标委会上一年度工作进行总结，找出存在问题和差距，对下一年度工作进行规划和安排；组织相关国际标准化专家参加IEC/TC44/WG7工作组会，对IEC 62061国际标准的框架及部分技术内容进行了讨论；根据工业和信息化部批复的"2016年智能制造综合标准化项目《面向智能制造的数控装备互联互通及互操作标准及试验验证》任务书"的有关要求，召开了项目启动会暨SAC/TC231数控装备互联互通及互操作标准工作组第一次会议，40余位项目组成员和SAC/TC231的特邀专家、代表参加了会议。讨论了各项目成员单位的工作内容和分工以及项目计划安排等。通过这些活动的开展，增强了标委会的凝聚力，提高了标准化工作的有效性。

2016年10月，全国刀具标准化技术委员会秘书处在西昌组织召开了通用刀具、硬材料刀具、螺纹刀具三个分会的年会，对2016年应完成的3项国家标准和15项行业标准进行了审查。12月，刀具标委会秘书处和工具标委会秘书处共同组织，在泉州市联合召开2016年年会。会议听取并审议了全国刀具标委会查国兵秘书长所做的《全国刀具标委会2015—2016年度秘书处工作报告》。报告总结了刀具标委会一年来在标准计划编制、标准制（修）订、标准信息与咨询、国际标准化工作及秘书处日常工作等方面的工作。会议就刀具行业的转型升级、技术创新和管理创新进行了交流和探讨，特别是针对刀具行业标准化工作如何更好地服务于产业创新，服务于科技成果的转化提出了很多积极的建议。

全国铸造机械标准化技术委员会五届三次工作会议暨

标准审查会于 2016 年 11 月 14—17 日在无锡市召开。出席会议的委员及特邀代表共 58 人。会议审查通过了《冷室压铸机》国家标准和《除芯机 技术条件》等 8 项行业标准的送审稿。会议还讨论了《压铸单元 技术条件》等 5 项国家标准和《水冷无炉衬冲天炉》等 14 项行业标准的立项申请。会议一致通过了标委会秘书处提交的《2016 年度全国铸造机械标准化技术委员会工作总结》和《2017 年度工作计划》，以及秘书处经费使用情况的报告。会议对明年将要召开的 ISO/TC306 成立大会会议议程进行了探讨和筹划。

全国锻压机械标准化技术委员会 2016 年年会于 12 月在浙江省武义县召开，共有 53 位委员出席了会议，出席率占全体委员的 82%。会议主要讨论了 2016 工作总结报告和 2017 工作计划，审查了 5 项国家标准和 26 项行业标准。

全国特种加工机床标委会五届三次会议于 2016 年 3 月 26 日在苏州召开，参会委员出席率达到 84%。会上特种加工机床标委会秘书长做了 2015 年工作总结和 2016 年工作计划的报告。会议审查通过了"立体光固化成形机床 第 1 部分：精度检验"和"带式阳极切割机床 技术条件"两项行业标准送审稿。

2016 年 12 月 27 日，全国木工机床与刀具标准化技术委员会在福州召开年会，总结了 2016 年的工作并讨论了 2017 国家标准和行业标准的制定、修订工作。我国竹木机械已发展多年，但一直没有相应的国家标准及行业标准，ISO 及国外发达国家也无标准。2016 年木工机床与刀具标委会组织有关专家对近来发展迅速的竹木机械进行了调研，为下一步研制相关标准收集相应的数据和材料。

**七、协会团体标准工作进展情况**

为全面落实国务院提出的深化标准化工作改革要求，促进机床工具行业标准化工作健康有序发展，机床工具协会按照国家质检总局、国家标准委《关于培育和发展团体标准的指导意见》的部署和要求，开展了协会团体标准制定工作的研讨和基础准备工作，明确了协会团体标准的总体思路和目标定位；编制了协会团体标准工作程序管理文件；完善了协会团体标准组织机构建设，为逐步建立协会团体标准体系奠定基础。

1. 协会团体标准的总体思路和目标定位

培育和发展协会团体标准，有效推动行业产品质量提升是协会标准化工作的重点任务。围绕这个重点任务，协会行业发展部进行了认真的思考和研讨，明确提出了协会标准化工作的总体思路：全面落实标准化工作改革要求，坚持标准与产业发展相结合、标准与质量提升相结合，加快培育以技术、标准、质量、品牌、服务为核心的产业发展新优势。紧贴装备制造业发展对标准化和质量的需求，针对机床工具行业标准化和质量存在的问题和短板，集中攻坚，强化标准的研究与试验，组织行业企业共同开展质量品牌提升行动，研制一批急需的关

键技术标准、质量标准，推动新型标准体系的形成和机床工具行业质量水平的整体提升。要实现这一目标，着手从以下三方面开展工作：

（1）以促进行业产品质量水平提升为目标，开展"协会标准"研制工作，针对目前行业急需解决的共性质量技术问题提出标准研制项目。

（2）以滚动功能部件分会开展的"滚动功能部件专项产品评测"和特种加工机床行业开展的"产品达标认定"工作为试点，开展品牌培育、质量标杆等示范活动，以点带面，逐步向全行业推广。

（3）依托重大科技专项成果（如重型机床关键共性技术平台项目），尽快促进关键共性技术标准和规范的形成，发挥协会团体标准快速反应市场需求的特性。

2. 协会团体标准管理文件的编制

协会团体标准工作程序管理文件的正式发布实施是开展协会团体标准制定工作的先决条件。《中国机床工具工业协会团体标准管理办法》自 2015 年在协会标准化工作会议上征求意见后，2016 年又经过几次补充修改，同时完成了与之配套使用的《协会团体标准制定工作细则》的编制，对团体标准的总体原则、组织机构及职责、标准制（修）订程序、标准的批准发布和出版实施等方面作了明确规定，旨在引导和鼓励联盟团体、会员企业以国际先进、行业领先为标杆，积极探索标准研究与技术创新、制定发布团体标准，建立行业先进标准体系，推动协会团体标准制定工作有效进行。目前这两个文件经最终修改基本定稿，准备在 2017 年年初召开的机床工具行业标准化工作会议上正式发布实施。

3. 完善协会标准化组织机构建设

（1）组建协会标准化委员会和秘书处。根据 2015 年协会标准化工作会议上提出的协会标准化委员推荐名单及会后有关分会提出的意见，通过与有关分会进行反复沟通和协商，增补了滚动功能部件分会、磨料磨具分会、数显分会、锯床分会、主轴专业委员会的委员名额，委员人数由原来的 27 人增加到 33 人。

根据协会各分支机构秘书处和专业标委会秘书处人员情况以及标准化委员会委员在各小行业的分布情况，提出了秘书处人员组成方案，秘书处由协会常设机构 3 人、分支机构秘书长 7 人，专业标准化技术委员会秘书长 6 人、分技术委员会秘书长 4 人共计 20 人组成。

（2）建立协会标准化委员会专家库。编制建立协会标准化委员会专家库的具体方案和有关文件，6 月中旬向协会分支机构和专业标委会秘书处发出了"关于建立协会标准化专家库的通知"，组织开展各专业标准化专家的推选工作。收集、审核各专业标准化技术委员会秘书处和协会分支机构秘书处报来的标准化专家推荐资料，对上报中出现的问题与有关单位进行沟通、解释。这项工作得到了协会各分支机构和各标委会的大力支持和积极响应。截至

到2016年年底，已报来专家推荐名单455人，其中各标委会现任委员375人，占比达82%，还有一部分会员企业和用户等方面的技术专家。这些将作为第一批专家进入协会标准化专家库，为开展协会团体标准制定工作储备专业技术人才。今后，协会各分支机构开展"协会团体标准"制定工作，可以根据相关专业情况动态遴选"标准化专家库"内的专家，组成"标准化工作专家组"，负责协会标准的审查工作。

总之，协会团体标准工作才刚刚起步，今后的路还很长，任务还很艰巨，需要协会各分支机构和各专业标委会积极配合、通力协作。协会团体标准的制定应根据产品结构调整和市场的需要，积极跟踪国内外产品及技术进步对标准的需求，加大重点领域、重点项目标准的研究力度，使所制定的标准能在提升产品质量和水平、推进产品结构调整和产业升级、提高国产机床竞争力等方面充分发挥技术支撑和引领作用。

〔撰稿人：中国机床工具工业协会行业部胡瑞琳〕

产业概况

产业运行

市场概况

产品与技术

特色企业

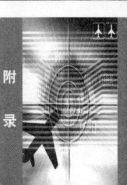

附录

中国
机床
工具
工业
年鉴
2017

特色企业

介绍机床工具行业 30 强企业、十佳企业的成功经验及上市公司运营情况

产业概况

产业运行

市场概况

产品与技术

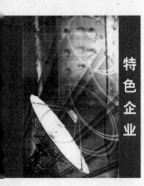

特色企业

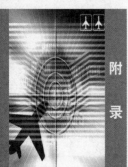

附录

中国机床工具工业年鉴 2017

特色企业

2016 年中国机床工具行业 30 强企业介绍

2016 年中国机床工具行业十佳企业介绍

2016 年机床工具行业上市公司情况介绍

# 2016 年中国机床工具行业 30 强企业

为了持续展示我国机床工具行业发展进步和营造行业"由大到强"的发展导向，中国机床工具工业协会继续在年度优秀会员评比活动中开展行业 30 强企业评价工作。行业 30 强企业评价工作坚持"科学、公平、公开"的原则，以行业统计资料为依据，对 2016 年主营业务收入达到行业平均水平以上的企业，按照"中国机床工具行业运行综合评价指数"计算方法进行测算，以企业综合评价指数形成 2016 年中国机床工具行业 30 强企业。2016 年中国机床工具行业 30 强企业名单见表 1。

**表 1　2016 年中国机床工具行业 30 强企业名单**（按企业名称拼音首字母排序）

| 企业名称 | 网址 |
| --- | --- |
| 北京北一机床股份有限公司 | http://www.byjc.com.cn |
| 北京阿奇夏米尔工业电子有限公司 | http://www.gfms.com/country_CN/zh.html |
| 北京精雕科技集团有限公司 | http://www.jingdiao.com/cn |
| 成都成量工具集团有限公司 | http://www.chinachengliang.com |
| 大连机床集团有限责任公司 | http://www.dmtg.com |
| 东风设备制造有限公司 | http://www.dfmtp.com |
| 广州数控设备有限公司 | http://www.gsk.com.cn |
| 杭州友佳精密机械有限公司 | http://www.goodfriend.com.cn |
| 合肥合锻智能制造股份有限公司 | http://www.hfpress.com |
| 济南二机床集团有限公司 | http://www.jiermt.com |
| 江苏金方圆数控机床有限公司 | http://www.jinfangyuan.com |
| 江苏亚威机床股份有限公司 | http://www.yaweijxsb.com |
| 南通国盛智能科技集团股份有限公司 | http://www.ntgszk.com |
| 宁波海天精工股份有限公司 | http://www.hision.com.cn |
| 秦川机床工具集团股份公司 | http://qinchuan.com |
| 瑞远机床集团有限公司 | http://www.ruiyuanchina.com |
| 山东威达重工股份有限公司 | http://www.weidamc.com |
| 上海工具厂有限公司 | http://stwc.cn |
| 沈阳机床（集团）有限责任公司 | http://www.smtcl.com |
| 泰安华鲁锻压机床有限公司 | http://www.taianduanya.com |
| 天津市天锻压力机有限公司 | http://www.tianduan.com |
| 天水星火机床有限责任公司 | http://www.sparkcnc.com |
| 武汉华工激光工程有限责任公司 | http://www.hglaser.com |
| 武汉重型机床集团有限公司 | http://www.whhdmt.com |
| 扬力集团股份有限公司 | http://www.yangli.com |
| 扬州锻压机床股份有限公司 | http://www.duanya.com.cn |
| 云南正成工精密机械有限公司 | http://www.tzlmt.com |
| 浙江日发精密机械股份有限公司 | http://www.rifapm.com |
| 中南钻石有限公司 | http://www.diamond-zn.com/index1.html |
| 株洲钻石切削刀具股份有限公司 | http://www.zccct.com |

# 2016 年中国机床工具行业十佳企业介绍

## 北京北一机床股份有限公司

北京北一机床股份有限公司作为国家高新技术企业，拥有国家认定的企业技术中心、北京市数控机床工程技术研究中心，拥有一支积 60 多年技术积累的高水平自主研发创新的科研队伍。公司是北京市科委通过的中高端数控机床北京市国际科技合作基地。

公司技术来源较广，拥有来自德国 WACO 公司、意大利 SAFOP 公司、意大利 C.B.Ferrari 公司，以及北一法康公司、北一大隈公司等方面的技术，通过与国际资源的科技合作，达到引进消化吸收国际先进技术，提高企业高端数控机床、关键零部件以及成套成线的设计制造能力及自主创新能力，转变企业的产品结构，提升企业技术水平，形成高端数控机床的产业能力。在国内方面，公司一直与多所高校、研究院所保持广泛的合作关系，与北京工业大学共建机械工业重型机床数字化设计与测试技术重点实验室和北京数控装备创新联盟重型机床开放实验室。公司拥有重型/超重型数控龙门镗铣床、重型数控立式车床、数控落地镗床、重型卧式车床、轨道交通专用机床、中型数控加工中心、车/磨/钻复合加工机床、激光雕刻机床、五轴叶片/叶轮加工中心、自动生产线、成套设备、功能部件等中高档数控机床的先进设计与制造技术。

公司拥有先进的制造系统及数控加工技术，包括：复合加工、组合加工等相关装备和系统；CAD/CAPP/CAM 技术在内的数字化设计制造系统，现代集成制造系统应用软件、平台及工具，生产计划与实时优化调度系统/ERP 管理软件，网络制造系统；数控装备、数控编程软件和应用软件、数控加工、数控工艺在内的先进数控技术；中高档数控设备和关键功能部件及关键配套零部件技术等。公司利用掌握的先进制造技术研发了多种系列产品，形成了以中高档数控金属切削机床为核心的产品组合，所服务的用户领域涵盖航空、航天、军工、船舶、汽车、发电、轨道交通、模具、机械等行业，具备了向用户提供成套装备和工艺的能力。

公司在"十二五"期间，承担了 20 余项国家科技重大专项项目、2 项国家科技支撑计划项目和 10 余项北京市科技计划项目。2014—2016 年，公司主持及参与制定国家及行业标准 3 项，参与制定地方标准 1 项，完成企业标准的制修订 20 余项，获得发明专利 1 项、实用新型专利 7 项。公司平均每年全部技术开发项目保持在 30 项左右，其中研发周期大于等于 3 年的项目超过 1/3，对外合作项目共计 10 余项，每年完成新产品、新技术、新工艺开发项目 20 项左右。2015 年，公司计量检测中心再次通过了我国合格评定国家认可委员会的认证。2016 年，公司"数控超重型桥式龙门五轴联动车铣复合系列机床"项目荣获中国机械工业科学技术奖一等奖。

公司拥有国家级技术中心，设置二级技术研发机构。企业级（一级）技术研发机构为技术研究中心，设有技术情报标准室、机床实验室、精密计量室、专家/翻译室、计算机网络管理室和科技档案管理室。境外设有德国 WACO、意大利 SAFOP 和意大利 C.B.Ferrari 等技术研究中心。制造部、子公司级（二级）技术研发机构，设有重型机床开发部、中型数控机床开发部、五轴产品技术开发部、磨床超精机技术开发部和普通机床技术开发部等分部。技术中心将随着企业组织机构和产品结构的调整，进一步完善其组织建设，紧紧围绕企业的战略目标，落实技术中心发展规划，将技术中心建设成为企业的技术创新、产品研发中心、数控机床试验中心和技术信息中心。

公司按销售收入一定比例投入研发经费。公司一直坚持技术创新的理念，加大技术创新方面的投入，企业每年都投入占销售收入 5% 左右的经费用于新产品研发和科研。通过技术创新开发新产品，进行关键技术应用研究，集中力量，突破重点，力争使企业产品的竞争能力处于国内领先地位，努力追赶世界一流水平，缩短与世界先进国家技术水平的差距，并不断优化产品，降低产品成本，提高其市场竞争力。

公司积极争取承担国家重大科技专项和北京市科技计划项目，争取国家及地方科技专项经费对项目实施的资金支持。对于国家及地方划拨的科研项目专项经费，公司实行专款专用，严格执行国家和北京市的科技经费管理有关规定，保证国家和北京市重点科研项目的顺利实施与按计划完成。

公司不断改革和完善针对研发人员的成长培养和激励制度。按照薪酬与市场接轨的原则，落实研发人员薪酬考核方法，包括承担重点任务的机会、职称教育、在岗学历教育等；保证研发人员的梯队完整，健全各专业技术能力；每年从国外子公司引进短期交流人才或常驻人员，为公司的研发技术团队进行培训、技术顾问咨询和现场技术指导；每年向境外委派常驻和短期交流人员，为技术人员创造更为全面的交流培训机会。

2016 年，公司制定并发布了《内部员工申请专利的奖励办法》，大大提高了员工进行自我创新的积极性。当年共收到专利申请 20 余件，经筛选进入撰稿共有 10 余件，最终递交申请 10 件并获得受理。

公司积极利用海外技术来源优势，开发自主知识产权原创性新产品。公司针对境外技术资源，在国内建立了多个技术对接团队，公司设立技术委员会，委员会成员包括北一机床内部技术带头人、行业专家、境外专家，对公司产品和技术规划及战略进行审定，对合作项目进行指导，全力助益引进消化吸收国际先进技术。而境内外技术和制造资源通过市场需求牵引，实现合作生产、技术引进与联合开发多种模式，并成立由日本合作方、欧洲子公司技术负责人参加的企业技术委员会进行项目评估，最终通过企业技术中心与企业境外业务部实现综合管理，促进企业发展转型升级，推进企业国际化发展。

XHAV2430×80 大型钛合金结构件强力切削五轴龙门机床的摆角头引用了德国 WACO 公司的技术。通过该机床样机的研发，公司逐步掌握了高精度摆角头的设计、加工、装配及精度调试的关键技术，产品指标与性能逐步接近科堡公司产品。在此之后，公司将根据科堡公司的技术资源，结合国内对机械五轴摆角头的需求，引进与自行开发相结合，继续开发机械摆角头的系列产品。

公司扎实开展产学研合作。公司先后与清华大学、北京航空航天大学、北京理工大学、天津大学、北京工业大学等十多所高校开展过许多项产、学、研合作，有效地解决了行业和企业急需的共性关键技术难题，储备了技术成果。通过不断探索，公司与北京工业大学建立了一种新的合作模式，合作的关键和总体原则是：根据企业技术创新、人才培养和可持续发展的实际需求，与北京工业大学的有关科研团队建立长期、稳定的产学研合作关系，这种合作是一种单位与单位之间、团队与团队之间的长期稳定、优势互补和双赢的关系，使所承担的各种科研课题能形成有效的积累，为企业的长久发展提供长期、持续和有效的支撑。

"十三五"开端，北一机床又一次站到了竞争的新起点，面临新的竞争环境，为更好地把握未来的发展方向，公司制定了"十三五"发展战略，筹划构建国际化的竞争平台，实施国际化战略。未来，北一机床将以《中国制造 2025》以及首都功能定位和相关发展方向为契机，聚焦高成长的用户领域，以市场为导向，以客户为中心，以产品为载体，应用"互联网＋"、智能制造和大数据技术，为客户提供加工制造的完全解决方案和智能化工厂集成化服务；立足全球市场，打造以服务客户为中心的经营体系，为客户创造价值。北一机床要通过技术创新、经营模式创新、人才机制创新、发展思路创新，牢牢抓住新时代和现代化经济体制建设发展带来的机遇，为新时代中国特色社会主义建设做出应有的贡献。

# 济南二机床集团有限公司

2017 年是济南二机床集团有限公司（简称济南二机床）建厂 80 周年，是企业发展史上具有里程碑意义的一年。一年来，济南二机床紧紧围绕市场需求，坚持"强化营销拓市场，技术创新增实力，量化做优上水平，精细管理促发展"的经营方针，全面做优，精细管理，企业经济运行质量和效益持续提升，主要经济指标保持增长。预计全年经营总收入同比增长 2.62%；经营总利润同比增长 7.12%；实现利税同比增长 6%；完成工业增加值同比增长 2.48%。

**一、市场营销实现新突破，全力塑造 JIER 世界知名品牌**

在市场需求下降、竞争不断加剧的形势下，济南二机床全年新签订单保持增长。在国内市场，高速拆垛系统、码件装框系统等自动化产品实现市场突破，为用户提供整体解决方案；全伺服冲压生产线在自主品牌汽车企业实现连续订货。在国际市场，10 月 12 日成功取得日产美国工厂 5 400t 大型高速冲压线订单，首次进入日系车企北美市场。这是济南二机床继赢得福特项目之后在海外市场取得的又一重要突破。此前，济南二机床连续赢得福特汽车美国本土 4 个工厂 9 条大型冲压生产线、2 条落料线订单，大大提升了 JIER 品牌在国际市场的知名度和影响力。自 2012 年起，前 8 条冲压线和落料线陆续按期投入使用，高速高效、稳定可靠的运行质量以及快捷完善的售后服务，完全满足了福特汽车的生产要求，得到福特各方人士的高度评价。此外，在"一带一路"沿线，济南二机床携手上汽通用五菱、上海宝钢和上汽集团，机器人送料连续冲压生产线、开卷落料线等产品进入印度尼西亚、印度、土耳其市场，提供海外总承包交钥匙工程。

就在日产汽车签约后的几天，2017 年 10 月 26 日，德国大众总部组织奥迪、大众、斯柯达、西雅特等旗下车企组成的 30 人考察团，到济南二机床参观考察，并就大众全球冲压范围内的合作进行深入交流。近期，宝马、捷豹路虎等知名品牌汽车也从总部派出技术专家到济南二机床考察。已跨入世界三大冲压制造商的济南二机床，能够满足美系、日系、德系等不同系列汽车制造的标准要求，正越来越受到世界车企的关注，JIER品牌国际影响力大幅提升。

数控金属切削机床方面，济南二机床根据用户的各种订制化要求，在与国外企业的竞争中，先后赢得洪都航空、昌河飞机、沈阳飞机、西安飞机等用户五轴机床订单。2016年，赢得了中航汉中零组件公司6台大型五轴联动龙门铣床订单，批量进入航空行业；2017年，市场拓展到轻轨领域，赢得比亚迪云轨35m大型五轴联动龙门铣床订单。迄今为止，济南二机床配置自主知识产权双摆角铣头的五轴联动数控机床已经实现50余台的批量应用，实现了从单一设备提供商到为重点行业用户提供整体解决方案的转变。

借企业八十华诞之际，济南二机床成功举办智能制造发展研讨会暨新技术、新产品演示会，邀请部委领导、院士专家、国内外用户、合作伙伴近600人齐聚一堂，全面展现了企业最新研发成果及综合制造实力，全方位塑造品牌形象。

**二、依靠自主创新，提升核心竞争力**

创新是引领发展的第一动力。济南二机床在引进、消化、吸收国外先进技术的基础上，利用几十年积累的技术开发和制造经验，进行开放式自主创新，融各家之长，形成了自己的技术优势，掌握了大型冲压设备的伺服技术、连续同步控制、一键恢复等关键核心技术，实现了与国际先进水平的同步发展。

大型冲压生产线一般由4～6台冲压设备主机和自动化送料系统组成。过去冲压生产线的送料系统一直选配国外专业品牌。如今，济南二机床攻克了40多项关键核心技术，研制成功了具有自主知识产权的新型自动化送料系统，实现了从线首、主机到线尾的完全自主研发，并且冲压节拍从每分钟15次提升到18次，效率提高了20%，可以满足汽车钢板、高强板、铝板、拼接板的冲压，适应汽车轻量化的发展需求。"大型伺服压力机及伺服冲压生产线关键技术与装备"项目荣获2017年度中国机械工业科学技术奖一等奖。

高速五轴龙门加工中心的用户为航空、航天、高铁、云轨等行业企业。济南二机床自主研发双摆角数控万能铣头（五轴头）并实现批量配套应用，实现了五轴龙门铣床和五轴头的进口替代。

济南二机床十几年如一日，在国家科技重大专项和一系列政策支持下，自主研发成功双摆角数控万能铣头，包括机械主轴式双摆角万能铣头系列、电主轴式机械驱动双摆角万能铣头系列、电主轴式力矩电动机驱动双摆角万能铣头系列，能够解决航空航天铝合金、钛合金、高温钢以及复合材料的零件加工，彻底打破了国外技术封锁。企业承担的国家科技重大专项"高速龙门五轴联动加工中心"顺利通过技术终验收。

**三、促进两化融合，提升数字化制造能力**

随着"中国制造2025"战略的提出，智能制造成为各行业的重点发展方向。济南二机床加强两化融合应用，提高数字化制造能力，实现制造系统信息化、智能化升级，实施中德工业4.0智能制造示范项目、工信部智能制造新模式应用项目，结合生产经营实际，在ERP应用基础上，建立了智能制造车间，集成PLM、ERP、DNC等系统，打通产品全生命周期的数据链，实现了设计、工艺、生产、制造一体化协同应用，机床操作者刷卡登录系统，接受工作任务，浏览电子图样、工艺，完成加工任务进行自检、报工；车间电子目视板实时展示车间生产状况，实现电子化、流程化、透明化、无纸化应用，在多品种、单件小批量、离散型企业中处于国内领先水平。

在智能制造核心支撑软件方面，智能冲压设备及自动化送料系统涵盖轨迹规划、运动仿真、节拍优化、同步控制、运行维护五大方面的核心技术，同时可提供2D/3D环境下的开发平台，实现虚拟仿真与实际运行的精准协同，提升整线生产效率与运行可靠性，设备一键恢复系统可实现故障停机后自动恢复到整线生产的初始状态。

服务于智能制造车间的互联网应用，搭建了设备远程诊断网络平台，兼容PC以及移动终端，实现了整线设备运行状态采集、数据分析及自诊断、在线故障诊断、设备运行维护保养提示以及操作指导等数字化应用。

承载着80年的辉煌与荣耀，济南二机床将秉承开拓创新的精神，坚守主业，苦练内功，用世界眼光和国际标准，将济南二机床打造成具有国际竞争力的世界一流企业，为中国制造增光添彩。

# 济南铸造锻压机械研究所有限公司

济南铸造锻压机械研究所有限公司（简称济南铸锻所）作为我国首批242个转制院所之一，原部属驻济单位，转制之初，济南铸锻所抓住了改革契机，在技术研究产品化及成果推广、技术转让等方面，积极融入市场，研究成果推广应用效果明显，市场认可度很高。济南铸锻所在研发出国内一流技术的先进产品同时，市场认可度和经济效益也名列各改制院所前茅。

中央及地方政府推动新旧动能转换给济南铸锻所带来了新的发展契机和发展思路，技术创新仍然是该所的特点和优势。近年来公司在自主创新方面重点做了以下工作：

## 一、瞄准高端个性化需求，积极发展智能化高端装备

智能制造是新动能的重要载体，无论是工业4.0，还是工业互联网，其核心都是推动制造业的数字化、网络化和智能化的进程，智能制造在经济新动能的培育中具有越来越重要的地位。如今市场环境已从大众化消费时代进入了小众化消费时代，个性化定制化时代已经来临。

济南铸锻所确定"瞄准高端产品，服务高端客户"的目标，瞄准国家智能化发展方向和市场需求，培养和锻炼智能化人才队伍。公司与青岛一汽联合完成的"汽车纵梁柔性制造数字化车间"智能化项目被列入国家智能化新模式专项，在获得国拨资金支持的同时，更为公司智能化装备进入商用车领域打下了坚实的基础。该项目被评为2016年度中国机床工具工业协会自主创新"十佳产品"。另外，公司正在筹划建设数控成形装备的远程监控诊断服务平台，这将大大提高公司智能化产品售后服务质量和效率，提高产品市场竞争力。

## 二、积极发展现代制造服务业，促进行业转型升级

作为原机械工业部的铸造和锻压机械行业归口单位，济南铸锻所承担着全国铸造和锻压机械行业的技术组织和技术服务、行业归口管理、组织协调等服务职能。国家铸锻机械质量监督检验中心、国际铸造机械标准化秘书处（ISO/TC 306）、全国铸锻机械标准化技术委员会、中国机床工具工业协会铸造机械分会/锻压机械分会、中国机械工程学会塑性分会锻压设备委员会等机构设在济南铸锻所，出版发行的《中国铸造装备与技术》和《锻压装备与制造技术》是中国科技核心期刊。

为了贯彻落实"中国制造2025"等国家战略，推进智能制造工程实施，加快铸造锻压机械行业转型升级，充分发挥济南铸锻所行业归口单位的引领作用，提升为全国铸造锻压行业服务的功能，形成服务全国乃至全球的铸造锻压机械科技发展服务中心，将上述行业研究服务机构整合，成立"济南铸锻所检验检测科技有限公司"，做大做强现代制造服务业，促进行业转型升级。

根据《济南市智能制造产业五年发展规划(2016—2020)》，济南市将重点建设东西部两大智能制造服务平台，其中西部以济南铸锻所为依托，联合济南大学、省机械设计研究院等在装备制造业领域的技术优势，打造西部智能制造服务平台。济南铸锻所作为西部平台牵头单位，在济南市委、市政府、市经信委的直接领导和支持下，将汇集新旧动能转换进程中有重大影响力的智能制造企业集群，紧紧围绕"创新引领智能制造，融合推动高新动能"理念，充分发挥济南西部智能制造研发服务平台作用，为促进全市智能制造产业可持续发展做出新贡献。

## 三、以技术创新引领高端发展之路，产品智能化、转型升级

济南铸锻所所属行业为高端装备制造业，产品定位高端，瞄准前沿，"以高端技术支撑高端产品，以高端产品服务高端客户，以高端客户引领高端市场"，成为济南铸锻所产品创新的鲜明特色，充分利用转制院所的技术资源优势，积极承担国家及省部级重大科研项目，提升公司的创新发展实力。坚持走创新驱动型发展之路，围绕"两高"（高端、高可靠性）、"两成"（成套、成线）的产品研发战略，结合行业发展趋势，加大科技研发力度，打造各产品方向的核心竞争力产品，牢牢树立公司在高端市场的技术领先优势，引导产业发展方向。

瞄准国家重点支持的产业化方向，进一步明晰产品发展方向，围绕清洁高效绿色铸造成套装备、高档数控开卷校平生产线、高端汽车装备、数控冲剪折设备、数控激光加工设备等五大产品领域开展技术创新，做好产品的转型升级，实现重点产品和关键技术突破。针对原有产品存在的不足，采用智能控制技术、"互联网+"技术等实施产品技术提升。

## 四、加强与外资企业合作，提升主导产品的技术水平

1. 与德国 Data M 公司合作研发 3D 辊弯成形技术和设备

济南铸锻所于2015年10月开始与德国 Data M 公司合作研发"货车纵梁3D变截面辊弯成形技术"，在国内率先拥有3D变截面辊弯成形技术并应用于货车变截面纵梁冷弯成形设备，并与 Data M 公司签订了技术合作备忘录，作为德国 Data M 公司在中国的唯一一家技术许可使用方，与 Data M 公司共同开拓中国和国外的3D辊形设备的市场。目前国内还无此技术的应用实例，全球仅卖出过一台设备。该项目的完成，使公司真正掌握了3D变截面辊弯成形的工艺技术，获得自主知识产权，占领国内外货车纵梁变截面辊弯成形市场。

2. 与韩国·大铉国际株式会社合作开展数控开平剪切矫平生产线产品高端技术的研究

济南铸锻所与韩国·大铉国际株式会社开展长期合作，致力于数控开平剪切矫平生产线产品高端技术的研究，共同研究开发新产品。韩国大铉派遣韩国技术人员及管理人员，对合作项目产品的工艺、生产、配套、审查等技术部分进行监督和审查，对项目工厂制造装备进行设计审查并对工厂人员开展技术培训等。同时，双方共同开发国内国际市场。

# 齐重数控装备股份有限公司

作为国家"一五"时期重点建设的156个项目之一，齐重数控装备股份有限公司（简称齐重数控）在2007年战略重组后，始终把技术创新作为持续发展的动力，以平均每年推出25项新产品的速度，将产品升级换代至世界一流水平。几年来，企业为国防、交通、能源等行业的生产加工提供了大量专利技术及成套设备，为国家重点急需项目提供了大量数控装备，高端产品还打入欧美、日本、韩国等30多个国家和地区。这些产品的研制不但打破了国外对我国的技术封锁，更为增强我国综合国力做出了重要贡献。通过多年的技术研发和科技创新，企业核心竞争力不断增强，走过了从技术模仿和引进到自主创新的道路，实现了从传统生产制造型企业向抢占高端市场的创新型企业的提升，实现了从分散型技术创新向建立集成技术创新体系的提升，实现了从被动模仿向主动创新、主动进行核心技术突破的提升，实现了从重视单个产品创新向重视创新能力和创新人才队伍建设的提升，实现了从生产机床、卖机床的产品导向向以顾客为中心，为客户提供全过程、一揽子服务的提升。下面从几个方面介绍一下公司产品质量和创新的方法。

## 一、市场调研

### 1. 了解市场需求

每年公司领导会带领立式、卧式车床等系列主管走访多个企业，了解用户企业的发展状况、对机床设备的需求量和机床类型、零件的精度和外形，特别是对加工比较困难、对于机床成本要求比较高的零件。例如通过调研，公司了解到水电设备中的座环、地铁的盾构机、造纸设备的烘缸、矿山设备的壳体等，此类零件多为有规则、超大内孔、超重的回转体。采用一般设备不是受到最大回转直径的限制，就是受到工件重量的影响，无法满足零件的大内孔的加工要求。以往加工方法是采用大型单双柱立式车床来实现，但能加工这类零件的单双柱立式车床价格相当昂贵，给这类零件的加工带来极大困难。鉴于这种现状，公司自主研发制造Q1-190数控立式专用车镗床，解决了此类零件的加工难题，并完全可以替代超大型单双柱立式车床等产品。该机床具有结构简单、性能可靠、可一次装夹完成通切，具有效率较高、精度较好、成本较低等优点。针对超大内孔、超重回转体类零件而言，具有超高的性价比，给公司及用户带来显著的经济效益和社会效益。该机床将成为超大内孔、超重回转体类零件的主流加工机床，具有

广阔的市场前景和深远的推广意义。

### 2. 了解出厂产品使用情况

每年公司安排人员通过走访了解公司机床在使用过程中的稳定性、可靠性，零件的精度是否达到用户的要求，对于用户提出的意见和建议，虚心接受，并记录在册，以便后续讨论解决办法，使产品满足用户需求。

## 二、方案讨论

将调研的内容形成书面材料，由技术部门、生产部门等在内部进行讨论，然后将每个部门的讨论结果汇总，由厂级领导和专家进行更进一步的讨论。讨论的方向主要集中在怎样迅速融入市场，确定下一步研发产品的方向，提高和改进产品质量，提高产品可靠性。

## 三、产品开发

确定下一步产品生产的方向后，由研发部门带头，其他部门配合。近几年，公司还积极寻求国际合作，聘请国外知名专家担任企业技术顾问，引进国外先进技术，积极开拓国际市场。通过三维造型、理论计算、有限元分析等设计出符合当前市场需求的产品。对于一些国家重大专项项目，与清华大学、哈尔滨工业大学、哈尔滨理工大学等知名院校合作。由公司带头人负责产品研发设计，高校教授负责理论研究和分析，公司负责产品的生产制造。例如公司生产的DMVTM2500数控双柱移动立式铣车床就是与清华大学、哈尔滨工业大学合作研发设计的，此产品为世界最大的双柱铣车床，是国家重大专项项目。

## 四、生产反馈意见

在产品投入生产后，机加车间、装配车间等在制造过程中发现的问题及时反馈到研发部门，由研发部门对问题进行讨论，提出改进意见。

## 五、试验验证

对于新结构产品，设计完成后由公司实验带头人负责产品的可靠性等方面试验。将每次的试验结果形成数据，多次对比，如果发现变化较大的数据，将由各个部门开专题会进行讨论，提出改进意见。通过试验验证的方法，大大减少了在用户现场出现的问题，提高了产品的质量和可靠性。

以上几点为公司在多年保证产品质量和技术创新方面的做法，大大减少了公司产品的售后服务工作量，提高了用户满意度，为公司产品长期立足市场打下了坚实的基础，增加了用户后续购买公司机床的概率。

# 秦川机床工具集团股份公司

## 一、公司简介

秦川机床工具集团股份公司（简称秦川集团，股票代码000837）是我国机床工具行业的龙头企业，拥有秦川机床、宝鸡机床、汉江机床、汉江工具、秦川宝仪、关中工具、秦川格兰德、秦川思源量仪、美国拉削系统公司等多家子公司。公司是我国精密数控机床与复杂工具研制造基地，是国家级高新技术企业和创新型试点企业，建有国家级企业技术中心、院士专家工作站、博士后科研工作站，美国研发机构及3个省级技术研发中心。

公司先后获得国家科技进步奖一等奖1项，国家科技进步奖二等奖4项，省部级科技进步奖一等奖13项，中国工业博览会金奖1项、银奖1项，中国工业大奖项目表彰奖1项。公司荣获"中国机械工业百强企业""2015年度陕西百强企业""2015年度中国产学研合作创新奖"等荣誉。2016年集团公司"高速高精度齿轮机床项目组"在机械工业科技大会上荣获"十二五"机械工业优秀创新团队。

截至2016年年底，公司注册资本6.93亿元，拥有员工9 860人，其中：硕士以上学历119人，各类专业技术人员2 371人，高级技工1 749人，国家级专家12人。

公司主要业务分三大板块：机床装备、智能制造岛（生产线），高端工艺技术引领的关键零部件制造，现代制造服务业。主要产品包括：齿轮磨床、螺纹磨床、外圆磨床（曲轴磨、球面磨、车轴磨）、滚齿机、通用数控车床及加工中心、龙门式车铣镗磨复合加工中心、塑料机械（中空机、木塑设备）、精密高效拉床等高端数控装备、数控复杂刀具；高档数控系统、滚动功能部件、汽车零部件、特种齿轮箱、机器人关节减速器、螺杆转子副、精密齿轮、精密仪器仪表、精密铸件等零部件产品；数字化车间和系统集成、机床再制造及工厂服务、供应链管理及融资租赁等现代制造服务业务。

## 二、"YKS7225 数控蜗杆砂轮磨齿机"对行业技术发展的作用，取得的经济、社会效益

通过YKS7225磨齿机的开发，公司掌握了双工件主轴设计及制造技术、全闭环数控修整装置自动压力角技术、砂轮不停机自动对刀技术、齿面扭曲控制技术等一系列高效蜗杆砂轮磨齿机所具备的关键技术，形成了一套具有自主知识产权的软件。这些技术的成功应用，提升了公司的自主创新能力，同时对提升产品的市场竞争力具有很好的促进作用。该产品为我国轿车、新能源车、精密减速器等行业提供了精密高效磨齿装备，填补了国内空白，逐步替代进口并参与国际竞争，为我国装备制造业的发展做出了贡献。

当前，YKS7225已销售70余台，实现销售收入超2亿元，经济效益显著。同时，可带动加工制造关联企业及地方经济的快速发展，形成具有可持续发展能力的地方研发、生产制造基地，进而形成具有地方经济特色的、可持续发展的地方产业集群，实现地域经济的快速发展，社会效益显著。

## 三、强化技术创新，提升企业核心竞争力

公司始终坚持"技术领先、模式取胜"的发展思路，积极探索科技创新模式，通过不断完善科技创新体系建设，广泛开展产学研用合作，加大科研经费投入，加强科技人才队伍建设，加速公司科技成果快速转化，提升公司综合竞争实力。

### 1. 建设三级研发体系，夯实企业科技创新基础

公司建成了以秦川机床集团中央研究院为技术引领，以秦川技术研究院及各子公司专业研究所、研发机构为核心，以各专业厂技术科为基层创新组织的三级企业技术研发体系，形成了独具特色的科研、生产一体化的研发平台。

第一级：秦川机床集团中央研究院主要针对公司的中长期发展目标，开展高端前沿技术攻关，就机床工具行业的共性、关键、核心技术进行研究。

第二级：秦川技术研究院及各子公司专业研究所、研发机构主要是围绕市场提供全面技术解决方案来制定各自特色新产品的开发和实施本企业技术发展战略。

第三级：各专业厂技术科主要解决产品在生产制造过程中的技术问题及用户工艺。

### 2. 开展"产学研用"合作，共建创新联盟或平台

公司多方位、多渠道统筹科技资源，先后与西安交通大学、西安理工大学、北京航空航天大学、华中科技大学、清华大学、南京理工大学、湖南大学、山东大学、重庆大学、中科院长春光机所、总参第56研究所、航天23所、航天206所等60多所全国知名高校和研究机构建立了长期的"点、线、面"的产学研合作和人才培训关系。

公司与西安交通大学联合共建"快速制造国家工程研究中心"及教育部"高端制造装备协同创新中心"，与湖南大学共建"国家高效磨削工程技术研究中心"，与西安理工大学联合共建"陕西省精密数控机床工程技术研究中心"和"机械工业复杂型面数控磨床工程研究中心"，形成强大的研发突破能力，成为产学研用相结合的成功典范。宝鸡机床与华中科技大学共建"国家数控系统工程技术研究中心陕西分中心"；汉江机床与南京理工大学共建"汉江—南理工滚动功能部件基础理论实验室"，与厦门大学

共建"先进制造技术产学研基地"。加盟陕西工业技术研究院和"陕西现代装备绿色制造协同创新中心",参与组建"精密重载齿轮产业技术创新战略联盟""高速高效加工工艺与装备技术创新联盟"和"数控机床产业技术创新战略联盟"等。经批准设立陕西省"院士工作站"和陕西省"三秦学者"精密数控机床制造和自动化岗位,同时加大与美国和欧洲研发中心的联系,使公司的科研开发始终处于国际前沿。通过产学研合作与交流,提高了公司的产品研发水平和市场竞争力,提升了公司的行业技术领先优势。

3.建立科技投入稳定增长机制,保证科技创新持续开展

公司建立了科技投入稳定增长的机制,加大了科研和技术改造的投入力度。科技投入稳定增长的机制保证了公司科研开发经费投入连续多年占销售收入的5%左右,满足了企业科研和新产品开发的需求。

4.加强技术创新基础设施建设,提高创新手段

公司拥有43.8万 m² 加工、装配车间(其中恒温面积3.8万 m²),配有各种试验仪器、检测仪器600多台(套),拥有各种关键加工设备3 800多台,其中精、大、稀设备近480台,数控设备700多台。公司技术中心计量测试站为国家二级计量单位,有各类精密机床配套的检测仪340多台。

5.全球整合与公司业务相关的研发与制造资源

在美国、欧洲设立北美和欧洲研发中心,联合开展科研课题攻关及新产品研发等领域的合作,从而提升公司研发能力,培养了一批掌握先进设计理念及方法的研发团队。

公司引进了国家"千人计划"项目专家毛世民教授,QJK002锥齿轮铣齿机、QMK009锥齿轮磨齿机就是用他首创的"数字产形轮展成加工原理"开发成功的国家重大关键装备。引进了陕西省"百人计划"项目专家孔祥利教授,对秦川数控系统的产品性能升级做出了重大贡献。

6.共建创新人才培养基地,积蓄创新人力资源

公司与西安交通大学联合共建"全国示范性工程专业学位研究生联合培养基地",与西安理工大学共建"陕西省工程专业研究生培养基地",与陕西理工学院共建"研究生联合培养基地"。培养基地的建立,有助于更深层次地推动校企合作,为公司积蓄创新人力资源。

通过自主培养、企校联合培养、外派、出国等途径培养技术带头人和技术骨干。

7."开放式"科研体制

秦川机床集团中央研究院对外可吸引全球新的研发项目、团队,实行项目制管理,依托秦川集团产业化能力,加快成果产业化,实现研发成果价值化。集团内部实行课题组为单位的项目制管理,以新产品开发奖、产品效益奖等形式激励研发团队。

8.积极承担国家及省市重大科技项目,提升公司科技创新能力

自2009年至今,秦川集团承担了多项国家科技重大专项,其中10余项已通过课题验收。另外还承担了国家"863"项目和智能制造专项项目等。承担的省部级项目包括省级重点新产品、·省国有资本经营预算科技创新专项资金项目、省重大科技创新项目、省科技统筹创新工程项目以及市重大科技计划项目等,开发出多项填补国内空白的首台首套重大新产品。

**四、科技创新促进集团转型,公司经营取得较好业绩**

公司围绕航空航天、军工、汽车、船舶及新能源等国家战略性新兴产业链配置科技创新链,依据用户需求开发个性化产品,取得如下成果:

1.汽车齿轮制造装备

公司形成了圆柱齿轮加工机床工具、测量仪及智能制造产业链,磨齿机产品国内市场占有率75%,2009年获得国家科学技术进步奖二等奖。公司系列齿轮磨床产品的开发和推广应用,推动了齿轮加工制造由传统的软齿面滚剃工艺向硬齿面滚磨工艺的提升,加工零件精度由6~7级提高到4~5级,齿轮传动的效率大幅提高,噪声有所降低,促进了我国齿轮制造行业的发展。

近几年来,公司不断追求技术进步,坚持自主创新,针对新能源汽车自动变速器高端齿轮的加工难题,实现了产业升级,产品技术水平位居亚洲前列。

YKS7225蜗杆砂轮磨齿机是具有自主知识产权的新一代双工位数控蜗杆砂轮磨齿机,采用连续展成法磨削原理,可实现从工件自动装夹、自动对刀、自动磨削及自动修整、补偿过程的全自动大循环控制,磨削精度稳定在GB10095.1(2)—2001标准4级。该磨齿机适用于轿车、新能源车、精密减速器等行业中大批量渐开线圆柱齿轮的精密高效磨削。

YKZ7230精密数控蜗杆砂轮磨齿机最大工件直径300mm,模数1~6mm,磨削精度稳定在GB10095.1(2)—2001标准5级。机床创新采用直接驱动技术、砂轮不停转自动对刀技术、多头砂轮数控修整技术及五轴联动磨削软件和多头砂轮修整软件,机床自带机械手可实现操作便捷性,简化了机床结构,机构更加紧凑,提高了机床的自动化程度和磨削效率。

YK8030车齿机采用的车齿加工相对传统插齿工艺,在加工精度相同的条件下,可提高效率4~5倍以上。与拉齿工艺方法相比有设备费用投入低、刀具费用低等优势。可应用在汽车变速器内齿圈等零件的加工,取代插齿工艺,也可替代拉齿加工。

公司能够为汽车制造领域用户提供从热前加工(车-铣-镗)(滚-拉-插-剃)到热后加工的刀具、砂轮(修整轮)、工装夹具、测量、自动上下料、数控系统、机床等全套工艺解决方案。

2.航空航天机匣、叶片、整体叶轮、弹仓等关键件制造装备

VMT80和VMT100立式车铣复合加工中心机床工作台直径800mm/1 000mm,采用模块化设计,配置交换工作台,具有加工精度高、辅助时间短和生产效率高等优点。机床具有立卧转换功能,可实现五轴联动,配以高转速、小进给量加工,提高了加工零件的精度和表面质量;一次装夹,可完成车、镗、铣、钻、铰、攻螺纹等,实现零件完整加工,填补了国内空白。机床适用于军工、航空航天、船舶、印刷、医疗机械等行业的高精度、形状复杂零件精密切削加工,还完成了S试切件的切削和机匣零件的切削。产品曾获2011年中国国际工业博览会银奖。

QMK50A五轴联动叶片数控磨床可加工叶片最大长度500mm、最大宽度300mm。机床创新开发的复杂型面叶片宽行加工编程方法,实现了叶片的宽行磨削加工,行宽达到10mm,填补了国内空白。产品获2011年国际工业品博览会银奖。

QMK100五轴联动叶片数控磨床可加工叶片最大长度1 500mm,主轴最高转速50 000 r/min,表面粗糙度$Ra \leq 0.4 \mu m$。机床结构属原始创新,采用铣、磨一体化功能,满足汽轮机叶片加工精度和效率的要求,解决了汽轮机叶片加工难题。

QJK006整体叶盘复合铣床使用华中8型数控系统,将盘铣、插铣和侧铣三种工艺集成于一台专用机床上,通过一次装夹,实现盘铣、插铣和侧铣的复合加工工艺,是实现新一代航空发动机整体叶盘高效低成本制造的一种新方案。该项目的研究将形成具有自主知识产权的整体叶盘高效强力复合加工成套工艺技术和装配,使我国具备整体叶盘批量高效生产能力,大幅提高加工效率,显著降低制造成本,主要技术参数、可靠性与精度稳定性达到当前国际同类产品水平。

VMTD260/L5/T5/F5龙门车铣复合加工中心产品已完成装配,用于"直升机复杂结构关键零件国产数控机床和系统生产线示范应用"及"高档数控装备及工艺在导弹大型整体舱段集成制造中的示范应用"。

3.船舶、新能源行业大型圆柱齿轮、圆锥齿轮、人字齿轮副制造装备

YK73200/YK75200数控成形砂轮磨齿机最大加工件直径2 500mm,模数35mm(内齿轮20mm),加工精度4级以上(GB/T10095—2001),填补了国内及亚洲大规格、硬齿机齿轮加工机床研制的空白。机床已在用户处得到两年多推广应用,用户评价机床加工精度高,稳定性好,满足产品加工要求。

QMK009数控螺旋锥齿轮磨齿机加工工件最大分度圆直径2 500mm,最大端面模数50mm,加工精度4级。首创了数字产形轮展成磨削法,实现了磨削方法和机床结构的原始创新。产品填补了世界空白,实现了锥齿轮加工设备开发"从无到有再到优"的转变。具备2.8m大型硬齿面弧齿锥齿轮副批量生产能力,为国家核电某公司制造了直径3.65m平面齿轮副,解决了国家急需。

公司已形成圆锥齿轮加工机床工具、测量仪及智能制造产业链,建成了3.6m以下规格弧齿锥齿轮副生产线,可以按用户需求定制个性化全套加工装备或供应制品。

YK86250人字齿轮铣齿机是为满足矿山、大型轧机、锻压机械、石油机械等行业高速重载传动系统中人字齿轮高效精密加工需求而研制的,铣削工件直径200～2 500mm、最小法向模数6mm、铣齿精度7级(GB/T10095.1—2008);产品采用了自主研发的精密高速内传动链多轴联动数控技术、内传动链精度设计理论与技术、精密伺服传动链设计与制造技术、无过冲动态反向失动量补偿技术及面向工艺优化的CAM软件开发技术等,产品技术水平为国内领先,填补国内空白。

4.中高档数控机床

公司已形成了以柔性制造单元、复合车铣中心、车削中心、加工中心、数控车床、珩磨机、专用车床、数码放疗设备及制药机械、机床刀具等14大类200多个品种的中高档数控机床产品群,为军工、航天、汽车、工程机械、电子等领域提供成套装备。

5.工业机器人关键部件制造

公司牵头承担国家科技重大专项"工业机器人关节减速生产线"课题,确立了"5+1"生产线目标任务,当前已研制出5种机器人关节减速器核心零件专用加工装备。

工业机器人减速器是公司支持"中国制造2025"战略的重要产品,已开发出三大系列(BX-E、BX-C和BX-F)17种型号,68个品种规格,可满足5～800kg负载工艺机器人对减速器产品的选型需求。产品已用于100多家机器人用户。

公司已建成工业机器人关节减速器数字化装配车间,通过对减速器产品进行数字化正向设计,结合精益生产进行项目的顶层设计和价值流分析,进行数字化加工、装配、测试以及数据采集和分析,为客户提供"实物+数据包"的产品新形态。该项目接近工业4.0标准,特别是将底层数据采集、电气控制、MES和精益管理、数据分析进行贯通,属于国内首家、国际先进。

2017年7月10日,李克强总理考察秦川集团,公司重点攻克的"中国制造2025"智能和精密关键装备,让始终依赖进口的机器人核心传动设备"减速器"实现批量国产。总理详询制造流程后鼓励企业员工要进一步创新,提升智能制造水平,造出由内到外真正的中国机器人。总理的期望就是秦川人的动力和担当。

6.数控系统及功能部件

公司齿轮磨床、外圆磨床、定子磨床产品已采用秦川数控系统,随机销售900多套,实现了用国产数控系统装备国产高档数控机床的目标。

研发宝机 B80 数控系统，已经应用于公司生产的数控车床和立式加工中心上，技术水平国内先进。

公司已形成年产 12 万套滚珠丝杠的生产能力，数控机床滚动功能部件市场占有率 20%。延伸产业链，建设异形螺杆转子及其组件生产线，年产能力 5 万台（套）。

开发了系列数控螺纹磨床，精密加工各类内螺纹设计制造先进设备，能满足汽车转向器生产线上大批量高效加工双圆弧滚道螺母的需求，提升了机床滚动功能部件制造能力。

### 7. 高效复杂刀具

开发了插剃刀具、滚齿刀具、拉削刀具、异形刀具、新型齿轮倒角刀具等产品，实现了批量化生产，总体技术水平处于行业领先地位，市场占有率达到 52%。开发了数控可转位刀片周边磨床等刀具制造专用装备，为高效复杂刀具制造能力提升提供保障。

### 8. 智能制造及工厂服务

公司提升重点机床智能化水品，满足用户对自动化、智能化的要求；积极开展工厂服务，为用户提供全套生产线、数字化车间等业务，提升服务在公司业务中的比重。

秦川集团的自主创新工作对企业稳增长起到了重要的支撑作用。在企业业务转型升级过程中，坚持自主创新，细分市场，开发个性化产品，同时加大功能部件及智能制造工厂服务业务，不断发掘市场机遇，多方举措、苦练内功，以优质产品、个性化产品和服务赢得较好的市场业绩。

# 武汉华中数控股份有限公司

### 一、企业概况

机床是制造业的"工作母机"，而高性能数控系统是机床装备的"大脑"，是我国航空航天和军工发展高端制造装备的基础，代表了国家制造业的核心竞争力。

武汉华中数控股份有限公司（简称华中数控）是国产中、高档数控系统产业化基地，国产数控系统行业首家上市公司。华中数控与华中科技大学产学研紧密合作，以打破国外封锁限制、振兴民族数控产业为己任，长期坚持前沿创新，努力打造中国自主品牌，用"中国大脑"装备"中国制造"，提升中国制造业的智能化水平，不断缩小与发达国家的差距。经过几十年的发展，公司建立了一支数控技术研究、开发、管理人才队伍，其中大部分具有本科以上学历，100 多人具有硕士或博士学历。

华中数控是国家级高科技企业，科技部首批"国家高技术发展计划成果产业化基地"，被科技部、国务院国资委和全国总工会选为国家首批 91 家"创新型企业"企业之一，被人力资源和社会保障部、中国机械工业联合会表彰为"全国机械工业先进集体"，人力资源和社会保障部在公司设立博士后科研流动站。

华中数控承担和完成了国家科技重大专项、国家"863"及省部级科技攻关等课题数十项；获省级鉴定成果、国家重点新产品及软件著作权 30 多项。公司攻克了高可靠、成套化的开放式平台，高速、高精、多轴联动控制技术，基于指令域大数据关联的网络化、智能化技术等高档数控系统关键技术；研制的五轴联动高档数控系统填补国内空白，打破了国外封锁。自主开发的"华中 I 型数控系统"2001 年获国家科技进步奖二等奖；2011 年，"高档数控系统关键技术研究及推广应用"获湖北省科技进步奖一等奖；"高性能全数字交流伺服驱动和电动机关键技术及应用"获国家教育部科技进步奖一等奖。2016 年，"华中 8 型高性能数控系统关键技术及应用"荣获中国机械工业科学技术奖一等奖。2017 年，"华中 8 型高性能数控系统"荣获湖北省科学技术进步奖一等奖。2017 年 4 月，"华中数控智能控制关键技术及成套装备"被中国机床工具工业协会评为机床工具行业"自主创新十佳产品"。

华中数控当前已掌握了多项机器人控制和伺服电动机的关键核心技术，在控制器、伺服驱动器和电动机这三大工业机器人核心部件领域均具备技术优势。华中数控可以为用户提供多关节工业机器人、圆柱坐标工业机器人、直角坐标桁架工业机器人和教育实训机器人等四个系列产品线，在焊接、注塑、机加上下料、冲压、喷涂等领域的自动化线上得到了应用。华中数控自主研发的伺服驱动、伺服电动机已广泛用于国内数控机床、生产线、机器人等工业产品和雷达、导弹发射架等武器装备的控制。

"十三五"期间，华中数控将抓住制造业发展的战略机遇期，按照"一核三体"（以数控系统技术为核心，以机床数控系统和工业机器人、电动汽车为三个业务主体）的发展战略，实现公司做大做强的发展目标。公司将立足关键核心技术突破，在完善"数控一代"的同时，发展"智能一代"，引领中国制造业的转型升级。

### 二、"华中 8 型"数控系统研发及应用情况

在国家科技重大专项"高档数控机床与基础制造装备"支持下，华中数控经过艰苦努力，在多项关键技术（体系结构、总线、五轴、多轴多通道等技术）上实现了历史性突破，成功研制出"华中 8 型"系列化高档数控系统，其功能和性能指标达到国际先进水平。

2009—2016 年，华中数控累计销售数控系统 70 000 余套、伺服电动机及驱动 110 万台（套）。其中，配套的机床包括量大面广的数控车床、车削中心、数控铣床、立式加工中心、卧式加工中心、钻攻中心等中、高档数控机床，

还包括与 04 专项配套的 600 多台高档数控机床,产品覆盖十余类规格的机型,应用领域涉及航空航天、能源装备、汽车、船舶、电子信息产品等。

1. "华中 8 型"高档数控系统在航空航天、武器装备等重点领域成功应用

为了推动国产数控系统的应用示范和产业化,04 专项立项支持了一批航空航天、汽车、发电装备和船舶制造企业应用国产数控机床和数控系统。

当前,"华中 8 型"高档数控系统已在沈阳飞机公司、成都飞机公司、上海航天研究院等重点航空航天企业,以及东方汽轮机公司等重点发电装备行业获得应用,其功能、性能和可靠性经受了考验,获得了用户的积极评价。这标志着国产数控系统在航空航天、船舶、能源装备、国防军工、轨道交通等领域成功替代进口产品,打破了国外的封锁限制,在技术上也大大缩小了与国外数控系统的差距。

2. "华中 8 型"智能化技术实现原创超越,在电子信息产品(3C)制造领域实现规模化应用

华中数控在 3C 加工领域超越巨头,打破了国外知名品牌数控系统对这一领域的长期垄断局面,成为行业内能和国外竞争对手进行比拼的企业。2015 年至今,华中数控为钻攻中心市场配套了数万套数控系统,市场份额逐年大幅度提升。典型用户有东莞劲胜精密股份公司、大连机床、福建嘉泰、深圳创世纪(台群)、深圳鼎泰、苏州胜利精密等知名企业。

3. "华中 8 型"数控系统在国防军工领域应用情况

20 世纪 90 年代,华中数控成立之初,提出并实施了"让开大道,占领两厢(机床改造、数控教育培训)"的阶段性发展战略,组织队伍,积极开展机床数控化改造业务,并一直积极参与军工企业的机床数控化改造,包括 2001

年国防科工委军工企业普通机床升级改造项目、2004 年军工企业数控机床增效工程等。

在近 20 年的时间,华中数控已经为航空、航天、船舶、兵器等军工企业改造了大量数控机床。主要企业包括:中航工业 011、061、066 基地,贵州云马飞机制造厂、成都第十研究所、重庆仪表厂、江苏盱眙 425 厂、株洲 331 厂、西安东方机械厂、西安柴油机厂、710 厂、武昌造船厂、内蒙古第一机械集团(包一机)等,效果显著,为企业节约了大量设备采购经费和外汇,创造了可观的经济效益和社会效益。

2016 年,04 专项决定推进"重点领域国产数控系统应用示范工程"。通过在重点领域的大规模应用,提升国产数控系统的技术成熟度和市场认同度,解决我国重点领域制造的工业信息安全受制于人问题,并在用户领域形成若干示范应用基地,最终完成 04 专项中高档数控系统的实施总目标。

2017 年 1 月,工信部 04 专项启动了"重点领域国产数控系统应用示范工程"项目。华中数控参与了"应用示范工程"13 个项目申报,主要承担 388 台在役数控机床的换脑升级,其中,四轴机床 125 台、五轴及以上机床 55 台。

4. 华中数控新型伺服驱动装置、高速伺服电动机广泛应用在"数控一代"、武器装备、节能、绿色环保应用产品等领域。

华中数控自主研发的伺服驱动、伺服电动机,已广泛用于数控机床、自动化生产线、工业机器人以及其他多种行业机械,有力地推动了工业产品"数控一代"的进程。同时,华中数控特种伺服驱动装置和电动机批量配套 20 多种型号武器装备。

# 宝鸡机床集团有限公司

宝鸡机床集团有限公司(简称宝鸡机床)始建于 1965 年,是我国机床工具行业领先的金属切削设备供应商,总部位于陕西省宝鸡市高新区。公司总资产 19 亿元,拥有员工 3 500 人,其中专业技术人员 600 余名。公司年产机床 20 000 台,主营业务收入稳居全国机床行业前茅。

宝鸡机床坚持秉承"干优等品零件、装精密级机床、做高素质员工、创世界级品牌"的品牌理念,打造了知名的"忠诚"品牌,形成了柔性制造单元、复合车铣中心、车削中心、加工中心、数控车床、珩磨机、专用车床、数码放疗设备及制药机械、机床刀具等 14 大类、200 多个品种、400 多个规格。产品广泛应用于汽车、航空、航天、工程机械、IT、军工、教育等行业,出口 56 个国家和地区,荣获多项国家和部级奖励,拥有专利 23 项。

宝鸡机床下辖宝鸡忠诚机床股份有限公司、忠诚精密数控设备制造有限公司、忠诚精密零件制造有限公司等 12 个子公司,是国家大型工业企业和高新技术企业。通过了 ISO9001 质量管理体系认证、欧盟 CE 安全认证、海关 AA 级信用及 ISO14001 环境管理体系认证。

宝鸡机床传承"工匠精神",以"宝机工匠 智造未来"为引领,培养出一支高素质技能人才队伍,拥有多达 300 多名的高技能人才队伍,建成了"国家数控系统工程技术研究中心陕西分中心""省级技术中心"和国家级"技能大师工作室",并与国内外知名院校开展技术合作,承担了国家"高档数控机床与基础制造装备"等 20 多项重大专项课题的研制。企业先后荣获"全国五一劳动奖状""中国机械工业百强企业""中国机械行业核心竞争力优秀企

业""全国用户满意产品""中国出口质量安全示范企业"及"中国机械工业质量诚信企业"等荣誉。

宝鸡机床重视产品质量和品牌建设，主要体现在如下几个方面：

1. 系统性、独立的质量文化建设和质量诚信体系建设

宝鸡机床通过严格过程控制，持续改进产品和服务质量，不断提升品牌知名度和客户满意度，加强质量文化建设和质量诚信管理体系建设，以质量法制和质量诚信意识教育为主要内容，加强企业质量诚信文化宣传和教育，引导和推动企业和员工弘扬诚信传统美德，增强企业法制意识、责任意识、质量诚信意识，逐步形成"诚信至上、以质取胜"的质量文化。

长期以来，宝鸡机床始终以"匠心智造中国好机床"为使命，形成了"厚德诚信、求实求精、专注共赢"的价值观，坚持"诚信质量、下道工序就是用户、人人都是检验员"三大质量理念，树立"干优等品零件，装精密级机床，做高素质员工，创世界级品牌"的品牌理念，认真执行质量管理"四严"原则（严格过程控制、严肃工艺纪律、严查后道问题、严追领导作用），大力实施"精品工程"和"品牌战略"，努力打造"宝鸡机床—优质的机床"的品牌效应。

2. 贯彻机床最新标准，使机床在标准性能上处于领先优势

CK7520C 数控车床是追随国际先进技术，满足国内中高档数控车床需求而开发设计的产品，采用了模块化设计方案，配备了功能齐全、规格多样的配套部件，能根据用户需要，搭配出最优"功能性价比"的机床，而且方便纳入柔性生产线，实现无人化生产，是汽车、军工等行业车削加工的首选设备。CK7520C 数控车床技术先进，性能优越，产品质量水平达到国内先进。荣获陕西省科学技术奖、火炬计划项目证书和多项专利证书

在生产经营过程中，严格执行国家标准、行业标准，对关键件实行企业内控标准。对机床精度整体进行压缩，使机床精度保持行业领先。公司生产的数控机床多次经过国家权威检测机构检测合格，被中国质量万里行评为"全国产品质量稳定合格用户满意知名品牌"。

3. 强化质量管理，持续改进，提升品牌竞争力

产品质量是企业的生命，也是品牌的生命，以高质量的产品占领市场，让"宝鸡机床"成长为我国机床行业的强势品牌，已成为公司全体员工的奋斗目标。在质量管理工作中，抓基础管理，抓规范操作，坚持按程序、按工艺、按标准执行。坚持持续改进的质量方针，不断改进服务和产品，满足市场发展的需要。根据售后服务反馈及厂内发现的质量问题，坚持从设计、工艺上不断进行产品改进，加大设计工艺改进工作，以提升机床性能增强其可靠性，不断提升顾客满意度。

为了大力提升企业品牌、充分展示企业形象、促进质量管理上水平，增强企业核心竞争力，公司 CK75 数控车床 2005 年就申报了陕西省名牌产品，并顺利通过名牌产品现场检查，荣获"陕西省名牌产品"称号，立式加工中心系列产品荣获机械工业名牌产品殊荣。除 CK75 数控车床外，目前公司拥有"CS6266B 马鞍车床、SK50P 简式数控车床和 VMC850 立式加工中心等省名牌产品，实现了公司各大机型陕西省名牌产品的全面覆盖。在近几年的名牌产品复评中，省质量强省工作推进委员会对公司名牌产品开展情况给予较高评价，并对公司质量管理工作给予充分肯定。

4. 严格过程质量控制，确保产品质量水平得到提升

加强过程质量控制，严格事前把关，严查后道工序质量问题。加强出厂前成品质量抽查，每月初对成品装配车间出产的机床开展抽查，代表用户对出厂机床进行复验，以确保出厂机床质量稳定可靠。从原材料采购、生产过程、销售、售后服务加强质量监控，以保证过程质量运行良好。大量采用国内外知名品牌的产品，以确保机床配套件质量稳定可靠。大力实施"毛刺工程"，重视细节，从倒棱、倒角、去毛刺和清洁度抓起，不仅抓零件加工质量，还抓装配过程细节质量，培养职工精、细、严的工作作风和良好的操作习惯，以工作质量促进实物质量的不断提高。

为了全力提高 CK7520C 数控车床产品质量，在成品车间实行"专家负责制、质量追溯制、专业化生产"的封闭生产管理模式，并对其精度标准进行内控提高，机床精度提高 30% 以上。实施精益生产管理模式，从技术质量标准到工艺装备、零件加工、整机装配全过程实行精细化生产，由技术能力强的操作技师全面负责，以确保生产的 CK7520C 数控车床质量稳定可靠。

5. 开展各种质量管理活动，促进管理水平的提升

（1）为进一步提升全员质量意识，加强工作责任心，自觉履行质量职责，针对生产过程中出现的典型质量事件及售后服务反馈的突出质量问题，举办质量缺陷图片展览。通过生动真实的镜头写真，激发全体员工"关注产品质量、重视产品质量"，在全体员工中引起强烈的反响和震撼，起到了警示及全员质量教育的作用。

（2）为改善企业整体绩效，提升企业管理水平，增强综合竞争力，从 2016 年起，在集团公司全面推行卓越绩效管理模式暨创质量奖工作。公司成立了卓越绩效管理领导小组，协调和处理卓越绩效推行过程中的重要决策、主要问题，监督推进工作进度及绩效改进成果。针对卓越绩效管理模式的开展进行全面总结，召开总结大会，总结成绩和不足，确保卓越绩效管理模式导入工作取得实效。2017 年 5 月，公司申报了 2016 年度陕西省质量奖，经过资料审查、质量奖答辩、专家组现场评审一系列工作，2017 年 9 月获得"陕西省质量奖提名奖"。

（3）不断提高外协外购件的管控水平。针对外供件出现的质量问题，深入供方，对供方的质量保证能力进行

考查和现场指导。定期召开外供厂家质量专题会议，通报外供件质量问题，督促供方制定改进措施，进行质量改进。并与供方签订质量承诺保证书，加强外协外购件的质量考核，以确保外供件质量的提高。

（4）为了促进产品质量进一步提升，认真执行质量管理"四严"原则，努力实现集团公司提出的"干优等品零件，装精密级机床，做高素质员工，创世界级品牌"的品牌理念，在集团公司开展了整治机床外观质量"铁拳行动"。行动主题是"落实质量制度，进行质量整治，重拳出击，促进机床外观质量提升"。通过"铁拳行动"，全面提升公司产品的外观质量，使机床外观上升一个新台阶。

（5）积极开展群众性的技术质量攻关、QC小组活动，使"质量信得过活动"持续不断地深入开展下去，深入开展"产品质量检查""质量帮教对子""质量免验"等活动。加大"待包装机床""毛刺工程""质量纪律工艺纪律"

的检查力度，通过质量活动的开展，促进产品实物质量持续提高。

6.广泛的销售网络和迅捷有效的服务体系，确保用户满意度不断增强

公司在全国范围内设立了18个销售片区，并设有专门的技术支持和售后服务部门，建立了一支近60人的售后服务队伍，开通了400服务热线，从售前、售中、售后全方位为用户提供快捷高效的服务。

公司先后制定了《机床三包规定》《售后服务人员行为规范》《售后服务快速响应F1机制十条》等制度，对产品质量和服务质量全方位有效监控，严格考核，使产品质量、服务质量不断提升。公司不定期向用户发放《顾客满意度调查表》，调查用户对产品可靠性、稳定性、服务水平及交货期的评价、意见，不断进行质量改进。通过用户满意度测评，用户满意率始终保持在95%以上。

# 成都普瑞斯数控机床有限公司

成都普瑞斯数控机床有限公司获得ISO9001:2008国际质量体系认证，具有完善的质量管理体系，在历年的外部监督审核中，均获得了专家的好评。

公司在生产经营中极为重视员工的技术和素养培训工作，有完善的员工入职培训计划及记录，并经常举行劳动岗位知识和技能竞赛，积极与同行及配套商交流。通过这些方式，提高员工的动手能力和技术素养，确保员工自身能力不断提高，使产品的质量得到有效的保证。

机床的关键核心功能部件均采用世界著名品牌，如FANUC数控系统、瑞士schneeberger直线导轨、德国FAG主轴轴承和日本NACHI丝杠支撑轴承、德国KTR联轴器、中国台湾北钜刀库和PMI滚珠丝杠等，确保了机床的高质量和高可靠性。

在机床零件的生产过程中，公司采取自主加工和外协加工相结合、关键件以自主加工为主的生产模式。机床主要铸件在国内顶级铸造厂生产，公司内配备有数控导轨磨床、数控卧式镗床、精密数控卧式加工中心、龙门加工中心、精密立式加工中心等精密数控加工设备，有效控制和保证产品零部件质量。

在机床的加工和装配调试过程中，每一道工序都严格按工艺执行并按相关规定及标准进行检验。公司编制《机械加工工艺过程卡片》和《部件、整机装配工艺》，做到加工装配都有详细的工艺指导文件，通过配套的问答式《工序质量控制记录表》，实现操作者自检和品保检验双重检查以及质量跟踪追溯。为保证产品质量，公司配置了导轨磨床和卧式镗床等精密数控加工设备来保证加工质量，配

置了雷尼绍的双频激光干涉仪、球杆仪及美国基太克的动平衡测量仪、海克斯康的三坐标测量仪等先进的精密检测设备，确保每台机床出厂前都能经过严格的检测和调试。整机出厂前，机床刀库需经过72h以上的带刀试运行，并需进行严格试切验证和模拟试运行，以确保机床的高稳定性和高可靠性。

公司非常注重用户的体验感受和改进意见，与用户积极进行互动，不断对产品进行改进和完善，使产品变得越来越好。通过与用户交流，公司将刀库改为变频器控制，提高了刀库运行的可靠性，采用底盘后排屑的出屑方式来提升清屑和生产线布线的方便性，采用氮气液压平衡保压系统，有效减轻了机床Z轴电动机的负载和提高了Z轴的动态响应特性；机床Z向导轨防护采用铠甲皮腔双层防护结构，提高了防水、防屑性能；采用控制电柜双层隔离散热方式来提升电器元件工作的可靠性，主轴箱罩壳由整体式改为多片式以提升维修的方便性，采用航空插头连接外电器来美化管路，采用高亮度节能的LED照明灯管等，从而提升产品的性能，不断提高产品的竞争力。

公司在全国各地建立了专门的售后服务部门，设有24h的服务热线，为用户提供及时周到的服务。

PL1200As立式加工中心以其先进的技术性能指标、高可靠性及稳定性、不断提高的品质和公司良好的服务赢得了用户的持续好评，在汽车、航空航天和3C电子等批量化生产的企业中，在用户连续苛刻的加工环境下，经受住了严格的实战考验，在不断为客户创造价值和财富的同时，也赢得了客户的支持与信赖。

# 台州北平机床有限公司

台州北平机床有限公司（简称北平机床）于浙江省温岭市东部新区，是一家专业从事数控磨床、精密磨削生产线、工业机器人等产品开发与生产的智能装备企业。北平机床一直致力于高端数控磨削机床的研制与生产，实现高端数控磨削机床的国产化。当前已成功开发五轴数控工具磨床、六轴数控磨削中心、数控外圆磨床、数控抛光磨床、数控螺纹磨床、数控螺杆转子磨床、智能磨削生产线、工业机器人等高端智能装备产品。

通过多年来持续的技术创新、产品创新，企业已取得长足的发展，近两年产销都保持高速增长状态。北平机床生产的一款数控外圆磨床产品被中国机床工具工业协会评为2016年度十佳产品，同时在CCMT2016中国数控机床展览会上被授予"春燕奖"；企业的全自动高精度六轴数控磨削中心被浙江省有关部门列为"2017年度浙江省装备制造业首台套产品"。从2009年开始，北平机床的数控磨削机床就陆续在SANDVIK、富士康、株洲钻石、中航、哈量、中国五矿等各行业的知名企业中应用，实现了真正的国产替代进口，产品还陆续出口美国、日本及欧盟国家。

北平机床近几年的快速发展，得益于公司持续不断的研发投入、长期坚持的自主创新、国际技术合作，以及对产品质量的精益求精。

**一、高强度的研发投入以及产品创新**

北平机床是国家高新技术企业，企业建有"北平数控工具磨床省级高新研发中心"，建有两个研发车间，研发人员占公司员工的20%以上。公司每年保持8%以上的研发经费投入，每年都有多款核心新产品推出。公司还在智能装备行业专用软件开发、精密制造、电气控制、系统集成等方面进行技术开发，形成了一批公司拥有核心技术的专利、软件著作权及其他技术。公司一直把国际机床强企作为自己学习的榜样，瞄准国际最先进机床技术发展方向，进行技术开发，把国际最前沿的数控机床相关企业的产品作为企业追赶的标杆。公司还从内部制度上对创新进行了保证，建立了全员参与的创新机制。

**二、内外结合的创新人才使用和培养机制**

北平机床在人才引进上舍得投入。公司有长期与欧美日等国家行业相关人才的合作机制，通过技术交流、异地培训及上门指导等举措，吸收国外的先进技术、管理经验；还直接聘任德国、瑞士等国家的工程师到企业任职，其中有些工程师全职在北平机床工作，协助公司进行新产品开发；北平机床还与国内高等院校、科研院所合作，合作或委托开发公司急需的数控机床相关软件等。北平机床采取内外结合的人才使用培养机制，迅速提高了公司的技术力量。特别是瞄准国际上精密机床制造技术领先的国家引进人才的行为，迅速拉近国内机床行业与国际的差距，为企业的技术赶超发挥了重要作用。

公司也十分重视内部技术人员的培养，选拔优秀专业技术人才赴国外合作企业学习；也通过请进来的专家进行内部培训。

**三、产品质量管理上的精雕细琢**

装备制造行业是一个最需要"工匠"精神的行业，北平机床一直把"工匠"精神融入产品制造的每一个环节，融入每一个员工的日常工作中。公司首先在材料和零配件的选用上严控质量关，如选用质量更优的进口钢材作为核心零件的材料；外协的零配件都要严格按照公司的质量管理流程进行生产和检验；公司的工程师长期深入一线，对产品每一个零件、每一个组成部分进行细致的研发和揣摩，打造精良的产品；公司也清楚产品质量掌握在一线员工手中，通过信息化系统，对每一台生产设备、每一位员工生产的产品质量进行追踪。

**四、注重客户应用体验，加强技术服务**

公司产品的设计都是以细致调研客户需求为基础，邀请客户参与新产品开发的全过程；公司专门成立技术服务和技术应用部门，面向客户进行技术对接和应用。公司以"向服务要市场，向服务求效益"为思路，大力开展产品售后技术服务。建立了用户信息库，利用物联网技术，建立用户技术服务云平台，实施用户产品使用中的远程监测和实时诊断，基本做到全球1h响应机制。对用户的信息反馈收集整理分析后，用于改进产品的设计、制造，为优化公司产品的结构及生产决策提供了重要参考信息，也提升了顾客满意度。

当前，北平机床已为客户提供了1 500多台（套）数控加工设备。2017年9月，公司搬进了拥有恒温生产车间的新厂区，新厂区引进了国际先进的制造检测设备，已具备年产500多台（套）高档数控磨床、1 000台工业机器人及10 000台关联机器的生产能力。在全球制造进入智能制造的时代，北平机床迎来了更广阔的发展空间。

# 宜昌长机科技股份有限公司

## 一、控制源头，从设计质量抓起

在多年的企业经营实践中，宜昌长机科技股份有限公司（简称长机科技）总结了一套具有系统性的企业治理章程——《长机基本法》，作为公司经营管理的指导原则。《长机基本法》倡导全面质量管理理念，其精髓就是"三全管理"：第一全指全面的质量，即不限于产品质量，而且包括服务质量和工作质量等在内的广义的质量；第二全指全过程，即不限于生产过程，而且包括市场调研、产品开发设计、生产技术准备、制造检验、销售、售后服务等质量环的全过程；第三全指全员参与，即质量第一，人人有责。

"三全管理"摒弃了单纯从生产环节抓质量的传统思维，并行研发体制具体诠释了这一理念，从立项开始，把营销人员、研发人员、采购人员、财务人员、检验人员等组织在一起，共同参与。研发人员的提前参与意味着研发人员是紧密围绕市场需求、用户需求进行产品设计开发的；采购人员的提前参与同样可以直接根据市场需求选择最合适的供应商；财务人员则从立项开始进行成本预算与控制；检验人员也从立项开始就环保、安全等相关标准要求开展工作，避免在后期发现问题时从头再来。

## 二、提升质量，打造一流工艺装备

产品质量管理是一个长期系统的工程，长机科技能够连续4年获得"质量十佳"，绝非一日之功。在十几年前，长机科技就开始为提升产品质量布局铺路，其在工艺装备改造、标准化建设等方面都堪称行业的先行者。

2002年，长机科技董事长叶又生刚调来公司就提出要花费近百万元进行企业的"三标"体系认证。在当时，公司经营处于半停产状况，连工资都发不出，此举受到很多人反对。

面对争议，叶又生的意见是，"三标"是国际市场的通行证，这是为长远发展着想，是为未来赢得更多发展空间。最终，长机科技在国内机床行业中第一家同时通过了ISO9001质量管理体系、ISO14001环境管理体系和OHSAS18001职业健康、安全管理体系的认证。由于对标准工作的高度重视，长机科技成为湖北省标准化示范单位，也正是这种前瞻性的质量意识将长机科技早早定位于高端品质追求。

相对于"三标"，长机科技多年来在工艺及装备上的投入才是真正的大手笔。从2004年企业改制之初，长机科技就舍得在进口设备上投资，每年都公开招标2 000万元以上的新设备，并逐年上升。

成熟的加工工艺与高精尖装备确保了产品制造品质，其带来的市场效果也是显而易见的。正是因为工艺装备的提升，长机科技争取到了"包头二机"直径2 500mm坦克齿轮的大型数控插齿机订单。这台大型数控插齿机是长机科技在研发上的一次突破，成功实现了替代进口。该产品此后在风电市场卖了100多台，为企业赢得了相当可观的收益。

长机科技拥有各类先进加工及检测设备500余台（套），装备的数控化率达90%以上，从瑞士、德国、美国、英国等国家进口60余台（套）精密设备。此外，长机科技对于核心功能部件的开发坚持进行反复试验，公司由此建设了很多自制的试验平台，建立了全国最大的齿轮检测平台。

## 三、科学管理，成就卓越品质

工艺也好，装备也罢，说到底，质量还是人才干出来的，人员管理一直都是质量管理不可或缺的重要环节。通过"三标"认证建设，公司从理论和实践上进行了全员培训，严格规范了企业的管理行为，企业每一位员工对自己的岗位职责、工作流程、行为规范清楚明了，从而使企业整个管理体系乃至每一位员工的观念得到脱胎换骨的转变。

最近几年，长机科技则导入更为严格的卓越绩效管理模式，以顾客为导向，追求卓越绩效，涉及领导、战略、顾客和市场、测量分析改进、人力资源、过程管理、经营结果七个方面。在科学严谨的管理体系下，长机科技真正将质量意识贯彻落实到每位员工，不论是在生产、研发、营销，还是行政或后勤环节，都制定了严格的行为规范。

长机科技储备了丰富的人才资源。公司员工500余人，研发人员数量占企业总人数的1/4，其中，国家、省、市级专家40余名。此外，长机科技拥有中高级技师200余人，其中湖北省优秀技师有3人，享受国务院津贴待遇技师2人。

在机床工具行业市场转型升级的进程中，长机科技卓越的产品品质得到越来越多用户的肯定，产品批量出口到德国、美国、捷克、法国、奥地利、韩国、印度等国家。

# 郑州磨料磨具磨削研究所有限公司

产品质量是制造出来的，而不是检验出来的。为了让每位员工做好自己的产品，郑州磨料磨具磨削研究所有限

公司编制了B-D无心磨砂轮产品工艺文件，包括原辅材料技术条件、工艺操作规程、半成品质量要求、产品工艺流

程控制卡、工艺控制计划和质量失控反应程序等，规范了员工的操作。

公司要求员工对自己生产的产品严格按照控制计划和半成品质量要求及检验规程进行自检，只有自检合格的，才可以流向下道工序。在自检中发现的不合格品，要按质量失控反应程序、不合格品控制程序和5S管理要求进行处置。对于上道工序流过来的产品，要求员工必须进行复检，经检验合格的，才可以进行生产，对查到上工序的质量问题，要及时反馈。坚决做到不制造不良品，不接收不良品，不传递不良品。

公司按生产订单、交货期要求和生产计划统筹安排，各工序设定了详细的质量监控点，每个生产订单对应的有NC生产流程，有相应的生产订单号，每批产品有相应的生产批号，产品有相应的产品序列号，具备良好的追溯性。

公司按照质量体系的要求，对B-D无心磨砂轮涉及的人员、设备、原材料、工艺方法和生产环境进行控制，人员方面包括技术专项培训、传帮带、人员上岗证、职业技能鉴定和技术比武等制度，不断促进技术工人的快速成长；设备管理由生产与质量管理部负责，并监督设备的日常保养和一级、二级保养状况。为进一步说明公司对B-D无心磨砂轮质量稳定性所做的工作，下面对各个阶段采取的质量控制措施进行简要说明。

1. 原材料质量控制

公司制定了《金刚石技术条件》和《树脂粉技术条件》，对金刚石的堆积密度、冲击韧性、抗压强度和形貌，树脂粉的流动性、固化时间和抗拉强度等提出了技术要求。制定了《采购过程控制程序》和《供应商资格认定管理办法》，对采购过程及供方进行控制，确保所采购的产品质量符合

规定要求。原材料到货后，由国家磨料磨具质量监督检验中心负责检验，依据公司原辅材料技术条件实施检验。检验合格方能办理入库手续，确保原材料质量的一致性和稳定性。

2. 生产环节的质量控制

员工按照设备作业指导书和设备日常保养要求进行设备点检，并对量具和天平等计量器具进行点检和确认。员工依据生产工单、成形工艺操作规程、半成品质量要求等进行生产准备、生产操作和半成品检验。如在混料工序，工作区域和存储区域进行了分区，每个工作台只允许混配一种金刚石粒度，防止粗粒度粉料污染。公司对成形料提出了严格的称重精度要求，配置了符合精度要求的电子天平，并要求每年进行计量，使用前点检和确认。在称料时，要求一人称料一人复核，防止成形料重量错误。

3. 检验环节的质量控制

成品完成后先由部门自检，再交付国家磨料磨具质量监督检验中心实施第三方检验，检验人员依据产品图样和产品标准进行检验。经检验合格的砂轮方可出具合格证，办理产品入库手续。

4. 包装环节的质量控制

按照"一品一证一单一说明"的要求进行装箱，即每一片砂轮需要有合格证、装箱单、使用说明一起装箱；设计了专用的包装方案，采用木箱、泡沫包装，在外包装张贴明显的安全标志，确保了产品在物流环节不会损伤，安全交付用户。

公司通过规范产品制造工艺，加强过程控制，开展工艺纪律检查和质量责任制，保证了B-D无心磨砂轮制造过程质量和使用性能的稳定性。

# 2016 年机床工具行业上市公司情况介绍

## 北京超同步伺服股份有限公司

（证券代码：831544　证券简称：北超伺服）

**一、主要业务**

公司立足于工业自动化装置制造业，主要从事伺服电动机、驱动器及智能装备核心功能部件等工业控制产品的研发、生产、销售及服务。在《中国制造2025》及"十三五"规划的大背景下，公司持之以恒专注于制造电动机与驱动、

驱动与控制完美结合的机电液一体化伺服系统，重点发展高端智能装备制造、工业机器人、新能源汽车三大领域，全面布局"一纵一横"产业发展战略，即：立足装备制造业，打造智能装备的纵向垂直产业链；立足工业机器人和新能源汽车等领域的自主研发、创新联动的横向拓展网络。

垂直产业链将以智能伺服控制系统为核心，开发机床关键功能部件，OEM生产高档精密数控机床，推广智能装备生产线；横向拓展网络将为工业机器人和新能源汽车等自动化控制领域提供完美解决方案，最终实现对行业终端用户的专业化、系统化服务。

公司设有专门的研发部门，根据市场需求自主研发产品。当前公司拥有发明专利1项，实用新型专利42项、外观设计专利89项、软件著作权20项。伺服系统、伺服电动机、伺服驱动器是公司的主要产品。公司通过自有的销售部门将产品直接销售给终端客户。

**二、经营状况**

2016年，国内外整体经济形势持续走低，公司下游以机床为主的制造业受此影响而景气度持续下行，竞争日趋激烈。公司在此大背景下依然持续地增大了研发投入和技术创新，开发出了国内领先的电主轴系列产品和智能装备的核心功能部件产品，并与沈阳机床集团、大连机床集团、山东普利森集团等国内大型装备制造企业保持着良好的战略合作关系。

1. 增大了研发投入

报告期内，公司除加大对伺服电动机和伺服驱动器等主导产品的研发、生产及销售外，还积极加大了对包括电主轴、直驱转台、伺服刀塔、伺服刀库等产品在内的新产品研发投入，拓展电主轴等机床核心功能部件新产品业务市场。

2. 拓展中高端数控机床市场

公司通过与国内知名机床企业合作，充分发挥公司的渠道优势，以OEM的方式拓展中高端数控机床市场。

**三、主要财务数据**

2015—2016年公司主要财务数据见下表。

| 指标名称 | 2016 年 | 2015 年 | 同比增长（%） |
| --- | --- | --- | --- |
| 资产总计（元） | 369 103 379.92 | 196 674 820.89 | 87.67 |
| 负债总计（元） | 41 492 190.80 | 28 192 476.47 | 47.17 |
| 归属于挂牌公司股东的净资产（元） | 327 611 189.12 | 168 482 344.42 | 94.45 |
| 归属于挂牌公司股东的每股净资产（元） | 4.12 | 2.42 | 70.25 |
| 资产负债率（%） | 11.24 | 14.33 | |
| 营业收入（元） | 185 910 150.71 | 141 292 630.38 | 31.58 |
| 毛利率（%） | 48.35 | 49.14 | |
| 归属于挂牌公司股东的净利润（元） | 42 128 844.70 | 34 150 398.08 | 23.36 |
| 归属于挂牌公司股东的扣除非经常性损益后的净利润（元） | 39 908 149.95 | 27 903 880.67 | 43.02 |
| 基本每股收益（元／股） | 0.56 | 0.51 | 9.80 |
| 经营活动产生的现金流量净额（元） | 6 896 555.63 | 28 071 182.70 | -75.43 |

# 博深工具股份有限公司

（证券代码：002282　证券简称：博深工具）

**一、主要业务**

1. 主要业务情况

公司主营业务是金刚石工具、电动工具、合金工具的研发、生产和销售。报告期内，公司主营业务未发生重大变化。

公司是河北省高新技术企业，总部位于石家庄高新技术产业开发区，在美国、泰国、加拿大、韩国、中国上海设有6家全资子公司，主要生产基地位于中国石家庄和泰国罗勇。公司是中国机床工具工业协会超硬材料分会会员单位。

公司产品主要应用于建筑施工、装饰装修、建材加工等领域。金刚石工具主要包括金刚石圆锯片、金刚石薄壁工程钻头、金刚石磨盘、金刚石滚刀、金刚石磨块及磨轮等产品，是石材、陶瓷、混凝土等无机非金属硬脆材料的最有效加工工具；电动工具主要包括台式及手持式工程钻机、锯机、角磨机、电锤、电镐等产品，是建筑装修施工的常用机具；合金工具主要有硬质合金圆锯片等，主要用于木材、铝合金材料、铝塑型材、有色金属材料等的切割。金刚石工具是公司的核心业务，约占公司营业收入的80%。

公司主要采取经销商模式销售产品。公司营销网络覆盖海内外，国内的营销网络遍及全国，与300多家经销商建立了良好的合作关系；国外的营销网络覆盖广泛，在美国、加拿大设有销售子公司，外贸业务覆盖了美洲、欧洲、东南亚、中东、北非等多个海外市场，是国内同行业中少数拥有全球性销售网络的金刚石工具企业之一。"博深"品牌是中国金刚石工具行业的知名品牌，在国内建筑五金行业中具有较高的知名度；"BOSUN"品牌在东南亚地区具有较强的影响力，近年来自主品牌销售向中东、南美等地区扩展。公司在欧洲、美国市场的销售主要是ODM方式。除主要产品采取经销商经营模式外，公司瓷砖工具产品（金刚石滚刀、磨轮等）采取直销或以承包瓷砖生产线方式销往瓷砖生产工厂。

### 2. 主要业务变化情况

报告期内，公司主营业务未发生重大变化，但国内外经济增长趋缓，加剧了市场竞争，公司当年产品销售较上年有所下滑。公司金刚石工具业务中的瓷砖工具产品的主要客户是瓷砖生产工厂，由于陶瓷行业受宏观经济的影响较大，公司为控制经营风险，已经逐步减少了瓷砖工具产品的生产和销售，仅针对部分优质客户开展业务合作。

报告期内，公司培育多年的高速列车制动闸片产品取得了CRCC的产品认证，并于2016年10月开始装车运行考核，为其规模化产销创造了条件，也为公司进入轨道交通零部件产业、向高端制造转型提供了机会。

报告期内，公司筹划重大资产重组，以发行股份购买资产方式收购常州市金牛研磨有限公司100%股权，如本次重大资产重组成功实施，公司业务将由目前的金刚石工具、电动工具、合金工具扩展至涂附磨具行业。

## 二、经营状况

2016年，国际经济疲态依旧，复苏缓慢，国内经济下行压力持续存在，五金工具行业竞争日益激烈。在严峻的外部形势下，公司按照年初既定的经营工作方针，以公司的持续经营和健康发展为目标，优化组织体系和人员结构，调整产品结构，梳理业务流程，经营结果较上年有所改善，但营业收入和净利润完成情况距离全年经营目标有较大差距。同时，积极推动制动闸片项目，筹划重大资产重组，拓展新业务，为公司培育新的利润增长点。

### 1. 优化生产和研发组织，改进计划模式，完善生产作业流程，提高生产效率

一是缩短生产管理层级，撤销车间建制，实现生产计划与车间班组的直接对接，车间部分管理职能改由计划、质量等专业管理部门承接，在一定程度上提高生产效率和市场反应速度；二是成立专门的工艺质量部，统筹工艺设计与现场工艺执行监督，提高产品质量控制能力，加快现场突发质量问题的处理速度；三是对生产厂区功能分区调整，通过5S活动、定置管理、目视管理、看板管理等一系列生产管理手段的实施，使生产作业工序布置合理，现场整洁有序；四是创新研发思路，结合市场需求及发展趋势开发产品，金刚石工具、电动工具、合金工具等三大系列产品均实现了专业领域的产品延伸，提高了产品综合竞争能力。

### 2. 创新营销管理，提升客户服务水平，力争产品销售的稳定

国内营销方面，公司在新品上市、渠道拓展方面积极作为，应对市场不利局面。一是通过召开客户年会，与客户深入沟通，针对客户所关注的问题专项跟踪和改进，提振了客户的合作信心。二是推出系列新产品，并结合微信、视频等宣传手段进行产品推广，收到良好的效果。三是积极配合客户进行深度分销，检验不同地区的市场特点，为后期营销策略和模式的改进积累决策依据。四是持续开展线上销售推广工作，为以后公司电子商务平台的建设积累经验。

国际营销方面，一是加强与客户沟通的主动性，深入挖掘客户需求，对接公司产品提供能力，制定灵活的促销方案，取得了一定的效果。2016年，在需求不足的情况下，欧洲市场同比增长，公司的小型机械产品在欧洲的销售取得突破。二是针对东南亚市场竞争日趋激烈的情况，调整该区域的销售策略，在力保传统市场稳定的同时，开辟新市场。马来西亚、菲律宾等市场实现不同程度的增长，新加坡、泰国市场基本稳定，保持了东南亚市场的稳定增长。三是根据年初计划，重点对印度市场走访调研，为该地区的市场拓展奠定了良好基础。

### 3. 抓好重点项目，为公司培育新的利润增长点

一是重点抓好高铁制动闸片项目，先后获得了CRCC试用证书、IRIS证书和ISO 9001∶2008证书，通过了长春轨道客车股份有限公司的铁路产品专项资质审查工作。目前，300～350km/h高速列车制动闸片已经在北京铁路局动车段进行为期一年和一个全寿命周期的持续装车运用考核。此外，还按计划完成了200～250km/h闸片的样品试制和台架测试工作。这些工作都为闸片产品的产业化打下了良好的基础。二是厂区部分生产及办公房产对外租赁有序进行，实现租赁收入682.82万元，提高了资产综合收益。

### 4. 转变经营方式，并购工作取得突破

公司一方面持续加强和优化各项管理，改善产品结构，降成本、控费用，增强企业自身盈利能力；另一方面，转变经营方式，开展并购合作，依靠外延扩张方式扩大公司规模，提高公司整体盈利水平。2016年，公司在并购重组方面取得突破，自2016年10月10日开始启动与常州市金牛研磨有限公司的重组，以发行股份购买资产方式收购其100%股权。重组成功后，公司将进入涂附磨具行业，营业收入和盈利水平将大幅提高。

### 三、主要财务数据

2015—2016 年公司主要财务数据见下表。

| 指标名称 | 2016 年 | 2015 年 | | 同比增长（%）（调整后） |
|---|---|---|---|---|
| | | 调整前 | 调整后 | |
| 营业收入（元） | 429 968 076.77 | 434 384 399.94 | 434 384 399.94 | -1.02 |
| 归属于上市公司股东的净利润（元） | 12 484 496.87 | 6 596 655.16 | 6 596 655.16 | 89.25 |
| 归属于上市公司股东的扣除非经常性损益的净利润（元） | 9 268 778.45 | 3 975 057.46 | 3 975 057.46 | 133.17 |
| 经营活动产生的现金流量净额（元） | 99 929 676.52 | 94 923 772.06 | 94 923 772.06 | 5.27 |
| 基本每股收益（元／股） | 0.04 | 0.02 | 0.02 | 100.00 |
| 稀释每股收益（元／股） | 0.04 | 0.02 | 0.02 | 100.00 |
| 加权平均净资产收益率（%） | 1.59 | 0.84 | 0.84 | 0.75 个百分点 |
| 资产总额（元） | 1 030 3086.62 | 1 035 928 285.44 | 1 035 928 285.44 | -0.57 |
| 归属于上市公司股东的净资产（元） | 801 617 791.87 | 781 825 957.73 | 781 825 957.73 | 2.53 |

# 大族激光科技产业集团股份有限公司

## （证券代码：002008　证券简称：大族激光）

### 一、主要业务

公司是一家提供激光、机器人及自动化技术在智能制造领域的系统解决方案的高端装备制造企业，业务包括研发、生产、销售激光标记／激光切割／激光焊接设备。PCB 专用设备、机器人、自动化设备及为上述业务配套的系统解决方案。公司产品主要应用于消费电子、机械五金、汽车船舶、航天航空、轨道交通、动力电池、厨具电器、PCB 等行业的金属或非金属加工。

在制造业产业升级、科技进步和人工短缺的背景下，激光加工设备及机器人、自动化产品获得广泛应用。公司设备分为标准产品和行业定制产品，标准产品是以公司为中心，行业定制产品是以顾客为中心。公司销售网络采取直销模式，在国内外已建成 100 多个办事处和联络点，紧密联系客户，精确定位客户需求，实现产品规模销售。

### 二、行业地位

近年来我国传统制造业正处于加速转型阶段，国家大力推进高端装备制造业的发展，原有激光加工技术日趋成熟，激光设备材料成本不断降低，新兴激光技术不断推向市场，激光加工的突出优势在各行业逐渐体现，激光加工设备行业市场需求持续增长。由于激光加工设备工作过程中具有智能化、标准化、连续性等特点，通过配套自动化设备可以提高产品质量和生产效率，节约人工成本，未来激光＋配套自动化设备的系统集成需求将成为趋势。

激光加工设备及机器人、自动化设备的应用广泛，下游行业众多，因而公司业务受某个领域周期性波动的影响较小，行业周期性不明显。

在激光加工设备领域，公司主流产品已实现同国际竞争对手同质化竞争。公司在技术储备、产品性价比、定制能力、销售服务网络、紧密客户关系、响应速度等方面具有明显优势，这些优势在公司产品市场占有率不断提升中得到充分印证。

### 三、经营状况

1. 精细微加工需求强劲，小功率激光业务实现较快增长

报告期内，公司小功率激光及自动化配套设备实现销售收入 368 985.77 万元，同比增长 16.03%。随着现代工业和科学技术的发展，产品和零件加工逐渐趋向微型化、精密化，激光作为精细微加工的前沿技术之一，已在电子行业得到应用并不断创新发展。近几年智能手机产业链累计向公司采购设备规模超过 100 亿元，报告期多款小功率激光设备销售实现快速增长。

2. 大功率激光智能装备再创业绩新高

报告期内，大功率激光业务实现销售收入 145 899.34 万元，同比增长 47.69%。高端客户开拓进程加快，成功打入中航工业、中国船舶重工、东风农机等国家重点行业知名企业，实现在宇通客车、金龙客车、比亚迪等新能源汽车领域垄断，激光焊接设备顺利交付上汽、一汽、东风等汽车主机厂。G3015HF 高速光纤激光切割机与 8kW 超高光纤激光切割机推向市场，继续引领光纤激光技术发展方向。

3. 机器人产业全面布局，系统集成业务加速发展

在制造业逐渐趋向工业 4.0 的过程中，生产方式从集

中式制造逐渐转向分散式制造,并需要自动适应起伏多变的供应链需求。公司利用自身在光、机、电、气一体化应用领域的多项优势,持续向机器人、自动化配套、系统解决方案领域渗透,机器人关键技术不断取得进展,并在上述领域持续进行外延整合并购工作。

(1)多行业规模销售系统集成解决方案。利用大功率激光技术优势快速拓展以汽车行业为代表的系统集成业务,提供专业的切割、焊接系统集成解决方案;消费电子行业是公司小功率激光业务聚焦的重要领域,经过多年行业自动化经验积累,系统集成业务份额逐年提升,已全面切入产业链各重要环节。报告期系统集成业务实现销售收入近4亿元。近几年,公司持续加大半导体面板显视器行业研发投入。LED行业晶圆划片系统集成业务报告期实现销售收入约2亿元,同比增长114%,市场占有率达90%;报告期公司新能源业务实现销售约3亿元,同比增长200%。

(2)机器人工作站等产品销售快速增长,技术指标不断取得突破。公司控股子公司沈阳赛特维的焊接机器人工作站业务报告期实现销售收入8 600万元,同比增长100%。双机器人焊接工作站、铝保焊接工作站取得技术突破,逐渐打开国内市场,报告期完成十余项订单;机器人

复合应用智能生产线得到推广和应用,集机器人搬运、弧焊、点焊于一体的智能化系统可实现无人操作,市场前景广阔。

(3)机器人产品进入量产、小批量销售阶段。依托机器人产业基金平台,机器人项目取得阶段性成果。报告期实现销售收入3 300万元,同比增长312%。

4.核心激光器研发成果显著

自主研发的Draco系列皮秒激光器实现规模销售,作为新一代核心光源打破国外垄断,在LED晶圆、蓝宝石、玻璃等脆性材料切割领域基本替代进口。自主研发的DracoTM系列紫外激光器采用模块化设计,实现不同功率、频率、脉宽的多参量输出,实现客户需求快速响应,满足不同行业需求。截至2016年年底,累计销售4 850台,报告期实现单年销量最高纪录1 200台。

5.PCB传统业务市场占有率提升,LDI销售实现突破

2016年全球PCB产业整体下滑2%,公司PCB业务实现逆势上涨,报告期实现销售收入88 998.98万元,同比增长25.81%。

**四、主要财务数据**

2015—2016年公司主要财务数据见下表。

| 指标名称 | 2016 年 | 2015 年 | 同比增长（%） |
|---|---|---|---|
| 营业收入（元） | 6 958 888 023.62 | 5 587 344 728.83 | 24.55 |
| 归属于上市公司股东的净利润（元） | 754 262 107.66 | 746 951 537.50 | 0.98 |
| 归属于上市公司股东的扣除非经常性损益的净利润（元） | 715 631 636.40 | 670 527 906.60 | 6.73 |
| 经营活动产生的现金流量净额（元） | 796 300 962.14 | 538 806 483.57 | 47.79 |
| 基本每股收益（元/股） | 0.71 | 0.71 | 0.00 |
| 稀释每股收益（元/股） | 0.71 | 0.71 | 0.00 |
| 加权平均净资产收益率（%） | 15.05 | 16.99 | -1.94 个百分点 |
| 资产总额（元） | 10 369 476 848.44 | 7 582 418 564.50 | 36.76 |
| 归属于上市公司股东的净资产（元） | 5 306 359 146.03 | 4 740 106 595.87 | 11.95 |

# 东方时代网络传媒股份有限公司

## （证券代码：002175　证券简称：东方网络）

**一、主要业务**

公司的业务范围已涵盖了传统数字电视平台的投资运营、OTT互联网电视、智能娱乐终端业务、手机电视业务以及主题乐园线下渠道业务。公司2016年致力于打造"线上、线下"联动、"影视旅游互动"立体式的发布渠道,延长内容收益链条、拓宽内容收益宽度,实现影视内容的价值最大化。

1.数字电视投资运营

公司在全国范围内进行数字电视基础业务、数字高清业务、增值业务、双向网改造等项目的广泛投资运营合作,已经与全国多个地区的广电网络紧密合作,提供的数字电视信号覆盖用户超过千万户。

2.数显量具量仪业务

公司坚持"内部挖潜、严控费用成本、技术改良",

狠抓内部管理，向管理要效益，实行"线上、线下"相结合的营销策略，不断拓宽销售渠道。

**二、主要财务数据**

2015—2016 年公司主要财务数据见下表。

| 指标名称 | 2016 年 | 2015 年 | 同比增长（%） |
|---|---|---|---|
| 营业收入（元） | 574 620 549.79 | 404 311 352.29 | 42.12 |
| 归属于上市公司股东的净利润（元） | 61 170 732.90 | 53 364 864.86 | 14.63 |
| 归属于上市公司股东的扣除非经常性损益的净利润（元） | 48 496 338.45 | 45 106 136.16 | 7.52 |
| 经营活动产生的现金流量净额（元） | 73 915 412.92 | -10 338 624.98 | |
| 基本每股收益（元／股） | 0.0828 | 0.2315 | -64.23 |
| 稀释每股收益（元／股） | 0.0828 | 0.2315 | -64.23 |
| 加权平均净资产收益率（%） | 4.69 | 6.43 | -1.74 个百分点 |
| 总资产（元） | 2 786 683 582.58 | 1 994 906 842.27 | 39.69 |
| 归属于上市公司股东的净资产（元） | 1 460 433 691.71 | 856 147 401.44 | 70.58 |

# 东莞市南兴家具装备制造股份有限公司

## （证券代码：002757 证券简称：南兴装备）

**一、主要业务**

公司是一家集研发、设计、生产和销售于一体的板式家具生产线成套设备专业供应商。公司生产的产品主要包括自动封边机、数控裁板锯、多排多轴钻、精密推台锯、加工中心五大系列及其他板式家具机械。

**二、经营状况**

2016 年，随着家具行业的转型升级，用户对于定制家具的需求急剧增加，家具企业对于定制化家具的自动化、智能化生产设备的需求量大幅增加。公司在加工中心柔性生产单元和高端数控设备销售上的大幅增长，证明公司为适应定制家具生产需求所进行的产品结构转型已经初见成效。公司已为客户提供定制家具整体解决方案，使家具企业实现自动化、智能化生产。未来公司将进一步加强对板式家具柔性制造单元的研发、生产与销售，更好地满足定制家具企业的设备需求。

**三、主要财务数据**

2015—2016 年公司主要财务数据见下表。

| 指标名称 | 2016 年 | 2015 年 | 同比增长（%） |
|---|---|---|---|
| 营业收入（元） | 502 747 975.44 | 464 401 948.14 | 8.26 |
| 归属于上市公司股东的净利润（元） | 66 403 833.32 | 50 140 892.89 | 32.43 |
| 归属于上市公司股东的扣除非经常性损益的净利润（元） | 62 143 159.26 | 48 311 587.46 | 28.63 |
| 经营活动产生的现金流量净额（元） | 119 473 313.82 | 31 608 291.94 | 277.98 |
| 基本每股收益（元／股） | 0.607 3 | 0.511 9 | 18.64 |
| 稀释每股收益（元／股） | 0.607 3 | 0.511 9 | 18.64 |
| 加权平均净资产收益率（%） | 8.90 | 8.96 | -0.06 个百分点 |
| 资产总额（元） | 966 792 959.59 | 867 222 258.69 | 11.48 |
| 归属于上市公司股东的净资产（元） | 773 840 790.51 | 718 370 957.19 | 7.72 |

# 广州市昊志机电股份有限公司

## （证券代码：300503　证券简称：昊志机电）

### 一、主要业务

公司是国内领先的主轴制造商，以"立足自主技术创新，全面实现进口替代，稳步进军国际市场"为发展战略目标，着眼于高端装备制造业，致力于为中高档数控机床提供自主研发、自主品牌的主轴系列产品，目前已形成了"以中高端主轴产品为核心、以主轴精密零配件制造为支撑、以配套维修服务为特色"的业务体系，构建了主轴"整机—配件—服务"紧密结合的完整业务链。同时，凭借成熟的研发体系和强大的研发实力，以及在精密机械传动领域的技术积累，公司还稳步向数控机床和工业机器人等高端装备的其他核心功能部件领域横向扩张。目前数控机床核心功能部件中的转台已实现批量销售，直线电动机处于样机制作阶段，机器人核心功能部件谐波减速器已处于研发实验室测试阶段，摆线针轮减速器也处于样机制作阶段。

报告期内，公司主营业务收入主要由主轴、转台、零配件及维修业务构成。

### 二、经营状况

报告期内，面对复杂的国内外环境以及激烈的市场竞争，公司管理层紧紧围绕公司发展战略规划，积极贯彻落实年度经营目标，把握市场发展机遇，着力扩大业务规模，较好地完成了2016年度各项工作任务。

1. 紧抓行业机遇，营业收入实现快速增长

（1）报告期内，得益于金属材料在消费电子产品外观件和结构件中的渗透率不断提高，消费电子行业钻攻中心、加工中心等金属加工机床的市场需求旺盛，公司紧抓行业机遇，配套钻攻中心、加工中心的直联主轴和电主轴销售收入大幅增长，推动公司主轴业务收入较上年大幅增长52.07%，尤其是钻攻中心直联主轴实现了对日本及我国台湾等主轴品牌的大规模替代，进一步凸显了公司的综合实力。在数控雕铣机主轴方面，受玻璃雕铣机市场景气度较差以及市场竞争加剧等因素影响，公司数控雕铣机销售收入较上年有所下滑，钻攻中心和高速加工中心主轴的销售收入超过数控雕铣机主轴，成为公司销售收入占比最大的产品领域。

（2）报告期内，公司转台产品实现大批量销售，全年销售收入达1 899.61万元，占营业收入的比重为5.74%，成为公司新的利润增长点，进一步丰富了公司的产品和业务结构。

（3）报告期内，公司零配件及维修业务实现销售收入5 019.13万元，同比增长2.11%，受主轴业务销售收入大幅增长影响，公司零配件及维修业务收入占营业收入的比重下滑至15.17%。同时，受市场竞争加剧以及公司面对大型PCB制造商时议价能力较弱等因素影响，报告期公司的零配件销售及主轴维修的价格呈下降趋势，再加上公司报告期内维修的部分产品成本相对较高，导致公司报告期零配件及维修业务的毛利率较上年下滑16.74个百分点。

2. 加强新产品的研发储备和市场推广，拓宽产品和业务布局

报告期内，凭借公司强大的研发实力、深厚的客户积累以及良好的品牌声誉，公司自主研发的转台产品实现大批量销售，使公司由主轴向数控机床其他功能部件领域的横向扩张初见成效。同时，公司储备的磨床主轴、车床主轴等产品本报告期均实现小批量销售，进一步丰富了公司的收入来源。报告期公司还加紧推进木工主轴、直线电动机、机器人减速器等新产品的研发和客户测试，为公司未来储备更多的盈利增长点。

3. 持续加大研发投入，进一步提升公司研发实力

公司历来重视新产品和新技术的开发与创新工作，秉承"技术支撑产品，管理提升品质"的理念，将新产品研发作为公司保持核心竞争力的重要保证。2016年，公司投入研发费用2 753.86万元，占营业收入的8.32%，较上年同期增长35.90%。截至报告期末，公司拥有研发人员177人，已取得361项授权专利，其中包括18项发明专利、333项实用新型专利及10项外观设计专利。除依靠自身技术力量进行研究开发以外，公司还注重"产、学、研"合作，除原有的哈尔滨工业大学、广东省工业技术研究院（广州有色金属研究院）等单位外，本报告期，公司与华南理工大学、广东技术师范学院、湖南大学、北京科技大学、广东省智能制造研究所等专业院校和机构达成了新的合作研发协议，进一步借助专业机构的研发实力，加强公司对基础理论和技术的掌握和学习，增强技术储备和技术创新能力。

4. 成功在创业板发行上市，登上资本市场平台

经中国证监会核准、深圳证券交易所同意，公司于2016年3月9日成功在创业板上市。公司将以成功登陆资本市场为新的发展契机，不断完善公司治理，并积极利用资本市场平台探索外延式发展，给公司注入新动力。

5. 募投项目建设进展顺利

2016年3月，公司首次公开发行股票募集资金到位。

报告期内，公司稳步推进募投项目建设，截至报告期末，已累计投入募集资金13 327.11万元，其中电主轴生产线扩建项目投入进度已达到83.09%，募投项目的顺利实施将为公司今后的生产经营提供充足的产能保障。

6.中标工信部2016年工业强基工程，凸显公司综合实力

公司于2016年11月中标工信部2016年工业强基工程，项目内容为超精密静压电主轴产业化技术改造，进一步凸显了公司的综合实力。该项目及工信部的专项资金支持将对公司未来的经营业绩产生一定的积极影响。

**三、主要财务数据**

2015—2016年公司主要财务数据见下表。

| 指标名称 | 2016 年 | 2015 年 | 同比增长（%） |
|---|---|---|---|
| 营业收入（元） | 330 895 691.30 | 221 256 746.66 | 49.55 |
| 归属于上市公司股东的净利润（元） | 62 780 796.08 | 43 445 668.78 | 44.50 |
| 归属于上市公司股东的扣除非经常性损益的净利润（元） | 55 704 145.46 | 33 599 730.59 | 65.79 |
| 经营活动产生的现金流量净额（元） | -39 370 923.13 | 6 560 873.41 | |
| 基本每股收益（元／股） | 0.66 | 0.58 | 13.79 |
| 稀释每股收益（元／股） | 0.65 | 0.58 | 12.07 |
| 加权平均净资产收益率（%） | 10.13 | 10.04 | 0.09 个百分点 |
| 资产总额（元） | 863 290 706.31 | 542 244 433.36 | 59.21 |
| 归属于上市公司股东的净资产（元） | 686 197 425.77 | 454 405 129.69 | 51.01 |

# 合肥合锻智能制造股份有限公司

## （证券代码：603011 证券简称：合锻智能）

**一、主要业务**

1.液压机、机械压力机业务

以各类数控液压机和机械压力机为主，主要为客户提供各种金属及非金属成形解决方案。产品主要应用于汽车、航空航天、船舶、轨道交通、石油化工、军工、新材料应用等行业和领域。

2.色选机业务

产品应用广泛，目前主要应用于农产品、海产品等食品分级和安全检测以及塑料、矿石等工业品分选检测设备。

**二、经营模式**

1.液压机、机械压力机业务

（1）采购模式。采购部门依据技术中心提出的原材料需求清单编制采购计划，及时组织采购。

（2）生产模式。目前公司产品主要为定制型产品，采用"按订单生产"的生产模式。

（3）销售模式。公司主要采用直销方式销售，主要是在技术上与客户进行充分的沟通，结合客户生产的具体工艺，为其提供解决方案，通过议价、竞标等方式获得订单，为客户提供高性能的产品。

2.色选机业务

（1）采购模式。主要采购的原材料为钣金件、电子元器件和电器辅件。

（2）生产模式。采用"以销定产，保持合理库存"的生产模式。

（3）销售模式。在国内市场采用以直销为主、经销为辅的销售模式。

**三、主要财务数据**

2015—2016年公司主要财务数据见下表。

| 指标名称 | 2016 年 | 2015 年 | 同比增长(%) |
|---|---|---|---|
| 总资产（元） | 2 014 955 416.30 | 934 288 235.83 | 115.67 |
| 营业收入（元） | 649 707 108.20 | 482 400 018.88 | 34.68 |

（续）

| 指标名称 | 2016 年 | 2015 年 | 同比增长 (%) |
| --- | --- | --- | --- |
| 归属于上市公司股东的净利润（元） | 51 294 490.32 | 27 065 526.98 | 89.52 |
| 归属于上市公司股东的扣除非经常性损益的净利润（元） | 37 353 967.26 | 16 700 352.66 | 123.67 |
| 归属于上市公司股东的净资产（元） | 1 677 415 387.78 | 580 594 046.35 | 188.91 |
| 经营活动产生的现金流量净额（元） | 80 183 675.29 | -23 849 907.93 | |
| 基本每股收益（元／股） | 0.13 | 0.08 | 62.50 |
| 稀释每股收益（元／股） | 0.13 | 0.08 | 62.50 |
| 加权平均净资产收益率（%） | 4.52 | 4.69 | -0.17 个百分点 |

# 河南四方达超硬材料股份有限公司

## （证券代码：300179　证券简称：四方达）

### 一、主要业务

公司主要从事聚晶金刚石（简称PCD）及其相关制品的研发、生产和销售，产品包括石油／天然气钻探用聚晶金刚石复合片、煤田及矿山用金刚石复合片、切削刀具用金刚石复合片、聚晶金刚石拉丝模坯、截齿、潜孔钻头、公路齿、旋挖机齿、成品聚晶金刚石模具、超硬刀具、金刚石砂轮等，形成了有自身特色的产品系列，由生产常规产品向高端产品转变，由简单加工行业向高端加工制造业转变。产品广泛应用于石油钻探及矿山开采、机械、冶金、地质、石材、建筑、电子信息、航天航空及国防军工等领域。

公司是国内规模大、产品品种和规格齐全的复合超硬材料生产企业，产品质量达到国际先进水平。公司产品远销欧洲、美洲、东南亚、非洲等40多个国家和地区，具有一定的国际知名度。目前公司正依托复合超硬材料技术优势向下游各领域延伸，着力开发高端煤田／矿山用PCD复合片市场，以寻求产品的差异化竞争；中高端石油／天然气钻探用复合片性价比优势明显，国外市场稳步推进；PCD/PCBN刀具用复合片依靠大直径和品质稳定等特点，销售规模不断扩大。

### 二、经营状况

报告期内，受国际原油价格波动影响，公司产品销售收入较上年同期出现下降，归属于公司股东的净利润较上年同期出现下滑。随着国际原油价格上涨，带动公司石油／天然气钻探用聚晶金刚石复合片销售增加，公司季度销售收入环比明显增长，全年收入及利润出现前低后高趋势。一年来，公司紧紧围绕全年经营目标，坚持稳健发展方针，积极开拓国内外市场，增强研发创新能力，强化内部控制，统筹全面均衡发展，进一步优化产品结构和生产经营效率，促进公司可持续健康发展。

报告期内，公司围绕年度经营目标，主要开展以下工作：

1. 强化成本控制

报告期内，公司不断完善成本管理体系，促使公司各项生产经营活动及管理工作合理化、规范化、高效化。强化统筹管理，促进生产经营各环节的无缝对接；落实预算管理机制，强化事前预算、事中控制、事后考评；加强各部门、事业部的责任意识和自我控制能力，挖掘一切潜力，动员广大职工建立成本意识，全员参与到成本管理中来，做好成本控制工作；完善供应商管理制度及采购管控模式，通过有效的定价模式，进一步降低采购成本。

2. 持续研发创新和市场开拓

2016年公司研发费用占营业收入比重达7.79%，公司新获授权实用新型专利14项，自主创新能力不断提升。持续推进新产品研发和市场拓展等工作，积极寻求产品在新领域的技术升级之路，不断储备、推出具有广阔市场前景的新产品；持续研发创新，提高产品的综合性能，不断提升公司产品附加值，依靠优秀的技术解决方案和产品质量稳步拓展市场。

3. 抓好募投项目建设。

把握好各募投项目建设进度，开拓募投项目产品的市场投入及推广力度，促使募投项目尽快实现预期效益；聚晶金刚石复合片（PDC）截齿及潜孔钻头产业化项目本期投入870.31万元，已累计投入7 385.52万元，投资进度达到55.82%。

### 三、主要财务数据

2015—2016年公司主要财务数据见下表。

| 指标名称 | 2016 年 | 2015 年 | 同比增长（%） |
|---|---|---|---|
| 营业收入（元） | 166 873 023.81 | 203 261 730.10 | -17.90 |
| 归属于上市公司股东的净利润（元） | 29 515 228.60 | 46 127 011.13 | -36.01 |
| 归属于上市公司股东的扣除非经常性损益的净利润（元） | 19 260 395.04 | 39 213 750.60 | -50.88 |
| 经营活动产生的现金流量净额（元） | 43 170 286.78 | -9 725 873.42 | |
| 基本每股收益（元／股） | 0.061 8 | 0.097 1 | -36.35 |
| 稀释每股收益（元／股） | 0.061 6 | 0.097 0 | -36.49 |
| 加权平均净资产收益率（%） | 3.98 | 6.37 | -2.39 个百分点 |
| 资产总额（元） | 861 618 004.20 | 855 745 654.05 | 0.69 |
| 归属于上市公司股东的净资产（元） | 745 785 273.22 | 740 729 724.41 | 0.68 |

# 华工科技产业股份有限公司

## （证券代码：000988　证券简称：华工科技）

### 一、主要业务

华工科技以"激光技术及其应用"为主业，在已形成的激光装备制造、光通信器件、激光全息仿伪技术与产品、传感器、现代服务业的产业格局基础上，针对全球"再工业化"发展趋势以及自身特点，坚守制造业阵地，以新明志，明确以"为制造的更高荣耀"为使命，深入践行"中国制造2025"的深刻内涵，围绕"智能制造"和"物联科技"两大业务方向，用卓越的技术与服务助力制造型企业的转型升级，为客户的品牌增添荣耀，为中国制造增添荣耀。

2016 年华工科技凭借雄厚的技术实力、强大的人才团队等明显优势，牵头组织的"工业级皮秒／飞秒激光器关键技术研究及产业化""高效智能激光强化设备研制及在铁路、航空领域关键部件上的示范作用""基于超导回旋加速器的质子治疗装备研发" 3 个项目成功获批国家科技部 2016年重点研发计划专项。"汽车制造中的高质高效激光焊接、切割关键工艺及成套装备"项目获国家科技进步奖一等奖。

### 二、经营状况

报告期内，公司在董事会"内涵发展与外延发展协调并举"的战略思想指导下，奋力拼搏，深入践行"为制造的更高荣耀"。将创新作为企业发展的内在驱动力，在着力进行战略基点建设的同时，持续推进技术创新、管理模式创新，实施精准激励，以强劲的市场开发拓展业务。

2016 年度公司业绩大幅增长的三大板块如下：

激光先进装备制造产业板块。"华工激光"开启智能制造新征程，研制智能制造生产线，实现工单导入、在线赋码、自动剔除等智能化生产功能，并可实施智慧监管、远程操控。与合作伙伴一并开展智能制造综合标准化与新模式应用；参与空调全流程协同智能制造项目，设计开发全自动、智能化的激光切焊生产线，建立钣金激光切割智能生产系统；成立苏州自动化公司，全面进军高功率汽车及零部件激光焊接市场。借鉴创客模式创新激励机制，尝试"准经营体"的独立核算，形成产出线和资源线有机结合的经营运作体系，各产出线销售同比实现大幅增长；围绕产品和技术创新，深入推进大客户战略，重点客户数量和销售贡献持续提高；整合地方资源，强力布局区域市场，汽车行业继续巩固了通用、神龙等老客户，并突破一汽及广汽本田。皮秒生产基地投入使用，推出的一体化新产品 Poplar 系列紫外激光器迅速获得市场认可。

传感器产业板块。"华工高理"坚持"做好产品，提升效率，全球经营"。经营团队全赴市场一线，带领销售队伍转战 12 大"战区"，赢得众多客户的信赖。年内先后获得格力空调室外温度传感器和美的商用空调温度传感器项目。精耕细作和深入拓展智能电饭煲、净水器、热水器、智能马桶盖等生活电器领域。在空调市场，PTC 加热器实现奥克斯独家供应，并进入 TCL、创维、松下。在汽车市场占有率进一步提升，与韩国佑理联手成为特斯拉独家供应商的同时，加速在比亚迪的批量供应步伐。与 CK 达成战略合作，开启尼桑车用传感器"高理时代"。

光通信器件产业板块。"华工正源"抓住后 LTE 时期运营商在深度覆盖以及承载网络建设相对集中、市场需求快速增长的机遇，及时调整销售及产品策略，在多家客户处成功导入多款高速产品，销售规模快速扩大；顺应家庭智能化趋势，成功开发、销售 WiFi 光猫，新增机顶盒产品线；正源光学公司积极开拓光通信、测绘及工业自动化码盘两个新产品市场。产品多元化取得实质进展，利用先进的光通信器件制造技术实现接入模块核心器件 BOSA（光发射接收组件）的自制批量交付，进一步增强了在光通信器件领域的核心竞争力。贯彻"互联网＋"以及大数据国家战略的实施，筹建的数通产品线搭建完成，实现批量生产交付，产品类别日益完善。

## 三、主要财务数据

2015—2016年公司主要财务数据见下表。

| 指标名称 | 2016 年 | 2015 年 | 同比增长（%） |
|---|---|---|---|
| 营业收入（元） | 3 313 699 242.73 | 2 619 553 081.39 | 26.50 |
| 归属于上市公司股东的净利润（元） | 229 809 816.82 | 150 830 368.10 | 52.36 |
| 归属于上市公司股东的扣除非经常性损益的净利润（元） | 146 889 605.98 | 83 224 653.66 | 76.50 |
| 经营活动产生的现金流量净额（元） | 294 670 523.87 | 203 312 139.04 | 44.94 |
| 基本每股收益（元／股） | 0.26 | 0.17 | 52.94 |
| 稀释每股收益（元／股） | 0.26 | 0.17 | 52.94 |
| 加权平均净资产收益率（%） | 7.51 | 5.23 | 2.28 个百分点 |
| 总资产（元） | 5 587 065 357.79 | 5 005 264 188.47 | 11.62 |
| 归属于上市公司股东的净资产（元） | 3 167 715 649.27 | 2 947 931 711.21 | 7.46 |

# 华明电力装备股份有限公司

## （证券代码：002270 证券简称：华明装备）

### 一、主要业务

#### 1. 电力设备业务

公司主要从事变压器有载分接开关和无励磁分接开关以及其他输变电设备的研发、制造、销售和服务。公司的分接开关产品已经在全球近百个国家安全运行，成为电力系统、工业用户和重点工程主要选择的分接开关产品之一。

公司的直接客户是下游的变压器厂，最终用户是电网公司和其他变压器用户（如大型工矿企业）。公司与变压器厂建立了良好的长期合作关系，同时，公司通过宣传推广活动，扩大产品在终端客户中的知名度和影响力。除西藏外，公司在国内各省、自治区及直辖市均有销售和服务团队，便于及时了解客户需求，作出快速反应。

#### 2. 数控设备业务

公司的主要产品包括：铁塔钢结构数控成套加工设备，建筑钢结构数控成套加工设备和大型板材数控成套加工设备等。设备主要用于型钢（H形钢、角钢、C形钢、口形钢、十字梁、钢管）、板材的加工。公司生产的设备能够通过数字化操作程序，对型钢、板材类产品进行钻孔、冲孔、铣削、切割、打标记等系列加工，并能实现多功能、多工序的自动连续生产，充分体现了成套化、复合化、柔性化等数控机床的特点。公司主要以钢结构数控成套加工设备的研发、制造、销售为主。对于技术已成熟、市场需求大的专用数控成套加工设备，公司实行批量生产。而对市场需求较小满足单一客户要求的专用设备，以定制化生产为主。

#### 3. 电力工程业务及其他业务

公司的电力工程业务包括光伏电站PC承包和其他变电站承包业务等。

在光伏电站承包业务中，针对已经取得完整相关批文的光伏电站投资企业，公司签订光伏电站工程承包合同，合同中一般约定电站投资企业的股东需将该光伏电站的股权质押给公司，以确保公司回款安全。

### 二、经营状况

2016年，为理清管理思路、提高决策效率，公司对组织架构进行了优化，确保了数控设备业务和电力设备业务的稳健经营。同时积极顺应行业发展趋势，积极拓展了电力工程业务和环保工程业务，全年业绩表现良好。

#### 1. 优化组织架构，提升经营效率

公司将原上市公司中的数控设备业务从上市公司中整体剥离，设立了全资子公司，承继原有的数控设备业务。剥离后，上市公司成为以决策管理、资本运作为主的控股公司，下辖电力设备业务子公司和数控设备业务子公司，整体架构更加清晰，既保证了电力设备业务和数控设备业务的独立发展，提高运作效率，又能确保对各业务单元的有效管控，降低经营风险。

#### 2. 积极拓展新的产品市场，增加产品主业

公司在稳步发展电力设备、数控设备业务的基础上，紧跟国家产业政策趋势，积极进入电力工程和脱硫脱硝烟塔产品市场，效果良好。

（1）电力设备业务。公司完成重大资产重组之后，电力设备产品的品牌效应提升，进一步提高了客户认可度。

以此为契机，公司积极向客户推销 SHZV、VCM 等型号的高端产品，在超高压分接开关市场取得了规模销售，同时，鉴于低端电力设备产品竞争加剧，公司适当减少了低端产品的销售比重。2016 年公司电力设备业务共实现营业收入 58 987.92 万元，虽然较 2015 年的营业收入略有下降，但毛利率同比略有提升，产品销售结构进一步优化。

上海华明的技术团队继续坚持不断创新，产品研发工作成效明显。此外，公司进一步加强了销售费用管理，强化销售考核，销售费用有所降低。

华明土耳其公司 2016 年实现营业收入 1 441.70 万元，开局良好。此外，为积极拓展俄罗斯市场，公司投资设立了华明俄罗斯子公司。

（2）数控设备业务。公司一方面紧盯市场需求变化，抓住特高压输电电网建设的契机，积极调整内部产品生产计划、加大铁塔成套数控加工设备的生产，有效满足了市场需求。另一方面，公司积极向老客户提供老产品改造升级、维护、配件销售等增值业务，增加营业收入。2016 年公司数控设备业务实现营业收入 23 078.36 万元，同比增长 7.16%。

在增收的同时，公司积极开展节流工作，进一步整合了部门及相关资源，压缩生产辅助及管理岗位，完善采购集中招标，优化了激励政策，减支效果明显。

公司积极对原有产品进行了优化、升级，尤其是高速

角钢钻、高速三位钻系列产品，产品的稳定性、加工精度得到明显提升，得到了客户的认可与好评，确保了公司在钢结构、铁塔成套加工设备领域的行业地位。此外，随着我国高铁、军工、航空航天等行业快速发展，剪短焊机技术需求越来越大，2016 年 5 月，公司投资设立了雷牡智能焊接技术（上海）有限公司。

（3）电力工程业务。2016 年，针对我国光伏行业快速发展和电力改革的市场机会，公司充分利用自身深耕电力市场多年所积累的行业资源，积极拓展了光伏电站和箱式变电站工程业务，新签订了多个电力工程承包合同。其中，部分项目在 2016 年已全部完工，营业收入 19 429.81 万元，培育了新的业务增长点，公司整体业务发展更加均衡。

（4）其他业务。随着国家对环保产业的大力支持，对生产型企业气体排放的标准越来越高，公司积极进入脱硫脱硝、除尘烟塔工程项目市场，成立了环保项目事业部。公司一方面与行业相关专家积极合作，一方面聘请高水平技术人员研发、消化相关技术，已初步掌握了"霉法""湿法"的脱硫脱硝、除尘技术。2016 年公司实现脱硫脱硝、除尘烟塔工程项目收入 1 645.07 万元。

### 三、主要财务数据

2015—2016 年公司主要财务数据见下表。

| 指标名称 | 2016 年 | 2015 年（调整后） | 同比增长（%）（调整后） |
|---|---|---|---|
| 营业收入（元） | 1 036 717 894.98 | 602 919 766.23 | 71.95 |
| 归属于上市公司股东的净利润（元） | 237 048 804.97 | 203 303 262.27 | 16.60 |
| 归属于上市公司股东的扣除非经常性损益的净利润（元） | 221 172 544.30 | 201 669 206.49 | 9.67 |
| 经营活动产生的现金流量净额（元） | -130 657 207.06 | 105 002 545.21 | -224.43 |
| 基本每股收益（元／股） | 0.47 | 0.72 | -34.72 |
| 稀释每股收益（元／股） | 0.47 | 0.72 | -34.72 |
| 加权平均净资产收益率（%） | 13.39 | 32.94 | -19.55 个百分点 |
| 资产总额（元） | 2 275 067 609.27 | 2 032 518 847.83 | 11.93 |
| 归属于上市公司股东的净资产（元） | 1 871 946 512.59 | 1 675 857 118.59 | 11.70 |

# 江苏亚威机床股份有限公司

## （证券代码：002559  证券简称：亚威股份）

### 一、主要业务

公司以数控金属板材成形机床及自动化生产线研发、制造、加工、销售为主营业务。经过近年来创新开拓，公司已经完成阶段性业务升级目标，形成了新的业务结构布局。报告期内公司主营业务主要分为四大类：数控钣金加

工机床及数控柔性自动化加工生产线、数控卷板加工机械、数控激光加工设备、机器人。

1. 数控钣金加工机床及数控柔性自动化加工生产线

主要产品包括数控转塔冲床、数控折剪机床、钣金自动化成套生产线等。公司钣金加工机床以国内行业领先的

技术性能水平、优质的实物质量赢得了国内外客户的长期青睐，数控转塔冲床和数控折弯机规模效益在国内同行业皆处于前列。报告期内公司，持续大力推动数控主机向高端化、柔性化、自动化成套生产线方向发展，钣金加工自动化解决方案类业务取得明显进步。

2. 数控卷板加工机械

主要产品包括数控飞摆剪切线、数控开卷落料线、数控横切线、数控分条线、数控铝板精整加工生产线等。公司数控卷板加工生产线技术、性能水平和销量居行业前列，其中用于轿车板材加工的数控飞摆剪切线和数控开卷落料线技术性能达到同类产品国际先进水平，成功替代进口，年度订单突破亿元，形成了新的增长点。

3. 激光加工设备

主要包括数控二维激光切割机床、三维激光切割系统等。报告期内公司不断优化完善了二维、三维激光切割系列产品结构和工艺性能，初步形成标准化和系列化，激光装备业务规模快速增长，其中数控二维激光切割机有效合同同比增长60%，提升了公司在激光装备领域的行业地位。

4. 机器人

主要产品为线性和水平多关节机器人。公司与库卡集团控制下的德国徕斯展开合资合作，引进其线性和水平多关节机器人本体技术，双方共同投资成立了合资公司。报告期内在消化吸收徕斯先进机器人本体技术，满足库卡、徕斯和亚威内部供应的基础上，结合国内客户市场实际需求，积极开拓外部市场，在金属切削、热锻、焊接等行业集成应用上取得突破性进展。

**二、经营状况**

2016年世界经济延续疲弱复苏态势，国内宏观经济增速持续放缓。机床工具行业整体虽有一定回暖势头，但仍然处于低位运行状态，市场竞争愈加激烈。公司上下紧紧围绕新一轮发展战略规划，在持续提升成熟主机产品性能质量、扩大市场竞争优势的基础上，进一步加快了面向智能制造方向的转型升级步伐，激光装备、自动化成套生产线、工业机器人等符合市场新需求的新兴产品业务得到迅速拓展；同时公司持续加大国内国际市场开拓力度，不断提升内部管理效能，营销规模和利润水平创造历史新高。

**三、主要财务数据**

2015—2016年公司主要财务数据见下表。

| 指标名称 | 2016 年 | 2015 年 | 同比增长（%） |
|---|---|---|---|
| 营业收入（元） | 1 169 245 177.52 | 893 304 907.65 | 30.89 |
| 归属于上市公司股东的净利润（元） | 116 789 607.20 | 73 569 639.09 | 58.75 |
| 归属于上市公司股东的扣除非经常性损益的净利润（元） | 74 605 109.20 | 61 750 113.58 | 20.82 |
| 经营活动产生的现金流量净额（元） | 123 889 833.65 | 215 388 356.18 | -42.48 |
| 基本每股收益（元／股） | 0.315 4 | 0.206 9 | 52.44 |
| 稀释每股收益（元／股） | 0.317 2 | 0.206 9 | 53.31 |
| 加权平均净资产收益率（%） | 7.98 | 5.57 | 2.41 个百分点 |
| 资产总额（元） | 2 179 441 023.42 | 2 038 612 318.13 | 6.91 |
| 归属于上市公司股东的净资产（元） | 1 564 269 342.12 | 1 440 294 835.23 | 8.61 |

# 鲁信创业投资集团股份有限公司

## （证券代码：600783　证券简称：鲁信创投）

**一、主要业务**

公司自2010年重组以来，创业投资业务成为公司新的主营业务，公司形成了创业投资业务与磨料磨具实业经营并行的业务模式。目前，创业投资业务为公司的主要利润来源。

1. 磨料磨具业务

公司磨料磨具业务所处行业为非金属矿物制品业，主要为磨料、磨具、涂附磨具的生产、销售。公司生产的"泰山"和"MT"牌磨料磨具产品质量过硬，赢得良好口碑，在行业内具有一定的品牌技术优势。

2. 创业投资业务

报告期内，公司创业投资业务为自有资金投资与私募股权投资基金管理并重的运作模式。

自有资金投资业务方面，公司建立了规范严谨的投资管理体系和风险控制体系，确立了科学高效的投资理念和经营模式，打造了一支经验丰富、高素质的投资团队，培育了一批成长性好、科技含量高、居行业领先地位的创业企业。主要投资领域包括先进制造、现代农业、海洋经济等山东省优势产业；信息技术、节能环保、新能源、新材料、生物技术、高端装备制造等国家战略性新兴产业。

公司私募股权投资基金（以下简称"基金"）管理业务的运作模式为"募资、投资、管理、退出"，即公司及下属企业通过私募的方式向出资人募集资金成立有限合伙制或公司制的基金进行股权投资，最终通过股权退出的增值为基金赚取投资收益。一方面，公司及下属企业出资设立的基金管理公司作为基金的普通合伙人，向基金收取管理费及管理报酬。另一方面，公司及下属企业作为主发起人以有限合伙人的身份参与市场化基金的出资，在基金投资的项目退出后按出资份额获得收益分配。公司目前管理运作的基金包括政府委托管理投资基金和市场化投资基金。

**二、经营状况**

2016年，面对实体经济下行、行业竞争加剧、政策监管趋紧等不利因素，公司坚持基金化转型主基调，各项重点工作齐头并进，圆满完成年度工作目标，实现了"十三五"时期的良好开局。

1. 融资方面

通过公募与私募的平衡发展，建立长期、稳定的资金供给渠道，为公司发展提供有力保障。

（1）拓展融资渠道，稳定现有资金来源。加强与银行业务联系，继续保有适当的授信额度；积极运用8亿元公司债和4亿元中期票据，确保磨料厂建设进度，同时补充公司营运资金，切实放大资金使用效益，缓解了资金使用压力。

（2）创新融资方式，搭建多渠道融资平台。与交银国际信托有限公司合作成立资本市场基金，一期总规模5亿元，主要投向山东省内区域性股权交易中心已挂牌和拟挂牌的企业和山东省内已挂牌和拟挂牌新三板的企业；合作成立青岛鲁信交银投资企业（有限合伙），总规模20亿元，主要作为母基金投资子基金及其他投资项目，目前参股的基金有"工业转型投资企业"及"鲁信新北洋智能装备基金"。

（3）加强市场研判，适时减持了部分上市项目公司股票，回笼资金共计5.54亿元。加强闲置资金管理，积极参与国债逆回购交易，获取稳固收益，提高了资金使用效益。

2. 投资方面

不断提升专业化投资能力和水平，坚持以基金市场化、运作专业化、决策规范化作为转型核心，建立可持续的盈利模式。2016年，公司及公司作为主发起人出资设立的各基金投资项目30个，投资金额12.37亿元。

3. 项目管理方面

面对新的经济形势和行业环境，对已投资项目进行有重点的并购重组和退出，进一步丰富服务内容，提供多层次增值服务，对可能出现的投资风险进行全面梳理和研判，提高项目管理的针对性和有效性。

4. 基金管理方面

全面实施基金化运营体系，加强基金内控与支撑体系建设，加快向资产管理平台进行转型。

（1）省级创业投资引导基金。山东省省级创业投资引导基金总规模4亿元。截至2016年年底共参股山东省内创投企业12家。

（2）省科技风险投资资金。山东省科技风险投资资金总规模15 252万元，截至2016年年底，省科技风险投资资金受托管理资金余额为9 505万元，已全部投资到华天科技、科汇电自、山东科创、东营海森密封技术有限责任公司、山东微感光电子有限公司、临沂市科创材料有限公司、山东卫康生物医药科技有限公司7个项目中。

（3）市场化基金。截至2016年年底，公司及所属公司作为主发起人发起设立的基金共计31只，总规模120亿元，累计到位资金规模68亿元，现存资金规模37亿元。

5. 实业经营方面

在国内实体经济下滑、磨料磨具市场需求疲软、原材料成本上升等不利因素的叠加影响下，鲁信高新坚持稳中求进，总体经营运行情况良好，2016年，公司磨料磨具业务实现营业收入17 002.94万元，同比增长0.58%。进一步整合公司磨料磨具产业，优化公司治理结构。2016年，鲁信高新新设立的山东鲁信四砂泰山磨料有限公司、山东鲁信四砂泰山磨具有限公司通过引入关键岗位职工持股，增强了企业活力，目前两家公司已经完成工商注册。

**三、主要财务数据**

2015—2016年公司主要财务数据见下表。

| 指标名称 | 2016 年 | 2015 年 | 同比增长 (%) |
| --- | --- | --- | --- |
| 总资产（元） | 5 632 874 639.14 | 5 318 590 915.61 | 5.91 |
| 营业收入（元） | 185 673 615.73 | 190 698 989.18 | -2.64 |
| 归属于上市公司股东的净利润 （元） | 372 309 029.57 | 224 081 397.64 | 66.15 |
| 归属于上市公司股东的扣除非经常性损益的净利润（元） | 385 396 951.05 | 322 979 826.27 | 19.33 |
| 归属于上市公司股东的净资产（元） | 3 717 901 585.27 | 3 426 509 992.56 | 8.50 |

（续）

| 指标名称 | 2016 年 | 2015 年 | 同比增长 (%) |
|---|---|---|---|
| 经营活动产生的现金流量净额（元） | -109 221 450.51 | -128 295 795.63 | 不适用 |
| 基本每股收益（元／股） | 0.50 | 0.30 | 66.67 |
| 稀释每股收益（元／股） | 0.50 | 0.30 | 66.67 |
| 加权平均净资产收益率（%） | 10.40 | 6.67 | 增加 3.73 个百分点 |

# 南京埃斯顿自动化股份有限公司

## （证券代码：002747 证券简称：埃斯顿）

### 一、主要业务

公司业务主要分为两个核心业务：一是智能装备核心控制功能部件，二是工业机器人及智能制造系统。报告期内，两个核心业务在公司"双核双轮、内生外延"的战略指导下均快速发展，销售额同比增长 40.40%，

报告期内，公司利润同比增长 33.99%，其中，智能装备核心控制功能部件产品深耕优势领域、技术不断创新升级、业务规模持续增长，运动控制及交流伺服系统产品同比增长 43%。工业机器人及智能制造系统业务应用领域不断扩展，在技术上不断赶超国际品牌，在特定工艺领域建立起竞争优势，整体业务高速发展，同比增长达 167%。

公司主要产品及业务情况如下：

1. 智能装备核心控制功能部件

报告期内，公司产品顺应机械设备传动方式向全电动和电液混合等节能环保方向发展，全面升级公司电液伺服产品 SVP 及 DSVP，获得市场广泛认可。同时，公司安全产品激光和安全光幕等市场也大幅增长。

报告期内，在智能装备核心控制功能部件上研发成果显著，开发出新一代转塔冲床用水冷伺服电动机并获得了成功应用；成功研发高集成度、模块化机器人专用伺服驱动器和电动机并应用到公司机器人产品；研发成功 3C 和新能源行业运动控制解决方案并应用到该行业；公司还继续升级研发了高性能、高可靠性伺服系统。

产品主要应用在金属成形数控机床、木工机械、纺织机械、包装机械、印刷机械、3C 电子制造设备、新能源设备及半导体制造设备等机械装备的自动化控制。在智能装备领域，公司核心部件产品在国产品牌市场占有率中一直名列前茅，得到智能装备制造业广大客户的应用和高度认可。

2. 工业机器人及智能制造系统

（1）工业机器人。公司拥有全系列工业机器人产品，包括六轴通用机器人、四轴码垛机器人、SCARA 机器人、DELTA 机器人及冲压直线机器人，其中标准工业机器人规格从 3kg 到 450kg，主要应用领域包括焊接、机床上下料、搬运与码垛、折弯、装配、分拣、涂胶等领域，覆盖汽车零部件、家电、建材、新能源、食品、饲料、化工等行业。机器人连续多年保持翻倍增长，业务增速明显，其中，高端应用的六轴机器人占公司总销量的 80% 以上，产品市场竞争力和品牌影响力大幅提升。

公司作为目前我国为数不多的具有自主技术的控制器、伺服系统、减速装置等机器人核心零部件的机器人企业之一，将巩固技术领先地位，大力加强研发创新，提升核心竞争力，赶超国际品牌，为我国智能制造的快速发展贡献力量。

（2）智能制造系统。公司智能制造系统业务模块以公司自动控制技术、信息化技术以及工业机器人为基础，向智能制造系统领域延伸，为客户提供智能制造一站式完整解决方案。经过报告期的发展，公司智能制造系统建立了一支涵盖机械系统设计技术、智能控制系统设计技术、伺服及运动控制技术、工业机器人集成技术、信息化技术、大数据分析技术，在国内处于领先地位的工程技术团队，并配备了使用先进项目管理软件的项目管理队伍，具备了承揽大型智能制造系统工程的能力。报告期内，公司在汽车、新能源、家电等行业先后承揽了若干个大型智能制造系统工程项目，取得了良好的经济效益和市场声誉。

报告期内，公司在内生性发展的同时，通过收购兼并的方式开拓智能制造系统业务，利用具有自主技术的工业机器人的技术优势，结合收购控股在特定领域拥有丰富集成经验的公司，快速并且广泛地应用到汽车、压铸自动化、家电、3C、新能源等领域，规模化效应逐步显现。

### 二、经营状况

1. 智能装备核心控制功能部件

报告期内，全球经济从衰退走向复苏，宏观经济缓中有升。金属成形机床行业见底回升，公司金属成形机床数

控系统业务同比稳中有升。得益于3C电子、机器人和新能源锂电池等行业的快速增长，作为智能装备核心控制功能部件之一的运动控制及交流伺服系统，销售额持续快速增长，同比增长达43%。

报告期内，公司智能装备核心控制功能部件业务单元不断加速研发创新，快速提升产品技术水平，部分产品技术水平已达到国际高端品牌水平，在产品性能和可靠性上具备了与外资品牌抗衡的实力。同时，深耕行业应用工艺，在自动化整体解决方案上发挥一站式服务和快速响应的优势，产品整体竞争力进一步提升。

报告期内，针对金属成形机床自动化业务，进一步加强重点大客户的技术支持和服务力度，大客户市场份额稳中有升；同时，积极发展系统集成商，不断开拓新应用、新客户；紧紧抓住金属成形机床行业绿色节能的发展机遇，在行业内积极推广金属成形机床混合动力（泵控和阀控）技术和产品，DSVP/SVP系列产品得到市场和客户的一致认同，相关业务取得了较大增长。同时，进一步加大直驱伺服产品在海外市场的拓展，积极进军土耳其、中国台湾等新市场，充分利用公司在伺服转塔冲床整体解决方案的优势，快速培育国内新兴客户，进一步扩充该业务的客户群，为该业务后续快速发展奠定了基础。

报告期内，公司运动控制及交流伺服系统业务继续保持高速增长，销售额同比增长43%，在重点聚焦的目标行业如3C电子制造设备、机械手和包装印刷机械取得重大突破；基于ESmotion的运动控制完整解决方案在机械手、3C电子制造设备等行业得到用户认可，已经形成

了一定的行业影响力，为2017年完整解决方案规模化进入市场奠定了基础。运动控制及交流伺服系统的产品性能得到进一步提升，完成了向20位以上编码器产品的升级换代；适用于高端行业多轴控制的内置EtherCAT总线伺服系统已经批量化投入市场，进一步巩固了公司在高端通用伺服系统领先的市场地位。公司的EDS、ETS等集成式产品作为差异化竞争产品在机械手、纺机等行业占市场主流；同时，为工业机器人和智能制造产品线提供的专用机器人控制系统、集成式交流伺服驱动系统、高功率密度伺服电动机等均如期完成原定目标，为该产品线提升竞争能力、奠定国产机器人行业领军企业地位做出了显著的贡献。

### 2. 工业机器人及智能制造系统

工业机器人及智能制造在报告期继续保持高速发展，业务收入同比增长167%。作为国内为数不多的具有核心技术和核心部件的工业机器人企业，公司工业机器人的行业知名度得到进一步大幅提升，初步建立了国产工业机器人领军企业的品牌优势。在品牌影响力大增的同时，公司客户层次得到明显提升，工业机器人产品已批量应用于国内知名汽车、家电、新能源企业，并开始出口到东南亚和欧洲的国家。公司工业机器人在一些细分领域正逐步形成品牌效应，折弯机器人及其工作单元处于国际领先水平。

报告期内，公司积极通过收购兼并的方式开拓智能制造系统业务，收购了普莱克斯和南京锋远。

### 三、主要财务数据

2015—2016年公司主要财务数据见下表。

| 指标名称 | 2016年 | 2015年 | 同比增长（%） |
|---|---|---|---|
| 营业收入（元） | 678 349 722.03 | 483 144 103.35 | 40.40 |
| 归属于上市公司股东的净利润（元） | 68 589 624.19 | 51 190 500.91 | 33.99 |
| 归属于上市公司股东的扣除非经常性损益的净利润（元） | 49 335 868.10 | 22 419 490.98 | 120.06 |
| 经营活动产生的现金流量净额（元） | -65 288 713.38 | 8 363 408.27 | -880.65 |
| 资产总额（元） | 1 880 929 341.79 | 743 345 134.24 | 153.04 |
| 归属于上市公司股东的净资产（元） | 1 452 797 458.82 | 498 291 232.34 | 191.56 |

# 南通锻压设备股份有限公司

## （证券代码：300280　证券简称：南通锻压）

### 一、主要业务

公司专业从事锻压设备的研发、生产和销售，为客户提供个性化、多样化、系统化的金属及非金属成形解决方案。主要产品为各类液压机和机械压力机，因其加工方式具有节省材料、精密成形、少无切削加工、生产效率高等优点，被广泛应用于汽车、船舶、交通、能源、轻工家电、航空航天、军工、石油化工、新材料应用等重要行业或领域。

### 1. 经营模式

公司主要为客户提供各类液压机和机械压力机，产品性能取决于成形方案满足客户特定成形工艺要求的程度。随着经济的发展和科技的进步，客户对于成形工艺的需求呈现个性化、多样化的趋势，包括传统的金属成形需求、新材料成形需求、成形工艺改进以及设备的成套化、智能化等。因此，公司针对不同行业、不同客户的成形需求特点，

为客户提供个性化成形解决方案。公司始终注重将个性化解决方案的理念运用于企业经营中，通过个性化的设计，使产品最大限度地贴近每个客户的需求。公司根据客户需求个性化设计的定制型产品销售收入一直保持在总销售收入的75%左右，定制型产品平均销售价格、销售毛利率也远高于通用型产品。通过多年的积累，公司已经形成了以客户需求为起点，通过个性化方案设计、模拟分析并形成解决方案，在制造、安装调试、检验测试合格后为客户提供培训、售后服务等一系列完整流程。

2. 业绩驱动因素

（1）政策推动因素。2016年是进入"十三五"的第一年，国家为了"稳增长、调结构"，实现供给侧结构性改革，促进经济从要素驱动向创新驱动转换，出台了一系列的经济和产业政策，这些政策对机床产业发展都具有利好的作用。

（2）公司自身优势。公司经过多年经营，在资金、品牌、销售渠道、技术研发、产品结构和制造体系等方面积累了雄厚的资源和竞争优势，是国内金属成形机床行业重点骨干企业之一，在行业中位居前列，规模和效益在行业地位上均比较突出。报告期内，金属成形机床行业形势未见明显好转，公司积极开拓市场，调整产品结构，改进生产工艺，提高整体市场竞争力，在确保产销基本平衡的情况下，积极开拓液压机及机械压力机两大市场的广度与深度，报告期内总的产销规模与上年同期相比稍微有所上升。全年液压机销售收入与上年同期基本持平，机械压力机销售收入4 869.35万元，与上年同期相比增长83.79%。

## 二、经营状况

报告期内，面对严峻的经济环境和行业内竞争加剧、销售价格降低、人工成本增加等不利因素的影响，公司继续致力于巩固和提高在金属成形机床行业的竞争优势，推进管理创新、产品结构调整及市场开拓，年度经营计划在报告期内得到较好的贯彻落实。在行业形势依旧严峻的情况下，公司净利润有所增长，财务状况良好，现金流稳定，继续保持稳健的发展态势。公司利用资本市场平台推进转型升级取得新突破。根据年初规划，公司沿着既定的战略和工作计划有序开展各项经营工作，报告期内重点开拓的工作有以下几点：

1. 产品结构调整

报告期内，金属成形机床行业仍处于低位运行态势，面对行业发展困境，公司通过转变经营理念，进行精益化管理，全面提升管理效率和劳动生产率，同时紧密结合市场，适时调整销售策略，加大国内外市场营销力度，加强新客户开发，保持了液压机、机械压力机产品销售收入的稳定；优化产品结构，加速相关品种升级换代，进一步加快高档数控液压机和机械压力机的研究和开发进度，报告期内，机械压力机销售收入4 869.35万元，比上年同期增加2 219.92万元，增长83.79%。

2. 技术研发工作

报告期内，公司顺利完成了年初制定的研发项目计划，部分产品已实现生产并陆续投入市场形成销售，产生良好的经济效益的同时，为公司提供了稳定的并具有市场竞争优势的产品。其中，绿色重组材成形智能化装备的研发及产业化项目被列为江苏省重大科技成果转化专项资金项目。在项目研发过程中，也培养了一批行业高端研发技术人员及专职研发人员，为公司储备了技术人力资源，保障了公司的技术优势。数控车间金荣根被授予江苏制造突出贡献奖和"江苏制造工匠"称号。全年新申请专利39项，其中发明专利11项。新增专利授权16项，其中发明专利5项。截至2016年12月31日，专利共计117项，软件著作权6项。

3. 营销推广及市场开发

报告期内，公司持续推进销售市场优化工作，进入细节管理阶段，树立销售业务人员营销服务新理念，普通业务员向复合型经营顾问转变的理念得到贯彻，区域市场及新客户的开发已逐渐铺开并取得一定成绩。公司针对市场的差异性，制定个性化的销售策略，加大营销力度，提高市场开发的深度和广度，扩大市场占有率，保证销售收入的稳定增长。对售后服务管理部门进行了充实、优化，继续推行售后服务"分区承包、整体联动"，营销新举措赢得了客户的认可。

## 三、主要财务数据

2015—2016年公司主要财务数据见下表。

| 指标名称 | 2016 年 | 2015 年 | 同比增长（%） |
|---|---|---|---|
| 营业收入（元） | 254 976 206.89 | 250 439 831.87 | 1.81 |
| 归属于上市公司股东的净利润（元） | 2 236 502.97 | 6 281 059.44 | -64.39 |
| 归属于上市公司股东的扣除非经常性损益的净利润（元） | 1 757 681.82 | 5 730 180.56 | -69.33 |
| 经营活动产生的现金流量净额（元） | 33 405 244.43 | 51 391 109.28 | -35.00 |
| 基本每股收益（元／股） | 0.017 5 | 0.049 1 | -64.36 |
| 稀释每股收益（元／股） | 0.017 5 | 0.049 1 | -64.36 |
| 加权平均净资产收益率（%） | 0.35 | 1.00 | -0.65 个百分点 |
| 资产总额（元） | 824 307 186.21 | 809 987 626.93 | 1.77 |
| 归属于上市公司股东的净资产（元） | 632 978 915.52 | 632 898 607.37 | 0.01 |

# 宁波海天精工股份有限公司

## （证券代码：601882　证券简称：海天精工）

**一、主要业务**

公司自成立以来致力于高端数控机床的研发、生产和销售，主要产品包括数控龙门加工中心、数控卧式加工中心、数控卧式车床、数控立式加工中心、数控落地镗铣加工中心、数控立式车床。

**二、主要财务数据**

2015—2016 年公司主要财务数据见下表。

| 指标名称 | 2016 年 | 2015 年 | 同比增长 (%) |
|---|---|---|---|
| 总资产（元） | 1 916 174 835.27 | 1 824 802 405.51 | 5.01 |
| 营业收入（元） | 1 008 009 636.99 | 991 386 707.06 | 1.68 |
| 归属于上市公司股东的净利润（元） | 63 277 361.88 | 58 418 153.91 | 8.32 |
| 归属于上市公司股东的扣除非经常性损益的净利润（元） | 46 656 942.99 | 34 076 680.83 | 36.92 |
| 归属于上市公司股东的净资产（元） | 1 080 785 045.92 | 973 334 357.26 | 11.04 |
| 经营活动产生的现金流量净额（元） | 182 710 034.99 | 91 294 023.91 | 100.13 |
| 基本每股收益（元／股） | 0.132 2 | 0.124 3 | 6.36 |
| 稀释每股收益（元／股） | 0.132 2 | 0.124 3 | 6.36 |
| 加权平均净资产收益率（%） | 6.33 | 6.14 | 0.19 个百分点 |

# 宁波精达成形装备股份有限公司

## （证券代码：603088　证券简称：宁波精达）

**一、主要业务**

公司主要业务为换热器装备和精密压力机的研发、生产与销售。换热器装备产品主要包括翅片高速精密压力机、胀管机、弯管机、微通道换热器装备和其他换热器装备。翅片高速精密压力机、胀管机、弯管机和其他换热器装备主要应用于家电行业中的空调换热器的生产；微通道换热器装备主要应用于汽车换热器的生产。精密压力机产品主要包括定转子高速精密压力机、闭式双点压力机、超高速变行程精密压力机、粉末冶金压力机等。定转子高速精密压力机主要应用于电动机、汽车、电子信息行业中的定转子的生产；闭式双点压力机主要应用于汽车、家电行业中的零件的生产；超高速变行程精密压力机主要应用于电子信息行业中电子接插件的冲压；粉末冶金压力机主要应用于硬质合金、粉末冶金、磁性材料、陶瓷等领域的粉末成形。

**二、经营模式**

公司经营模式主要为以销定产，根据订单情况组织生产。按客户的不同要求组织生产并向客户销售以实现盈利。

**1. 采购模式**

对于标准型产品，公司保持合理的存货量，结合销售及生产订单对标准型产品的原材料及标准件进行采购，由运营管理部制定生产计划，采购部制定采购计划进行集中采购。对于定制型产品，公司按照客户的要求商定具体的技术参数并签订销售合同，运营管理部根据销售合同的具体条款对生产进行总体安排，技术中心进行产品设计并形成详细的原材料需求清单，原材料需求清单经审批后报采购部、运营管理部。采购部根据原材料需求清单编制外购件采购计划，从合格供应方名录中选择供应商进行采购；运营管理部根据原材料需求清单编制自制件加工计划。外购件到货、自制件加工完成后，由品质部对质量进行检验验收，合格产品验收入库，不合格产品退还供应商、加工分厂进行换货、返工等。

**2. 生产模式**

公司主要产品的生产模式基本相似：公司接到订单后交由工程技术中心依据客户要求对产品进行个性化设计。

公司采用"按订单生产"的生产模式。由运营管理部根据销售订单及年初制定的全年总体生产目标，结合公司内部产能安排及库存状况组织生产制定产品产出计划；各产品部根据产品产出计划，并结合各机加工分厂的生产能力，制定生产作业计划，生产作业计划规定了产品的物料投入及产品产出期等。生产产出计划每月发布一次，并根据生产实际情况、客户订单交期更新情况进行调整。

3. 销售模式

公司主要采用直销模式。获取订单的方式主要有以下四种：一是通过参与招标方式获取订单；二是下游客户直接联系公司订购产品；三是以设立销售服务点形式联系客户获取订单；四是通过参与国内、国际展会获取订单。

### 三、经营状况

报告期内，公司在空调换热器装备市场发展基本保持平稳，全年实现营业收入 11 542.48 万元，同比下降 6.06%；汽车换热器装备全年实现营业收入 4 860.26 万元，同比增长 79.20%；定转子高速压力机全年实现营业收入 2 181.86 万元，同比增长 17.73%。公司产品结构进一步优化。

### 四、主要财务数据

2015—2016 年公司主要财务数据见下表。

| 指标名称 | 2016 年 | 2015 年 | 同比增长 (%) |
| --- | --- | --- | --- |
| 总资产（元） | 656 209 673.00 | 569 385 747.25 | 15.25 |
| 营业收入（元） | 234 257 341.41 | 189 915 085.85 | 23.35 |
| 归属于上市公司股东的净利润（元） | 21 494 828.17 | 21 907 287.42 | -1.88 |
| 归属于上市公司股东的扣除非经常性损益的净利润（元） | 16 652 058.40 | 14 369 986.40 | 15.88 |
| 归属于上市公司股东的净资产（元） | 469 448 246.41 | 456 753 418.24 | 2.78 |
| 经营活动产生的现金流量净额（元） | 77 330 626.71 | -10 277 969.55 | |
| 基本每股收益（元／股） | 0.27 | 0.27 | 0 |
| 稀释每股收益（元／股） | 0.27 | 0.27 | 0 |
| 加权平均净资产收益率（%） | 4.65 | 4.86 | -0.21 个百分点 |

# 秦川机床工具集团股份公司

## （证券代码：000837　证券简称：秦川机床）

### 一、主要业务

1. 机床工具装备、智能制造岛（生产线）

包括通用车铣类装备、精密磨削类装备、复合加工类装备，以及基于已有装备研发的智能制造岛（生产线）。公司紧紧围绕"磨削"这一核心能力，拓展自身在复杂型面加工领域的能力，集成公司铸、车、铣、镗、滚、拉、插、剃、热、磨加工机床、刀具、夹具和检测装备的优势，同时利用公司在数控系统、伺服系统、精密回转工作台、主轴方面的研究成果，形成合力，为用户提供成套工艺技术和装备，同时促进公司精密机床装备、功能部件产品和技术的发展，形成了从刀具制造到热前加工（滚、拉、插、剃），再到热后加工（磨削）及检测（测量仪）等各个关键环节的全产业链能力。

2. 以高端技术与工艺引领的关键零部件制造

以高端工艺装备研发能力为基础，移植核心能力，向下游零部件制造领域延伸，形成包含自有装备及工艺技术解决方案的独有竞争优势。零部件、刀具、测量仪器是秦川生产的机床主机所必需的配套产品，公司基于关键功能部件对装备制造业发展的极端重要性和巨大市场需求，持续发展壮大功能部件产业，包括弧锥齿轮副、滚珠丝杠、直线导轨、齿轮变速箱、机器人关节减速器、复合转台、伺服系统和数控系统、精密铸件等，这些基于复杂型面加工装备技术溢出的关键功能部件，形成与主机产业相互支撑的关键零部件产业群。

3. 现代制造服务业

秦川集团的现代制造服务业是基于机床主机业务，延伸出的包含数字化车间和系统集成、机床再制造及工厂服务、供应链整合及融资租赁等业务的高端服务产业。

### 二、经营状况

2016 年秦川机床占公司主营业务收入或主营业务利润 10% 以上的产品情况见表 1。

**表 1  2016 年秦川机床占公司主营业务收入或主营业务利润 10% 以上的产品情况**

| 产品名称 | 营业收入（元） | 营业利润（元） | 毛利率（%） | 营业收入同比增长（%） | 营业利润同比增长（%） | 毛利率同比增长（百分点） |
|---|---|---|---|---|---|---|
| 机床类 | 1 158 300 208.54 | 1 006 946 822.94 | 13.07 | 11.09 | 5.64 | 4.49 |
| 零部件类 | 474 157 214.47 | 420 922 301.36 | 11.23 | 11.12 | 15.03 | -3.02 |
| 贸易类 | 562 787 239.00 | 539 467 705.46 | 4.14 | -4.07 | -6.10 | 2.07 |

2016 年，公司归属于母公司净利润 1 497 万元，实现年度扭亏为盈。主要原因为：

（1）高效磨齿机、精密齿轮刀具市场向好，主营业务产品毛利润额同比大幅增加。

（2）大力发展融资租赁业务，投资信托产品，增厚公司业绩。

（3）积极争取政府补助，增加补贴收入。

### 三、主要财务数据

2015—2016 年公司主要财务数据见表 2。

**表 2  2015—2016 年公司主要财务数据**

| 指标名称 | 2016 年 | 2015 年 | 同比增长（%） |
|---|---|---|---|
| 营业收入（元） | 2 704 412 966.86 | 2 548 257 966.03 | 6.13 |
| 归属于上市公司股东的净利润（元） | 14 968 317.62 | -236 241 493.15 | |
| 归属于上市公司股东的扣除非经常性损益的净利润（元） | -131 187 584.03 | -286 699 564.24 | |
| 经营活动产生的现金流量净额（元） | -77 186 578.58 | -196 832 412.06 | |
| 基本每股收益（元 / 股） | 0.021 6 | -0.340 7 | |
| 稀释每股收益（元 / 股） | 0.021 6 | -0.340 7 | |
| 加权平均净资产收益率（%） | 0.53 | -8.15 | |
| 总资产（元） | 7 821 231 622.82 | 6 733 472 680.78 | 16.15 |
| 归属于上市公司股东的净资产（元） | 2 810 158 471.09 | 2 792 626 862.29 | 0.63 |

# 青海华鼎实业股份有限公司

## （证券代码：600243  证券简称：青海华鼎）

### 一、主要业务

公司主要从事数控机床、食品机械、电梯配件、照明设备等产品的研发、生产及销售，主要产品包括数控重型卧式车床系列、轧辊车床系列、铁路专用车床系列、铣床系列、立式 / 卧式加工中心系列产品、专用机械设备、环保设备、涡旋压缩机、齿轮（箱）、商用食品机械及厨房设备、电梯配件、精密传动关键零部件、LED 道路及通用照明产品等。上述产品广泛应用于通用机械、工程机械、钢铁、航空航天、轨道交通、汽车、汽配、轻工、军工、食品加工、通用照明等行业和领域。

### 二、经营状况

2016 年，面对主要指标下滑和业务的多样化，公司在整合现有资源的基础上，以高端装备制造为依托，调整优化了管理架构，实行董事会领导下的董事会办公室负责运营机制，以提高决策效率。组建了分板块管理模式，管理更加专业、高效。

高端装备制造业板块：2016 年，受国内外市场低迷和机床工具行业不景气的影响，公司主动停产了部分市场竞争激烈、毛利率低且产品技术含量不高的产品，投入了高端及替代进口的高科技产品研发和试制；为了严格控制应收账款的增加，公司坚持按合同先付款后发货，影响了 2016 年的收入；另外，公司搬迁进入西宁装备园第一年，处于整合期，影响了部分产品的交货期。上述因素，导致公司机床产品 2016 年营业收入较上年同期下降 60.25%。

新型产业板块：为了在现有健康产业统一管理的基础上更好地推进和落实大健康产业的发展，公司投资 6 000 万元设立全资子公司健康投资管理集团公司，在符合国家产业规划发展的基础上，进一步优化了公司对大健康产业发展的布局。

投资板块：非主营业务的其他企业和未进入装备板块的辅助资产组成了投资板块。此板块在稳固自身发展的基础上，以围绕提质降耗、提升生产能力、注重运营质量开展各项工作。另外，完成了传统制造业和装备制造的辅助资产分类界定，为优化和盘活资产打好基础。

### 三、主要财务数据

2015—2016 年公司主要财务数据见下表。

| 指标名称 | 2016 年 | 2015 年 | 同比增长 (%) |
|---|---|---|---|
| 总资产（元） | 3 004 668 196.21 | 3 345 720 881.04 | -10.19 |
| 营业收入（元） | 956 499 602.48 | 1 158 521 575.46 | -17.44 |
| 归属于上市公司股东的净利润（元） | -66 051 950.01 | 8 328 721.64 | -893.06 |
| 归属于上市公司股东的扣除非经常性损益的净利润（元） | -94 710 893.07 | -21 395 853.94 | 不适用 |
| 归属于上市公司股东的净资产（元） | 1 734 709 295.10 | 1 809 538 245.11 | -4.14 |
| 经营活动产生的现金流量净额（元） | -323 994 798.26 | -56 334 174.98 | 不适用 |
| 基本每股收益（元／股） | -0.15 | 0.035 | -528.57 |
| 稀释每股收益（元／股） | -0.15 | 0.035 | -528.57 |
| 加权平均净资产收益率（%） | -3.73 | 1.10 | -4.83 个百分点 |

# 山东威达机械股份有限公司

## （证券代码：002026　证券简称：山东威达）

### 一、主要业务

报告期内，公司的主要业务是钻夹头、电动工具开关、粉末冶金件、精密铸造制品、锯片、机床及附件、智能制造系统集成及智能装备的研发、生产和销售。

2016 年，公司主要营业收入均来源于上述业务。其中，钻夹头业务、电动工具开关业务、智能制造系统集成及智能装备业务、精密铸造业务、粉末冶金件业务贡献了主要营业利润。短期来看，钻夹头业务、电动工具开关业务、智能制造系统集成及智能装备业务、精密铸造业务、粉末冶金件业务仍有望保持平稳增长；而受累于行业产能过剩、市场需求持续低迷等多重因素的影响，机床业务面临严峻挑战，发展形势不容乐观。

### 二、经营状况

2016 年公司坚持以市场为导向，以科技为引领，以创新为驱动，不断开发新产品、新项目，持续优化老产品、旧工艺，进一步完善了产业布局和产品结构，扩大了公司的业务规模，提升了产品竞争力和公司的整体实力。报告期内，公司加强各板块业务整合，持续强化成本管控，大力开拓新客户、新市场，有效提升了公司主要经营业务的盈利水平。

2016 年，山东威达占公司主营业务收入或主营业务利润 10% 以上的产品情况见表 1。

**表 1　2016 年山东威达占公司主营业务收入或主营业务利润 10% 以上的产品情况**

| 产品名称 | 营业收入（元） | 利润（元） | 营业收入同比增长（%） | 利润同比增长（%） |
|---|---|---|---|---|
| 电动工具配件 | 733 652 878.02 | 519 209 757.87 | 18.74 | 15.20 |
| 粉末冶金件 | 73 920 285.60 | 51 970 321.26 | 25.61 | 14.95 |
| 锯片产品 | 89 510 775.60 | 75 855 985.14 | -0.95 | 1.16 |
| 机床 | 38 495 074.67 | 43 006 635.86 | 2.05 | 36.71 |
| 自动设备 | 198 896 791.90 | 152 423 635.75 | 0 | 0 |
| 其他产品 | 8 326 782.03 | 8 013 947.02 | -7.31 | -9.62 |
| 其他业务 | 37 778 859.65 | 26 816 774.93 | 59.73 | 34.09 |

1. 完善产业布局，扩大公司业务规模

报告期内，公司完成了收购威海威达精密铸造有限公司和苏州德迈科电气有限公司的重大资产重组，成功构建起精密机械零件制造、中高档数控机床制造和机器人自动化事业三大系统互补的产业平台，不仅丰富了公司在电动工具行业的产品种类，也使公司快速进入智能制造领域，进一步增强公司在工业自动化领域的技术实力、品牌知名度及综合竞争力。随着并购业务的顺利落地，公司将充分整合人才、技术、设备、市场等优势资源，实现各大业务板块的协同发展。

2. 重视产品创新，优化产品结构，深化战略合作关系

报告期内，公司重视产品创新，积极开拓国内外新客户、新市场，加快新产品、新工艺的研发和现有产品结构的优化升级，不断提升产品附加值和企业竞争力。公司继续深化与大客户的战略合作关系，与四大合作伙伴 TTI、博世、百得、牧田的钻夹头类产品销售额也首次突破 4 亿元。子公司济南一机以高精、高速、高效的数控车、铣技术为发展定位，以汽车、轨道交通、军工和电子行业为重点，结合自身优势，积极推进产品开发，发力轮毂车机床和制动盘机床市场；威达粉末、威达精铸以及威海分公司则主动对接市场，年内开发新客户十余家。在新业务方面，

苏州德迈科积极开辟东南亚等新兴市场，同时与米其林和斯伦贝谢等国外著名公司建立了良好的合作关系。

3. 以质量创品牌，以品牌促发展，品牌价值大幅提升

2016 年，公司钻夹头夹具类产品以卓越的品质和极高的市场份额，首次入选国家制造业单项冠军示范企业，并以 7.94 亿元的品牌价值首次上榜山东省品牌价值百强企业，进一步夯实了公司在电动工具配件行业的领军地位。报告期内，继国际市场再度蝉联史丹利百得优秀供应商奖后，在国内市场又荣获南京德朔优秀供应商奖的最高荣誉——钻石奖。子公司上海拜骋的 Radio Flyer 充电器产品获得欧洲 CB、韩国 KC、澳大利亚 SAA 等多个国认证，苏州德迈科、济南一机、威达粉末、威达精铸等公司也陆续通过多项质量管理、环境健康保护等系列认证。

4. 加强信息化建设工作

公司积极与外部专业服务公司合作，BPM 系统年内成功上线；子公司苏州德迈科、济南一机、威达精铸等公司的 ERP 系统建设也在深入推进中。在生产管理方面，公司及子公司继续推行精益生产和自动化、智能化制造，进一步优化生产流程和产能布局，有效提高了生产效率。

**三、主要财务数据**

2015—2016 年山东威达公司主要财务数据见表 2。

表 2　2015—2016 年山东威达公司主要财务数据

| 指标名称 | 2016 年 | 2015 年 | 同比增长 (%) |
| --- | --- | --- | --- |
| 营业收入（元） | 1 180 581 447.47 | 837 445 261.00 | 40.97 |
| 归属于上市公司股东的净利润 （元） | 103 975 998.65 | 93 439 394.09 | 11.28 |
| 归属于上市公司股东的扣除非经常性损益的净利润（元） | 83 034 017.69 | 66 011 132.01 | 25.79 |
| 经营活动产生的现金流量净额（元） | 23 784 638.55 | 159 895 919.28 | -85.12 |
| 基本每股收益（元 / 股） | 0.26 | 0.25 | 4.00 |
| 稀释每股收益（元 / 股） | 0.26 | 0.25 | 4.00 |
| 加权平均净资产收益率（%） | 5.25 | 5.75 | -0.50 个百分点 |
| 资产总额 （元） | 2 770 644 422.27 | 2 061 281 028.44 | 34.41 |
| 归属于上市公司股东的净资产 （元） | 2 244 097 908.94 | 1 661 780 176.46 | 35.04 |

# 沈机集团昆明机床股份有限公司

## （证券代码：600806　证券简称：昆明机床）

**一、主要业务**

公司主营业务是研发、设计、制造和销售卧式镗床、大型数控落地式铣镗床、数控龙门式镗铣床、数控刨台式镗铣床、坐标镗床、卧式镗铣加工中心、精密回转工作台

等系列产品，主要产品大都处于国内领先水平。2016 年机床市场形势持续低迷，市场订单不足成为影响行业运行最为突出的矛盾。

**二、主要财务数据**

2015—2016 年昆明机床公司主要财务数据见下表。

| 指标名称 | 2016 年 | 2015 年 | | 同比增长（调整后）（%） |
|---|---|---|---|---|
| | | 调整前 | 调整后 | |
| 营业收入（元） | 617 752 190.35 | 621 336 648.49 | 776 594 761.09 | -0.58 |
| 归属于上市公司股东的净利润（元） | -209 295 551.7 | -328 299 877.8 | -196 385 215.6 | |
| 归属于上市公司股东的扣除非经常性损益的净利润（元） | -440 353 960.78 | -355 580 299.30 | -218 582 693.59 | |
| 经营活动产生的现金流量净额（元） | -74 672 629.80 | -163 568 963.03 | -163 568 963.03 | |
| 归属于上市公司股东的净资产（元） | 418 150 145.65 | 627 445 697.39 | 889 172 358.16 | -33.36 |
| 总资产（元） | 2 328 197 043.67 | 2 774 571 795.70 | 2 796 144 096.72 | -16.09 |
| 基本每股收益（元／股） | -0.39 | -0.62 | -0.37 | 37.10 |
| 稀释每股收益（元／股） | -0.39 | -0.62 | -0.37 | 37.10 |
| 扣除非经常性损益后的基本每股收益（元／股） | -0.85 | -0.67 | -0.41 | -26.87 |
| 加权平均净资产收益率（%） | -35.89 | -37.44 | -19.89 | 1.55 个百分点 |
| 扣除非经常性损益后的加权平均净资产收益率（%） | -76.96 | -40.55 | -22.39 | -36.41 个百分点 |

# 沈阳机床股份有限公司

（证券代码：000410　证券简称：沈阳机床）

**一、主要业务**

沈阳机床股份有限公司属装备制造行业，主要产品为机床产品、配件等。产品主要用途为金属材料的切削加工。公司采取传统买卖、U2U、融资租赁、智能工厂等多种商业模式相组合的经营模式。

**二、经营状况**

2016 年，我国经济发展进入新常态，随着供给侧结构性改革的推进，经济传统动能正逐渐减弱，新动能增长尚不稳定，新旧动能转换还未完成。受此影响，2016 年，下游制造业不景气直接导致机床需求萎缩，机床消费市场整体仍维持低位运行态势，机床行业面临着较为严峻的市场局面。

面对严峻的市场经济形势，报告期内公司攻坚克难，着力发展 i5 智能机床新业务，智能产品逐步产业化，成功突破消费电子、汽车、卫浴、医疗、阀门等行业，收获订单 1.8 万台；建立智能化工厂，为客户提供智能制造整体解决方案，2016 年共签约智能工厂 44 家；针对动力总成、汽车底盘、新能源汽车等领域的典型零部件加工，已初步实现提供解决方案的增值业务模式；针对航空航天行业，交付国内首台最长高端龙门式五轴机床，最长桥式五轴加工中心，首次进入复合材料加工领域；深入研究客户需求，打造具备市场竞争力的拳头型产品，通用产品再升级。

公司通过体制机制创新加速战略转型，加快提升市场开拓能力和产品竞争能力，持续推动企业由传统制造商向工业服务商转型升级。

**三、主要财务数据**

2015—2016 年公司主要财务数据见下表。

| 指标名称 | 2016 年 | 2015 年 | 同比增长（%） |
|---|---|---|---|
| 营业收入（元） | 6 243 792 555.67 | 6 383 900 760.01 | -2.19 |
| 归属于上市公司股东的净利润（元） | -1 403 329 308.89 | -638 033 996.16 | |
| 归属于上市公司股东的扣除非经常性损益的净利润（元） | -1 431 602 839.94 | -679 464 447.25 | |
| 经营活动产生的现金流量净额（元） | -1 935 685 167.56 | -2 861 073 965.12 | |
| 基本每股收益（元／股） | -1.83 | -0.83 | -120.48 |
| 稀释每股收益（元／股） | -1.83 | -0.83 | -120.48 |
| 加权平均净资产收益率（%） | -103.34 | -26.74 | -76.60 个百分点 |
| 资产总额（元） | 24 798 383 742.97 | 22 289 637 179.27 | 11.26 |
| 归属于上市公司股东的净资产（元） | 658 502 802.28 | 2 059 630 722.96 | -68.03 |

# 上海维宏电子科技股份有限公司

## （证券代码：300508　证券简称：维宏股份）

### 一、主要业务

公司是一家为数控设备整机制造商提供运动控制系统解决方案的高科技企业，主营业务为研发、生产和销售工业运动控制系统。公司的所有运动控制产品均基于同一个软件平台。与传统数控的封闭架构不同，该软件平台采用开放式运动控制软件架构。公司研发的运动控制系统主要有雕刻雕铣控制系统、切割控制系统和机械手控制系统等，可应用于各类雕刻机、雕铣机、加工中心、水射流切割机、激光切割机、等离子切割机、火焰切割机、玻璃加工机床及工业机械手等。

由于运动控制软件的计算结果必须转换为电信号，并输出到伺服电动机或者步进电动机，驱动控制对象按照计算结果运动，所以运动控制软件必须采取软硬件结合的系统架构。公司软件产品的硬件平台包括运动控制卡和一体化运动控制器两类。公司大多数软件产品可以在运动控制卡上执行，也可以在一体化运动控制器上执行。有部分产品由于运动轴或者 I/O 点在数量和类型方面的限制，只能在特定的硬件平台上运行。

（1）运动控制卡。运动控制卡是数控软件的底层控制算法的载体以及硬件接口，需要整机生产商另行为运动控制卡配备 PC 机，也可以方便使用 PC 机上安装的 CAD/CAM 等其他软件，系统灵活性较高。

（2）一体化运动控制器。一体化运动控制器集成了运动控制卡、CPU 主板、显示器（液晶屏）、专业操作面板等。优点是使用方便，并且避免了整机生产商在自行组合环节可能出现的问题，但缺点是价格较高，无法自由选择工业配置 PC 机的型号。

### 二、经营状况

2016 年是"十三五"开局之年，国内外环境复杂严峻，国内经济下行压力依然较大，在改革创新深入推进和宏观政策效应不断释放的共同作用下，社会经济保持平稳健康发展。管理层在公司董事会的领导下，紧紧围绕公司发展战略和经营计划，积极应对国内外经济和产业环境的新形势，以市场需求为导向，不断加大研发投入，推进产品升级，企业生产运营得以稳步推进。一方面，保证了公司营业收入的稳健增长；另一方面，为公司长期发展奠定了基础。报告期内公司总体经营情况如下：

1. 营业收入持续增长

公司结合多年积累的核心技术优势，不断开拓市场，丰富行业经验，挖掘优质客户资源，市场竞争力持续提升。报告期内，公司在管理团队和全体员工的共同努力下，2016 年实现营业收入 14 407.22 万元，较上年同期增长 10.33%；营业利润为 2 935.12 万元，较上年同期降低 29.61%；实现归属上市公司股东净利润 4 436.33 万元，较上年同期降低 14.17%。其中，一体机收入较上年同期增长 8.80%，占主营业务收入的比重为 43.75%；控制卡收入较上年同期增长 8.06%，占主营业务收入的比重为 48.39%。

2. 技术研发不断推进

公司对技术研发持续高投入，努力提升核心竞争力。2015 年和 2016 年分别投入研发费用 2 137.89 万元、3 378.69 万元，占公司营业收入的比重分别为 16.37% 和 23.45%，2016 年公司研发费用较 2015 年增加 1 240.80 万元，增长幅度为 58.04%。

3. 募投项目有效推进

报告期内，公司注重技术研发中心建设和产能升级，不断推进募投项目实施。截至报告期末，一体化控制器产品升级及扩产建设项目和全国营销网络建设项目投入进度已分别达到 91.60% 和 82.14%。募投项目的有效推进，一方面缓解了公司产能受限带来的压力，另一方面极大地提升了公司研发、销售能力，为公司未来业绩增长奠定了良好基础。

### 三、主要财务数据

2015—2016 年公司主要财务数据见下表。

| 指标名称 | 2016 年 | 2015 年 | 同比增长（%） |
|---|---|---|---|
| 营业收入（元） | 144 072 163.09 | 130 577 152.13 | 10.33 |
| 归属于上市公司股东的净利润（元） | 44 363 345.85 | 51 689 692.63 | -14.17 |
| 归属于上市公司股东的扣除非经常性损益的净利润（元） | 41 108 828.02 | 49 655 750.82 | -17.21 |
| 经营活动产生的现金流量净额（元） | 24 945 916.34 | 49 522 411.17 | -49.63 |
| 基本每股收益（元／股） | 0.838 9 | 1.148 7 | -26.97 |

（续）

| 指标名称 | 2016 年 | 2015 年 | 同比增长（%） |
|---|---|---|---|
| 稀释每股收益（元／股） | 0.838 9 | 1.148 7 | -26.97 |
| 加权平均净资产收益率（%） | 12.64 | 30.29 | -17.65 个百分点 |
| 资产总额（元） | 463 578 791.84 | 212 439 199.72 | 118.22 |
| 归属于上市公司股东的净资产（元） | 438 502 948.14 | 193 740 879.37 | 126.33 |

# 威海华东数控股份有限公司

（证券代码：002248 证券简称：华东数控）

## 一、主要业务

公司是以研发和生产经营数控机床、普通机床及其关键功能部件为主营业务的高新技术企业，自设立以来主营业务未发生重大变化。公司主营业务产品有数控龙门镗铣床（龙门加工中心）、数控龙门磨床、立式车床、落地镗铣床、立／卧式加工中心、数控外圆磨床、万能摇臂铣床、平面磨床、动静压主轴等机床和功能部件产品以及逆变器等光伏产品。报告期内，受机床行业市场低迷形势影响，市场需求大幅下降，尤其是大型数控金属切削机床的需求有显著下滑，公司整体业务发展受到一定影响。

## 二、经营状况

2016 年机床工具行业市场和经济运行持续下滑，受此影响，公司 2016 年度实现营业收入 16 770.18 万元，同比下降 27.22%；归属于上市公司股东的净利润为 -23 299.27 万元。经营性亏损较上年同期水平相差不大。

截至报告期末，公司数控机床产品销售同比下降 30.00%，普通机床产品销售较上年下降 35.94%，降幅较大，主要受市场需求低迷和投入不足影响。产品销量同比下降 21.26%，主要是整体产品销量下降影响；产量同比下

降 36.05%，主要是报告期内普通机床产品销量减少所致；产品库存量为 668 台，同比下降 39.22%。报告期内，公司产销存中的产品结构发生了变化。

产品成本总体随收入下降而有所降低，但由于数控机床和普通机床的比例变化以及产量与产能严重失衡，导致单位产品分担的固定成本不降反升；固定资产利用率下降，折旧摊销增幅较大，人工费用呈上涨趋势，致使单位产品分摊人工费增加；管理费用、财务费用、销售费用偏离销售规模，均影响了当期效益；构成产品成本的主要原材料未出现大幅度变化，对成本影响不大；但坏账损失、库存商品等存货减值损失对当期效益影响巨大。

综合来看，公司 2016 年度整体经营水平与同行业情况相符，收入大幅下降；行业竞争更加激烈，产品毛利水平尤其是数控机床产品毛利水平进一步下降；期间费用较上年有明显下降，但现金流日益趋紧，公司融资日趋困难，面临巨大的资金压力。

## 三、主要财务数据

2015—2016 年公司主要财务数据见下表。

| 指标名称 | 2016 年 | 2015 年 | 同比增长（%） |
|---|---|---|---|
| 营业收入（元） | 167 701 814.23 | 230 428 719.24 | -27.22 |
| 归属于上市公司股东的净利润（元） | -232 992 668.72 | -211 753 099.67 | |
| 归属于上市公司股东的扣除非经常性损益的净利润（元） | -231 778 889.57 | -212 983 570.92 | 8.82 |
| 经营活动产生的现金流量净额（元） | -4 854 193.84 | -39 721 319.50 | -87.78 |
| 基本每股收益（元／股） | -0.76 | -0.69 | |
| 稀释每股收益（元／股） | -0.76 | -0.69 | |
| 加权平均净资产收益率（%） | -30.79 | -21.69 | -9.10 个百分点 |
| 资产总额（元） | 1 872 890 863.74 | 2 160 390 308.56 | -13.31 |
| 归属于上市公司股东的净资产（元） | 641 868 575.16 | 873 197 765.03 | -26.49 |

# 武汉华中数控股份有限公司

## （证券代码：300161　证券简称：华中数控）

### 一、主要业务

2016 年，公司稳步深化推进公司发展战略，充分发挥公司在智能控制领域（电动机和驱动、智能控制）的核心技术和人才优势，将主要业务延伸至新能源汽车领域，至此，公司发展战略及主要业务由"一核两体"延伸至"一核三体"，即以数控系统技术为核心，以机床数控系统、工业机器人、新能源汽车配套为三个主体"。报告期内，公司完成了对江苏锦明的并购重组工作，江苏锦明成为公司的全资子公司，大大增强了公司在机器人系统集成领域的竞争实力，促进公司工业机器人领域的快速及协同发展。公司各领域主要业务情况如下：

#### 1. 数控系统配套

数控系统配套业务主要为各类数控机床企业和 3C、航空航天等重点行业用户提供数控系统配套和服务，包括为高速钻攻中心、加工中心、五轴机床等机型提供华中 8 型高档数控系统，以及针对普及型数控车床和数控铣床等提供系列数控系统、120/180/160 系列伺服驱动等。

#### 2. 工业机器人及自动化业务

在工业机器人领域，公司实行"PCL"战略，即 P（Products）代表工业机器人产品、C（Components）代表机器人核心功能零部件、L（Lines）代表智能生产线解决方案（Automation Lines）。工业机器人及自动化具体业务为为各类制造企业提供关节式机器人、桁架式机械手、机器人控制器等产品，以及自动化生产线、数字化工厂、智能工厂等业务。

#### 3. 教育教学方案服务

教育教学方案服务业务主要为各类大中专院校数控技术、机器人、智能制造等相关专业的专业建设方案、师资培训、实训基地建设方案等，其中设备部分包括各类数控机床、五轴数控培训、工业机器人、理实一体化、智能工厂实训基地等。

#### 4. 新能源汽车配套

公司新能源汽车业务主要是围绕汽车电动化、轻量化、智能化开展技术研究和产品开发，具体包括新能源汽车伺服电动机、新能源汽车驱动器、新能源汽车控制器和车身轻量化。

### 二、经营状况

2016 年是公司深化实施与稳步推进公司发展战略之年。公司深化推进公司发展战略，继续推进核心技术的运用领域，正式进军新能源汽车领域，公司发展战略由"一核两体"发展为"一核三体"；公司全体上下同心，攻坚克难，稳步实施公司发展战略，在数控系统、机器人等主要业务领域取得了长足的进步。

2016 年，公司营业收入 81 281.31 万元，其中，数控系统领域收入 39 105.87 万元，较上年同期增长 83.82%；机器人领域收入 12 620.04 万元，较上年同期增长 272.22%；电动机业务收入 12 368.86 万元，较上年同期增长 36.08%。

### 三、主要财务数据

2015—2016 年公司主要财务数据见下表。

| 指标名称 | 2016 年 | 2015 年 | 同比增长（%） |
| --- | --- | --- | --- |
| 营业收入（元） | 812 813 080.19 | 550 736 596.41 | 47.59 |
| 归属于上市公司股东的净利润（元） | 13 318 348.58 | -41 358 974.02 | 132.20 |
| 归属于上市公司股东的扣除非经常性损益的净利润（元） | -34 132 415.60 | -108 714 774.09 | 68.11 |
| 经营活动产生的现金流量净额（元） | -5 735 381.12 | -158 775 170.33 | 96.39 |
| 基本每股收益（元/股） | 0.080 0 | -0.255 7 | 131.29 |
| 稀释每股收益（元/股） | 0.080 0 | -0.255 7 | 131.29 |
| 加权平均净资产收益率（%） | 1.60 | -4.94 | 6.54 个百分点 |
| 资产总额（元） | 2 213 916 905.12 | 1 503 870 315.53 | 47.21 |
| 归属于上市公司股东的净资产（元） | 1 116 365 369.79 | 814 828 723.77 | 37.01 |

# 英洛华科技股份有限公司

## （证券代码：000795　证券简称：英洛华）

### 一、主要业务

公司主要业务为稀土永磁材料与制品、电动机系列、物流与消防智能装备。稀土永磁材料相关产品为 N、M、H、SH、UH、EH 等各种型号、各种形状的钕铁硼永磁体，广泛应用于计算机、汽车、风电、仪器仪表、家用电器和医疗等领域。电动机系列主要产品为交流电动机、永磁直流电动机、无刷电动机、步进电动机、伺服电动机等微特电动机和电动推杆执行器，平行轴、蜗轮、行星齿轮减速器，电动机驱动及代步车等专业控制器，广泛应用于轨道交通、工业自动化、助残助老、清洁环保、厨房电器、家居采暖及门禁系统等领域。公司自动化物流立体仓库主要产品包括自动化物流系统集成及控制相关仓储货架、巷道堆垛机等起重搬运设备，滚筒、悬挂、板链等输送设备，覆盖食品、医药、机械、化工、交通等各领域。

### 二、行业地位

公司是目前我国同行业中生产规范、品种齐全、生产规模大、产品性能好的稀土永磁材料与制品生产企业之一。公司正全力打造国内最大的钕铁硼生产基地，朝着成为国际稀土永磁材料行业领先品牌的目标而奋进。

公司电动机系列产品现已形成 200 多个规格、5 000 多个品种，年产能 400 多万台。主要客户遍布亚洲、北美、欧洲等 40 多个国家，客户中有全球行业龙头企业 10 余家。2013 年 9 月，公司全资子公司浙江联宜电动机有限公司被中国电器工业协会微电动机分会和中国电子元件行业协会微特电动机与组件分会评为微特电动机行业的领军企业。

公司于 1985 年开发出国内第一代立体仓库，现已发展为国内最大的物流设备和技术集成厂商之一，并且在乳业、铁路信息、军工、防爆以及医药等领域占有较高的市场份额。公司承建的物流项目超过 300 个，遍布全国 27 个省、自治区、直辖市，并远销中东、东南亚，覆盖食品、医药、机械、化工、交通等各领域，用户包括海尔、蒙牛、伊利、思念、珠江啤酒、武汉恒基达防爆库、海正药业、罗欣药业、海康威视、皇明太阳能、红河卷烟厂、一汽、西飞及白云机场等。

### 三、经营状况

2016 年，全球经济形势复杂多变，国内结构性改革进一步深化。公司部分产业处于持续低迷状态，市场竞争日趋激烈。面对严峻的市场形势，公司积极采取应对措施，在保证生产稳定的基础上，适时调整经营策略。在钕铁硼磁性材料方面，公司推行成本控制管理，加大高性能产品的开发，进一步调整产品结构，运行效率稳步提升；在电动机系列产品方面，继续保持良性发展势头，加大研发力度，积极开拓新型高端产品市场，其盈利能力保持稳定增长；公司通过发行股份购买赣州市东磁稀土有限公司（简称"赣州东磁"）100% 股权和浙江横店英洛华进出口有限公司（简称"英洛华进出口"）100% 股权，实现对赣州东磁、英洛华进出口的企业合并，净利润较上年同期有一定幅度增长。经过公司全员同心协力，攻坚克难，在困境中拓渠道、求突破，全年实现扭亏为盈。

### 四、主要财务数据

2015—2016 年公司主要财务数据见下表。

| 指标名称 | 2016 年 | 2015 年 | | 同比增长（%）（调整后） |
| --- | --- | --- | --- | --- |
| | | 调整前 | 调整后 | |
| 营业收入（元） | 1 651 054 265.84 | 1 126 805 402.89 | 1 582 252 190.31 | 4.35 |
| 归属于上市公司股东的净利润（元） | 34 580 814.84 | -57 954 343.33 | -6 124 422.37 | |
| 归属于上市公司股东的扣除非经常性损益的净利润（元） | -29 063 839.59 | -98 133 689.26 | -107 563 417.91 | |
| 经营活动产生的现金流量净额（元） | 141 057 365.59 | -195 456 664.98 | -238 258 696.12 | |
| 基本每股收益（元／股） | 0.03 | -0.14 | -0.01 | |
| 稀释每股收益（元／股） | 0.03 | -0.14 | -0.01 | |
| 加权平均净资产收益率（%） | 2.03 | -5.20 | -0.51 | |
| 资产总额（元） | 2 525 088 615.34 | 1 926 853 354.61 | 2 229 684 708.25 | 13.25 |
| 归属于上市公司股东的净资产（元） | 1 969 879 191.29 | 1 181 512 156.03 | 1 340 487 575.47 | 46.95 |

# 浙江日发精密机械股份有限公司

（证券代码：002520　证券简称：日发精机）

**一、主要业务**

公司成立十多年来，一直致力于数控机床行业先进技术的应用和研发，已形成七大系列产品。近几年基于对世界经济发展趋势和数控机床行业的分析和判断，公司于2014年切入航空航天领域，随着各个业务的开展，报告期内公司业已形成以传统的数控机床为载体的金属切削的整体解决方案；以航空器装备为主的大部件数字化装配系统和针对航空航天细分市场的金属切削加工系统；以复合材料、钛合金及高温合金加工为主的航空航天零部件加工业务和基于MCM的JFMX系统针对细分市场的管理软件集成四大业务板块。

1. 金属切削的整体解决方案

依托公司较高的系统集成能力和工程成套能力，在客户需求导向的基础上，通过售前产品选型和工艺设计，售中的产品研发，售后的操作员工培训、安装调试等提供全方位的服务，最大化保障客户的经济效益。公司改变传统机床厂单机销售的模式，逐步开发连线设备，为客户提供无人化工厂的整体解决方案。

2. 飞机数字化装配业务

传统的飞机装配采用刚性工装定位、手工制孔连接、基于模拟量传递的互换协调检验方法和分散的手工作坊式生产。随着计算机辅助设计/制造（CAD/CAM）技术、计算机信息技术、自动化技术和网络技术的发展，数字化技术在现代飞机制造中得到了广泛的应用。飞机数字化装配是依托柔性装配工装和数字化装配工装，基于三维数模进行协调方案设计及容差设计，应用自动钻铆系统、数字化测量系统、数字化移动系统、离线编程和仿真软件等进行自动化装配，实现飞机的高质量、高效率装配。国外新型号飞机如波音747、737NG、777、787等数字化装配体系基本成熟，我国各个主机厂逐步从手工装配向数字化装备转变，当前将制约飞机装备周期的部分工序或工段来做数字化改造。随着我国军事工业和民航的发展，飞机数字化发展也是大势所趋。报告期内，公司陆续交付了贵飞项目、陕飞项目和其他航空领域的设备。

3. 航空航天零部件加工业务

报告期内，公司纸基蜂窝件、铝蜂窝件加工业务正常开展，其他航空零部件加工业务有待募投项目设备陆续入场后开展。

4. 工业领域的管理软件业务

浙江日发致力于引进意大利MCM公司自主开发的JFMX系统。该系统是车间的智能管理系统，已发展为一个完整层次和集成控制架构，可实施刀具管理、计划控制管理、设备过程数据管理、质量管理、产品识别与跟踪、各数据系统数据互换和联动管理等功能，从而实现覆盖从传感器和执行器直至生产计划的整体信息化管理，保证柔性制造系统的有效运行。报告期内，公司西北兵器项目在硬件和软件方面实现完美结合，获得客户的好评，其他定制化项目也在洽谈中。

**二、经营状况**

报告期内，公司新布局的航空产业蓄势起航，海外公司战略再创佳绩，传统业务力求突破。

1. 意大利MCM公司业绩再创新高

在五名老股东的支持下，在公司新的管理团队和全体员工的共同努力下，意大利MCM公司已渡过了RIFA收购所带来的可能风险，以全新的风貌出现在欧洲的机床业界，并且业绩创新高，获得近2 000万欧元欧洲空客的翻钣铣联线的订单。同时，MCM的中国市场开拓也有新突破，获得了成飞的订单，后续订单也在洽谈之中。

2. 日发航空装备蓄势起航

继2015年获得贵飞飞机数字化精加工台项目并完成发机，日发航空装备又与中航工业联合投标取得中航汉中飞机分公司总装脉动生产线系统订单并完成发机，目前已完成阶段验收；成飞的项目已完成大部分的发机工作；同时与西飞和洪都航空建立了商务往来。军机业务如火如荼开展之时，民机业务也取得重大突破。2016年与中航国际航空发展有限公司签署了《战略合作框架协议》，并与其下属子公司Aritex (Shanghai)就天津空客飞机装配项目签署销售合同，采购各类飞机装配的工作平台，并且获得中航国际航空制造企业联盟加盟企业称号，成功打入国际民用航空市场。

3. 金属切削板块力求突破

尽管金属切削的产量与自身纵向相比有不同程度的下降，但是横向比较来看，公司是金属切削机床行业中盈利能力最强的公司之一，公司的行业地位得到进一步巩固；轴承磨超自动线的市场占有率仍保持国内第一的地位。

### 三、主要财务数据

2015—2016 年公司主要财务数据见下表。

| 指标名称 | 2016 年 | 2015 年 | 同比增长（%） |
|---|---|---|---|
| 营业收入（元） | 783 791 014.57 | 767 798 417.00 | 2.08 |
| 归属于上市公司股东的净利润（元） | 41 124 696.75 | 39 577 995.78 | 3.91 |
| 归属于上市公司股东的扣除非经常性损益的净利润（元） | 27 168 245.43 | 33 228 301.67 | -18.24 |
| 经营活动产生的现金流量净额（元） | -7 382 203.81 | 22 887 891.26 | -132.25 |
| 基本每股收益（元／股） | 0.07 | 0.07 | 0 |
| 稀释每股收益（元／股） | 0.07 | 0.07 | 0 |
| 加权平均净资产收益率（%） | 2.46 | 5.86 | -3.40 个百分点 |
| 资产总额（元） | 2 351 348 119.68 | 2 431 574 141.26 | -3.30 |
| 归属于上市公司股东的净资产（元） | 1 685 345 860.27 | 1 655 162 392.29 | 1.82 |

# 郑州华晶金刚石股份有限公司

## （证券代码：300064　证券简称：豫金刚石）

### 一、主要业务

公司专注于超硬材料产业链的研究、产品开发和市场拓展。经过多年的发展和积累，形成了涵盖石墨矿、人造金刚石及原辅材料、大单晶金刚石及饰品、金刚石微粉、微米钻石线、超硬磨具（砂轮）等产品系列。公司采用直接向下游企业或终端消费者进行销售的业务经营模式。公司主要从事的业务为超硬材料和超硬材料制品的研发、生产和销售。

### 二、行业地位

公司产品涉及超硬材料和超硬材料制品，作为超硬材料行业栋梁企业和国家级河南超硬材料产业基地的骨干企业，经过十多年的发展，公司已形成涵盖石墨矿、原辅材料、金刚石、大单晶金刚石及饰品、金刚石微粉、微米钻石线和超硬磨具等多品类、多产品、多领域的产品系列。公司规模位居行业前列，是超硬材料行业综合竞争力领先的企业。

### 三、经营状况

2016 年，国际产业分工格局深度调整，整体经济增速缓慢，我国经济呈现新常态趋势。面对新的经济形势以及各种风险和挑战，公司围绕年初既定的发展战略，认真贯彻深耕超硬材料产业的理念，重点推动大单晶金刚石产品，坚持创新驱动，把科技创新作为引领公司发展的核心动力，通过产业经营和资本运营双轮驱动，加快推进产业链纵深建设，积极拓展产品在工业和消费领域的应用，实现公司快速、健康发展。

1. 完善公司治理，进一步提升公司运作水平

根据2016年度战略规划，公司不断完善法人治理结构，建立健全内部管理和控制制度，提高公司治理水平。报告期内，公司先后组织制定和修订了《投资者投诉处理工作制度》《募集资金使用管理办法》《投资理财管理制度》等一系列规范性文件，切实维护公司及全体股东的利益。根据规范治理的需要，公司进一步优化运营管理流程，强化决议的执行力，提升运营效率。

2. 以大单晶金刚石发展为契机，推进产业结构转型升级

作为首家实现大单晶金刚石产业化制造的企业，公司董事会和管理层高度重视大单晶金刚石产业链的发展，以大单晶金刚石业务发展为契机，通过产融结合提质升级，做优做强。一方面，公司加快扩大大单晶金刚石产能，提高供应效率，巩固公司市场地位；另一方面，深度挖掘大单晶金刚石产品的应用，在深耕工业应用基础上向消费饰品终端拓展，形成新的效益增长点。报告期内，公司通过先期参与合成钻石分级标准制定、跟进质检技术、拓展合成钻石理念及打造合成钻石品牌等多种方式加强品牌建设，增强市场对合成钻石的认知；通过赞助郑开马拉松、出席"2016中国国际钻石产业高峰论坛"和线上线下营销活动的方式，提升品牌的知名度和影响力。

3. 再融资工作顺利完成，资本助力产业战略发展

为巩固公司合成钻石的领先优势，公司圆满完成了2015年度非公开发行股票再融资事项，发行股票5.27亿股，募集资金45.88亿元。本次增发的成功有利地推动了"年产700万克拉宝石级钻石项目"的快速实施。截至报告期末，公司已完成项目一期房建和基础配套建设，部分设备已到位，正处于安装调试。项目的快速推进有利于推动大单晶

金刚石工业端应用和饰品、轻奢品等消费领域的应用布局。同时，募集资金的到位有效改善了公司资产结构，增强了公司盈利水平。

4.实施创新驱动战略，增强协同发展动能

作为超硬材料行业综合竞争力领先企业，公司坚持创新驱动，积极推动产学研用的创新体系建设，加强对现有产品的技术和设备的改造和升级，持续提升创新能力，充分发挥了科技创新对公司产业的支撑和引领作用。报告期内，公司统筹协调、有效整合产学研用资源，充分发挥优势互补的协同效应，提升研发团队的整体技术创新能力和水平，取得了丰硕的科研成果。

### 三、主要财务数据

2015—2016 年公司主要财务数据见下表。

| 指标名称 | 2016 年 | 2015 年 | 同比增长（%） |
| --- | --- | --- | --- |
| 营业收入（元） | 964 423 168.00 | 763 212 111.07 | 26.36 |
| 归属于上市公司股东的净利润（元） | 137 562 649.91 | 100 210 116.62 | 37.27 |
| 归属于上市公司股东的扣除 非经常性损益的净利润（元） | 134 187 121.04 | 97 888 269.95 | 37.08 |
| 经营活动产生的现金流量净额（元） | 37 465 026.06 | 156 627 692.33 | -76.08 |
| 基本每股收益（元 / 股） | 0.179 6 | 0.155 8 | 15.28 |
| 稀释每股收益（元 / 股） | 0.179 6 | 0.155 8 | 15.28 |
| 加权平均净资产收益率（%） | 4.96 | 5.88 | -0.92 个百分点 |
| 资产总额（元） | 8 815 402 480.55 | 3 377 009 689.12 | 161.04 |
| 归属于上市公司股东的净资产（元） | 6 634 451 930.40 | 1 949 470 236.45 | 240.32 |

# 中航航空高科技股份有限公司

## （证券代码：600862 证券简称：中航高科）

### 一、主要业务

2015 年，公司通过重大资产重组，将主营业务延伸至了航空新材料领域。报告期内，公司主要业务为航空新材料业务、房地产业务和机床业务三块。未来，随着公司房地产等相关业务的有序退出，公司将形成航空新材料、高端智能装备制造双主业共同发展的业务格局。

报告期内，公司进一步优化控股型高科技企业集团管控模式，各业务单元以子公司的形式按照公司统一战略进行专业化发展，加快实施业务转型升级；上市公司总部重点强化以提升价值创造和投资回报能力为牵引的投资绩效管理。上市公司统筹实施技术创新、管理创新和商业模式创新，打造公司核心竞争力。

### 二、经营状况

2016 年是公司完成重大资产重组后实现完整年度运行的第一年，面对公司重组后改革发展的复杂局面和保稳定、促增长的巨大压力，公司经营层认真落实"瘦身健体，降本增效"等重点工作安排，明确提出"以航空新材料和智能装备为核心，以技术同源的同根产品为基础，成为自主创新和科技成果转化能力强、商业模式有竞争力的优秀上市公司"的发展方向，按照"做大新兴材料产业，做强航空制造产业，做活智能装备产业，平稳退出地产产业；做优内部管控体系，做好科技转化平台"发展思路和目标，努力保稳定、促增长、增效益、调结构，年初确定的各项重点工作取得较大成绩。

1.航空新材料业务（含民品转化业务）

（1）中航复材。2016 年，中航复材积极应对经济下行压力，在变革中谋求技术进步和专业发展。通过近几年的努力，实现了业务模式由原材料生产与构件研制，向材料、制件、设计、研发、制造、检测、服务为一体的多业务产业链的转变，加强了复合材料研发、生产力量；运营模式由产品提供商向整体解决方案提供者转变，与客户联动，支撑和引领了航空航天领域复合材料应用和生产；市场开拓由国内市场拓展为国内、国际相结合，主动参与国际复合材料市场竞争，不断丰富产品线，提升产能，进军国际市场；科研成果转化模式继续加强军民深度融合，不断将成熟的技术应用于民机领域，实现了公司复合材料在军用航空领域的发展，同时加速了国防领域其他行业以及国民经济领域先进复合材料的技术发展。

2016 年中航复材实现销售收入 11.833 5 亿元，同比增长 9.63%；实现利润 1.630 8 亿元，同比增长 33.33%；实现净利润 1.413 2 亿元，同比增长 33.42%，超额完成年初预算指标。

（2）优材百慕。2016年，优材百慕实现销售收入6 230万元，实现利润总额2 660万元，同比增长9.0%；实现净利润2 230万元（其中经营净利润1 937万元），同比增长6.2%。报告期优材百慕经营状况良好，为后续发展积蓄了力量。

（3）优材京航。2016年，优材京航在医疗器械竞争白热化、市场面临较大发展压力的情况下，持续优化现有产品，实现销售收入3 286.3万元，同比下降3.66%；实现利润8.78万元，同比下降66.5%。未完成年初经营计划指标。

2. 装备业务

为推动公司原有机床业务扭亏、减亏和转型升级，报告期内公司组建了航智科技。自7月份开始，航智科技实现业务和财务独立运行，完成与上市公司间的资产、经营业务分立，保证了各项业务的顺利延续。原有机床业务子公司南通机床努力扩大现有产品的市场份额，开发新产品，拓展新业务，积极参与"一带一路"，拓展海外市场。

2016年，公司机床业务实现营业收入13 678.41万元，同比减亏7 000多万元。

（1）航智科技。2016年，航智科技实现销售收入7 032万元，实现利润总额-3 176万元，减亏效果明显。

（2）南通机床。2016年，南通机床实现销售收入2 739万元，同比下降28%；实现利润总额-1 356万元，同比减亏22%。与年初计划相比，南通机床销售收入增长5.3%，利润总额持平。在普通低端机床同质化竞争激烈的状况下，南通机床积极寻求差异化空间，通过转变思维观念、产品结构调整等措施，辅以网络销售、内外销并举的营销渠道建设，多举措攻坚克难。

**三、主要财务数据**

2015—2016年公司主要财务数据见下表。

| 指标名称 | 2016 年 | 2015 年 | 同比增长（%） |
|---|---|---|---|
| 总资产（元） | 8 524 784 873.14 | 9 696 773 841.01 | -12.09 |
| 营业收入（元） | 2 911 738 612.49 | 1 987 905 475.99 | 46.47 |
| 归属于上市公司股东的净利润（元） | 73 422 125.01 | 144 605 857.34 | -49.23 |
| 归属于上市公司股东的扣除非经常性损益的净利润（元） | 21 239 579.34 | 136 343 237.08 | -84.42 |
| 归属于上市公司股东的净资产（元） | 3 392 742 337.96 | 3 344 591 678.64 | 1.44 |
| 经营活动产生的现金流量净额（元） | 829 537 328.35 | 495 698 979.44 | 67.35 |
| 基本每股收益（元／股） | 0.05 | 0.23 | -78.26 |
| 稀释每股收益（元／股） | 0.05 | 0.23 | -78.26 |
| 加权平均净资产收益率（%） | 2.22 | 9.43 | -7.21 个百分点 |

# 中兵红箭股份有限公司

（证券代码：000519　证券简称：中兵红箭）

**一、主要业务**

报告期内，公司完成了发行股份及支付现金购买资产事项，在原有的超硬材料和内燃机配件两大民品业务板块的基础上，公司主营业务新增了智能弹药军品研制造业务，以及改装车、专用车、车底盘结构件及其他配件系列产品等民品业务。

为适应市场竞争格局和行业发展趋势，公司将通过持续的科技创新和工艺创新实现产品的转型升级、不断提高产品的竞争力；通过淘汰落后产能和无效资产实现轻装上阵；通过实施"一企一策"的精益营销以提升差异化、个性化服务水平；通过全面推进全价值链精益管理实现降本、提质、增效。

**二、经营状况**

报告期内，面对国内宏观经济持续低迷、主要产品结构性过剩、产品价格大幅下滑等困难和挑战，公司管理层紧抓供给侧结构改革，以全价值链体系化精益管理为依托，聚焦提质增效，转型升级，力争在不利的市场环境影响下，保持公司整体生产经营的稳定。

2016年，公司军品销售基本保持稳定增长态势，民品业务受市场环境影响呈现一定程度的下滑。

军品销售方面，公司管理层积极加强与军方协调沟通，加快了军品结算进程，保证了军品销售业务的稳步增长。

民品销售方面：①超硬材料产品主要应用领域石材加工行业整体开工率仍然不足，市场总体需求未见明显好转迹象。为有效缓解市场变动对企业经营的影响，公司管理层采取产品结构调整、生产工艺调整等多种措施，同时加大对大客户的优惠促销力度，去除了公司部分过剩产能，将其转化为新产品产能，同时，保证了公司在超硬材料行业的龙头地位，但超硬材料价格的下降影响了公司整体经营效益。2016 年，公司累计实现超硬材料产品销售收入 12.63 亿元，较上年同期下降 9.63%；累计实现利润总额 9 151 万元，较上年同期下降 72.90%。②改装车及汽车零部件生产方面，受农用及重型机械国Ⅳ排放标准的强制落地实施及部分地区率先实施国Ⅴ排放标准，改装车底盘供应周期延长、主要内燃机配件需求厂商停产整顿等影响，该类产品市场销售下滑，但公司在爆破器材运输车、冷藏保温车销售方面仍位居国内同行业前列。2016 年，公司累计实现改装车及汽车零部件产品销售收入 7.57 亿元，较上年同期下降 9.16%；累计实现利润总额 -2 088 万元，与上年同期基本持平。

总体而言，2016 年公司整体经营业绩呈现下降态势，但公司管理层根据市场形势变动实施的供给侧结构改革保证了公司生产经营的稳定性及公司主要产品在细分领域内的主导优势。2017 年，公司将持续加大产品结构调整、技术创新力度，加快公司转型升级步伐，以此推动公司经营业绩的改善，提升公司整体盈利能力。

### 三、主要财务数据

2015—2016 年公司主要财务数据见下表。

| 指标名称 | 2016 年 | 2015 年 | | 同比增长（%）（调整后） |
| --- | --- | --- | --- | --- |
| | | 调整前 | 调整后 | |
| 营业收入（元） | 3 782 264 517.80 | 1 548 164 668.63 | 3 939 279 644.27 | -3.99 |
| 归属于上市公司股东的净利润（元） | 137 650 217.05 | 248 550 088.30 | 386 878 453.36 | -64.42 |
| 归属于上市公司股东的扣除非经常性损益的净利润（元） | 68 183 585.03 | 214 034 507.58 | 214 034 507.58 | -68.14 |
| 经营活动产生的现金流量净额（元） | 157 201 674.96 | -141 296 929.57 | 4 969 818.98 | 3 063.13 |
| 基本每股收益（元／股） | 0.110 | 0.240 6 | 0.310 | -64.52 |
| 稀释每股收益（元／股） | 0.110 | 0.240 6 | 0.310 | -64.52 |
| 加权平均净资产收益率（%） | 2.47 | 6.05 | 7.25 | -4.78 个百分点 |
| 资产总额（元） | 10 266 501 171.00 | 5 173 758 502.45 | 7 974 292 159.75 | 28.74 |
| 归属于上市公司股东的净资产（元） | 7 365 995 173.29 | 4 185 206 082.32 | 5 504 660 852.57 | 33.81 |

中国
机床
工具
工业
年鉴
2017

附

录

公布 2016 年机床工具行业主要统计数据，记载 2016 年机床工具行业发生的重大事件

产业概况

产业运行

市场概况

产品与技术

特色企业

附录

产业概况

产业运行

市场概况

产品与技术

特色企业

附录

中国机床工具工业年鉴 2017

附录

# 2016 年机床工具行业主要经济指标完成情况

| 序号 | 行业类别 | 企业数 | | 主营业务收入 | | | 产成品存货 | |
|---|---|---|---|---|---|---|---|---|
| | | 数量（家） | 占比（%） | 实际完成（万元） | 占比（%） | 同比增长（%） | 实际完成（万元） | 同比增长（%） |
| 1 | 金属切削机床 | 742 | 12.8 | 16 734 691 | 16.6 | -0.2 | 1 724 949 | 11.4 |
| 2 | 金属成形机床 | 563 | 9.7 | 9 287 428 | 9.2 | 6.8 | 432 447 | -2.3 |
| 3 | 铸造机械 | 636 | 11.0 | 10 464 214 | 10.4 | 2.7 | 423 190 | 14.7 |
| 4 | 木材加工机械 | 144 | 2.5 | 1 988 994 | 2.0 | 1.3 | 95 434 | 4.4 |
| 5 | 机床附件 | 396 | 6.9 | 5 792 781 | 5.7 | -3.2 | 156 594 | -14.9 |
| 6 | 工量具及量仪 | 722 | 12.5 | 11 026 832 | 10.9 | 6.0 | 557 810 | -5.2 |
| 7 | 磨料磨具 | 1 874 | 32.4 | 34 256 238 | 34.0 | 9.1 | 1 026 814 | 3.9 |
| 8 | 其它金属加工机械 | 700 | 12.1 | 11 314 681 | 11.2 | -1.6 | 401 299 | -8.4 |
| 9 | 行业合计 | 5 777 | 100.0 | 100 865 859 | 100.0 | 4.1 | 4 818 537 | 3.6 |

数据来源：国家统计局。

〔供稿人：中国机床工具工业协会黑杉〕

# 2016 年机床工具行业中金属切削机床
# 产品产量分地区完成情况

| 地 区 名 称 | 金属切削机床 | | | 其中：数控机床 | | |
|---|---|---|---|---|---|---|
| | 企业数（家） | 2016 年产量（台） | 2016 年产量占比（%） | 企业数（家） | 2016 年产量（台） | 2016 年产量占比（%） |
| 北京市 | 13 | 13 166 | 1.7 | 11 | 12 420 | 5.0 |
| 天津市 | 8 | 962 | 0.1 | 5 | 519 | 0.2 |
| 河北省 | 5 | 1 393 | 0.2 | 3 | 463 | 0.2 |
| 山西省 | 1 | 13 | 0.0 | | | 0.0 |
| 辽宁省 | 33 | 92 492 | 11.8 | 9 | 68 197 | 27.3 |
| 吉林省 | 1 | 344 | 0.0 | | | 0.0 |
| 黑龙江省 | 7 | 358 | 0.0 | 3 | 137 | 0.1 |
| 上海市 | 27 | 34 786 | 4.4 | 17 | 2 209 | 0.9 |
| 江苏省 | 69 | 103 449 | 13.2 | 26 | 15 859 | 6.3 |
| 浙江省 | 99 | 130 391 | 16.6 | 50 | 46 288 | 18.5 |
| 安徽省 | 34 | 80 788 | 10.3 | 10 | 2 806 | 1.1 |

（续）

| 地 区 名 称 | 金属切削机床 | | | 其中：数控机床 | | |
|---|---|---|---|---|---|---|
| | 企业数<br>（家） | 2016 年产量<br>（台） | 2016 年产量占比<br>（%） | 企业数<br>（家） | 2016 年产量<br>（台） | 2016 年产量占比<br>（%） |
| 福建省 | 13 | 7 163 | 0.9 | 4 | 2 645 | 1.1 |
| 江西省 | 11 | 6 346 | 0.8 | 5 | 1 543 | 0.6 |
| 山东省 | 69 | 201 176 | 25.7 | 30 | 53 794 | 21.5 |
| 河南省 | 16 | 19 631 | 2.5 | 9 | 2 702 | 1.1 |
| 湖北省 | 19 | 4 945 | 0.6 | 7 | 530 | 0.2 |
| 湖南省 | 12 | 3 966 | 0.5 | 5 | 1 879 | 0.8 |
| 广东省 | 42 | 31 799 | 4.1 | 20 | 11 462 | 4.6 |
| 广西区 | 4 | 1 937 | 0.2 | 4 | 7 | 0.0 |
| 重庆市 | 10 | 6 563 | 0.8 | 6 | 3 392 | 1.4 |
| 四川省 | 10 | 5 413 | 0.7 | 4 | 528 | 0.2 |
| 贵州省 | 6 | 1 891 | 0.2 | 5 | 1 619 | 0.6 |
| 云南省 | 21 | 16 713 | 2.1 | 11 | 12 091 | 4.8 |
| 陕西省 | 13 | 14 708 | 1.9 | 8 | 7 354 | 2.9 |
| 甘肃省 | 2 | 1 055 | 0.1 | 1 | 116 | 0.0 |
| 青海省 | 2 | 238 | 0.0 | 2 | 207 | 0.1 |
| 宁夏区 | 5 | 1 551 | 0.2 | 4 | 1 259 | 0.5 |
| 新疆区 | | | 0.0 | | | 0.0 |
| 合计 | 552 | 783 237 | 100.0 | 259 | 250 026 | 100.0 |

数据来源：国家统计局。

〔供稿人：中国机床工具工业协会黑杉〕

# 2016 年机床工具行业中金属成形机床
# 产品产量分地区完成情况

| 地 区 名 称 | 金属成形机床 | | |
|---|---|---|---|
| | 企业数<br>（家） | 2016 年产量<br>（台） | 2016 年产量占比<br>（%） |
| 北京市 | 2 | 480 | 0.2 |
| 天津市 | 2 | 1 807 | 0.6 |
| 河北省 | 4 | 19 667 | 6.2 |
| 山西省 | 3 | 1 198 | 0.4 |
| 辽宁省 | 12 | 4 069 | 1.3 |
| 黑龙江省 | 1 | 10 | 0.0 |
| 上海市 | 10 | 1 755 | 0.6 |

（续）

| 地区名称 | 金属成形机床 | | |
|---|---|---|---|
| | 企业数<br>（家） | 2016年产量<br>（台） | 2016年产量占比<br>（%） |
| 江苏省 | 68 | 98 015 | 30.8 |
| 浙江省 | 39 | 23 784 | 7.5 |
| 安徽省 | 48 | 32 917 | 10.3 |
| 福建省 | 8 | 9 310 | 2.9 |
| 江西省 | 1 | 1 904 | 0.6 |
| 山东省 | 31 | 23 077 | 7.2 |
| 河南省 | 7 | 23 493 | 7.4 |
| 湖北省 | 14 | 33 843 | 10.6 |
| 湖南省 | 5 | 10 783 | 3.4 |
| 广东省 | 19 | 8 938 | 2.8 |
| 广西区 | 1 | 599 | 0.2 |
| 重庆市 | 4 | 2 012 | 0.6 |
| 四川省 | 4 | 11 356 | 3.6 |
| 贵州省 | 1 | 659 | 0.2 |
| 云南省 | 0 | 0 | 0.0 |
| 陕西省 | 5 | 8 534 | 2.7 |
| 甘肃省 | 2 | 191 | 0.1 |
| 合计 | 291 | 318 401 | 100.0 |

数据来源：国家统计局。

〔供稿人：中国机床工具工业协会黑杉〕

# 2016年中国机床工具行业大事记

## 1月

**12—13日** 全国锻压机械标委会2015年工作会议在山东济南举行。全国锻压机械标委会46名委员参加会议。会议讨论通过了2015年度标委会工作报告及2016年度工作计划，审查了锻压机械术语标准、锻压机械产品质量通用等级评定标准和伺服压力机标准。

**15日** 秦川机床工具集团股份公司承接的中船重工某厂海工平台升降齿轮箱项目的最后18台齿轮箱顺利通过ABS（美国船级社）的现场船检。至此，该项目共72台齿轮箱的研制生产任务圆满完成。升降齿轮箱是海工平台最重要的部件之一，它的质量对平台海上作业的安全至关重要。该市场过去一直被欧美国家垄断。

**24日** 由成都工具研究所有限公司、中国机械工业金属切削刀具技术协会以及工具技术杂志社联合主办，北京毅拓国际展览有限责任公司承办的"2016年印中现代金属切削工具技术论坛"在印度班加罗尔国际展览中心举行。论坛以"高效金属切削技术"为主题，分别就"轴承高效加工金属陶瓷刀具""高速切削超硬刀具"以及"QPQ表面改性技术提高金属成形产品的耐磨性"与海外用户开展技术交流。印度机床制造商协会(IMTMA)理事Dayanade出席论坛并致开幕词。

## 2月

**2日** 工业和信息化部公布了通过验收的《机电产品再制造试点单位名单（第一批）》。该名单是工业和信息化部按照《工业和信息化部办公厅关于进一步做好机电产品再制造试点示范工作的通知》（工信厅节函〔2014〕825号）的要求，组织开展机电产品再制造试点验收工作，经试点单位自评估、省级工业和信息化主管部门（或中央企业）验收评审、工业和信息化部组织专家论证复核及公示后确定的。机床工具行业武汉武重装备再制造工程有限公司（原武汉重型机床集团有限公司）入选该名单。

**18日** 宝鸡机床集团有限公司（简称宝鸡机床）与俄罗斯斯坦克机床制造公司签订合资建厂的框架协议。通过合资建厂，将实现宝鸡机床在俄罗斯境内的本地化生产，通过本地化生产可突破诸多非市场化壁垒的限制，从而进入俄罗斯政府采购的领域；同时展示双方公司的生产实力，提升宝鸡机床产品在俄罗斯境内的销售量。

**19日** 济南二机床集团有限公司（简称济南二机床）大型先进智能冲压设备国家重点实验室建设与运行实施方案通过了科技部组织的专家论证。未来5年，实验室将围绕汽车等行业装备制造的国家发展需求，针对大型先进智能冲压设备开发及产业化，重点开展大型智能冲压设备先进关键功能部件、数字化仿真分析、先进智能控制及智能安全防护等方向的应用基础与共性技术研究，提升我国冲压装备制造业的原始创新能力和国际市场核心竞争力。

**22日** 工业和信息化部印发了《机电产品再制造试点单位名单（第二批）》，有53家企业和3个产业集聚区入选，机床工具行业沈阳机床股份有限公司入选第二批机电产品再制造试点单位。

**23日** 工业和信息化部印发了《工业和信息化部办公厅 财政部办公厅 海关总署办公厅关于调整重大技术装备进口税收政策受理程序等事项的通知》（工信厅联财〔2016〕40号）。该通知的印发是因为财政部、国家发展和改革委员会、工业和信息化部、海关总署、国家税务总局、国家能源局联合印发了《关于调整重大技术装备进口税收政策的通知》（财关税〔2014〕2号）和《关于调整重大技术装备进口税收政策有关目录及规定的通知（财关税〔2015〕51号），对重大技术装备进口税收政策进行了调整。《关于调整重大技术装备进口税收政策受理程序等事项的通知》（工信厅联财〔2014〕233号）同日废止。

## 3月

**4日** 中国机床工具工业协会用户联络网年会在北京举行。来自航空航天、汽车、兵器、船舶等24个行业以及部分协会等单位的100多名代表参加了会议。会议就机床行业发展趋势、高新技术进步热点、用户需求的新变化以及CCMT2016展会亮点进行了卓有成效的探讨和交流。

**9日** 广州市昊志机电股份有限公司成功在深圳证券交易所创业板挂牌上市。首次公开发行A股2500万新股，发行价格为每股7.72元，股票简称"昊志机电"，股票代码：300503。发行新股所筹集到的资金主要用于公司"电主轴生产线扩建项目"以及"研发中心升级扩建项目"。

**16日** 工业和信息化部印发了《制造业单项冠军企业培育提升专项行动实施方案》，决定开展制造业单项冠军企业培育提升专项行动，以引导制造企业专注创新和产品质量提升，推动产业迈向中高端，带动中国制造走向世界。

**16日** 成都工具研究所有限公司科技重大专项"复杂数控刀具创新能力平台建设"项目的研究成果——"含Cr高钢级石油管螺纹加工用硬质合金刀具材料"被中国专利局授予发明专利，专利号：ZL201410128652.3。

**27日** 山东省"技能兴鲁职业技能大赛暨第44届世界技能大赛山东省选拔赛"启动仪式在泉城广场科技馆举行。期间对参加第43届世界技能大赛的山东选手和山东省各地市职业技能大赛获奖选手进行了表彰。济南二机床技校李启瑞以济南市数控加工组第一名的优异成绩受到表彰，并被授予"山东省技术能手"称号。

**30日** 成都工具研究所有限公司科技重大专项项目"高性能数控刀具性能测试与检测技术平台的研究"的研究成果——"复杂成形梳齿刀具"被中国专利局授予发明专利，专利号：ZL201310403353.1。

**31日** 工业和信息化部印发了《关于开展智能制造试点示范2016专项行动的通知》，并下发了《智能制造试点示范2016专项行动实施方案》，在总结2015年实施智能制造试点示范专项行动的基础上，继续组织实施智能制造试点示范2016专项行动。《智能制造试点示范2016专项行动实施方案》明确了专项行动的总体思路和目标，部署了2016年的具体工作。为推进专项行动的实施，工业和信息化部还将编制并发布《2016年智能制造试点示范项目要素条件》，并以此为依据，遴选60个以上智能制造试点示范项目。

## 4月

**1日** 工业和信息化部印发了《绿色制造2016专项行动实施方案》。《绿色制造2016专项行动实施方案》提出了绿色制造的指导思想，明确了绿色制造2014专项行动的主要目标，部署了重点工作，提出了保障措施。

**6日** 张家港经济技术开发区与大连机床集团有限责任公司（简称大连机床集团）华东基地项目签约仪式在张家港举行。大连机床集团华东基地项目总投资45亿元，拟分二到三期建设，全部建成后，预计产出规模 100 亿元。其中，一期项目投资规模 15 亿元左右，注册资金 4～5 亿元，主要建设机床制造、再制造及孵化基地三个项目。机床制造及再制造基地主要从事高端机床、智能装备、机器人的制造销售，传统机床、自动化生产线的升级改造及再制造，计划年产各类数控机床 1 万台（套），年销售 25～30 亿元。孵化基地将结合长三角地区产业现状，围绕汽车零部件、机械加工，引进数控机床 2 000 台（套），吸引 100 个以上创业团队，计划年销售 8 亿～10 亿元。

**10 日**　中国机床工具工业协会经销商分会成立大会在上海召开，79 家分会会员单位近百位代表参加了会议。中国机床工具工业协会常务副理事长兼秘书长陈惠仁出席会议并发言，执行副理事长王黎明主持会议。有 94 家企业通过审核成为经销商分会会员单位。在随后召开的经销商分会首届理事会第一次会议上，青岛青机机电设备有限公司当选为理事长单位，上海爱姆机床成套设备有限公司当选为常务副理事长单位，太原市信丰通机电贸易有限公司等 17 家企业当选为副理事长单位。会议选举青岛青机机电设备有限公司董事长刘宗毅为理事长，上海爱姆机床成套设备有限公司总经理张锦芳为常务副理事长。

**11 日**　受工业和信息化部装备司委托，中国机床工具工业协会在上海首次发布滚动功能部件专项产品性能测评结果，并与境外进口主流产品性能进行了比对。本次发布的测评结果有滚珠丝杠和直线滚动导轨专项产品的静刚度。参与产品性能测评的企业有山东博特精工股份有限公司、南京工艺装备制造有限公司、大连高金数控集团有限公司、陕西汉江机床有限公司、广东高新凯特精密机械股份有限公司。产品性能测评机构为南京理工大学数控机床功能部件性能测试与可靠性技术重点实验室。

**11—12 日**　2016 年军工行业国产数控机床应用座谈会在上海举行。会议由国家发展与改革委员会、工业和信息化部、国家国防科技工业局倡导，中国机床工具工业协会与中国和平利用军工技术协会承办。会议总结了 2015 年机床工具行业与军工行业的长效合作工作机制，介绍了数控机床专项的进展。会议期间，国家国防科技工业局发布了《国产高档数控机床供应目录》（第一批），公布了第一批进入《国产高档数控机床供应目录》的企业产品名单，军工行业国产数控机床应用专家委员会对《国产高档数控机床供应目录》工作，以及建立国产高档装备预研提案进行了介绍和说明。

**11—15 日**　第九届中国数控机床展览会（CCMT2016）在上海新国际博览中心举行。展会展出面积 12 万 $m^2$，来自 22 个国家和地区的 1 148 家企业参展，其中境外展商近 400 家。观众人数超过 10 万人。

**12 日**　工业和信息化部印发"关于开展工业强基 2016 专项行动的通知"，组织开展"工业强基 2016"专项行动，制定了《工业强基 2016 专项行动实施方案》。

《工业强基 2016 专项行动实施方案》指出，2016 年，加强顶层设计，完善政策环境，引导各类要素向工业基础领域集聚；推动重点领域发展，实施"一揽子"突破行动，重点突破 40 种左右标志性核心基础零部件（元器件）、关键基础材料、先进基础工艺；继续开展重点产品示范应用，实施重点基础产品和工艺"一条龙"应用计划，促进整机和基础技术的协同发展；创建产业技术基础体系，提升 10 家左右产业技术基础公共服务平台的能力，形成与重点产业和技术发展相适应的支撑能力；推进"四基"军民融合发展；逐步解决重大工程和重点装备的基础瓶颈，形成整机和基础协调发展的产业环境。

**12 日**　工业和信息化部公布 2015 年工业品牌培育示范企业名单。该名单经企业申报、各地工业和信息化主管部门和行业协会评价推荐、专家评审后，最终 76 家企业入选。机床工具行业浙江西菱股份有限公司进入了该名单。

**12 日**　中国机床工具工业协会在上海举行技术市场新闻发布暨技术交流会，协会常务副理事长兼秘书长陈惠仁宣布中国机床工具工业协会开办的技术市场正式启动。该技术市场是协会在其官网上开辟的一个频道，面向全行业企业、高校与科研单位，提供供需双方交流、转让的平台。这是一个纯公益性的完全免费服务的平台，用户注册后可免费发布技术供需信息，检索浏览信息，从而沟通供需双方。

**13 日**　机床工具行业与内燃机行业对接会在上海举行。会议由中国机床工具工业协会与中国内燃机工业协会共同组织。内燃机行业企业广西玉柴、东风商用车、浙江德宏、云内动力，机床工具行业企业上海机床、大连光洋、海克斯康、北一机床、青岛力鼎等企业参加了会议。中国机床工具工业协会执行副理事长王黎明、中国内燃机工业协会常务副会长兼秘书长邢敏分别介绍了两个行业的发展情况。会议围绕内燃机行业企业产品发展需求的先进设备和工艺展开了交流与探讨。

**19 日**　上海维宏电子科技股份有限公司在深圳证券交易所成功挂牌上市。首次发行 A 股 1 421 万股，其中公开发行新股 1 182 万股，老股转让 239 万股，发行价格为每股 20.08 元，股票简称"维宏股份"，股票代码：300508。发行新股所筹集的资金主要用于公司一体化控制器产品升级及扩产、研发中心、全国营销网络、伺服驱动器产业化等项目的建设。

# 5 月

**4 日**　工业和信息化部办公厅发布"开展 2016 年智能制造试点示范项目推荐"的通知。通知要求各地方工业和信息化主管部门按照 2016 年智能制造试点示范项目要素条件，组织本地区智能制造试点示范项目的申报工作。

**4日** 秦川机床工具集团股份公司的"精密磨齿机装配省级技能大师工作室"已获陕西省人社厅、陕西省财政厅批准。至此,秦川机床工具集团股份公司有3个省级技能大师工作室。

**11日** 吉利汽车召开2016年度供应商大会,济南二机床被授予"优秀供应商"荣誉称号。吉利集团自1997年进入汽车产业,多年来始终专注技术创新和人才培养。十几年间,快速成长为具有国际竞争力的世界500强企业。吉利集团自进入汽车产业起,即采用济南二机床冲压设备,开启了双方的合作基地,从北仑基地、春晓基地、临海基地、湖南基地、台州Ⅴ项目、张家口凯悦项目、贵阳新能源项目到沃尔沃成都工程、大庆工厂,济南二机床共为吉利汽车提供了20余条各类大型冲压生产线,为适应吉利汽车不同车型需要,提供了个性化定制服务。

**17日** "数控机床互联通讯协议标准联盟"成立大会在武汉华中数控股份有限公司召开。来自中国机床工具工业协会、武汉华中数控股份有限公司、沈机(上海)智能系统研发设计有限公司、广州数控设备有限公司、沈阳高精数控智能技术股份有限公司、大连科德数控股份有限公司、天津市泰森数控科技有限公司、大连机床集团有限公司、四川普什宁江机床有限公司、北京北一机床股份有限公司、武汉华工激光工程有限责任公司、华中科技大学、北京航空航天大学、北京兰光创新科技有限公司共15家企事业单位、研究机构与高校的专家及特邀专家32人参加了会议。

**23日** 财政部办公厅、工业和信息化部办公厅、中国保监会办公厅联合发布"关于申请首台(套)重大技术装备保费补贴资金等有关事项的通知"。通知明确了保费补贴资金申请的时间,以及申请列入《首台(套)重大技术装备推广应用指导目录》的重大技术装备产品原则上须具备的条件。

**23日** 工业和信息化部发布通知,根据工业和信息化部、财政部《技术创新示范企业认定管理办法(试行)》(工信部联科〔2010〕540号)有关规定,对2013年认定的80家国家技术创新示范企业开展复核评价,其中机床工具行业有4家企业。这4家企业分别是株洲硬质合金集团有限公司、天津市天锻压力机有限公司、大连机床集团有限责任公司、天水星火机床有限责任公司。

**24日** 大连机床集团与重庆潼南区政府签订战略合作协议,双方将合作建设电子信息和汽车零部件制造的产业孵化园区。由当地政府提供土地、厂房及系列政策支持,园区企业通过融资租赁方式采购大连机床集团的设备。预计9月末一期投入使用,届时大连机床集团将提供各类加工中心设备1 000台,达10亿元规模。

**26日** 北京工研精机股份有限公司承担的《精密、超精密机床创新平台》04专项课题通过04专项办组织的验收。该课题的参与单位还有清华大学、西安交通大学、哈尔滨工业大学、天津大学、北京工业大学。按照课题要求,

课题承担单位建立了精密、超精密机床创新平台,建设了高精、高速、高刚性数控机床结构设计及分析实验室等11个实验室。

**26日** 由中国机械工业联合会、中国汽车工业协会主办的第十二届中国机械工业百强企业、汽车工业三十强企业信息发布会在广东省东莞市召开。济南二机床连续8年入围"中国机械工业百强"企业,排名提升至64位。

**27日** 呼和浩特众环(集团)有限责任公司承担的04专项课题《大型刀库及自动换刀装置开发》通过了04专项办组织的验收。课题参与单位还有北京工业大学和北京北一机床股份有限公司。按照课题要求,呼和浩特众环(集团)有限责任公司研制三种类型的刀库及自动换刀装置,并达到10台(套)的应用。

**30—31日** 株洲钻石股份有限公司承担的04专项课题"汽车发动机配套精密高效刀具开发"、上海工具厂有限公司承担的04专项课题"复合材料系列化刀具开发"通过了04专项办组织的预验收。"汽车发动机配套精密高效刀具开发"课题参与单位有奇瑞汽车股份有限公司、神龙汽车有限公司、哈尔滨量具刃具集团有限责任公司、芜湖瑞利工具有限公司、山东大学、湖南大学、华东理工大学。主要内容是研发63个系列汽车发动机典型零件加工生产线用高效、超硬批量生产切削刀具,建立发动机零件加工总体解决方案。"复合材料系列化刀具开发"课题的参与单位有成都飞机制造有限公司、哈尔滨工业大学、上海交通大学、湖南大学。主要内容是针对航空航天工业碳纤维复合材料典型关键零部件加工关键技术问题,开发复合材料系列化刀具,并在用户企业实现应用示范。

# 6月

**3日** 工业和信息化部公示了"2016年智能制造综合标准化与新模式应用项目",共144项,其中"智能制造综合标准化"项目38项,"智能制造新模式应用项目"106项。机床工具行业有8个项目入选,包括武汉华中数控股份有限公司的"数控机床互联通讯协议标准研究与试验验证"、大连机床集团公司的"数控机床智能制造数字化车间建设"、济南二机床集团有限公司的"离散型高档数控机床智能制造(数字化车间)模式研究及应用"、秦川机床工具集团股份公司的"工业机器人减速器数字化车间"、郑州磨料磨具磨削研究所有限公司的"高性能超硬材料磨具智能制造新模式"、大族激光科技产业集团股份有限公司的"高档数控激光加工机床及核心器件智能制造数字化车间"、福建威诺数控机床有限公司的"威诺高档数控机床智能制造工厂关键技术开发及集成应用"、重庆广数机器人有限公司的"高性

能伺服驱动及电机制造新模式应用"。

**6日** 工业和信息化部、国防科工局印发了关于推荐《民参军技术与产品推荐目录(2016年度)》的通知(工信厅联军民函〔2016〕388号),决定编制发布《民参军技术与产品推荐目录(2016年度)》,向军队和军工领域推荐相关技术与产品。信息采集领域主要针对空军和火箭军用装备建设需求,重点围绕探测与目标识别、遥感遥测、指挥与控制、通信与导航、模拟训练与仿真、检测、维修保障与可靠性、动力、隐身、新能源、无人机系统、发射系统、共性技术与产品等领域,面向全国民用企业、科研机构和高校,采集具有自主知识产权的高新技术及优势产品信息,包括系统、分系统、微系统、配套产品、高端元器件、高性能材料、软件等。通知要求各地军民结合主管部门负责组织协调本地区相关信息的采集、初评、遴选和推荐,要对本地区采集的信息进行初步审查,对推荐的产品及技术信息出具推荐意见。

**15日** 汉江工具有限责任公司与国内最大汽车同步器生产商天津天海同步集团有限责任公司签署战略合作协议。双方以此次战略合作为契机,加快推进高端需求与高端研发有效对接,实现合作共赢、可持续发展。

**17日** 济南二机床再次赢得福特汽车美国伍德黑文(Woodhaven)工厂的大型高速冲压线订单。这是济南二机床为美国福特提供的第9条大型冲压线,也是中国制造凭借自身实力,在国际高端市场取得的又一个成果。济南二机床为福特伍德黑文工厂提供的7 100t大型冲压线,是一条代表当今世界最先进水平的大型高速、智能冲压生产线。自2011年以来,济南二机床已连续赢得福特汽车美国4个工厂、9条冲压线、共计44台不同规格的冲压设备订单,囊括了福特美国本土工厂的全部新增冲压设备。目前,已有6条冲压线投入使用。

**28日** 工业和信息化部办公厅、财政部办公厅发布"关于组织推荐2016年国家技术创新示范企业的通知"。通知要求各地工业和信息化主管部门联合同级财政部门,按照工业和信息化部、财政部《技术创新示范企业认定管理办法(试行)》(工信部联科〔2010〕540号)的要求,对本地申报2016年国家技术创新示范企业的申报材料进行审查和推荐,认真做好2016年认定国家技术创新示范企业的遴选和推荐上报工作。

**29日** 北京第二机床厂有限公司(简称北二机床)签下了出口肯尼亚的铁路车轴专用数控磨床订单,打破了北二机床2013年缅甸项目单笔合同金额的记录,成为北二机床历史上最大的单笔出口订单。此项目的成功对北二机床具有重大的战略意义,通过对铁路这一国家重要战略行业的拓展,扩大了北京二机床产品在海外市场的领域,既树立起了北二机床在业内的良好形象及品牌声誉,也为北二机床在海外项目运作积累了宝贵经验。

# 7月

**1日** 国内首个智能制造装备项目——高档数控机床数字化车间的研制与应用示范项目,通过了由云南省发展和改革委员会组织并主持的项目验收。该项目由沈机集团昆明机床股份有限公司和云南CY集团有限公司承担,上海机床厂有限公司、沈阳自动化研究所、沈阳机床集团上海研究院、深圳新松机器人公司等参与。该项目首次面向离散制造业,实现了机床关键零部件加工过程的自动数据采集、智能分析判定、动态闭环监控,是一个完整意义上针对数控车床关键零部件加工、生产管控一体化的智能制造项目。整个项目由生产线内加工和生产线外加工两部分组成,生产线内加工主要承担零件的精加工,生产线外加工主要承担零件的部分半精加工及上线前工艺验证。项目的研制内容包括数字化车间管控系统、智能机床研究及智能加工技术、5条(床身、主轴箱、主轴、床鞍、三座/尾座)机床关键零件柔性生产线及与之配套的线外设备、智能升级改造设备、在线测量系统、刀具管理系统,由91台(套)设备组成。实现混流柔性制造、自动上下料、产品自动识别和跟踪、在线自动检测、产品流向智能控制、智能故障诊断、加工参数优化、生产过程实时监控和生产管理信息化;满足了高档机床关键零件批量、多品种混线生产的高柔性自动化、智能化生产需求。建成后已在云南CY集团有限公司投入使用。

**4日** 工业和信息化部公布了2016年智能制造试点示范项目名单。该名单按照《智能制造试点示范2016专项行动实施方案》和《关于开展2016年智能制造试点示范项目推荐的通知》,经各地方工业和信息化主管部门推荐、专家评审后确定。机床工具行业大连机床(数控)股份有限公司作为数控机床智能制造试点示范、北京超同步伺服股份有限公司作为智能伺服电动机数字化车间试点示范企业入选了2016年智能制造试点示范项目名单。

**5日** 秦川机床工具集团股份公司成功研制出机器人关节减速器试验台,成为国内完全具有减速器所有测试环节测试试验台的独立设计及制造能力的企业之一。

**5日** 秦川技术研究院工业设计研究所成立。成立工业设计研究所,旨在强化工业设计在企业产品研发制造流程中的优化、整合作用,进一步提升产品功能和技术水平,并为企业提供以工业设计、先进制造技术为核心的技术创新服务。

**15日** 工业和信息化部公布了符合《铸造行业准入条件》的企业名单(第三批)。该名单是各地方工业和信息化主管部门按照《铸造行业准入条件》组织申报并审核推荐,工业和信息化部组织专家复核后确定的。工业和信息化部同时组织各地方工业主管部门对前两批公告企业开展

2015年度监督检查工作，根据各地上报的监督检查报告，有11家企业未能保持《铸造行业准入条件》要求，决定撤销其铸造行业准入公告资格。

**19日** 军工行业国产数控机床应用交流会在济南二机床召开，来自国防科工局、工信部、中国和平利用军工技术协会、中国机床工具工业协会以及航空、航天、兵器、船舶等知名企业的40名代表参加了交流会。济南二机床向参会代表展示了JIER自主研发的五轴联动高速龙门铣、大型翻板卧式加工中心、汽车模具铣以及具有自主知识产权的双摆角数控万能铣头等产品，展现出济南二机床在高档数控机床产品方面的自主创新能力和强大的研发制造实力。

**22日** 中国机床工具工业协会2016年度理事会在济南二机床集团有限公司召开。来自中国机床工具工业协会23家理事长和副理事长单位的27位代表参加了会议。会议分别由中国机床工具工业协会轮值理事长、济南二机床集团有限公司董事长张志刚，中国机床工具工业协会执行副理事长王黎明主持。会议围绕财税政策建议、创新中心设立、行业企业转型升级几个热点问题进行了讨论和交流。

**23日** 大连机床集团与俄罗斯第一大燃气仪表制造商——甘斯德瓦斯股份有限公司在大连签署战略合资协议，在俄合资建立数控机床制造公司。根据协议，合资厂俄方控股51%，主要由厂房和土地构成；大连机床集团占股49%，主要提供技术、设备和工具。合资厂成立后2016年给大连机床集团第一个订单额为5 700万美元，2017年订单不少于1.5亿美元，2018年订单为3亿美元。

**25日** 上海工具厂有限公司承担的04专项课题"航空航天用复合材料系列化刀具开发"通过了04专项办组织的终验收。按照课题要求，上海工具厂有限公司针对航空航天用碳纤维复合材料研制了钻、铰等制孔类系列刀具，形成了典型材料、典型工件的加工工艺系统参数数据库，并在航空企业建立了应用示范基地。

**26日** 按照协会章程中国机床工具工业协会第7届理事会轮值理事长、秦川机床工具集团股份有限公司董事长龙兴元，接替任期届满的第7届理事会第3年度理事长济南二机床集团有限公式董事长张志刚，担任中国机床工具工业协会第7届理事会第4年度理事长。

**28—29日** 大众中国冲压技术交流会在济南二机床举行。来自大众中国、一汽大众长春、成都、青岛工厂和上汽大众长沙、安亭工厂等大众集团的十几位冲压规划和技术专家参加了交流会。交流会围绕济南二机床的新技术、新产品展开，探讨了当今冲压技术的发展特点与趋势，同时对JIER设备在大众各个工厂的使用情况进行了沟通交流。上汽大众长沙工厂和一汽大众的成都、青岛等地的工厂都采用了济南二机床的快速冲压线。一系列大众项目的成功实施，证实济南二机床的冲压装备完全可以满足德系、美系、日系等不同系列汽车制造商的标准要求。

**29日** 工业和信息化部发布了2016年全国"质量标杆"名单。该名单经各地工业和信息化主管部门、有关协会等单位推荐，专家评议和公示，工业和信息化部确定了33项典型经验为2016年工业企业"质量标杆"。机床工具行业企业重庆机床（集团）有限公司致力于国际化品牌培育管理体系的实践经验被树为品牌培育方向质量标杆。

# 8月

**2日** 国家质检总局、国家标准委、工业和信息化部发布《装备制造业标准化和质量提升规划》。规划明确了装备制造业标准化和质量提升的总体思路、实施原则，提出了2025年前的目标任务。该规划提出要提升装备制造业标准化和质量管理创新能力，培育发展团体标准；实施工业基础标准化和质量提升工程、智能制造标准化和质量提升工程、绿色制造标准化和质量提升工程；发展服务型制造和生产性服务业标准化；推动新一代信息技术及高档数控机床和工业机器人等重点领域标准化突破，提升装备制造业质量竞争力。高档数控机床和机器人标准化工作要依托主机企业和龙头企业，围绕产业链上下游开展高档数控机床和关键功能部件标准研制，重点制修订先进装备制造业和军工行业配套的智能机床、智能生产线、智能柔性线、智能制造单元等智能高档数控机床标准，以及中高档数控系统、滚动功能部件、主轴部件、数控动力刀架、数控转台、动力卡盘、大型刀库等关键中高档功能部件标准及数控机床切削用硬质合金材料、线切割材料标准。

**4日** 工业和信息化部、国防科工局、全国工商联发布《关于举办中国军民两用技术创新应用大赛的通知》（工信厅联军民函〔2016〕521号），决定以"军民融合·协同创新"为主题，于2016年8—12月联合举办中国军民两用技术创新应用大赛。首届大赛重点围绕电子信息、新材料、装备制造（高档数控机床和机器人、航空航天装备、海洋工程装备及高技术船舶）、新能源及节能环保等领域，按照"技术创新类"和"产业化类"项目分类安排竞赛，分报名及资质审核、初赛、半决赛、决赛四个阶段设置赛程。

**7日** 大连机床集团（东莞）智能技术研发中心有限公司的智能制造国家专业化众创空间入围了科技部首批国家专业化众创空间示范名单。

**9日** 国际电工委员会（IEC）颁布了IEC/TS60204-34:2016《Safety of machinery - Electrical equipment of machines- Part 34: Requirement of machine tolls》国际标准。这项标准是由北京机床研究所牵头、全国工业机械电气系统标准化委员会（SAC/TC231）组织行业骨干企业制定的机床行业第一项国际标准。IEC/TS60204-34:2016标准规定了"机床的电气、电子、数控、可编程序电子设备及系统等的安全要求"，是机床行业核心的安全标准之一。

**11 日** 工业和信息化部、国家发展改革委、财政部、中国人民银行、国家税务总局、中国银监会等十一部门近日联合发布《关于引导企业创新管理提质增效的指导意见》，以引导企业适应新形势和新要求，进一步创新管理、提质增效，提高企业和产业竞争力，促进我国经济持续健康发展。

**19 日** 工业和信息化部、国家发展改革委员会、科技部和财政部四部委印发了制造业创新中心等 5 大工程实施指南的通知。为贯彻落实《中国制造 2025》，推进制造强国建设，四部委组织编制了制造业创新中心建设、工业强基、智能制造、绿色制造和高端装备创新 5 大工程实施指南，通过政府引导，形成行业共识，汇聚社会资源，突破制造业发展的瓶颈和短板，抢占未来竞争制高点。

**21 日** 宝鸡机床集团与武汉华中数控股份有限公司签订战略合作协议。

**26 日** 工业和信息化部公布了第三批（2013 年）认定国家技术创新示范企业复核评价结果。80 家企业参加复核评议，其中 79 家企业通过了复核评价，机床工具行业企业 4 家企业株洲硬质合金集团有限公司、天津市天锻压力机有限公司、大连机床集团有限责任公司、天水星火机床有限责任公司均通过复核。

**26 日** 工业和信息化部、国家质检总局、国防科工局发布《促进装备制造业质量品牌提升专项行动指南》。该行动指南提出，在实施制造强国战略的第一个十年，分三个阶段实现我国装备制造业质量和品牌水平大幅提升。第一阶段，力争用 3 年时间，夯实装备制造业质量和品牌发展的基础，在重点领域取得突破。到 2018 年，装备制造业产品质量国家监督抽查合格率达到 90% 以上，新产品销售比重、成本费用利润率等指标水平得到提高；第二阶段，用 3 年时间，推动装备制造业质量和品牌整体提升，国产装备国内市场满足率、自主品牌市场占有率等指标得到显著提高；第三阶段，用 4 年时间，推动装备制造业质量和品牌达到世界制造强国水平，以中国装备树立中国制造的质量和品牌新形象。围绕上述目标，该行动指南从 5 个方面提出了 20 项行动，可以概括为发挥一个主体作用、加强三类平台建设、完善四个基础体系、健全四项监管机制、推进六个领域提升。

**30 日** 由秦川机床工具集团股份公司组织召开的机器人用精密摆线行星减速器联盟标准启动会在陕西宝鸡举行，来自中国机器人产业联盟、省质量技术监督局及北京、上海、江苏、广州、武汉、珠海、西安等地的装备制造企业业负责人、科研机构专家参会，正式启动机器人"关节"联盟标准编制工作。

## 9 月

**2 日** 工业和信息化部公布中德智能制造合作 2016 年试点示范项目名单。该名单是根据《2016 年中德智能制造合作工作安排》（工信厅信软〔2016〕53 号），经有关单位推荐、项目现场答辩、专家组评审、名单公示，最终确定的。济南二机床集团有限公司与博世（中国）投资有限公司的合作项目"博世济二智能生产排程系统试点示范"获得通过。

**8—10 日** 全国金属切削机床标准化技术委员会功能部件分技术委员会三届三次会议在内蒙古海拉尔举行。标委会委员、分会秘书处成员、各标准起草工作组成员、特邀代表 46 人参加了会议。会议对《电主轴 第 4 部分：磨削用电主轴》《电主轴 可靠性试验规范》《电主轴 精度保持性试验规范》《电主轴 性能试验规范》《机械主轴 精度保持性试验规范》《机械主轴 性能试验规范》《滚动直线导轨副钳制器》（第 1～3 部分）《滚动直线导轨副阻尼器》（第 1～3 部分）《滚柱导轨块》等 16 项行业标准进行了审查。

**9 日** 中国机床工具工业协会重型机床分会第七次会员大会暨七届一次理事会在安徽芜湖举行。重型机床分会 10 家会员单位的代表参加会议，中国机床工具工业协会执行副理事长毛予锋出席会议。会议选举产生了由 13 家会员单位组成的新一届理事会，8 家常务理事单位，4 家副理事长单位和 1 家理事长单位。武汉重型机床集团有限公司当选为理事长单位，齐重数控、齐二机床、青海重型和上海重型当选为副理事长单位。理事会聘徐宁安为秘书长，彭鄂为常务副秘书长。

**13 日** 济南二机床集团有限公司与博世（中国）投资有限公司在济南签订智能制造战略合作协议，正式启动双方联合承担中德智能制造合作试点示范项目"智能生产排程系统"。

**13 日** 北一机床旗下的北京第二机床厂有限公司与泰国某公司签订单机自动化数控外圆磨床出口合同。这是北二机床公司单机自动化加工设备首次销售到国际市场，国际业务实现又一历史性突破。

**19—20 日** 中国机床工具工业协会数控系统分会 2016 年度理事扩大会议在北京召开。中国机床工具工业协会常务副理事长兼秘书长陈惠仁、数控系统分会理事长陈吉红出席会议，分会会员单位代表近 50 人参加了会议。会议探讨了当前行业经济运行的特点和面临的问题。会议还启动了数控机床互联通信协议标准项目。

**19—21 日** 全国金属切削机床标准化技术委员会重型机床分技术委员会七届三次会议在湖北恩施举行。重型标委会委员和代表、部分铣床标委会委员、重型创新平台重大专项课题组成员及特邀代表 42 人参加了会议。会议通报了金属切削机床领域推荐性标准集中复审情况，传达了关于"'十三五'金属切削机床领域标准体系规划"的文件精神和编制要求；介绍了重型机床专业领域标准现状和"'十三五'重型机床领域标准体系规划"编制情况，讨论了重型分会起草的《重型机床 产品分类》行业标准征求意见稿。

**22—23日** 中国机械工业科学技术奖评审会（终评会）在北京举行。会议听取了项目单位的介绍和答辩质询，共推荐特等奖6项（其中发明类3项）、一等奖31项（其中发明类5项），评审二等奖118项，评定三等奖189项。机床工具行业3个项目荣获一等奖。

# 10月

**11日** 大连机床集团与俄罗斯中心资本有限责任公司在莫斯科签署合作协议，双方将在莫斯科州合建名为DMTGRus的数控机床组装厂。根据合作计划，合资公司将专门创建技术设计部门以帮助实现数控机床技术本土化，同时将建立零部件中心仓库、客服平台和培训中心。合资机床厂计划第一年制造、组装并销售6 000万美元高端精密数控机床产品，第二年销售额将提升至1.4亿美元。

**13日** 中国机床工具工业协会钻镗床分会第七次会员代表大会暨七届一次理事会在沈阳举行。钻镗床分会20多家会员企业参会。中国机床工具工业协会执行副理事长毛予锋出席会议。会议选举产生了由26家会员单位组成的新一届理事会、14家常务理事单位、9家副理事长单位和理事长单位。沈阳机床（集团）有限责任公司当选为理事长单位。理事会聘刘春时为分会秘书长，李军为副秘书长。

**19日** 中国机床工具工业协会机床电器分会八届二次理事（扩大）会议在成都举行。机床电器分会15家理事单位的22名代表参加会议。会议就企业如何敏锐捕捉市场机遇，开发适销对路的新产品方面进行了充分交流。

**21—22日** 中国机床工具工业协会滚动功能部件分会2016年年会在浙江温岭召开。滚动功能部件分会38家会员企业的代表参加了会议。中国机床工具工业协会副秘书长郭长城、滚动功能部件分会理事长李保民出席会议。会议就行业的经济运行情况进行了交流和讨论，认为行业整体价格竞争依然激烈，经济效益下降严重；货款回收困难、流动资金压力较大；行业中，产品质量稳定提高的企业、市场调整步伐较快的企业经济形势较好。

**22日** 工业和信息化部印发《关于发布2016年工业转型升级（中国制造2025）重点项目指南的通知》，决定组织实施2016年工业转型升级（中国制造2025）重点项目，围绕《中国制造2025》年度任务及工业和信息化部年度中心工作，主要支持产业共性技术公共服务平台及设施、重点领域关键问题解决方案两个方面共18个重点任务。

**24日** 中国机床工具工业协会小型机床分会第八届会员大会和八届一次理事会在成都举行。13家会员企业的代表参加了会议。中国机床工具工业协会常务副理事长兼秘书长陈惠仁出席会议。会议选举产生了小型机床分会第八

届理事会，新一届理事会由四川普什宁江机床有限公司等7家理事企业组成。八届一次理事会选举四川普什宁江机床有限公司为理事长单位，上海第三机床厂有限公司、山东临沂金星机床有限公司为副理事长单位。理事会聘任王珏担任分会秘书长，楼杰担任分会副秘书长。

**26—28日** 全国磨料磨具标准化技术委员会2016年年会暨标准审查会议在西安举行。总会委员、四个分技术委员会委员120余人参加会议。会议审议通过了全国磨料磨具标准化技术委员会2016年度工作报告、经费收支报告以及2017年工作计划。各分会分别进行了制修订标准的集中审查工作，讨论了"十三五"重点标准计划。

**31日** 工业和信息化部编制发布了《产业技术创新能力发展规划（2016—2020年）》（工信部规〔2016〕344号）。该规划提出，健全以企业为主体、市场为导向、政产学研用相结合的产业技术创新体系，着力突破重点领域共性关键技术，加速科技成果转化为现实生产力，提高关键环节和重点领域的创新能力，推进两化深度融合，激发"大众创业、万众创新"新动能，促进我国由制造大国向制造强国、网络强国转变。该规划提出了6大重点任务，包括完善产业创新体系、强化企业技术创新主体地位、加大共性关键技术开发力度、提升企业知识产权运用能力、完善综合标准化体系、培育区域创新能力等。该规划还提出了"十三五"期间工业和信息化领域部分行业发展的重点方向，引导企业加强技术创新。

# 11月

**3日** 工业和信息化部正式发布了《信息化和工业化融合发展规划（2016—2020年）》（工信部规〔2016〕333号）。该规划以激发制造业创新活力、发展潜力和转型动力为主线，部署了构建基于互联网的制造业"双创"新体系、推广网络化生产新模式、培育平台化服务新业态、营造跨界融合新生态、普及两化融合管理体系标准、发展智能装备和产品、完善基础设施体系7大任务，明确了制造业"双创"培育、制造业与互联网融合发展、系统解决方案能力提升、企业管理能力提升、核心技术研发和产业化、工业信息安全保障6项重点工程，围绕实施机制、财税金融、标准体系、人才培养、国际交流等方面提出了5项保障举措。该规划还明确了"十三五"时期信息化与工业化融合发展的方向、重点和路径，将推动"两化"融合工作迈上新台阶。

**7日** 宁波海天精工股份有限公司成功登陆上海证券交易所主板挂牌上市，首次公开发行A股52 200万新股，发行价格为每股1.50元，股票简称"海天精工"，股票代码：601882。发行新股所筹集到的资金主要用于宁波海天精工工程研究中心项目的建设以及补充流动资金、偿还银行贷款。

**8—9日** 中国机械工业科技大会在北京举行。工业和信息化部、科学技术部、中国机械工业联合会相关领导出席会议。会议对 2016 年度中国机械工业科学技术奖的获奖单位进行了表彰和颁奖。其中机床工具行业有 3 个项目荣获一等奖，5 个项目获二等奖，7 个项目获三等奖。

**8—9日** 中国机床工具工业协会组合机床分会第八届会员大会在江苏盐城召开。组合机床分会 50 余家会员单位的 100 多名代表参加会议。中国机床工具工业协会执行副理事长毛予锋出席会议并讲话。会议选举产生了组合机床分会第八届理事会理事单位、副理事长单位、理事长单位。大连机床集团组合机床研究所当选理事长单位。聘任刘庆乐为秘书长。

**8—11日** 全国量具量仪标准化技术委员会 2016 年标准化工作年度会议在杭州举行。标委会 26 名委员参加会议。会议审议并通过了全国量具量仪标准化技术委员会 2016 年度工作报告及 2017 年度工作计划，通报了全国量具量仪标准化技术委员会的委员变动情况。

**12日** 由人力资源和社会保障部、教育部、科学技术部、中华全国总工会、中国机械工业联合会联合主办，北京市人力资源和社会保障局承办，北京市工贸技师学院协办的 2016 年中国技能大赛——第七届全国数控技能大赛决赛在北京亦庄创业国际会展中心开赛。赛事以"弘扬工匠精神，对接世界标准"为主题，共有数控车工、数控铣工、加工中心操作工（四轴）、加工中心操作工（五轴）、数控机床装调维修工 5 个赛项。其中数控车工、数控铣工、加工中心操作工（四轴）、数控机床装调维修工 4 个项目为单人赛项，分设职工组、教师组和学生组 3 个竞赛组别。加工中心操作工（五轴）为双人赛项，分设职工组（职工组合）、院校组（教师／学生组合）2 个竞赛组别。来自全国 29 个省市代表队的 576 名选手经过层层选拔后进入决赛。

**13日** 中国机械工业标准化技术协会第六届二次理事会（扩大）会议在北京举行，来自全国机械工业领域的 137 名代表参加了会议。中国机械工业联合会副会长杨学桐、国标委工业一部副主任孙旭亮、工信部科技司标准处处长盛喜军出席会议。会议审议通过了中国机械工业标准化技术协会 2016 年度工作报告、各分支机构工作报告和各分支机构工作条例及机构建设、团体标准管理办法和团体标准制定工作细则，选举了六届理事会，增补了理事、常务理事、副理事长。

**14日** 工业和信息化部、财政部联合公布了 2016 年新认定的 69 家国家技术创新示范企业名单，机床工具行业 2 家企业上榜。这两家企业分别是合肥合锻智能制造股份有限公司和大族激光科技产业集团股份有限公司。

**15—17日** 全国铸造机械标准化技术委员会 2016 年年会在江苏无锡举行。标委会 56 名委员参加了会议。会议审查通过了全国铸造机械标准化技术委员会 2016 年度工作报告和 2017 年度工作计划，审查通过了秘书处费用使用情况的报告。会议审查了《砂型性能在线监测技术条件》《除芯机技术条件》《铸造用电动平车》三项标准，讨论了《铸造机械安全要求》修订大纲。

**17日** 中国机床工具工业协会夹具分会七届五次会员大会在西安举行。会议分析讨论了行业形势，交流了企业情况，审议通过了无锡贝斯特精机股份公司的入会申请。

**24—25日** 中国机床工具工业协会特种加工机床分会 2016 年年会在安徽省歙县举行，特种加工机床分会 60 余家会员企业的 76 名代表参加了会议。中国机床工具工业协会执行副理事长王黎明、特种加工机床分会理事长叶军出席会议。会议通过了 6 家企业入会的决议和 4 家企业自动退会的决议。

**25日** 中国机床工具工业协会车床分会第十一次会员大会暨第七届换届会议在沈阳举行。中国机床工具工业协会执行副理事长毛予锋出席会议。会议讨论通过了车床分会年度工作报告，讨论通过了换届选举制度（试行），选举产生了由 24 家会员单位组成的车床分会第七届理事会。沈阳机床（集团）有限责任公司再次当选分会理事长单位，济南一机床、宝鸡机床、安阳鑫盛机床股份有限公司、天水星火机床有限责任公司等 4 家单位当选为分会副理事长单位，云南 CY 集团有限公司、重庆第二机床厂有限责任公司等 9 家单位当选常务理事单位。会议通过了 9 家企业入会的决议和 13 家企业退会的决议。

**28日** 中国机床工具工业协会铣床分会第八届会员代表大会暨八届一次理事会在福建泉州举行。铣床分会 40 家会员企业的 50 多位代表参加了会议。中国机床工具工业协会常务副理事长兼秘书长陈惠仁出席会议。会议选举产生了由 27 家会员单位组成的铣床分会第八届理事会。北京北一机床股份有限公司再次当选分会理事长单位，浙江日发精密机械股份有限公司、宁波海天精工股份有限公司等 12 家理事单位当选为分会副理事长单位。

# 12 月

**2—3日** 中国机床工具工业协会工具分会七届六次理事（扩大）会议在南京举行。工具分会 44 家会员企业的 60 多名代表参加会议。中国机床工具工业协会副秘书长郭长城出席会议。会议审议了新申请入会企业、拟退会企业的决议，研究了轮值理事长接任等有关事项。

**6日** 工业和信息化部印发《关于开展第二批工业产品质量控制和技术评价实验室复核工作的通知》，决定对《工业和信息化部关于公布第二批工业产品质量控制和技术评价实验室名单的通告》（工信部科函〔2012〕615 号）公布的 65 家实验室进行复核评价。国家机床质量监督检验中心授予的工业（机床）产品质量控制和技术评价实验室位于复核名单当中。

**7—9日** 由中国机械工业联合会组织召开的机械工业科技大会在北京召开。会上，秦川机床工具集团股份公司"高速高精度齿轮机床项目组"荣获"十二五"机械工业优秀创新团队奖。工信部、科技部、中国工程院、中机联等部委领导出席大会并颁奖。

**8日** 工业和信息化部、财政部联合编制并印发了《智能制造发展规划（2016—2020年）》。该规划指出，2025年前，推进智能制造发展实施"两步走"战略：第一步，到2020年，智能制造发展基础和支撑能力明显增强，传统制造业重点领域基本实现数字化制造，有条件、有基础的重点产业智能转型取得明显进展；第二步，到2025年，智能制造支撑体系基本建立，重点产业初步实现智能转型。该规划还明确，围绕新一代信息技术、高档数控机床与工业机器人、航空装备、海洋工程装备及高技术船舶、先进轨道交通装备、节能与新能源汽车、电力装备、农业装备、新材料、生物医药及高性能医疗器械、轻工、纺织、石化化工、钢铁、有色、建材、民爆等重点领域，推进智能化、数字化技术在企业研发设计、生产制造、物流仓储、经营管理、售后服务等关键环节的深度应用等。

**13—14日** 全国锻压机械标准化技术委员会换届大会暨2016年年会在浙江武义举行。新一届标委会由65名委员组成，国家铸造锻压机械质量监督检验中心主任刘家旭任主任委员。会议审查修改了锻压机械行业"十三五"标准体系建设规划、锻压机械标准化技术委员会章程和锻压机械标准化技术委员会秘书处工作细则。

**19日** 济南二机床在神龙汽车有限公司举行的首届2016年度供应商大会上，获得神龙汽车有限公司2016年度"合作共赢奖"。这是神龙汽车有限公司成立以来首次评选优秀供应商，是设备供应商的最高荣誉。此前，济南二机床还获得了上汽通用年度"最佳供应商"、奇瑞汽车"最佳合作供应商"、东风雷诺"优秀供应商"、奇瑞捷豹路虎"优秀供应商"、北京汽车"优秀供应商"、吉利汽车"优秀供应商"等荣誉称号。

**29日** 工业和信息化部、国家发改委、国家认监委印发《关于促进机器人产业健康发展的通知》，明确要从推动机器人产业理性发展、强化技术创新能力、加快创新科技成果转化、突破零部件等关键短板、开拓工业机器人应用市场、推进服务机器人试点示范、建立认证采信制度、实施工业机器人规范条件、完善公平竞争制度、鼓励企业参与人才培养等10个方面引导我国机器人产业协调健康发展。

〔供稿人：中国机床工具工业协会符祚钢〕

# 领创激光：
# 国内激光产业格局
# 及机遇分析

## 陈智宏

财政金融硕士，领创激光董事长，沧州市运河区人大代表。长期从事资产管理、投资、投行工作，具有丰富的资本运作经历。主要业绩有：国有企业武汉化工机械厂、武汉黄鹤楼酒厂、武汉阀门厂及武汉牙刷厂的改制重组；武汉团结激光、武汉江通动画、武汉宝特龙新材料等项目投资与股改。担任中意合资上海团结普瑞玛激光设备有限公司、中日合资武汉宝红科技的财务顾问。2010年12月起筹建苏州领创激光科技有限公司，先后担任公司总经理、董事长职务，历经8年使公司业绩目前已稳居行业前三，并于2014年11月成立沧州领创激光科技有限公司。2018年6月，主导公司与意大利普玛宝战略合作成功。

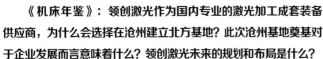

领创激光&Prima Power战略合作签约仪式
LEAD LASER AND PRIMA POWER STRATEGIC COOPERATION SIGNING CEREMONY

**《机床年鉴》：领创激光作为国内专业的激光加工成套装备供应商，为什么会选择在沧州建立北方基地？此次沧州基地奠基对于企业发展而言意味着什么？领创激光未来的规划和布局是什么？**

陈智宏：管道装备产业是沧州的主导产业之一，领创激光在北方有良好的客户基础。2014年下半年，受沧州市运河区政府的盛情邀请，领创作为龙头企业入驻运河激光产业园区，这也是国内知名高功率激光加工装备企业率先在北方建立规模生产基地。选择在沧州建立公司的北方基地，既是沧州市运河区政府大力发展高端装备制造业的决心，也是领创激光缩小销售和服务半径，服务市场服务客户战略的具体实施。

2017年4月，运河区政府在财力和土地指标十分有限的情况下，落实了领创入驻产业园时的承诺，使领创激光以招拍挂形式取得超4万㎡作为一期基地用地。同时，首期产业基金对领创在资金上进行了重点支持用于基地建设。2017年8月16日举行了盛大的沧州基地奠基仪式，对领创而言意味着彻底解决了企业长远发展的根本问题，也使公司的发展规划迈出了坚实的一步。

未来三到五年，领创将从以下几个方面布局与发展：（1）在北方光谷建立精密加工平台，为园区企业服务，帮助园区机械加工企业转型升级；与天津大学以及美国IPG、武汉锐科共建工艺联合实验室，着力切割、焊接工艺开发，进一步提高公司产品的性价比和竞争力，使沧州基地实现十亿元以上的产业规模；（2）为适应市场需求，公司通过引进外专，两年以来在自动化装备生产线和多功能复合生产线方面进行了大量投入，2018年将规模投放市场；（3）在重点细分市场研制定制设备，为专业客户提供增值服务，伴随客户共同成长；（4）建立远程服务平台，实现远程诊断、远程培训、远程排障，通过客户设备运行数据，分析设备运行状态，使以保修维修为主的被动服务转变为以预防为主的主动服务，为客户降低故障率，降低设备运行成本，提高客户效益。

**《机床年鉴》：近几年，国内外激光领域并购重组频繁。2016年，在领创激光的倡导和推动下，沧州极光股权投资中心建立。激光产业基金的成立将对国内激光产业带来哪些影响？主要的职能和方向是什么？**

陈智宏：近年来，国内外激光产业之所以并购重组频繁，是因为激光产业低水平重复投资严重，导致激光产业产能过剩和产业转型升级的需求并存。2010年以前，高功率激光装备行业还属于高利润高回报行业，但是，由于投资和技术门槛不高，大量资金涌入，市场很快呈现出恶性竞争的局面。但很多企业都忽视了一点，这个行业实际上工艺门槛很高。不重视工艺开发，在同质化竞争的环境下，为了追求更低的价格优势，降低设备配置从而降低设备性能成为必然，这直接导致一批企业死亡，一批企业产能过剩。而产能过剩使优势企业并购成本降低，这一阶段并购开始盛行。另一方面，随着中国市场的转型升级不断深入，作为转型升级工具行业的激光行业进入高速发展期，因此，国外品牌企业对中国市场的觊觎，加速了中国激光行业市场的变局。德国通快收购金方圆，瑞士百超收购迪能，意大利普瑞玛在吴江建立工厂，都是例证。

"北方光谷"极光股权投资中心的创立是一种尝试。该产业基金是河北省少有的通过国家发改委和中金公司审核的产业基金。基金将为培育园区企业成长、并购以及上市提供资金支持。通过基金支持实施产业并购，包括横向同业并购和上下游产业链纵向并购。基金规划在未来五年形成30亿~50亿元规模，帮助园区通过企业上市和并购以及资源整合，使"北方光谷"成为年产值500亿元的激光产业集群。

**《机床年鉴》：据了解，领创激光一直致力于"北方光谷"的建设工作。那么，"北方光谷"的定位是什么？和武汉中国光谷有何区别？目前进展情况如何？**

陈智宏：武汉中国光谷致力于培育和发展信息光电子和能量光电子产业。三十年来，信息光电子产业取得了飞速发展，孕育出以邮科院烽火科技和长江通信为代表的产业集群。而能量光电子则以华中科技大学国家激光重点实验室为依托，发展了一大批激光企业。但是，这些企业虽然数量众多，规模却不大。湖北省、武汉市政府多次希望通过激光产业重组把武汉市的激光产业做大做强，区位优势也十分明显，但始终没有成功。

领创和沧州市、运河区政府共同打造"北方光谷"，是基于北方市场转型升级的需求而形成的巨大市场空间。同时，我们在政府的支持引导下构建了政务一站式服务平台、以产业发展基金为核心的投融资平台、未来三年扶持2~3家园区企业实施IPO形成资本运